京东数据化运营实战宝典

骆晓鹏 林培雨 著

电子工业出版社
Publishing House of Electronics Industry
北京·BEIJING

内 容 简 介

本书从实战出发，以京东运营的各种规则为基础，将实战运营经验与运营技巧相结合，以帮助运营人员快速掌握京东运营的各种方法。全书涵盖了京东运营的实战要点，其内容主要分为两部分。一部分内容以谋略为主，包括运营思维和运营管理，从定位策略、品牌战略、价格策略等层面为运营人员提供思维指导，帮助运营人员提升运营思维和管理能力；另一部分以实战为主，包括实战技巧和运营拓展，从数据、爆款、页面设计、付费推广、活动、事件营销、众筹、站外引流等多个维度指导运营人员进行实战。

本书内容从思维高度落实到实战技巧，帮助运营人员从战略到战术、从规则到技巧，全方位、有深度地成为京东运营实战高手。

本书有助于京东商家运营能力的进阶提升。商家运营经理通过本书可以迅速了解京东店铺运营的所有关键点，迅速了解和掌握关键点的能力和技巧。一线运营人员通过阅读本书可以免去网上查资料的麻烦，本书在各种规则的基础上，列明了注意事项和技巧，减少和避免了运营人员在运营过程中犯错。美工设计人员根据本书要点能够站在运营的高度进行设计，进而提升了美工人员的运营配合能力，有利于其配合运营人员打好营销战。本书可以让运营人员站在更高的层面上看待店铺的发展和销量的提升，掌握各种规则下的实战技巧。

未经许可，不得以任何方式复制或抄袭本书之部分或全部内容。
版权所有，侵权必究。

图书在版编目（CIP）数据

京东数据化运营实战宝典 / 骆晓鹏，林培雨著. —北京：电子工业出版社，2019.8
ISBN 978-7-121-36611-6

Ⅰ. ①京… Ⅱ. ①骆… ②林… Ⅲ. ①电子商务—商业企业管理—经验—中国 Ⅳ. ① F724.6

中国版本图书馆 CIP 数据核字（2019）第 098634 号

责任编辑：张彦红　　　　　　　　特约编辑：田学清
印　　刷：涿州市般润文化传播有限公司
装　　订：涿州市般润文化传播有限公司
出版发行：电子工业出版社
　　　　　北京市海淀区万寿路 173 信箱　　　邮编：100036
开　　本：720×1000　1/16　印张：14.5　字数：479 千字　彩插：54
版　　次：2019 年 8 月第 1 版
印　　次：2025 年 1 月第 6 次印刷
定　　价：98.00 元

凡所购买电子工业出版社图书有缺损问题，请向购买书店调换。若书店售缺，请与本社发行部联系，联系及邮购电话：(010) 88254888，88258888。
质量投诉请发邮件至 zlts@phei.com.cn，盗版侵权举报请发邮件到 dbqq@phei.com.cn。
本书咨询联系方式：010-51260888-819，faq@phei.com.cn。

未走过的路，通常比较有趣

骆晓鹏

2018年的下半年，我把公司卖掉，想沉静下来思考一下未来的打算。这时电子工业出版社张老师邀请我写一本关于京东运营的书，我想刚好借着这个时间空当可以完成这本书，于是就应承了下来，同时邀请了林培雨老师一起来完成这本书。

2009年，我从特别传统的家具行业切入电商行业，开始接触电商。当时电商行业的环境特别有意思，我在第一次去听电商课程时，竟然目瞪口呆。一个完全没有品牌知名度的产品，竟然可以在那么短的时间内有那么高的销量，我觉得这简直是一个神话，同时这也使我真正认识到互联网的力量。混沌大学创始人李善友教授曾经讲过，"一个企业的发展取决于创始人的认知边界"。我认为一个人的发展，也取决于自己的认知边界，对未知领域探索的勇气往往决定了你的认知边界。

近十年来，中国社会、经济、生活被互联网改变了很多，以至于人们现在只要有一部手机，就可以通行全国。在互联网规模化发展的过程中，积极拥抱互联网的人，大多能够获得一定意义上的成功。互联网改变了世界，也改变了每一个人。

电商是互联网应用的重要组成部分，其拓展了生意的边界、改变了消费的模式。京东是中国电商巨头之一，它从3C产品出发，以正品行货为经营核心，开创了电商的新格局。

我第一次在京东购物，大概是在2009年，开始并不知道京东这个平台。因在购买单反相机的时候，一个朋友向我推荐才知道了京东。那次下单之后，我就成了京东忠实的用户。

京东平台最初主要以男性用户群体为主，所以它在搜索规则上以精准匹配为主。先理解用户的精准需求，再匹配最精准的产品，快速促成交易，这完全符合男性用户的购物需求。随着平台的开发，京东开始上架第三方商品，这使其商品丰富度得到增加，用户量也随之上涨。同时，女性用户数量的增加使京东成为一个大平台，也使京东的用户群体从以男性为主变为以家庭为主，同时其在搜索规则方面，也从精准匹配变得更加多样化、平台化。

京东与腾讯的合作是京东平台变化的一个标志性事件。社交流量的进入，使得京东平台入口开始多样化，进而产生了京腾计划、京度计划、京条计划等。从平台的发展来说，这是拓展流量入口的必然选择。

从这些变化来看，平台型电商的流量见顶已是可以预见的事实。商家端需要认清这一现状。

那么，留给商家的机会在哪里？

首先，商家要用心拉客户。不要期望所有客户都成为你的用户，要做好用户画像、圈住目标用户、做好目标用户的服务、让目标用户转化为客户，从这个层面上来说，即做好店铺运营。这是本书第一个重要内容，即如何用平台的规则圈定自己的用户，并将其转化为自己的客户。对于所有商家来说，京东平台是大本营，扎实大本营是重中之重的工作。

其次，商家需要经营自身的用户。用户从众多商品中选择了你的产品，成了你的用户，这就意味着你的产品有打动用户的地方，对于品牌或者店铺来说，这是一个重要的用户来源。用户来了以后，不能轻易地让他流失，因此，需要通过相应的方式，做好CRM（客户关系管理），沉淀自己的流量池。这是本书第二个重要内容。

最后，商家要放宽用户的拓展渠道。随着今日头条、抖音等新媒体平台的涌现，我们拓展用户的渠道也需要变得多元化。

京东金融是京东另一个重要的平台。2014年开始的京东众筹已成长为中国最大的众筹平台，事实上这是创新窗口期变化的重要体现。随着更多创新形态的出现，商家需要用更开放的心态拥抱变化。

本书有一部分极其重要的内容，即通过事件营销、众筹、站外引流等方式进行拓展运营，以及无界零售（又称新零售）带来的机会，其意在剖析渠道变化带来的运营的拓展。

电商的运营是一个动态变化的过程。第一，运营人员需要有品牌定位思维，圈定自己的用户，为用户提供最佳的产品或服务。第二，运营人员需要有"流量池"思维，经营好用户，为客户提供持续的产品和服务能力。第三，运营人员需要有创新思维，在产品和服务上，为用户提供更新迭代的升级。第四，运营人员需要有流量拓展思维，要从内容、新媒体、新渠道多方面拓展流量。第五，运营人员需要从更高的格局来看待电商的发展，从而使产品和品牌达到更高的层级。总之，电商的运营是一个不断摸索的过程，也是一个有趣的过程。

《中华人民共和国电子商务法》从2019年开始实施，国家从政策层面开始规范电子商务的发展，这也是去除电商泡沫、扭转"劣币驱逐良币"现象的开始。接下来，真正关注产品、关注用户的品牌将获得更多的机会。

世界经济的发展以20年左右为一个周期，互联网的发展到2018年恰好经历了一个完整的周期，抓住这一个周期的企业都已有所成就。这一方面意味着，互联网周期即将结束，互联网行业已经步入常态化发展模式，大局无法撼动，小局竞争将更为激烈；另一方面意味着，新的周期开始启动，利用原来的基础拓展新的周期机会是每个电商创业者、电商企业应该思考的问题。

几个可以看到的趋势是：①5G 即将商用，网速会越来越快，无线端将更加便利。②各大巨头都重点研究 AI（人工智能），以科大讯飞、柔宇科技等为代表的人工智能研究已经取得阶段性的成果。③无界零售模式开始落地生根、高速成长。

这些趋势的组合意味着新的周期的到来，也意味着我们的认知边界需要进一步拓展。2018 年 12 月，京东大学在成都举办了一场关于 AI 讲师的培训与认证，这释放出了一个什么样的信号，是一个有趣的问题。

未走过的路，通常比较有趣，让我们一起来探索！

2019 年 1 月 5 日凌晨于鹏城

多学习，多交流，运营也能熟能生巧

林培雨

不知不觉我已经在互联网行业奋斗了15年（2004—2019年），其间从事过软件开发、在线旅游产品营销。2009年开始进入电商领域自主创业，从自营平台到进驻电商平台，从深圳到广州，从广州到北京，从北京到上海，从上海到深圳，从深圳到中山，最后回到湛江老家，2015年开始了与京东的不解情缘，并且自2016年有幸成为京东讲师之后感觉人生仿佛"开了挂"，在要求自己不断提升教学质量的同时总结教学经验，在教与学的过程中不知不觉提升了自己的运营能力。而且在接触不同行业、不同类目的时候会遇到不同的问题，也会接触不同企业的负责人，这些不同企业的负责人对企业管理、电商都有不同理解，这对我来说确实是一次思想意识与知识能力体系重建的绝好机会。我除了把自己公司的店铺做到日销最高两万单，还帮助其他店铺将日销从几千单做到突破万单，涉及的类目从热门的服饰到冷门的电子元件，虽然不能把接触到的店铺都做成功，但至少让这些店铺的负责人知道了自身的问题，不再盲目悲观。

京东店铺运营是一件比较系统的事情，这与其他平台有很大区别。从其他平台转过来的店铺运营人员接手的京东店铺有很大一部分失败了，归根结底是对平台不熟悉造成的，运营模式生搬硬套，不要说出成绩，有些商品甚至上架没几天就因为违规被下架了。所以要做好京东店铺运营就必须按部就班，从商品规划到流量规划，从团队管理到与平台人员的沟通配合，等等，我希望通过本书为大家解开京东店铺运营的秘密。

本书是骆晓鹏老师与我对京东运营的实战总结，从京东运营的思维到管理，从技巧到拓展，几乎包含了京东运营所有流程，我们将这些内容一一呈现在大家面前的目的只有一个，就是希望大家少走弯路。技术推动社会快速发展，我们作为社会建设中的一员应该紧跟国家的大步伐，想到就去做，多学习、多交流。这样，若干年后我们才不会因为没做什么而后悔。

2019年1月16日于上海浦东机场

目 录

第1章 运营思维 ... 1
1.1 数字化运营 ... 2
1.2 店铺定位 ... 5
1.3 差异化运营 ... 12
1.4 战略亏损 ... 14
1.5 品牌战略 ... 15
1.5.1 品牌定位 ... 16
1.5.2 人群定位 ... 21
1.5.3 店铺定位 ... 30
1.6 价格策略 ... 32

第2章 运营管理 ... 35
2.1 全才与专才 ... 36
2.2 考核与激励 ... 36
2.3 企业文化 ... 39
2.3.1 企业的制度 ... 39
2.3.2 员工行为 ... 40
2.3.3 企业价值观 ... 41
2.4 与平台沟通 ... 42
2.5 "大神"无法空降 ... 45
2.6 天罗地网 ... 46
2.7 认识自己 ... 46
2.8 团队管理 ... 47
2.8.1 招不到 ... 47

2.8.2 教不会 ... 48
2.8.3 做不好 ... 49
2.8.4 留不住 ... 50

2.9 供应链管理 ... 51

2.10 财务管理 ... 53
- 2.10.1 运营要了解的基本财务知识 ... 53
- 2.10.2 计算盈利能力 ... 54
- 2.10.3 做好财务预算 ... 56

第3章 实战技巧 ... 57

3.1 爆款与流量规划 ... 58
- 3.1.1 爆款规划 ... 58
- 3.1.2 流量规划 ... 65

3.2 店铺首页与活动页设计 ... 67

3.3 商品详情页与关联页设计 ... 71

3.4 主图与视频优化 ... 74

3.5 关键词和标题优化 ... 75

3.6 搜索优化 ... 81
- 3.6.1 搜索原理 ... 81
- 3.6.2 影响搜索结果的因子 ... 85
- 3.6.3 搜索优化技巧 ... 89

3.7 京挑客与内容营销 ... 91
- 3.7.1 京挑客 ... 91
- 3.7.2 内容营销 ... 94

3.8 京东快车速成 ... 98
- 3.8.1 京东快车概述 ... 98
- 3.8.2 京东快车的展现量、点击率、转化率策略 ... 104

3.9 逃离"刷单" ... 119

3.10 千人千面 ... 121
- 3.10.1 个性化页面 ... 121
- 3.10.2 搜索的千人千面 ... 124

3.11 活动的威力 ... 125

3.12 京东"6•18"大促与"双11"大促 ... 129

3.13 玩转客户营销 ... 135

3.14 京东入仓与进驻自营 ... 139
- 3.14.1 京东入仓 ... 139

| 3.14.2 进驻自营 …… 147
| 3.15 数字化复盘 …… 158
| 3.15.1 阶段性复盘 …… 158
| 3.15.2 活动复盘 …… 160
| 3.16 售前客服转化 …… 161
| 3.17 售后能力提升 …… 163
| 3.17.1 责任判定 …… 163
| 3.17.2 沟通技巧 …… 164
| 3.17.3 赔付与中差评 …… 165
| 3.17.4 预防职业打假人 …… 165
| 3.18 新店新品爆款 …… 166
| 3.18.1 获取客户信任 …… 166
| 3.18.2 测款与稳定客户标签 …… 168
| 3.18.3 活动坑位拉升销量 …… 168
| 3.19 京准通玩法 …… 170
| 3.19.1 合约展位 …… 170
| 3.19.2 品牌聚效 …… 173
| 3.19.3 京品展位 …… 176
| 3.19.4 京东直投 …… 176
| 3.20 商智考智商 …… 180
| 3.20.1 大盘动态 …… 180
| 3.20.2 行业关键词 …… 185
| 3.20.3 品牌分析 …… 186
| 3.20.4 属性分析 …… 188
| 3.20.5 产品分析 …… 190
| 3.20.6 行业客户 …… 191
| 3.20.7 实时总览 …… 193
| 3.20.8 流量概况 …… 195
| 3.20.9 商品分析 …… 198
| 3.20.10 交易分析 …… 200
| 3.20.11 服务分析 …… 203
| 3.20.12 供应链分析 …… 206
| 3.20.13 客户分析 …… 209
| 3.20.14 报表 …… 212
| 3.20.15 竞争 …… 214

3.20.16　揽客 ……………………………………………………………… 223
　3.21　老店新品 …………………………………………………………………… 228
　3.22　品牌打造 …………………………………………………………………… 230
　　　3.22.1　品牌/店铺形象打造 ……………………………………………… 230
　　　3.22.2　品牌销量打造 ……………………………………………………… 234
　　　3.22.3　品牌文化落地 ……………………………………………………… 236

第4章　运营拓展 240

　4.1　从中差评中创新 ……………………………………………………………… 241
　4.2　事件营销 ……………………………………………………………………… 243
　　　4.2.1　事件营销的意义 ……………………………………………………… 243
　　　4.2.2　事件营销的逻辑 ……………………………………………………… 243
　　　4.2.3　事件营销的形式 ……………………………………………………… 245
　4.3　断臂一战 ……………………………………………………………………… 258
　4.4　社群运营 ……………………………………………………………………… 259
　　　4.4.1　社群运营的意义 ……………………………………………………… 259
　　　4.4.2　创造社群能动力 ……………………………………………………… 259
　　　4.4.3　种子用户社群化 ……………………………………………………… 261
　　　4.4.4　新媒体运营与社群裂变 ……………………………………………… 262
　4.5　京东众筹 ……………………………………………………………………… 281
　　　4.5.1　众筹的历史 …………………………………………………………… 281
　　　4.5.2　众筹的意义 …………………………………………………………… 284
　　　4.5.3　众筹的选品 …………………………………………………………… 285
　　　4.5.4　众筹的用户群体定位 ………………………………………………… 288
　　　4.5.5　众筹的页面策划 ……………………………………………………… 288
　　　4.5.6　众筹的故事策划 ……………………………………………………… 289
　　　4.5.7　众筹的视频策划 ……………………………………………………… 291
　　　4.5.8　众筹的项目推广 ……………………………………………………… 293
　4.6　京东白条 ……………………………………………………………………… 295
　　　4.6.1　京东白条介绍 ………………………………………………………… 295
　　　4.6.2　京东白条对商家的作用 ……………………………………………… 296
　　　4.6.3　京东白条营销 ………………………………………………………… 297
　　　4.6.4　京东白条营销数据分析 ……………………………………………… 302
　4.7　站外引流 ……………………………………………………………………… 304
　　　4.7.1　微信公众号 …………………………………………………………… 305
　　　4.7.2　直播与短视频 ………………………………………………………… 306

4.7.3　微博 ………………………………………………… 307
4.8　非常规的京东秒杀 …………………………………………… 308
　　4.8.1　京东秒杀的四种玩法 ……………………………… 308
　　4.8.2　京东秒杀的作用与入口 …………………………… 311
　　4.8.3　京东秒杀的提报与注意事项 ……………………… 313
　　4.8.4　京东秒杀的排序规则 ……………………………… 314
　　4.8.5　非常规秒杀操作 …………………………………… 315
4.9　京东广告框架政策 …………………………………………… 316
4.10　京东无界零售 ………………………………………………… 321
　　4.10.1　什么是无界零售 …………………………………… 321
　　4.10.2　无界零售解决什么问题 …………………………… 323
　　4.10.3　京东无界零售的典型案例解读 …………………… 326
　　4.10.4　京东无界零售带给商家的机会 …………………… 328

第1章 运营思维

本章要点：

- 数字化运营
- 店铺定位
- 差异化运营
- 战略亏损
- 品牌战略
- 价格策略

1.1　数字化运营

> 知彼知己，百战不殆；不知彼而知己，一胜一负；不知彼，不知己，每战必殆。
>
> ——《孙子·谋攻篇》

曾几何时，很多店铺运营人员都属于"佛系"运营，订单增多时，喜笑颜开；订单减少时，愁眉苦脸。但是出色的运营人员往往能做到看天时、借东风，下面就说一下这具体是如何做到的。

不知道大家有没有关注过某时段某三级类目大盘的销售情况，2018 年 9 月 27 日电饭煲的大盘概况，如图 1-1 所示。

图 1-1

对于图 1-1 的"行业大盘"概况首先关注如下数据：成交商品件数为 11 433 件，曝光商品数为 5746 家，成交转化率为 6.30%，客单价为 255.25 元。从这些数据可以得出每个 SPU（Stock Keeping Unit，库存量单位）平均产出 1.98 件。

然后对比自己店铺这个三级类目的情况，如图 1-2 所示。

图 1-2

第 1 章 运营思维

由图 1-2 不难看出，这个店铺的成交件数超出了平均产出 1.98 件的水平，根据"商品榜单"的数据可以看出该店铺具体处于什么水平，如图 1-3 所示。

图 1-3

如果按 2018 年 9 月 27 日"成交金额指数"排序，单击"详情"按钮即可查询订单量，再单击"商品信息"按钮即可查询商品的客单价，然后计算销售额（又称"坑产"），其计算方式如下（因为在此期间商品可能会出现涨价或者降价情况，所以以下数据为估算值）。

自己商品的销售额：139 元 ×11 件 =1529 元（客单价 139 元，2018 年 9 月 27 日，销售 11 件）

第 100 位竞品的销售额：499 元 ×9 件 =4491 元（客单价 499 元，2018 年 9 月 27 日，销售 9 件）

第 100 位竞品的"引流关键词 TOP5"，如图 1-4 所示。

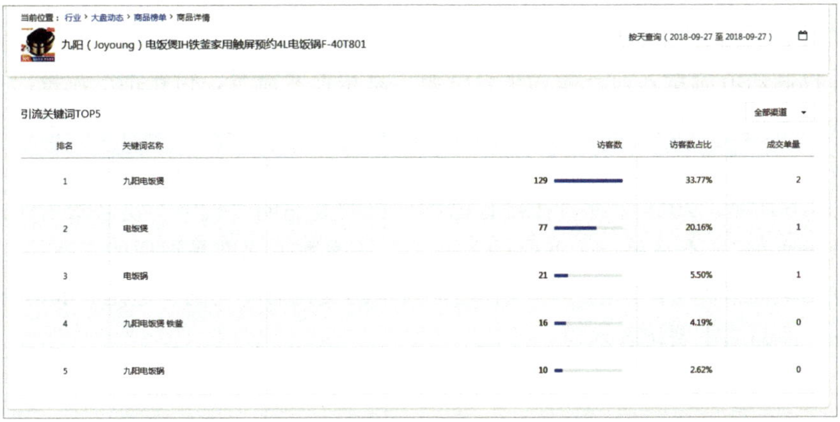

图 1-4

根据图1-4可知，第100名竞品的9个成交单里面有4个成交单是从引流关键词来的，剩下的5个成交单是从非关键词渠道来的。在只考虑销售额的情况下，要超过排行榜第100名的竞品，只要增加22个成交单就可以。假设要超越排行榜第10名的竞品呢？大家可以根据自己的情况进行计算，看看差距在哪里。

通过上面的数据我们只能看到三级类目的销售情况，但事实上我们还要考虑其他情况。因为从商品产品属性角度分析，不同属性可能对应不同用户人群，如图1-5所示。

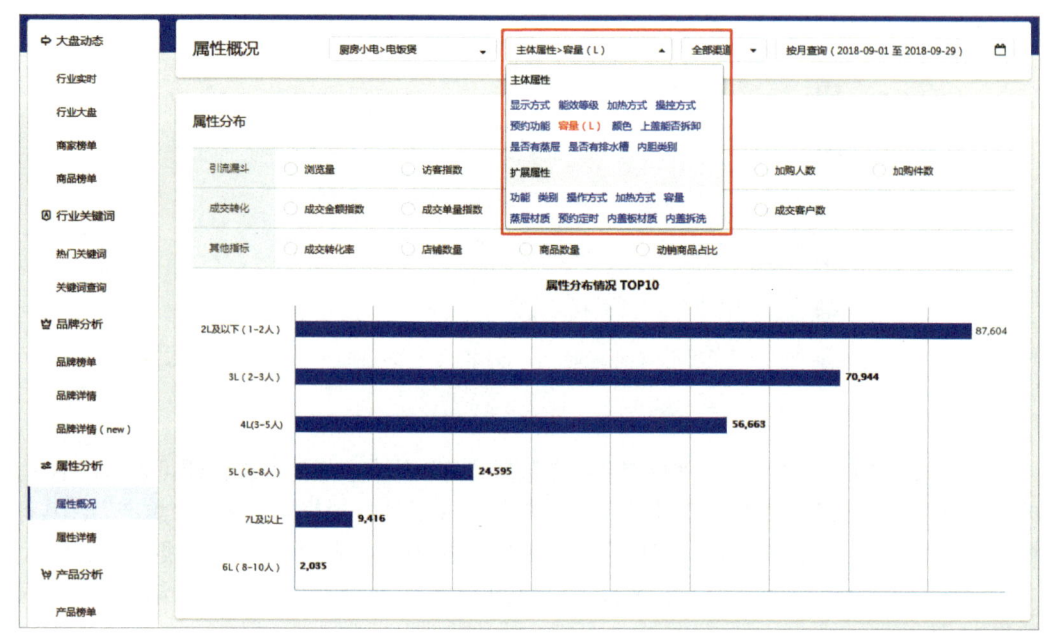

图1-5

从图1-5可以看到，电饭煲"属性概况"中"容量"属性9月的销量。同样，也可以看到其他属性。我们可以根据这些数据进行选品，这就是优化商品结构。有时为了验证后台数据与前台数据是否一致，还要在前台对竞品的主图、副标题、商品详情页、客户的评价和晒图进行分析。

另外我们知道流量入口一般为平台资源、京东搜索流量、付费推广流量，根据前面的数据分析，我们已经知道了三级类目大概的销售数据及竞品的销售数据情况。通过分析商品榜单上的竞品，也能从中分析出"流量来源TOP10"，如图1-6所示。

如图1-6所示，2018年9月在排行榜第一位的商品的"搜索"访客数占比最高，其次是"京东快车"。不是每一个商品的"搜索"访客数占比都是这样的，商品的"搜索"访客数占比是根据每个商家的策略或者运营技术的变化而变化的。但是一般情况下，"搜索"是各个商品的主要访客入口。

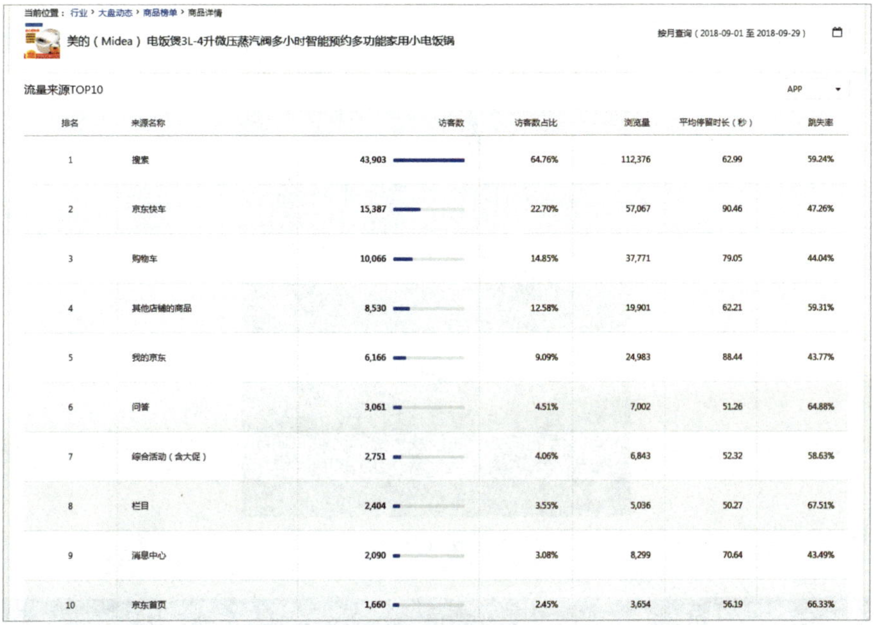
当前位置：行业 › 大盘动态 › 商品榜单 › 商品详情

美的（Midea）电饭煲3L-4升微压蒸汽阀多小时智能预约多功能家用小电饭锅　　按月查询（2018-09-01 至 2018-09-29）

流量来源TOP10　　APP

排名	来源名称	访客数	访客数占比	浏览量	平均停留时长（秒）	跳失率
1	搜索	43,903	64.76%	112,376	62.99	59.24%
2	京东快车	15,387	22.70%	57,067	90.46	47.26%
3	购物车	10,066	14.85%	37,771	79.05	44.04%
4	其他店铺的商品	8,530	12.58%	19,901	62.21	59.31%
5	我的京东	6,166	9.09%	24,983	88.44	43.77%
6	问答	3,061	4.51%	7,002	51.26	64.88%
7	综合活动（含大促）	2,751	4.06%	6,843	52.32	58.63%
8	栏目	2,404	3.55%	5,036	50.27	67.51%
9	消息中心	2,090	3.08%	8,299	70.64	43.49%
10	京东首页	1,660	2.45%	3,654	56.19	66.33%

图 1-6

所以优化关键词搜索也较为重要，而且“搜索”流量是不需要付费的。其他流量要么需要用销售额来换取，要么需要用金钱来换取。例如，从平台运营那里获取的资源位需要进行 KPI（关键绩效指标）考核，京准通等付费推广平台需要用金钱来推广。无论如何，做运营就要有竞争意识，不管你用什么办法，只要能超越竞争对手就是你能力的体现。如果你的资金雄厚则可以使用付费推广；如果你的技术实力强悍则可以通过搜索优化；如果你的供应链完备则可以尝试战略亏损。当然也可以选择全部手段一起推进。总之要做好电商运营，资金、技术、供应链缺一不可，盘就那么大，竞争对手就站在那里，就看你如何突破，走上人生巅峰了。

1.2 店铺定位

一般能让电商人员兴奋的事情就是日销万单，当看到别人家的厚厚的快递单、仓库里面一望无际贴好快递单的货品时，自己不免会感叹“要是我有那么一天就好了”，如图 1-7 所示，然后可能就会随意上架各种各样的商品。

通过京东商智（高级版）（以下简称高级商智）很容易分析出某时间段内类目的体量及各个品牌的体量。在行业类目没有发生巨大变化之前，我们应顺势而为；在机会到来的时候，我们更应顺势而为，抓住机会，迅速壮大。通过执行“行业”→“大盘动态”→“行业大盘”命令查看三级类目体量数据（见图 1-8），即可得知三级类目的成交商品件数、店铺数、曝光商品数等具体数据；通过计算成本、销售额、销量，即可判断某一段时间内做到某个位置的销售情况。

图 1-7

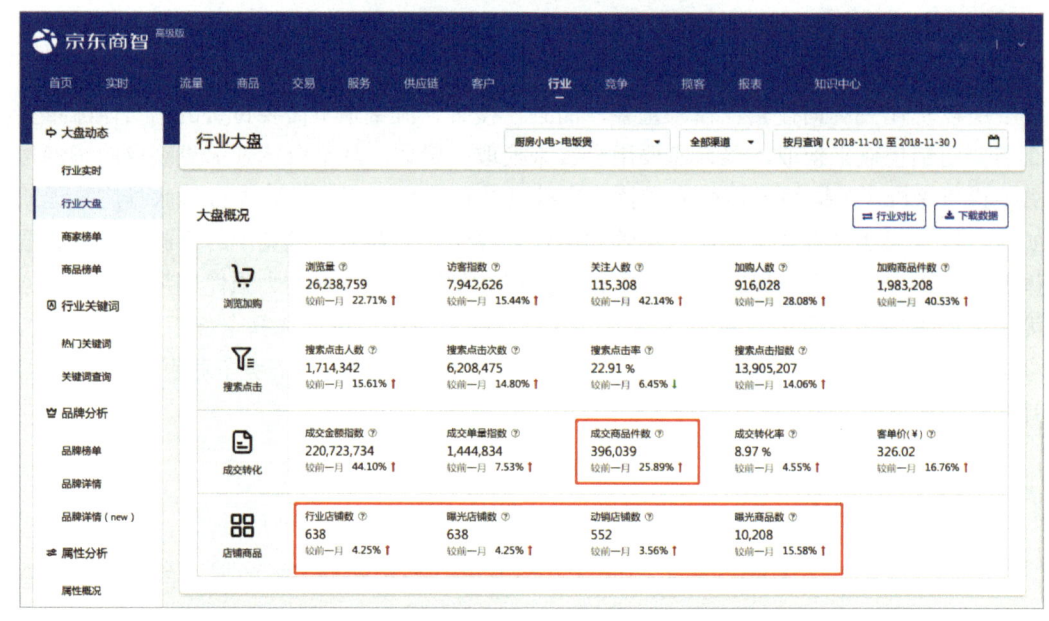

图 1-8

品牌体量如图 1-9 所示，通过订单数和客单价可以大概判断某段时间内该品牌的销售情况。

在正式运营前我们应当做好数据分析，根据数据来制定运营规划。注意，切勿轻易进行大批量囤货。如果轻易决定囤放大量的货物，那么一个月过后"这个类目体量太小""这个规格客户不喜欢"（见图 1-10）、"竞品肯定在亏本打价格战"（见图 1-11）等借口可能就会出现在运营团队中，出现这种情况的原因一般都是店铺定位不清晰。

第 1 章 运营思维 | 7

图 1-9

图 1-10

要做好店铺定位,我们要了解商品的销量,通过对品类进行分析来了解商品的体量,这决定了我们能到达的边界;通过对竞品进行分析来了解商品的优劣势,这决定了我们能走多远;通过对品类的属性分析来了解商品的规格细节,这决定了我们的差异化策略是否可行。

要做好店铺定位,我们还要确定店铺的性质,店铺的性质一般分成如下 3 类。

(1)分销代理型店铺。这类店铺一般都是大品牌商品的店铺,其品类一般都受品牌方严格管控,竞争虽然激烈,但是大品牌商品受众大、客户群体忠诚度较高,如图 1-12 所示。

京东数据化运营实战宝典

图 1-11

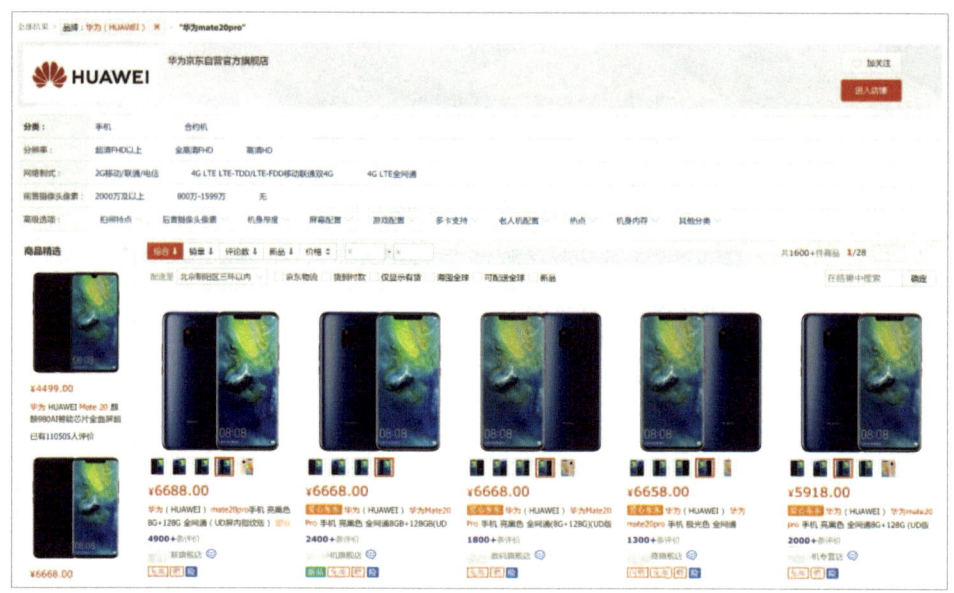

图 1-12

分销代理型店铺的一般货源渠道比较好，拿货价低或者返点高的店铺占有相对优势，在投入方面也显得较为大方，这类店铺往往还代理其他品牌，所以这类店铺的定位就是新品预售（见图 1-13）。因此，提前拿到货或者提前发货的店铺就会有大量流量涌入，所以，拉新就成了此类店铺的日常任务。店铺类似一个小的京东商城，因此，能否做成流量闭环是重中之重的事情。

图 1-13

当然也存在一些对价格体系管控不严格的小品牌,这种情况将纳入代工型店铺讲解。

(2)自产自销型店铺。此类店铺一般都拥有自己工厂,也有自己的品牌,自产自销,通常以某某旗舰店命名。

此类店铺既有大品牌也有小品牌,大品牌一般有较成熟的产品研发部门,它们拥有自己的核心技术或者外观设计专利,会根据市场变化对自有产品进行升级,对客户群体有定位。所以此类店铺只要根据客户定位的特点进行运营就能做得比较好,如华为、格力等品牌。

一些小品牌由于商品单一、缺少核心竞争力,其店铺定位应放在垂直细化上,切勿直接与大品牌竞争,要先将单品做强再做大,简而言之就是先做单品爆款再延伸其他补充品类,集中精力优化有竞争力的单品,如笔者经营的电水壶,如图 1-14 所示。

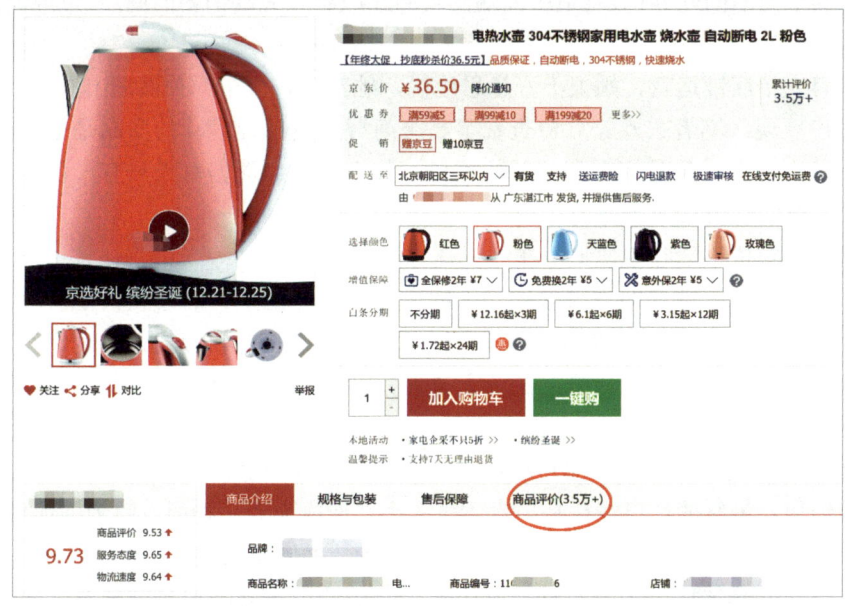

图 1-14

这款电水壶虽然款式较老，但是瞄准了低价实用的爆点，其针对的客户是三四线城市的普通消费水平的人，短时间内就被打造成了爆款，为店铺积累了大量的种子用户。然后店铺在此基础上上架了厨房小家电产品，如电饭煲、煮面锅、电热饭盒等。当然也有切入中高端市场的产品，这些产品与其他产品虽然有同样功能，但是二者的原材料和价格是不一样的。这对原来的种子客户群体中的一部分中端客户进行了延伸，使溢价变成了可能，也使店铺整体利润稳步上升。

（3）代工型店铺。这类店铺只有品牌，没有自己的工厂，通过代工生产商品。有实力的品牌可以自己设计、开发新模具，但是对于一般的小品牌来讲，开发数十万、上百万的模具是一种负担，他们往往只做公模产品。公模产品的特点就是大家都在销售，只是牌子不一样，商品没有任何的竞争力。常见的公模产品是数码产品及其周边产品，如手机壳、手机膜、耳机；或者生鲜食品类。

这类店铺占比较大，因为商品同质化较为严重，店铺往往通过商品外包装、赠品、购买套餐等方式进行差异化定位，如同样的手机壳有购买手机壳赠送手机膜、通过加价购买数据线等销售方式。但是大家一定要注意自己店铺的定位，虽然都是销售数码产品及其周边产品或者生鲜食品，但是店铺要有侧重点，即哪类商品有优势就侧重哪类商品，从而将其打造成爆款。如果所有商品都没有优势，那么可以人为制造优势。例如，大多店铺的水果是 5 斤、10 斤装，自己店铺的水果可以设计为 2 斤或者 4 个、6 个、8 个等体验装，只要这一规格商品的销量通过属性规格分析在热销范围即可尝试。

对比 3 种店铺的性质，大家可以发现其中的共同特征，即一定要先集中精力做好定位，打造爆款，不管是单爆款还是爆款群，然后通过爆款带动店铺销量。再根据用户的特点优化其他商品的差异化，打造中高端同类商品或者有关联销售的商品，形成流量闭环，让店铺健康发展。

曾经有一个店铺运营，她很不好意思地说，她把京东快车的关键词出价到 10 元也没有几个客户展现。笔者去她家后台查看了高级商智后发现她经营的商品是电子元件，经仔细查看发现这个类目是京东新开放的类目，其行业大盘数据每天只有一位数。新类目需要时间发展，现阶段应当提前布局。

通常店铺定位不清晰主要集中在如下几方面。

（1）直接跟风，或者叫作直接抄别人的爆款。实际上别人的爆款只是引流款，虽然爆款利润很低甚至在亏本销售，但是该店铺还有引导销售的利润款。此时，除了查看竞品的前台销售价格，还要分析竞品的流量来源，如有没有京挑客推广，可以通过客户评价找出蛛丝马迹。

（2）类目体量小，商品的用户群过小。很多店铺的商品没有经过大盘和竞品分析就直接上架销售，最终的结果往往是类目体量太小，造成人力、物力、财力的浪费。

（3）淡旺季不分。很多时候如果时机对了，即使是"佛系"运营，订单也不会少。例如，服装、水果、文具等商品的季节性非常明显，一般情况下是需要提前准备、布局的。如果对此类商品进行反季节销售,可能会损失惨重。

（4）店铺商品布局定位不清。大家可能认为上架商品越多越好,很容易理解,如果一个 SKU 一天有一单销量,那么 1000 个 SKU 一天就有 1000 单销量。事实上从单品权重角度考虑,这样做没有一个 SKU 能拿到高权重。从店铺销量方面来看,动销率这么低,不知道哪天这个店铺就会变成"死店"。更有甚者,有的店铺的商品都没有多少关联性,这样的店铺很难让用户留下印象,这也就意味着很少有客户会复购。

到底怎么样的店铺定位才算正常呢？其实这个问题也不简单,因为有一些大品牌店铺的商品非常丰富,但销量都还可以；同时,也有一些店铺只有一个爆款在常年销售,但它的业绩也不错。但是不管哪一种店铺,你会发现一个共性,即存在爆款。

在一般情况下,我们应当先根据大盘确定爆款商品,接着考虑商品之间有没有关联性。例如,在销售厨房电器烟灶消套餐（抽油烟机 + 煤气灶 + 消毒柜）时,我们知道灶具的需求量比抽油烟机高,所以我们一般把灶具作为主推爆款。在销售中高端抽油烟机的时候,关联推荐中高端煤气灶、消毒碗柜等商品,或者关联高端商品,那么店铺的基本定位就有了,再加上"高大上"的宣传标语,一个品牌就形成了。其他类目打造爆款的方法也差不多。大家都知道京东商城目前就是一个商品超级市场（以下简称商超）,客户在有需求的时候才会去购买商品。这与商场是有区别的,商场是客户有事没事都可以去逛一逛的地方。所以大家需要注意的是商超的特点,即客人进去你要想方设法让他心甘情愿购买商品后再出来,所以你要有很多刺激客户冲动消费的方法,目前平台最常用的方法就是满减券,如满 5000 元减 500 元、满 199 元减 100 元、满 99 元减 50 元,不管是运用平台跨店满减优惠券还是运用自己店铺满减优惠券,都需要先规划好自己店铺商品的布局,如图 1-15 所示。

图 1-15

商品布局完成后,再确定销售价格,最后与竞争对手对比,做到心中有数,根据销量变化再进行相应调整。店铺定位看似简单,但是你会发现竞争对手无处不在,他们无时无刻不在与你挑战。

1.3 差异化运营

人生总会充满无奈和未知，特别是在电商行业。例如，商品经过前期努力推广后，流量得到明显提升，在开始赚钱的时候，突然出来一个强有力的竞争对手，和自己同品、同质甚至同品牌，然而你并不知道这个竞争对手是什么时候出现的。竞争对手不管是主图、商品详情页还是商品的评论内容都把你远远抛在身后，而且他还有优惠券活动，商品售价已经在成本价之下。

这种情况可能会持续一个月、半年乃至一年，如果自己的财力不雄厚、技术不如别人，那么将陷入进退两难的境地。如果跟进，不知道何时才能结束，可能得不偿失；如果不跟进，自己又不甘心。其实这种情况是不可避免的，除非你的财力雄厚、垄断生产线、拥有各种专利保护，但这对于一些中小商家来说谈何容易。

所以在这种情况下，我们要擦亮眼睛，做自己最擅长的部分。例如，从商品角度来看，在某些商品的规格、属性、体量足够让你"吃胖"的情况下，你就应只专注这个领域。比如别人的路由器都是 5 根天线以内的，你主打 6 根天线，并号称"强力穿墙王"，这样你的商品就有非常大的差异化，对穿墙有必要需求的用户就会对你的商品产生极大兴趣，如图 1-16 所示。

图 1-16

又如，带婴儿哭声识别报警功能的摄像头，其目标人群是有新生儿的家庭。虽然商品是一样的，但是竞品没有对商品进行细分或者没有突出这个卖点（见图 1-17），那么该商品就可以跟其他类型商品做差异化。

如果商品同质化非常严重，如橙子，是否还能做差异化？其实也是可以的。农夫山泉推出的甜度为 17.5 度的橙子就是一个非常好的例子，因为这个甜度比较适中、适合大众口味。如果做不到将每个橙子的甜度都控制在 17.5 度，那么可以尝试做小量珍品装，如铂金果 6 个精美装，也能达到相同的效果。

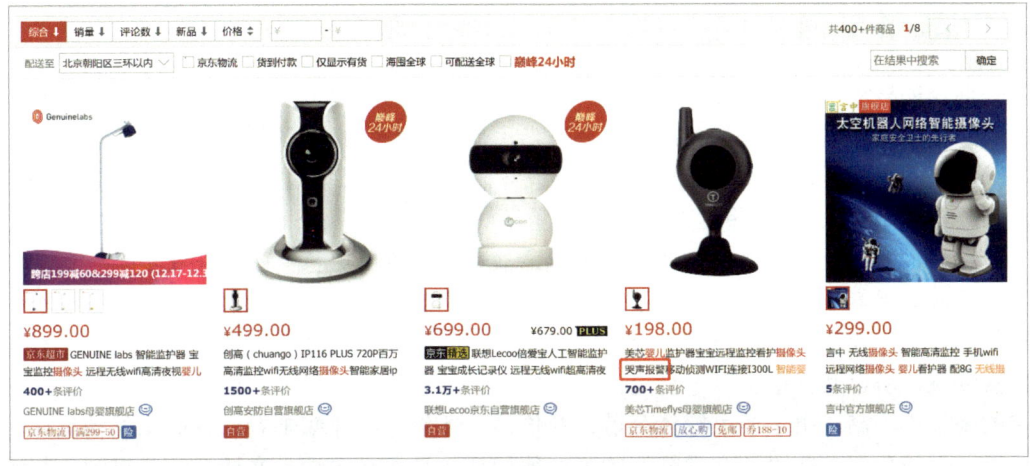

图 1-17

还有一个非常特殊的例子，即微软的 Surface Pro，品牌方对分销商的管控异常严格，各店铺同一款商品的价格、主图、赠品、商品详情等要求一样，唯一能比拼的就是推广渠道和服务水平，但是这些比拼往往旗鼓相当。笔者刚好认识两名学员，他们分别是类目第一、第二，两人实力相当，在这种情况下，推广渠道、服务也是可以做到差异化的，如商品的评价晒图不仅能体现出服务水平，还能体现出商品的转化率（见图1-18）。

图 1-18

最后再举一个例子，同样是同品牌食品，一家擅长京东快车，另一家擅长京挑客，但这不能阻止他们都成为重点商家。因为平台的特殊性，我们无法避免竞争，虽然我们可以跟风，如进行"杀敌一千自损八百"的价格战，但是老板或运营人员一定要有格局，不能只盯着一处，要尽量避开价格战。

1.4 战略亏损

商场如战场，经过权衡及风险评估，在有一定胜算的情况下，战略亏损也是一步好棋。在实际运作过程中，既要胆大心细，又要适当止损，量力而为，"留得青山在，不怕没柴烧"。

战略亏损，是指在旺季之前通过降价或其他手段把商品销量做到最大，以占领搜索、活动等主要流量入口，为销售旺季提高销量做好准备。

当然，如果资金雄厚、产业布局长远，战略布局可以更长一些，如3年甚至更长时间。这时如果竞争对手资金实力不够，那么就会提前出局。例如，猕猴桃的销售旺季在每年9月到次年3月，大概有7个月的销售期。因为很多地区盛产猕猴桃，而且还有进口猕猴桃，所以其价格极度不稳定，影响价格的因素也比较复杂，这可能会造成每个商家的销量都不高。由于商家较为分散，从价格、评价、好评率来看，各商家的销量比较接近。但是总有一些"不守常规"的人，他们从8月就开始深入产地、承包果园，从源产地进行垄断。

8月开始预售，9月发货，10月开始全力推广。对于客单价低的商品，京挑客的魔力是非常恐怖的。重金之下必有勇夫，特别是在京挑客团队越来越规模化的今天，只要设置足够高的佣金，再加上一定金额的服务费，就可以让京挑客每天都帮你推出数万单的订单。因此，前期推广费用很高，这不是一般商家能接受的。到12月，常规猕猴桃的货源开始骤减，收购价将水涨船高，小商家将慢慢停止销售，此时，前期亏损推广带来的效果开始显现，不管是搜索排名，还是官方活动支持力度都在递增，在选择商品时，大家都比较偏向评论数多的商品（见图1-19）。接下来商品的销量、价格都将得到提升，直到次年3月结束，这就是回收期。但是谁也不能保证回收期的收益能抵消之前的亏损，甚至带来更高的利润。如果有竞争对手跟你一直竞争到底，可能会出现两败俱伤的情况，这也是不建议大家打价格战的原因。

图1-19

又如，笔者经历过的电水壶项目。笔者所在的城市是中国小家电产业基地，电水壶在天气转凉的时候开始进入旺季，所以一般在9月左右开始进行全网布局。

电水壶是工厂代加工生产的，加工成本结算周期至少为3个月。电水壶属于低客单商品，通过京挑客进行推广后的销量是非常好的，每天5000单是常态，每单亏损10～15元，1个月的亏损高达150万元，通常猛推3个月500万元就没有了，其中还不包括其他的推广费用。

推广3个月左右后手上大概会有1000万元的资金，至于用这笔资金做什么，可以根据自己的投资计划来决定。我们选择用这笔资金帮工厂预订质量更好的配件，并且指定使用。回收期是旺季到次年4～5月。2017年有几个商铺将商品一直以亏本价从年头卖到年尾，从不间断。因此，我们只能更新产品，不再把电水壶作为爆款，换成其他小家电商品，但是这几个竞争对手又跟进了。最终，我们开始花巨资向高端智能商品转型，以避开这些搅局者。听说这几个搅局者已经欠下数千万元的贷款，目前如果不中断低价策略，将出现资金链断裂。

综上所述，大家在做战略亏损时，一定要注意收益与风险是并存的，"没有金刚钻就不要揽陶瓷活"，只做自己能承受得住的战略亏损。

1.5 品牌战略

在现代营销学理论中，定位是指通过营销手段占据消费者的心智，使消费者接受并记住你的品牌。

1957年美国社会心理学家洛钦斯（A. S. Lochins）提出了首因效应的概念，并用实验证明了首因效应的存在。首因效应也被称为首次效应、优先效应或第一印象效应。在心理学层面，首因效应是指个体在社会认知过程中，最先输入的信息对客体以后的认知产生的影响。

对于首因效应，一种解释认为，最先接收的信息形成的最初印象构成了脑中的核心知识或记忆图式，后输入的信息只是被整合到这个记忆图式中，即这是一种同化模式，后续信息被同化进了由最先输入的信息形成的记忆结构中，因此后续的新的信息也就具有了先前信息的属性痕迹。另一种是以注意机制原理为基础的解释，该解释认为，最先接收的信息没有受到任何干扰地得到了更多的注意，信息加工精细；而后续的信息则易受忽视，信息加工粗略。

事实上，在营销理论中定位策略的根本理论基础在于首因效应，即想让消费者对你的品牌或产品产生什么样的第一印象。

1.5.1 品牌定位

与品牌定位有关的书籍多如牛毛，笔者对于定位的理解非常简单，那就是找第一。

现在市场上品牌繁多，特别是在互联网时代，消费者面对的产品极其丰富，获取产品资讯的方式也更为简单，每个人都面临很多选择。

如何让消费者在浩瀚如海的产品与品牌中记住并选择你的商品，是品牌定位的核心工作。

人的记忆是有限的，在面对浩如烟海的产品和品牌时消费者的记忆更是混乱的。因此，要想让消费者记住你的产品，只能是成为第一。人们往往只能记住第一，记不住第二、第三。

在阿芙之前，也有许多品牌经营精油产品，也有许多化妆品用精油，但只有阿芙打出了"阿芙，就是精油！"的口号（见图1-20），成功抢占了消费者心智中精油产品第一的位置。

图 1-20

茵曼品牌母公司是广州市汇美时尚集团股份有限公司，该公司专做电商国际业务，后来成立了茵曼品牌（见图1-21），2010年6月，正式发布了"棉麻艺术家"的广告，成功占领了消费者心智中棉麻女装第一品牌的位置，这也是互联网品牌崛起的标志性品牌。

图 1-21

网上蓝牙音箱的品牌有许多,且价格一个比一个低。在华强北市场,一定可以找出许多不同品牌的蓝牙音箱。其中,有一个品牌只花了三年,就成了人尽皆知的音箱品牌——猫王,如图1-22所示。

图 1-22

猫王是曾德均先生创立的品牌,其打造的复古收音机蓝牙音箱,特别是猫王小王子蓝牙音箱,从SONY、飞利浦等众多大品牌中脱颖而出,备受消费者青睐。复古收音机不仅得到"70后""80后"的欣赏,更得到"90后""00后"的追捧。蓝牙音箱复古收音机完成了消费者心智第一品牌的占领,这无疑是最成功的品牌定位,其创始人也被誉为"中国胆机之父"。由此可见,第一对于品牌定位来说多么重要。

对于品牌来说,第一也是唯一,如此重要。那么,面对诸多同类竞品,如何才能做到第一?

先讲一个小故事

笔者从事电商运营将近10年,但在电商这个大行业里默默无闻。后来成为京东官方认证的001号讲师(见图1-23),这使笔者在行业里渐有名气,大家都记得有一个001号讲师叫骆晓鹏。笔者虽然在电商这个大行业里不知名,但是"001号"这个编号让笔者很容易被人记住,这便是定位的细分。

图 1-23

移动电源是一个特别大也特别乱的市场，品牌林立、价格差异大、品质参差不齐，要建立品牌知名度难度相当大。但亿觅品牌却逆势而上（见图1-24和图1-25），其通过"刀锋"系列和"恶魔"系列产品，成功地占领了消费者心智，并成为"设计师移动电源第一品牌"。该品牌以外观设计见长，尤其受女性消费者喜爱。随着移动电源品类的成功，该品牌进一步将品类扩展到耳机、音箱，甚至风扇、化妆镜、精灵灯等类别，把萌宠风格的外观设计发挥得淋漓尽致。

图 1-24

图 1-25

亿觅获得成功在相当大程度上是因为其将移动电源这个大类目缩小到设计师品牌移动电源这个小类目，而且，将客户目标细化为女性群体，并且将产品集中为"恶魔家族"和"觅萌家族"两大主打系列，成为这一细分领域的第一品牌，成功占领了消费者心智。

说起小家电，国内的品牌有美的、九阳、苏泊尔、格力、格兰仕等，国外的品牌有飞利浦、松下等。但说起吸尘器，很多人会立马想到小狗电器。很多品牌包括国际知名家电品牌都做吸尘器，但从占领消费者心智的角度来看，小狗电器无疑是中国吸尘器的第一品牌（见图1-26）。

图 1-26

从家电到小家电再到吸尘器,虽然类目被细分,却能够让消费者记得更清晰,这便是品牌定位的核心要素。

类目或者市场的细分看似在缩减自己的成长空间,实际上却是让品牌尽可能地减少其他品牌的干扰,利用首因效应让消费者有清晰的印象,从而占据消费者的心智。

细分定位案例实录

ELIXA 手表是一个来自瑞士的时尚腕表品牌,走快时尚路线,强调个性潮牌搭配,在进入中国市场时也延续了时尚潮搭的品牌思路,如图 1-27 所示。

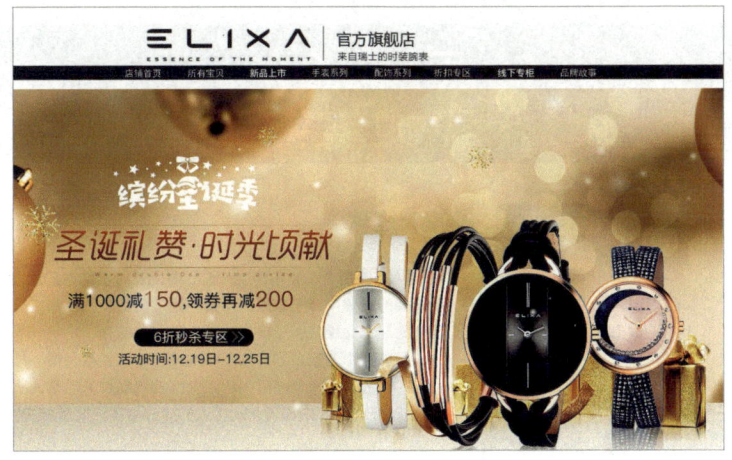

图 1-27

运营团队在进行市场调研的时候发现,国内市场中的各类潮牌概念的手表层出不穷、价格不一。搭配水晶、搭配钻石,简约风格、OL 风格、晚装风格等手表数不胜数。市场中价格低的手表的定价在 100～300 元不等,价格高的手表的定价从几千元至几万元不等。ELIXA 手表是国外进口手表,存在运输费、包装费、关税等费用,定价在 1000～2000 元。作为一款石英表,ELIXA 处于比较尴尬的地位。

针对这种情况，运营团队运用细分法对产品进行了精细的品牌定位。

从性别上手表一般分为男表、女表和情侣对表；从性能上手表一般分为机械表和石英表；从产地上手表一般分为瑞表、欧美表、国表；从使用场景上手表一般分为商务用、休闲用、晚会用、运动用；从使用材质上手表一般分为黄金表、铂金表、精钢表、镶钻表、镶水晶表、玉石表、螺钿表等。

ELIXA 手表是石英女表品牌，走潮牌搭配路线，在京东商城中不能以瑞表的身份进驻，只能归类为欧美表；风格适用于商务、休闲、晚会等场景，如此该如何细分？

（1）性别层面：只限于女性。

（2）快时尚层面：消费者接受的价格区间为 300～600 元。

（3）同等价位层面：在价格为 1000～2000 元的手表中，进口手表，如 DW（丹尼尔惠灵顿），国产手表，如依波表，无不是占领消费者心智的品牌。

（4）材质方面：确实难以找到突出的点。

（5）品牌知名度方面：在国内基本为零。

如何找到消费者接受并能够记住该品牌的点、做到细分领域的第一，成为当前的难题，品牌定位陷入僵局。

运营团队反复阅读品牌方提供的材料后发现了一个细节，即 ELIXA 品牌灵感的来源。ELIXA 是设计师因找不到适合女朋友的礼物而设计的手表，他认为应该用个性魅力的时尚潮品来表达爱慕之情，如图 1-28 所示。这一细节的发现，让运营团队跳出了原有的思维模式：女表并不都是由女性购买的。

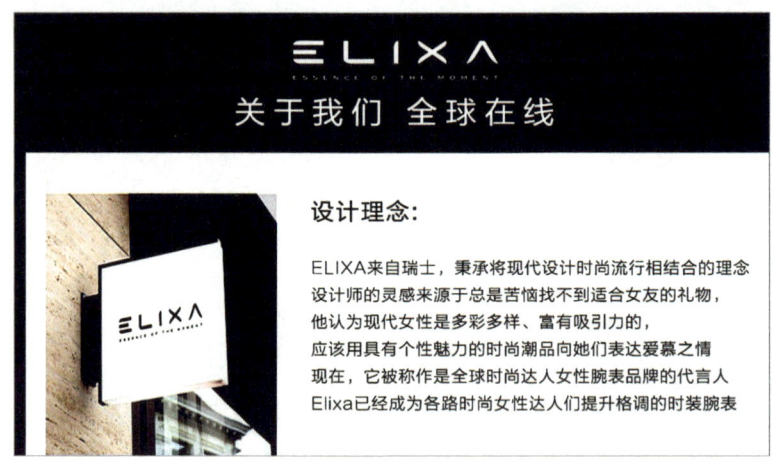

图 1-28

男性总希望自己送的礼物能够随时都让女友看到，最好能够随身佩戴；从审美方面来讲，男性希望女友的穿戴能够时尚潮流，搭配得体；从礼物方面来讲，送女友 300～500 元的礼物，价格有点偏低；大几千元的礼物，价格又有点偏高；1000～2000 元的礼物，刚好是合适的价位。

男性给女性送礼物的时机大多是生日、情人节、七夕、表白、特殊纪念日、求婚、订婚等。求婚、订婚的礼物一般都是钻石、戒指；情人节、七夕的礼物应该暧昧一些，如项链、耳环等。

运营团队经过进一步讨论发现，手表作为表白礼物最恰当不过。

（1）价格定位合适：既不会显得随便，也不会过分贵重。

（2）特性合适：既不会过于暧昧，也不会显得疏远。

（3）使用合适：可经常使用。

（4）寓意合适：有表达、表白之意。

最终，运营团队将 ELIXA 手表定位为表白神器，以占据表白礼物第一的地位，并将广告语定为"ELIXA，爱的表达"，如图 1-29 所示。

图 1-29

至此，我们再赋予产品"假如你收到一块 ELIXA 手表，说明对方是在向你表白"的寓意，将 ELIXA 与表白神器画上等号，便完成了品牌的精准细分定位。

需要进一步说明的是，品牌定位是一个细分再细分，寻找第一的过程。在这个过程中，很多人担心过于细分的方法，会使目标人群受限、市场空间受限。其实大可不必担心这个问题。一个品牌的发展是从小到大的过程，其渗透的人群也是从少到多的。在这个过程中，品牌会形成独特的吸引力，吸引更多消费群体加入，最终形成品牌黑洞，达到倍增效应。

1.5.2 人群定位

人群定位，简单来讲，就是确定把产品卖给谁。

店铺运营容易犯的第一个毛病就是，只会拼命引流。这样会出现两个问题，一是流量引不进来；二是流量引进来，但转化特别差。

店铺运营容易犯的第二个毛病就是，人群定位太宽泛。总想着把所有人都包括进来，殊不知定位太宽泛，等于没有定位。

店铺运营容易犯的第三个毛病就是，人群定位不精准。例如，妈妈群被定义为家庭主妇，上班族被定义为白领。

店铺运营容易犯的第四个毛病就是，在进行人群定位时模糊边界。例如，将中童（即5～7岁儿童）模糊为中小童（即3～7岁儿童），将金领模糊为中小企业领导。

究其原因，一是不能精准地理解人群定位带来的好处，二是总认为把网放大一点捞的鱼就会更多。

那么，精准的人群定位的意义是什么呢？

（1）精准的人群定位需要对精准目标人群的需求进行深入分析，从而使得产品或者服务能够真正满足这部分人群的需求。如果目标人群变得宽泛，那么需求就会变得多样，这会使产品或服务不能真正满足目标人群的需求。

（2）精准的人群定位是让品牌、产品或店铺做减法，把有限的精力和资源集中到一个点，深入目标人群，而不是面面俱到却处处不痛不痒。

（3）电商平台的产品或服务已经极其丰富，并且严重过剩，这要求品牌进行纵深发展而不是横向发展。纵深发展的意义是为消费者提供越来越多的个性化产品或服务。精准人群定位的目的就是把那一小部分有共同需求的消费者找出来，并为他们提供精准的产品或服务。

需要说明的是，不同类目、不同品牌对于人群定位的界定范围是不一样的。例如，儿童可分为0～1岁的婴儿阶段、1～3岁的婴幼儿阶段、3～6岁的幼儿阶段（学龄前）、6～10岁的少儿阶段（小学生）。这几个阶段里，不同产品的人群定位的差别相当大。同为儿童玩具，其人群定位差为3～10年；同为机器人，早教机器人和学生辅导机器人的目标人群差别就相当大。可能读者会认为，不管目标人群差别多大，买产品的都是家长，他们是同一个群体。事实上，不同年龄段孩子的父母的关注点是不一样的，所以不同年龄段孩子的父母是不同的群体。

人群定位的方法

关于人群定位的方法有很多，包括年龄、性别、职业、收入、地域等，这几种定位方法都没有错，但始终让人感觉一头雾水，不清楚目标人群是哪些人、有什么特质、有什么共同点和不同点。

在素描绘画中，人像写生很重要的一点是抓人像的特征，只要抓住几个关键的人像特征并表现出来，这个人像素描与模特的相似程度就会很高，这一点在人像漫画中表现得尤其突出。漫画无论表现得多夸张，但一眼就知道画的是谁。图1-30为作者自画像。

图 1-30

人群定位第一步，即人群画像。

人群画像要求用一句十个字以内的话来描述目标人群，并且让人一眼就能够明白目标人群是哪些人。要满足人群画像的要求，就需要明白人群定位的精髓：①必须清楚地知道目标人群是哪些人；②必须把目标人群划分得足够细；③不能模糊目标人群边界，只有抓住人群的精准特征，才能把目标人群描述得足够清晰。

空气净化器是男女老少都能使用的产品；从使用地域上来看，虽然北方使用者偏多，但南方也有不少对空气品质有要求的消费者在使用。因此，空气净化器的目标人群特别广泛，而市面上大多空气净化器没有精准的人群定位。绝大多数空气净化器定位的人群为家庭，而这相当于没有定位。部分品牌的目标人群定位为高消费群体，这使得空气净化器沦为精神安慰类产品。

"三个爸爸"空气净化器是空气净化器品牌中第一个精准定义消费群体的品牌，其定义的消费群体是孕妇及 0～10 岁的儿童，如图 1-31 所示。

图 1-31

孕妇和儿童是最容易感冒的群体，相对于其他人来说，孕妇和儿童是重要的保护对象。一般成人并不是特别关注空气质量的好坏，但有孕妇和儿童的家庭十分关注空气质量，这也是"三个爸爸"一经推出就火爆全国的最重要原因。

"三个爸爸"成为现象级产品的根本原因是，其对目标人群的精准把握和成功的人群画像。"孕妇及 0～10 岁的儿童"这几个字让消费者一下子就能清楚自己是否属于这个人群，拉近了品牌与消费者的距离，增强了认同感。

有必要指出的是，很多时候产品并不是那么容易进行人群画像的，这要求我们能够精准地细分人群，人群分得越细对应的人群画像越容易。

例如，亿觅的目标人群是设计师，更细分来看是女性设计师。因此，从视觉表达上，其红黑色的搭配、产品的设计、邪恶的元素和萌宠的元素的加入都是为了取悦设计师（特别是女性设计师），如图 1-32 所示。

图 1-32

女性设计师这个群体，不分年龄、收入、地域，也不分时装设计师、空间设计师、建筑设计师、工业设计师、平面设计师。只要说到女性设计师，大家脑海里就会冒出见过的女设计师的模样，以及她们的共同特质。

ELIXA（见图 1-33）的目标人群比较特别，使用者是坠入爱河的女性，购买者是想表白的男性。同样，坠入爱河的女性和想表白的男性这个群体是不分年龄、职业、地域、收入的。这种人群定位方法与其他各类营销书籍中的人群定位方法有所差异。

图 1-33

人群画像的群体定位方法与其他定位方法的不同之处在于，其丢掉了一些类似数据的标签，抓住了群体的共性特征。这类似于中医与西医看病方法的区别，西医讲究检查数据，用数据来确定病人有什么样的病；而中医通过望、闻、问、切的方法来判断病人得了什么病。

同样，中国画讲究神似，即抓内在特征；西方画讲究写实，即抓外在特征，这也是人群画像方法与其他根据年龄、收入等指标划分人群方法的不同之处。以年龄、收入等指标划分人群的方法大多源于西方营销学理论基础，人群画像方法是中式的营销学方式。

邦士度是一家源于台湾的专业做防护眼镜的品牌，主要生产医用手术防护眼镜、安全防护眼镜、电焊防护眼镜等产品，属于工业品范畴。其在拓展个人消费品产品的时候，把产品定位为篮球护目镜，如图 1-34 所示，目标人群定义为打篮球的用户群体。同样，该目标人群也没有年龄、收入、职业、地域的区分，甚至没有性别的界限。该目标人群进一步可细分为打篮球的近视者，这一下子就抢占了消费者心智中篮球眼镜第一品牌的位置。

图 1-34

人群定位第二步，找到目标人群感兴趣的话题。

俗话说"物以类聚，人以群分"。每个群体内的人都有共同的特征，而同一个群体内的人总会有共同关心的话题。例如，孕妇离不开与孩子营养、健康、饮食、学习等相关的话题，再扩充一点，就是美容、保养、烹饪等话题。网络上与育儿、健康、胎教等有关的内容，总会被孕妇认真研读。又如，码农天天泡在各种与码农有关的论坛里，以寻找各种源码、破解程序、黑客工具、代码教程。在微信如此火热的年代，各种论坛都开始冷静了，但码农们的论坛依然火爆如初，热闹非凡。再如，摄影爱好者总是晒各种照片、讨论去哪里拍片、讨论摄影器材、分享各种摄影教程。红酒爱好者会分享各种庄园的酒的差异、辨别各种酒的教程、酒器选择的技巧、不同年份的名酒的差异等。茶客的话题离不开茶的种类、茶的年份、茶的产地、茶底、茶色、口感、茶器等。从汝窑、白瓷、黑瓷到紫砂建盏的论述，无不内容丰富、见仁见智。茶叶更是讲究产地山头、采摘时节与炒制工艺，每一项内容都是专业细致的。驴友喜欢讨论路线指南、风景摄影、野外生存指南、装备工具、拓展路线等。书友分得更细，每一本有影响力的书都有一批忠实的粉丝，他们会讨论各自的观点、分享自己的读后感。

每个群体都有各自感兴趣的话题，而这些话题，正是凝聚群体和活跃群体的基础。

人群定位第三步，找到目标人群共同的意见领袖。

每个群体都会有意见领袖，这些意见领袖的观点会被群体中的大多数成员接受，并影响群体成员的看法或行为。论坛版主、网站站长、医生、教授、老师、小区业委会主任、酒庄庄园主、班长、学生会主席、群主、个人写手、作者等都是意见领袖的潜在人群。寻找意见领袖的目的是，通过意见领袖对品牌的认同，使意见领袖所在群体的成员认同品牌。

意见领袖的影响可分为直接影响和间接影响。

直接影响是指意见领袖进行有影响力的传播活动。这需要主动接触意见领袖，并通过合作、付费、资源交换等方式获得意见领袖的认同，并让其主动传播该品牌。

间接影响是一种潜移默化的传播方式，是指通过专业的论坛、杂志、行业会议、评测文章等影响意见领袖，让意见领袖成为品牌粉丝，从而让更多群体成员成为品牌粉丝。这种影响往往最有实际效果。

大多数程序员都向往参加腾讯安全国际技术峰会（见图1-35），该会议是专业领域里具有影响力的会议之一。在这个会议上，会有很多专业人士提出专业观点。相关品牌在该会议上做宣传与推广，一方面，该品牌会被传播给所有参会人员，而且这些参会人员在行业里都是意见领袖般的存在。另一方面，会议的主讲嘉宾无疑是意见领袖中的意见领袖，被主讲嘉宾认可的行业品牌无疑会有非常强大的背书。很明显，专业性是潜移默化影响意见领袖的重要因素。

图 1-35

有远见的企业会主动去承办一些行业的专业性活动，龚文祥老师每年都会举办一次千人电商论坛，如图1-36所示，这个会议触达的群体可达千万人。每年都会有很多微商、自媒体人、行业大佬参加该活动。行业里有影响力的微商企业都了解这个会议，认识龚文祥老师。龚文祥老师成功把自己打造成为千万级IP，同时千人电商论坛也成为微商领域品牌传播的重要渠道。很多微商品牌通过龚文祥的千人电商论坛，获得了更多粉丝，拓展了更多分销渠道。

图 1-36

人群定位第四步，找到目标人群共同的信息传播渠道。

制造产品、创立品牌、定位人群的实最终目的是，将品牌传播给目标人群，让目标人群认知、认同品牌。因此，找到适合目标人群的传播渠道，才能打开品牌传播的通道。

把找到共同的信息传播渠道作为人群定位的方法步骤之一，是因为信息传播渠道是进一步明确人群定位的工具。

电视广告曾经是一个有效的信息传播渠道，其传播范围广、影响力度大。其中，央视新闻联播的黄金时间是顶级品牌必争的信息传播渠道。然而，随着电视频道的增多、节目种类的丰富，特别是互联网信息传播的加速，电视节目收视率逐步降低，广告传播的效果受到了影响，但是这并非影响电视广告传播效果的根本原因。电视节目收视率下降、广告效果下降的一部分原因是，电视节目缺少收视用户真正想看的内容，事实上各卫视有很多节目还是有相当高的收视率的。另外一部分原因是，大众获取信息的渠道变得多样化，每个人都会根据自己的需求进行选择。电视剧这样的大制作视频产品每天只有两集，天天追剧使消费者很容易失去耐心。而各视频网站的 VIP 用户可以不用看广告，甚至片头和片尾都会自动跳过，所以一些消费者更愿花点钱去看网络视频。

内容的个性化是互联网时代影响信息传播渠道的根本原因。

罗振宇在 2018 跨年演讲会《时间的朋友》（见图 1-37）里提到一个非常值得深思的观点，他提出，互联网人口红利的消失使流量的获取越来越难，互联网创业的战场发生了转化。罗振宇认为时间已经成为商业的终极战场。一个网民平均每周上网的时间是 26.5 小时，所以全年国民上网总时间是 18 250 亿小时，而且，全年国民上网总时间的波动性不大，很难出现大幅增长，所有竞争者都在争夺这个时间。

图 1-37

换个角度讲,每个用户的上网时间是有限的,且每个用户都在选择自己想要看的内容,品牌只有在用户阅读范围之内进行推广,才能触达到用户。在信息爆炸的互联网时代,用户隔绝了大部分自己不感兴趣的信息,如果不找到用户接触信息的渠道,那么你的成功率基本为 0。

寻找共同的信息传播渠道的核心要从内容出发,把用户群体感兴趣的话题集中起来,就能找到这些内容出现的渠道,而这些渠道就是信息传播的主要渠道,即传播品牌的渠道。

人只对自己感兴趣的话题产生反应。每人每天可能会接到几个推销电话,买房、卖房、贷款、炒股等,烦不胜烦。但是当你需要买房或卖房的时候,总会忍不住和对方多聊几句,以了解行情;当你需要贷款的时候,会发现贷款业务员的电话也没那么烦,甚至会和对方谈论贷款条件、利率等。

同样,在共同信息传播渠道发布的内容,对很多用户来说都是其感兴趣的信息,用户会仔细去看。但如果信息与这部分人无关,无法激发用户兴趣,即使发布出去也无法触达用户。

总结一下人群定位的 4 个步骤:

(1)一句十个字以内的精准的人群画像;

(2)找到目标人群感兴趣的话题;

(3)找到目标人群共同的意见领袖;

(4)找到目标人群共同的信息传播渠道。

案例分享:三个爸爸的用户群体定位

三个爸爸空气净化器是一个通过众筹模式打开市场的典范案例,也是京东首个突破千万级众筹金额的项目。三个爸爸品牌创立之初,进行了非常精准的用户群体定位。

(1)用户画像。

三个爸爸的目标人群是孕妇和 0 ~ 10 岁的儿童,如图 1-38 所示。

图 1-38

精准的人群定位是三个爸爸品牌和其他空气净化器品牌的不同之处。

（2）兴趣话题。

孕妇无不关心自身孕期的健康、营养、生产、月子护理，以及宝宝的胎教、健康等事宜。而小朋友的妈妈们关心的是孩子的营养、教育、性格培养、智力开发、饮食习惯等事宜。因此，这部分群体关心的内容大致可分为 4 部分：①健康，孕妇及宝宝生病预防及处理方法；②营养，饮食内容、食物搭配、喂养方法；③习惯，宝宝习惯养成、性格培养、智力开发等；④教育，胎教、早教、学习、兴趣班、课程作业等。

（3）意见领袖。

孕妇的意见领袖包括：①医生；②有孩子的明星，如图 1-39 所示；③行业大佬、社会知名人士。

图 1-39

三个爸爸邀请的意见领袖既有儿科行业的专家教授,又有有孩子的明星父母,也有行业大佬,如江南春、牛文文、张震等。三个爸爸将工程开发的样机赠送给数百位名人试用,并得到了极高的评价。同时,这些名人也成为三个爸爸品牌的站台背书。

不仅如此,三个爸爸还召集了数百名种子用户进行产品试用,并发放空气质量检测仪进行 PM2.5 及甲醛清除效果的测试,这将一个"精神安慰"产品变成了可以通过数字感受的实效体验产品。这些种子用户一般都是相关群群主、公众号自媒体人、小区群主、家长群中的活跃分子等,是直达终端的意见领袖。

(4)传播渠道。

三个爸爸向京津冀地区 100 多个母婴类、养生类、微信订阅号投放了相关内容,覆盖了 2500 多万人,并且在北方雾霾比较严重的时候对分众传媒的电梯广告进行了投放。

辣妈帮是国内大型的妈妈社交平台,是用户通过手机、iPad、Web 等可以随时随地以图片、文字、语音等方式进行育儿、瘦身、美妆、情感、美食、两性知识等相关内容分享、交流的知名平台,是母婴类产品非常重要的传播渠道。三个爸爸自然不会放弃这么重要的传播渠道。在产品测试时,三个爸爸在辣妈帮召集了试用用户,这些用户不仅是意见领袖,还会主动传播产品信息(见图 1-40)。

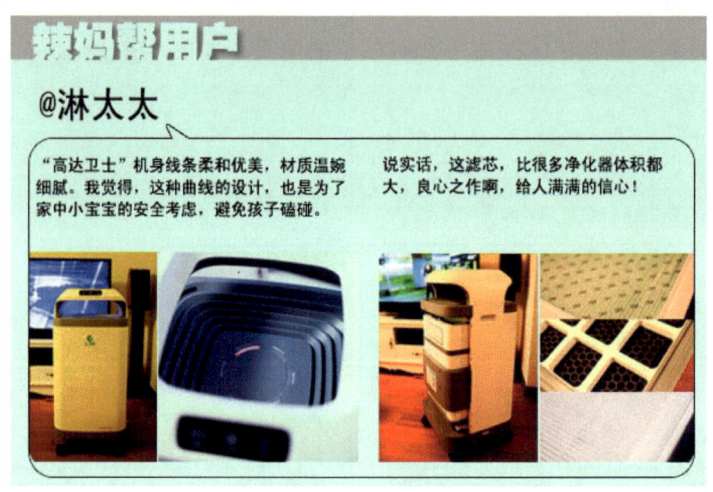

图 1-40

通过在各种目标人群活跃的信息传播渠道对商品进行推广,三个爸爸成功获得了消费者的认知、认同。众筹达到千万级也是水到渠成的结果。更为重要的是,众筹之后三个爸爸迅速在京东、淘宝、天猫等电商平台开设店铺,分销商数量爆满,一举进入行业前十。

1.5.3 店铺定位

与品牌定位及人群定位相比,店铺定位可能是运营人员最关注的内容。

京东的店铺，一般分为3类：①旗舰店，品牌官方店铺，只允许卖该品牌的产品，具有唯一性；②专卖店，可以卖多个品牌的商品，但类目相对集中；③专营店，只允许卖某个品牌的商品，需要品牌的授权，保证产品是正品行货。

对于旗舰店来说，店铺定位基本上没有太多可操作的空间。旗舰店是品牌官方的形象店铺，一般区分的是不同类别的产品。例如，海尔分为海尔集团官方旗舰店、海尔热水器旗舰店、海尔冰箱旗舰店、海尔洗衣机旗舰店、海尔空调旗舰店等。每个品类都有一个旗舰店，其定位是按产品品类区分，代表的是品类的官方形象。

对于专卖店来说，店铺定位是其需要重点考虑的内容。

首先，一些品类多的大品牌，会有多达数百个专卖店，如海尔、美的等家电品牌。且大品牌会有价格管控，不能乱定价，如果不对店铺进行精准定位，将会出现同质化严重、缺乏竞争力的现象。大多数品牌经销商开设的专卖店每个月只有十几万元的销售额，在家电利润普遍不高的情况下，这些店铺处于艰难维持的状态。

其次，一些品牌方除旗舰店外，为了增加品牌曝光量，还开设了多个专卖店，这类专卖店产品一致、详情一致、价格一致，基本上没有差别。该类型的专卖店除非运营团队特别强，否则只是加大了运营成本、分散了品牌交易通道，并不能增加品牌的总体销售额。

最后，部分品牌，通过代运营、分销模式开设专卖店，但因价格管控力不足，出现了乱定价、假货等情况，最终伤害了品牌，让品牌失去了消费者的信任。

那么，专卖店应该如何进行店铺定位呢？

第一，品牌方在开设店铺的时候需要进行店铺规划，一般情况下品牌形象店铺是由旗舰店担任的。品牌可以规划新品店铺，处理尾货、库存的折扣的店铺，打压竞争对手的店铺等，使店铺做到各有侧重、互为补充。

第二，大品牌经销商店铺更需要精准的定位。品牌一般会对商品价格进行控制，也就是说，所有店铺产品的价格是由官方控制的，不能随意降价。各店铺在价格层面没有差别，消费者在各个店铺看到的产品是一样的、产品价格也基本一致。因此，能够吸引用户下单的并不是品牌和价格这两个维度。

海尔某经销商店铺销售海尔全类的产品，海尔官方对价格的控制力度相当大，那么，如何让消费者记住该店铺呢？由于品牌和价格不能成为根本要素，我们想得更多的是如何打造一个特色店。家电产品各店铺的价格基本一致，没有太大可调空间，但大多消费者属于价格敏感型人群，同一个型号的产品，可能十几元的差价就会影响最终的成交结果。根据线下经验，消费者在家电价格不能谈的时候，总想要更多的赠品，于是，该店铺定位为赠品最多的店铺。通过赠送更多赠品来提升店铺的转化，并让消费者对店铺有深刻的印象。

专营店应该如何进行店铺定位呢？

先看一个案例：某数码专营店主营键盘、鼠标类产品，这类产品非常便宜，竞争也非常大。这个店铺的定位非常清晰，即只做游戏配套的外设产品——专业电竞外设平台。

其首页很简单，并没有轮播图、各产品的展示，只用一张游戏的界面图就显示出了店铺卖游戏配套的外设产品的点，如图1-41所示。可能买普通键盘的人并不会注意这个店铺，但是游戏玩家一定会对这个店铺印象深刻。

图 1-41

从这个层面来看，专营店定位重要的一点是某个细分类目的专业性与个性化，即类目的齐全性与类目的深度。

（1）细分类目横向的齐全性：凡是这个类目的产品在这里都能够找到。

（2）细分类目纵向的深度：电竞游戏中需要使用更专业的键盘、鼠标设备。

专营店定位最忌讳的是因大而全而使店铺失去特色。

总体来说，品牌战略核心中的核心是找到精准的目标人群定位，再根据目标人群的需求定义品牌策略、人群策略、价格策略，以及店铺策略。

1.6 价格策略

定价是门技术活，如果只是简单地把成本、运费、佣金、管理成本等费用和自己的利润相加得到的数值定为商品价格，在经过一段时间发现没有订单时，才想起与竞争对手比较，那么这时你将发现竞争对手已经遥遥领先了。只要你善于观察，就会发现同类型的产品都有一个价格的支撑点，如图1-42所示。

说明：本书采用混彩印刷，从正文33页至264页采用黑白印刷，其余页码的内容采用彩色印刷。

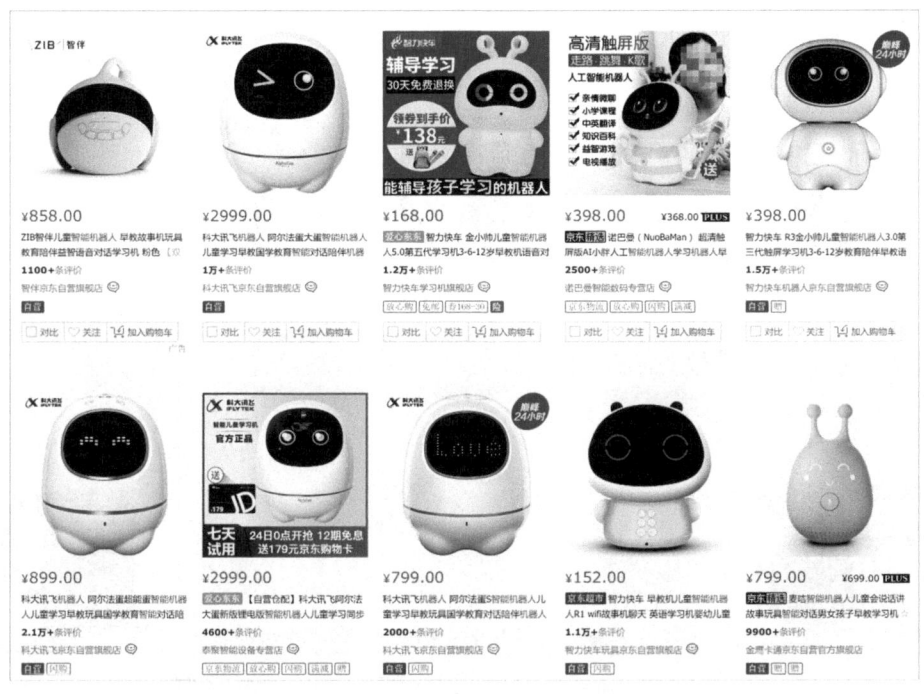

图 1-42

其实我们在商品上架之前就要进行各种数据分析，通过行业大盘数据，找出哪个价格段的商品比较受欢迎，其对应的是什么客户群体，判断自己的商品是否具备竞争优势等，做到心中有数。

另外还需注意店铺商品的价格结构是否合理，特别是利润款商品是否能撑起跨店大额度满减券活动。这里跟大家分享一下跨店大额度满减券应满足的情况，如满199元减100元的优惠券活动，事实上每个用户都买够199元的商品是存在一定概率的事件。有一些耍小聪明的商家先提高价格再参加满减活动，其结果可能是不仅没有客户单独购买，而且客户流量也很少。所以建议大家，商品的价格与客户的理想价格不能相差太远。例如，苹果手机数据线的正常单价是19.9元，某店铺参加满199元减100元的跨店活动，考虑到这属于五折活动，为了不亏损直接把价格提到38.9元，不管客户有没有查看历史价格的工具（一般情况下没有多少客户会使用历史价格查询工具），这都不是一个明智的举动。不如一开始就根据商品的特性，专门制定利润超过50%的店铺价格布局，其后如果有这样的活动直接报名即可，没必要临时修改价格，并且临时修改价格存在价格欺诈的风险。

另外，如8折、7折、6折活动也是需要在店铺价格布局中体现的，如商品规格不同、属性不同，哪怕成本差别只有几元，店铺价格布局也可以有较大差别。需要注意的是客户定位要清晰。最后要重点说明的是爆款的定价策略。一般情况下，爆款定价除参考成本外，还要考虑竞品的价格，如果我们在成本上有绝对优势，那么就可以设定略低于竞品价格的价格，从而加大前期销量；如果没有价格优势，那么就要在差异化上想办法，主打商品卖点、赠品、套餐、多买优惠等营销方式，如图1-43所示。

图 1-43

虽然商品与竞品同价或者比竞品价格高，但是主图、副标题、商品详情页、咚咚促销语可以与竞品不一样，可以换个角度与竞品进行竞争。我们在销售周期内也需要在不同活动中，尝试不同价格对应的点击率、转化率、订单量，从而做到心中有数，不至于在面对"6·18"、"双11"、秒杀等一些大型活动时举棋不定，影响销售效果。

总之，在价格制定上，我们一定要以用户定位为基础，瞄准竞争对手，做差异化竞争。

第 2 章 运营管理

本章要点：

- 全才与专才
- 考核与激励
- 企业文化
- 与平台沟通
- "大神"无法空降
- 天罗地网
- 认识自己
- 团队管理
- 供应链管理
- 财务管理

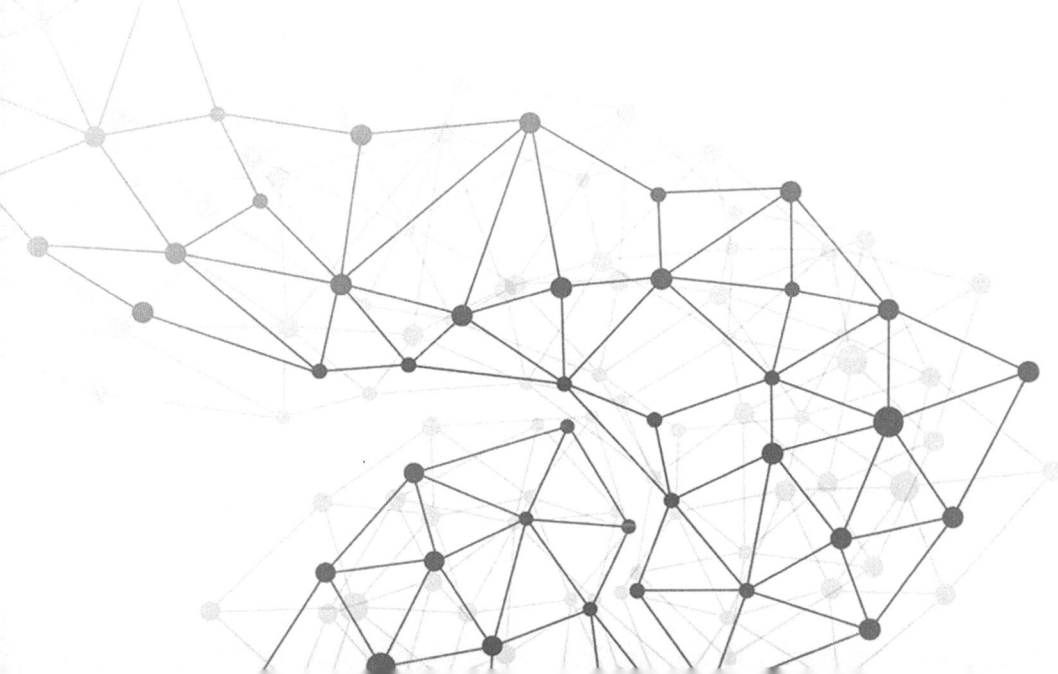

2.1 全才与专才

笔者因从事讲师接触过很多电商老板,他们大多会抱怨自己店铺的运营人员存在较多问题,并常感叹"如果能找到像老师这样的运营人员就好了"。我们在电商人才的培养方面很容易犯错,进而造成老板与员工相互抱怨的局面。一方面老板觉得店铺运营人员实力不行,不能把握全局,很多事情还要老板做决定;另一方面店铺运营人员觉得老板不放权,前怕狼后怕虎,几千元的测款都不敢投资,最终错失良机。

一般情况下,全才相对来说比较容易成为企业中的管理人才,他们虽然什么都懂,却有可能对每一种工作都不精通;同样,正是因为都懂,所以他们在管理方面可以有所表现。

就好像笔者给企业做内训,如果授课对象是老板,那么就讲运营战略、讲店铺格局;如果授课对象是运营人员,那么就讲运营技巧、讲运营方法;但是如果授课对象是刚转岗的新人,那么就只讲知识点。当然,刚转型的人员可以通过学习成为运营人员,运营人员通过学习也可以成为管理人员。但是重点在于要培养每个岗位的专才,而不是全才。

就现阶段的电商环境来说,已经不太可能再有白手起家的情况出现,纵观电商圈,已经没有哪一家店铺集老板、运营、美工、打包、发货于一身。流量红利差不多结束的今天,是直接兵刃相见的时代,任何一个环节,如运营计划、美工装修、采购发货、售前售后,都是紧紧相扣的,无论哪一个环节做不好都可能影响店铺发展,所以建议大家聘请适合的人,而不是"大咖"、全才。聘请全才虽然表面上可以节省一些工资成本,但是实际上可能因为某一个环节被耽误而损失更多。

员工之间应该相互学习,在工作中共同进步,而不是相互推诿。大家可以引入一个管理工具,即数据考核。对每一个岗位都要进行考核,考核按日、周、月、年进行,要每天修正错误、相互提醒,做得好的岗位人员给予奖励,做得不好的岗位人员给予处罚。例如,对运营岗的业绩达成率、利润达成率等进行考核;对美工岗的搜索点击率、转化率等进行考核;对仓库岗的发货及时率、发货差错率等进行考核;对客服岗的电话访问量、DSR(卖家服务评级系统)评分等进行考核。让大家及时发现问题,并快速进行修正,这样的团队才有生命力。

2.2 考核与激励

电商团队的考核,与其他企业不同。电商行业经常要加班,并且从业电商工作的人员中的"90后"居多。

电商团队的岗位,一般分为以下几个。

电商总监:负责项目的管理。

店长:负责店铺的全盘操作。

运营岗：负责店铺的运营推广等相关工作。
美工岗：负责店铺的一切设计工作。
策划岗：负责文案、活动的策划及执行，在部分企业中该岗位还负责粉丝的运营。
新媒体岗：负责新媒体运营、策划、粉丝运营等。
客服岗：负责销售对接、客户服务、售后服务等。
供应链岗：负责供应链开发、管理，内外部采购等。
仓库岗：负责仓库管理、物流发货等。

电商总监考核项主要是年度销售任务完成比、费用占比、利润指标完成情况等，相应的激励包括年终奖、年终分红、股份分红等。

店长考核项主要包括店铺月度、季度、年度销售任务达成比例，店铺月度、季度、年度利润指标达成情况等；相应的激励包括月度奖、季度奖、年终奖、年终分红，部分企业可能还包括股份分红等。

京东店铺各岗位考核指标建议参考表如表 2-1 所示。

表 2-1 京东店铺各岗位考核指标建议参考表

考核项目	运营岗		美工岗		策划岗		新媒体岗		客服岗		供应链岗		仓库岗		备注
考核/比例	√	%	√	%	√	%	√	%	√	%	√	%	√	%	
业绩达成率	√	30	√	10	√	10	√	10	√	5	√	10	√	5	
利润达成率	√	10			√	5									
投入产出比	√	10			√	10									
UV（访客数）	√	20			√	35									
转化率	√	10	√	50	√	30			√						
客单价	√	5	√	5	√	10									
搜索点击率	√	5	√	10											
京东快车点击率	√	5	√	25											
文章阅读量							√	20							
粉丝增加量							√	70							
DSR 评分	√	5							√	40					
电话访问量									√	25					
个人业绩									√	5					
客户加微量									√	20					
库存周转率											√	10			
产品不良率											√	35			
入库及时率											√	35			
采购成本降低比											√	10			
发货及时率													√	20	
发货差错率													√	35	

续表

考核项目	运营岗	美工岗	策划岗	新媒体岗	客服岗	供应链岗	仓库岗	备注
发货破损率							√	35
投诉率					√	10	√	10	√	10

运营岗考核的重心是业绩达成率，但也要监控运营过程。运营岗的核心指标是流量、转化率。平台型电商店铺运营岗的首要考核指标是访客数和转化率；其次考核的才是 ROI（投入产出比）、客单价等。

美工岗考核的重心即转化率。京东店铺与淘宝店铺不同，其静默转化率非常高，因此，客服的作用并不是特别强。因此，产品的主图、详情页设计得好不好对转化率，尤其是静默转化率，有着十分重要的意义。一个设计师做出来的图的质量的好坏通过转化率就能够准确地进行判断。当然，设计表达很重要，文案也很重要。

美工岗考核的次要重心是主图的表达，这对于搜索、京东快车等点击率有着十分关键的作用。排名相同的店铺引进流量的多少和产品价格与主图质量有关。剔除价格因素，搜索点击率与京东快车点击率就成了美工考核重要的 KPI。

策划岗的工作内容大致可以分为两大部分：一部分是图片文案，一部分是活动策划。该岗位 KPI 的设置，也是围绕这两部分进行的。文案的吸引度会影响用户的关注度，而且美工岗的设计也是围绕策划做的文案来表达的。因此，文案对于转化率有着至关重要的影响。活动策划案的好坏，是活动能否引爆、爆款能否打造成功的关键因素。其既决定流量，又决定转化率。

新媒体岗的关键职责是品牌人格化的塑造。该岗位是传播品牌灵魂的关键性岗位，其考核的关键点是粉丝增加量和文章阅读量。因此，新媒体岗的业绩主要体现在文章质量上。文章最好的效果是能引发粉丝间的正向互动，这涉及社群运营层面。

在很多京东店铺中客服岗是一个尴尬的岗位。因为京东的静默下单率比较高，大部分客户下单都不会向客服咨询。所以，该岗位不能用个人销售额来考核业绩。京东店铺的客服有时会觉得无所事事，这可能会影响其他人工作的积极性。因此，京东客服的工作职责划分变得非常重要。

京东店铺客服除必要的客服咨询外，最重要的工作就是与客户"交朋友"，为客户提供超值的服务。

首先，要每天与客户进行电话或短信沟通，告知客户商品发货、到货、签收情况，以及商品使用注意事项，并提醒客户对商品进行好评，这也是提升 DSR 评分的关键。其次，尽量添加客户微信，并将客户分类，必要的时候建群与客户进行互动，互动的内容不限于产品本身。最后，如果出现发货不正常、质量问题、物流问题，要及时与客户进行沟通，将出现投诉的隐患提前消除。由此可知，客服的重要工作是消除隐患、进行 CRM。因此，其对应的 KPI 是 DSR 评分、客户加微量等。如果有批量老客户进行日常互动，那么在大促、活动、上新等情况下,老客户就是保障店铺销量的重要产出来源。

供应链岗位的职责是在保障产品质量稳定、供货及时的情况下,尽量降低采购成本。产品不良率和入库及时率是影响销售额和 DSR 评分的关键因素。其中,产品的质量问题是关乎店铺生死的大事。

仓库岗考核的核心是发货及时性和准确性,以及包装的保护性。很多时候,客户投诉与前期工作人员没有任何关系,而是发货慢、发错货或者包装破损导致的。出现投诉还好,一旦客户直接提交差评,可能几十单、几百单销量都不能拉回 DSR 评分。因此,该岗位 KPI 是发货及时率、发货差错率、发货破损率。

各岗位虽然要考核 KPI 达成情况,但要注意指标设置的合理性,且对于达成或者超额完成指标的员工要进行物质奖励或团队激励。其中,团队奖励一定要仪式化、视觉化。

企业月度需要有总结会和表彰会,对达成 KPI 特别是超额完成 KPI 的团队要进行公开的奖励,使团队在获得物质层面奖励的同时获得精神层面奖励。某公司每年都会有年中总结会和年终总结会,在会议上不仅会奖励表现突出的员工,还会奖励这些员工的家人,这种方式值得借鉴。

2.3 企业文化

企业文化的建设是一个循序渐进的过程,从企业的制度到员工的行为,最终形成企业的价值观。企业的价值观是企业全员为之奋斗的目标。

企业的制度是企业行事的规范,是用来指导员工行为的制度规范,它明确了哪些事情是能做的、哪些事情是不能做的、哪些事情是禁止做的、哪些事情是倡导做的。员工的行为是在制度规范的基础上形成的。

2.3.1 企业的制度

企业的制度一般体现在企业的《员工手册》中,其基本内容包括考勤制度、休假制度、薪酬制度、人事制度、财务制度等,以及在此基础上形成的一些具体管理制度。

电商类型的企业除了以上制度,还要有以下几个特别的制度。

(1)加班制度。电商企业的员工必定会存在加班情况,在不违反《中华人民共和国劳动法》的基础上,要提升员工加班工作的积极性,这涉及加班工资标准、加班补贴或者加班调休等事项。企业在充分保障员工权益的同时要提升员工的工作积极性、提高员工的工作效率。

(2)奖励与惩罚制度。奖励与惩罚制度是激励与督促员工的制度,需要明确化和统一化。特别要注意的是，需要严格按标准执行，不可随意更改。

（3）晋升机制。每个人都渴望自己的能力能够得到提升，自己在公司能够有上升空间。在电商行业中草根创业的概率非常大，在大众创业、万众创新的时代，很多人都有创业梦想，且在电商行业中创业的机会特别多。因此，电商企业要有明确的晋升机制，让每个人都有机会通过努力获得职位上的晋升、薪资上的提升。电商行业有很多人从基层岗位，如客服，上升到运营、店长甚至合伙人的案例。电商行业有很多发展机会，只要肯努力、肯学习、了解行业、了解运营，就会有很好的发展空间。

（4）合伙人制度。并非所有电商型企业都需要合伙人制度，但建议电商企业考虑合伙人制度，即明确员工达到什么条件可以晋升为合伙人，并明确合伙人的权益与责任。

（5）授权制度。在销售过程中，需要给予一线员工更多主动权，如赠品、折扣、免单、发优惠券等，让一线员工拥有更强的处理灵活性。

2.3.2 员工行为

电商行业因为一些行业特性，产生了很多特别的企业文化。

加班文化：电商行业是一个高效率的行业，要求员工有较强的执行力，这就注定了电商行业的员工不能像其他行业的员工一样进行朝九晚五的作息。促销活动是一个从活动策划、活动提报、促销文案、页面设计、活动上线、活动预热到活动执行的团队合作与协同作战的过程。这要求团队内的每个人都要在很短的时间内响应并完成自己的工作，因此，加班成为必然选择。许多电商企业自然而然形成了加班文化。

加班文化并不是强制员工执行就能够形成的，其需要通过相应的激励措施引导员工自发、自愿地进行加班。公司需要提供加班补贴、夜间打车补贴、夜宵、点心等福利，相对应的员工自身也需要积极、主动适应工作需求。电商工作是一个实战型工作，任何经验都是要从实战中获得的，只有不断地努力，才能提升自己的能力与技巧。同时，电商行业是一个需要团队协作的行业，各岗位间的协同作战十分重要，企业员工只有主动出击、积极配合，才能够取得好的业绩。再者，电商行业也是可以特别快取得成绩的行业，只要员工工作方法正确、配合默契、执行力强，销量的提升就会十分明显。

学习文化：电商行业是一个知识更新换代非常快的行业，平台规则稍微调整，运营技能就要进行相应改变。因此，不断地学习是业绩持续提升的关键。

学习文化的实施，可以落实为以下几种行为。

（1）行业的交流学习。多参与行业间的交流互动，交流运营技能、行业数据、运营心得，要保持开放的心态。

（2）去培训机构学习。这种学习机会可以作为员工的激励福利，对于表现优秀的员工或者有潜力的员工，可安排其到专业的培训机构学习，以加快员工的成长。同时还可以要求参加培训的学员将学习的内容进行内部分享。这样做不仅可以让内部员工学到知识，而且参加培训的人也可以进行课后学习总结。

（3）企业内部学习。有些企业有内部讲师制度，每周固定时间安排内部员工授课，一方面能够提高讲师的归纳、总结能力和语言表达能力；另一方面能够让员工之间进行知识互通。部分企业有导师制度，管理层人员或者老员工可以作为一线员工或新员工的导师，带领团队快速成长，形成团队合力。

聚餐文化：电商行业是一个压力比较大的行业，聚餐文化是一个让团队放松，并对团队进行激励的有效方式。每周以固定或者不固定的形式进行团队聚餐，可以让团队成员放松心情、释放压力。

有必要说明的是，喝酒文化是一种需要控制的文化，适当饮酒可以放松心情、释放压力，但不可以无节制饮酒，以免发生负面事情，如酒驾、酒后情绪失控等。

对赌文化：对赌文化是一种集激励与处罚于一身的文化形式。其具体内容是对某项业务或者活动进行对赌，即针对设定的任务目标，每个参与者都交纳一定保证金，如果达成业绩，则退回保证金并赢得某比例奖金；如果没有达成业绩，则扣除保证金。

倒立文化：这是日常惩罚的一种文化形式，如会议迟到、当天任务未完成等。

爬楼梯文化：该文化与倒立文化相似，是日常惩罚的一种文化形式。

公司在经营的过程中，通过规范来指导员工行为。员工行为是公司文化的一种表现方式。

2.3.3 企业价值观

企业价值观，是指企业的使命。企业的使命是企业团队为之努力奋斗的目标。

三只松鼠在使命、核心价值观中都提到如何对待客户——把客户当主人，而且要让主人快乐。这一使命贯穿了三只松鼠的企业文化的各个层面：客户是主人，让主人快乐了，生意才好；只有让员工快乐了，主人才会快乐。因此，三只松鼠有很多使员工快乐的行为。

办公室的滑梯是三只松鼠"著名"的景点，如图2-1所示。让员工用滑滑梯的方式下楼是提高员工玩趣指数的一种方式，也是让员工快乐的一种方式。无独有偶，阿芙精油也有类似的办公室设计。

并不是主张所有公司都采用这种形式来体现公司的价值观与文化，但是每个公司都需要有企业价值观，没有价值观的企业是没有凝聚力的。

图 2-1

2.4 与平台沟通

很多人因听说京东商品的体量不如友商,而选择不进驻京东,甚至京东自营。但是只有进驻京东的人才知道,与友商平台相比,京东的单品利润更有优势。但是如果按友商店铺的运营方式来运营京东店铺,那么问题将接踵而至。

比较两个平台有什么差异可以独立写成一本书,在这里只讲一些基本的差别以提醒读者。如果把友商比作商场,即客户有没有事都会去逛逛但未必会购买商品,所以其转化率相对来说不高;那么京东就可以比作超市,即客户有需要的时候才会去购物,所以二者相比京东的转化率较高。

京东物流在时效上的成就已经有目共睹,这得益于京东自建的物流体系。在购物体验上京东抓住了客户期盼快速收到货的痛点,一、二线城市的客户当天购买打标了京东物流的商品第二天就能收到货,如图 2-2 所示。

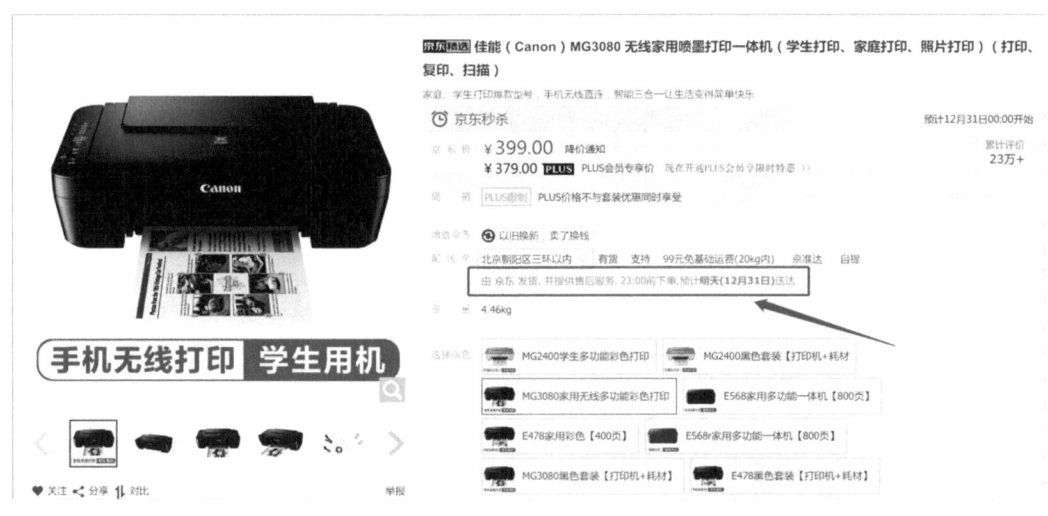

图 2-2

顺利开通店铺之后，招商方会引导你加入运营群，然后你将和平台运营人员对接，当然你在后台也能看到你的平台运营人员的联系方式，如图 2-3 所示，这和友商平台有很大的差别。

图 2-3

接下来你就会发现，平台运营人员并不是非常热情的。大家要考虑一下平台运营人员的工作量，一个平台运营人员往往要管理数百家店铺，如果每天每个商家的问题都要回复，那么他将没有时间再做其他分内的工作。但是，有一些类似义务类目小组长的商家运营人员可以帮你解答一些问题。

此时我们可以与类目小组长沟通类目的一些情况，如每天销售额是多少、有哪些活动资源等，了解基本情况之后再制订运营计划。在与类目小组长聊天时会涉及重点商家群或者腰部商家群的内容，平台运营人员是根据店铺上一个月的营业额划分店铺运营进入哪个群的，不同的群里面有不同的活动资源。所以在店铺没有营业额的时候，不建议大家直接找平台运营人员沟通，除非你有比较可行且可以马上执行的计划。如果完不成平台运营人员分配给你的任务，那么你将给平台运营人员留下有不靠谱的印象，下次你与平台运营人员的沟通就会比较难，这涉及配合度的问题。

平台运营人员的 KPI 与商家总体销售额挂钩，因此，商家配合度越高，越能得到更多的活动资源。所以在正式沟通前，你要向平台运营人员证明自己的实力，如你的店铺定位、商品布局、商品主图、商品标题、店铺装修及商品详情页设计水平等会影响销售额、转化率和爆款的关键词排名的因素。

最后，如果你没有一定的运营水平，那么你的付费推广水平、京挑客资源、内容营销资源等很难在没有官方活动支持的情况下达到腰部商家或者重点商家的水平。至于要到达什么水平才可以进入重点商家群或腰部商家群，可以通过两种方法得知，一种是询问类目小组长或者其他运营商；另一种是查看商智层级或者商家、商品排行榜，当排名进入榜单前 100 时就可以与平台运营人员进行沟通了。

你可以带上你的计划，直接到北京京东集团总部与平台运营人员进行面对面沟通。只通过聊天工具或者电话进行沟通可能大家心里都没底，见面之后通过眼神交流，你可能会更加深入了解平台运营人员对店铺运营的规划，其实这样做也可以给平台运营人员吃一颗定心丸。当你与平台运营人员面对面沟通之后，会越来越受重视。接下来你将有报不完的活动、填不完的活动表格，如图2-4所示。

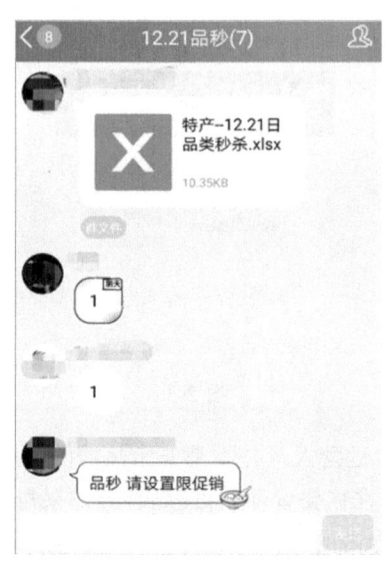

图 2-4

需要提醒大家的是，一些大型活动是有 KPI 考核的，而且这些 KPI 是必须完成的。因此，每次有活动的时候，平台运营人员都会与你进行充分沟通，告诉你这个位置的 KPI 是多少，如果你不能完成，那么这个坑位就会给其他能做到的商家。所以一旦答应，不管用什么办法，你一定要完成相应的 KPI。在活动开始之前你要做到心中有数，如一个秒杀活动要求 20 万元销售额，如果正常情况下商品销售额是 15 万元，那么剩下的 5 万元可以根据前几次活动中自己或者同行商品的访客量、转化率来判断是否能完成要求。如果这个坑位无法完成这么高的销售额，那么需要提前找其他推广或者销售渠道，以保证完成业绩，这就是所谓的配合度。假如真的已经拼尽全力，但因其他特殊因素导致访客量过低、转化率低，应主动寻找原因，主动向平台运营人员汇报，并提出整改方案，谋求下次完成 KPI。一般情况下平台运营人员的资源是有限的，但是 KPI 是固定的。平台运营人员为了完成 KPI，会将资源分配给一些配合度好，并且能完成 KPI 的商家，所以一些小商家也不要过多责难平台运营人员。其实平台运营人员与我们一样，也是为自己的理想在努力奋斗的工薪阶层中的一员。

2.5 "大神"无法空降

我们应该时刻保持谦卑的心态,正所谓"人外有人,天外有天",因此,笔者每次外出讲课的时候都战战兢兢,担心出错,担心讲的运营知识、技巧学员听不懂(见图2-5)。

图 2-5

一些企业负责人甚至一些品牌商认为,店铺做不起来是因为聘请的运营人员的经验不足、格局不够、无法融入团队,甚至认为运营人员对产品不熟悉,因此想找一些"大神"级运营人员加盟。但是最终会发现,这些"大神"级运营人员空降下来后,常常会出现"水土不服"的现象,团队士气不高、业绩没多大变化,最终项目不了了之,"大神"级运营人员悄悄退出。也有一些品牌方不聘请"大神"级运营人员,而是直接选择代运营,往往也是一开始意气风发,最后草草收场。品牌方抱怨代运营公司像吸血鬼,代运营公司抱怨品牌方抠门小气、不想付出。最后大家才发现,自己培养的团队最为靠谱,他们能使商铺保持长足的发展势头,让商品不停更新换代,并一次又一次站在行业顶端。

每个企业有每个企业的文化,企业文化一旦成型就很难改变。所以在电商运营阶段,大部分岗位的工作人员会带上自己的企业文化,要改变一些不利于企业发展的状况,只能从企业内部进行改革。新文化与旧文化进行磨合虽然需要一些时间,但是一旦转型成功,你将发现企业发展之快令人难以想象。所以还是那句话,找合适的人就行,不懂可以学,只有跟着企业一起成长的人才能把店铺运营做好,不要依赖所谓的"大神"。

如果你的店铺一直没有起色,那么先分析行业大盘,看店铺所在类目的整体情况、各个属性概况;然后分析竞争对手,看竞争对手有哪些优势,哪些方面是你可以将其超越的;然后看自己的商品,找到自己的定位重新开始。你需要的不是"大神",而是一个能跟团队同进退的合伙人。

2.6 天罗地网

科技推动社会不停地进步与发展，每隔一段时间就会有一些独角兽企业出现，其中有一些企业我们还没来得及了解，就已经消失在社会发展的大潮中了。

特别是在电商行业，去年在类目第一位的商家，今年突然就不见踪迹了；去年还在商家龙虎榜上叱咤风云的店铺运营人员，今年就远离了电商行业；去年一周几乎可以参与三次掌上秒杀活动做到类目第一位的商家，今年一个月也参加不了一次，甚至连腰部商家群都进不了。

京东商家开放平台的规则在不停变化，各种流量入口也在不停变化。例如，之前的闪购频道让很多商家尝到了甜头，而2018年闪购频道的流量大大下滑；2017年通过拼购频道就可以比较容易地打造一个爆款，但是2018年连报名的资源位都没有办法拿到。还有更多诸如此类的变革在不断改变着我们，我们作为商家只能顺势而为。否则等到哪天发现店铺因为风向标不达标连普通活动都报不了，或者被罚款了才醒悟，就太迟了。

所以我们不能停止学习，要每天关注京东商家开放平台的新规则、新通知，了解这些新规则、新通知的深层含义，从而做出相应的变化。如今互联网技术已经非常发达，各种运营圈子、论坛、学习小组数不胜数，大家可以参与其中、相互学习，从不同群体中获取更多关于电商行业的变化与发展，进而紧跟大部队。

笔者在去全国各地讲课时，常常会有一些积极好学的商家来主动咨询一些问题，甚至加笔者微信，以便在遇到一些新变化时第一时间进行咨询。这些好学的人绝不会只加笔者的微信，周围人的微信他都会添加，甚至会组织一些线下交流会，以达到资源共享。你会发现这些人的业绩都不会太差，甚至可以看到他们的业绩在增长。如果遇到一些牛气哄哄的大卖家，拒绝与你沟通，瞧不起你，甚至出言不逊，你也不必在乎，只要保持求知的心态，总能遇到与你一起成长的人。很多时候店铺运营人员做不好不是因为没有掌握技巧，而是因为基础没打好。

2.7 认识自己

在电影中得道高人会问普通人一些基本的问题，如你从哪里来、将去往何处，然后让普通人感悟其中的奥妙。

笔者知道自己在哪些方面存在不足。例如，在设计方面，笔者会花精力去寻找擅长设计的人才加入运营团队，以弥补设计方面的不足。同时，笔者也知道自己擅长哪些方面。例如，在店铺运营方面，笔者在搜索优化、京东快车、京挑客上有优势，一般新品上线一个月左右都能做出爆款。我们要能认识自己，要清楚地知道在竞争对手面前自己缺什么、是否能解决，如果不能解决，那么花钱能不能解决。目标定在那里，要想尽一切办法达到。不懂的可以去学，拼尽全力，能做到第一最好，做不到也没关系。我们要有坚持不懈的精神，这次不可以，经过调整后，下次再战。

商家如果没钱、没技术，供应链厉害也是可以运作起来的，但是如果什么优势都没有，还是别做了。笔者有一个卖手机壳的朋友，他有一些钱但是没技术，虽然商品是集市通货，但是能够保证活动的出货量。现在他们公司已经能做到日销2000多单，并开始接触工厂订货，准备冲类目头部商家。

一些有钱、有供应链但是没有技术的品牌方经常会请一些业内"大咖"运营进行内训，从不同的"大咖"运营身上学习不同的运营技巧与技术。只有充分认识自己，才能从自封这个怪圈中逃离出来；只有把自己的商品放到市场上才能对自己的商品有清晰的认识。

2.8　团队管理

各类管理书籍可谓汗牛充栋，但电商行业确实有着其行业特殊性。多数电商企业都存在着团队建设过程中人才招不到、教不会、做不好、留不住的问题，而团队的发展是制约电商企业发展壮大的重要因素。下文将基于这些问题展开介绍。

2.8.1　招不到

招不到是人才招聘与组建的问题，涉及三个阶段。其中，第一个阶段是创业之初核心团队的建设；第二个阶段是在企业发展过程中团队的壮大发展；第三个阶段是在企业规模化经营中团队管理的精细化调整和补充。

一个创始人或者老板在经营过程中，一定会面临招聘人和辞退人两大问题。电商行业发展时间并不长，人才匮乏是电商行业一直以来的痛点，所以员工跳槽在电商行业是常见现象。而且大批传统企业进入电商行业，并采用高薪、猎头甚至挖墙脚的形式招录人才，这在某种意义上使得电商行业部分人员眼高手低、稍有不顺就跳槽。

那么，应该怎样招聘人才？

创业型企业在创立之初需要设立的岗位有运营岗、策划岗、美工岗和供应链岗。创业发起人在这些岗位中有两个岗位至少要占其中之一，一个是运营岗，一个是供应链岗。而在发起创业时，这两个岗位的人员都必须到位才能开始运营。

多数企业进行电商创业无外两个重要原因。一是生产加工型企业想通过电商创立品牌，此类企业供应链没什么问题，缺少运营人员。二是做电商运营时间较长想要自己创业，在这种情况下，找到志同道合的合伙人是第一要务。

需要特别强调的是，生产加工型的企业在招聘运营岗位的人员时，千万不要抱着招聘的态度去招人，特别是用高薪挖墙脚的方式招人，这样做十有八九是要失望的。企业应抱着找合伙人的心态，找志同道合的合作伙伴。最好的状态是运营、策划、设计、供应链"四只脚"都备齐，此状态下创业成功的概率比较大。

企业在成长期的招聘，需要未雨绸缪，运营岗位需要配备运营助理，设计岗位需要配备美工助理。企业在发展过程中，需要提前安排有潜力的人员学习实操，采用"师带徒"的形式布局人才梯队。运营人员、店长不好招聘，但运营助理、管培生容易招聘。在新项目上线或者某个岗位人员跳槽后再招聘补缺，并不能解决根本问题。所以，内部晋升机制和学习机制是保障企业成长期人才齐全的关键机制。

中型甚至大型企业的招聘问题基本容易解决。核心原因是已经建立起了相应的人才梯队，有成熟的人才培养、内部选拔和晋升机制，其需要做的是不断地招聘有潜力的人才，进行选拔、培养、考核和晋升。

招聘与面试是选人的第一步工作。招聘员工首先要考量的是员工的心态，也就是员工三观正不正、态度好不好。所以应了解应聘人员以前从事的工作的细节，以及其对以前公司和老板的评价。

一般经过两周的试用就可以了解该员工靠不靠谱、价值观与企业是否一致等情况。建议只观察，不予评价；只看过程，不看结果。

关于辞退人，管理者需要狠心做出决断。企业首先要辞退的人是做事不积极努力的人，这类人无论能力强弱，都必须辞退。能力强但态度消极的人最容易引发团队集体性消极，影响团队的士气；能力弱但积极的人很容易让管理者下不了狠心去辞退。企业不是慈善机构，企业可以给员工试错的机会并承担试错成本。如果一个人一直很努力但能力总是无法提升，那么就是这个人学习能力的问题，这类人是无法跟随团队一起发展的。对于能力弱，但肯学肯干、有学习能力的人，企业需要给予其更多的机会。

2.8.2 教不会

教不会是学习机制的问题。

首先，运营岗、客服岗、美工岗都是需要通过实际操作来学习的岗位。所以，在组织架构上，需要对这些岗位进行明确分工。

运营工作可以细分为推广、数据、运营三部分。企业在发展阶段可以配备运营助理，运营助理可以从推广岗开始做起。推广岗又可以分为搜索岗、京东快车岗、京挑客岗、活动岗等。员工可以一个岗位一个岗位地学习。

学好运营可能需要一年或者更久的时间，但如果进行岗位细分后，如京东快车岗位只负责京东快车推广，从制订计划、选词、出价、DMP圈人群，每一小部分内容可能只需两三天实际操作就可以学会。

数据岗位，先从统计数据开始，找数据、筛选数据、统计数据等是很基础的工作，甚至一些没有经验的人都会。在数据统计完成后，员工也就可以领会到数据的作用，从而指导运营计划了。

客服岗位说起来简单，实际上是需要严格培训的。客服工作内容可以分为产品专业知识、行业专业知识、后台操作、常见问题解答、打电话技巧、发短信技巧、加微信的技巧、应对投诉、售后流程、群互动等模块，每个模块基本上两天就能够学会。

由此可知，单一技能的学习降低了学习的难度，使得术业有专攻。

2.8.3 做不好

做不好的核心问题是员工执行力的问题，执行力考验的是团队配合能力和管理者督促与激励的能力。

首先，团队需要有明确的目标，年度、季度、月度的目标要清晰明了，团队每个成员都需要明白总目标是什么。其次，团队成员的目标任务要分解为可执行的具体任务，每个成员都必须了解自己的工作内容和要完成的目标。最后，管理者需要掌控每个细分阶段的任务的达成情况，及时调整团队成员的工作任务和指标，如一次"双11"大促有产品到位时间、促销方案完成时间、活动页面完成时间、引流图片测试时间和结果、推广阶段性目标等内容。特别是在阶段性任务没有完成的情况下，管理者需要发现问题点，调整执行计划，确保任务目标按时完成。管理者每天都需要对数据进行统计查看，了解并掌握店铺的日常经营数据，发现问题并给出解决方案。管理数据参考表格如图2-6所示。

管理者除了日常的督促，还需要将激励与目标结合起来，让团队有动力。管理的要义就是要引导员工的期望与目标基本一致。

有必要说明的是，企业的老板、创始人需要有开放的心态，要明白员工赚得多就是公司赚得多。但从职业经理人的角度考虑，必须核算好成本，做好预算和激励方案，并有效激励团队完成目标，进而达到公司与团队双赢的局面。

XX店铺运营日报表														
日期	访客数/人	浏览量/次	商品关注数/个	加购商品件数/个	加购人数/个	下单客户数/个	下单单量/个	下单商品件数/个	下单金额/元	转化率/%	UV价值	评价数/个	快车访客/人	快车花费/元	快车销量/个

图 2-6

2.8.4 留不住

留不住员工是一个让团队管理者头痛的问题,很多管理者会抱怨刚刚入门的员工跳槽去了竞争对手那里。

留住员工的问题可分为两个方面来考量。一方面,员工的精神激励与物质激励是否匹配。该给的钱要给足,同时还要培养员工的荣誉感和抗压能力。另一方面,岗位的设置和员工职责的划分是留住人的重点所在。例如,运营可以分为运营、推广和数据等方面,这几个方面都单独设置岗位,将每个岗位的工作细化,一方面可以减少因某个员工离职而出现职位空缺带来的压力;另一方面补充人员相对比较容易。员工负责单一模块的工作内容,不仅能够实现精细化运营,而且能减小员工跳槽的概率。因此,建议发展阶段的企业将工作岗位细化,提高企业员工精细化运营和协同作战的能力。

很多小微电商企业,在人员培养方面,会有点急功近利,比较喜欢多面手,希望一个人能干多个人的工作。这种模式从短期的成本考虑没有错,只是风险极大,这个人一旦离职,就将造成的损失是十分巨大的。笔者更赞同的方式是分工细致、团队合作,这样即使某个员工离职,也可以快速补充人员,不至于对店铺产生崩塌式影响。

从另外一个层面来说,有些员工提出离职,也并非真想离职,而是对公司有些期望。因此,管理者需要有察言观色的能力,当发现团队某个成员状态不佳时,需要与其多沟通,而不是等员工提出辞职再挽回,这时挽回员工的概率是很小的。

2.9 供应链管理

很多店铺运营在笔者提出供应链这个词的时候的反应都是,"不就是发货吗,这有什么难的"。因为供应链是一个非常庞大的体系,不同行业间有很大差别,希望读者能通过接下来的例子触类旁通、举一反三。

笔者在 2012 年开始接触厨房电器,并且在 2012—2014 年店铺销量取得了非常好的成绩。从炉头到点火针、从电机到滤网等配件全部采购回来,自己组装产品,店铺产品从低端到高端一应俱全,销量直逼一线大牌。

因为销量全网第一,对应的售后能力也得是全网第一;所以采购、仓储、物流、物料、售后的工作人员一直保持高效运转,几个仓库每天车来车往,好不热闹。

不知道大家有没有想过,当发货量从几百单增长到几千单时,在人员安排方面要如何考虑的问题。先不考虑人工成本,因为接下来这个问题可能更让人头痛。平均一单成本按 300 元计算,3000 单的成本大概在 100 万元,一个月需要 3000 多万元的资金,如果采购全部要现金结算,那么店铺是否还撑得住;如果资金一时无法周转,零件是否还能采购回来,是否还能保证发货时效,是否还能保证店铺的正常运作。其实这个项目只有三个股东,起步资金很少,后面因为品牌问题这个项目 2015 年左右就失败了,但是这种"采购+生产+运作"强强联手的形式不失为电商行业的一个好案例。

2016 年,笔者开始运作电水壶,高峰期一天单店销量可达 5000 单,笔者所在的城市是中国小家电产业基地,电水壶工厂林立。电水壶的电商运作在当地已经比较成熟,那时候京东平台刚刚起步,每单利润非常可观,直到 2018 年,在竞争非常激烈的情况下每日还能达到 3000 多单的销量(见图 2-7)。

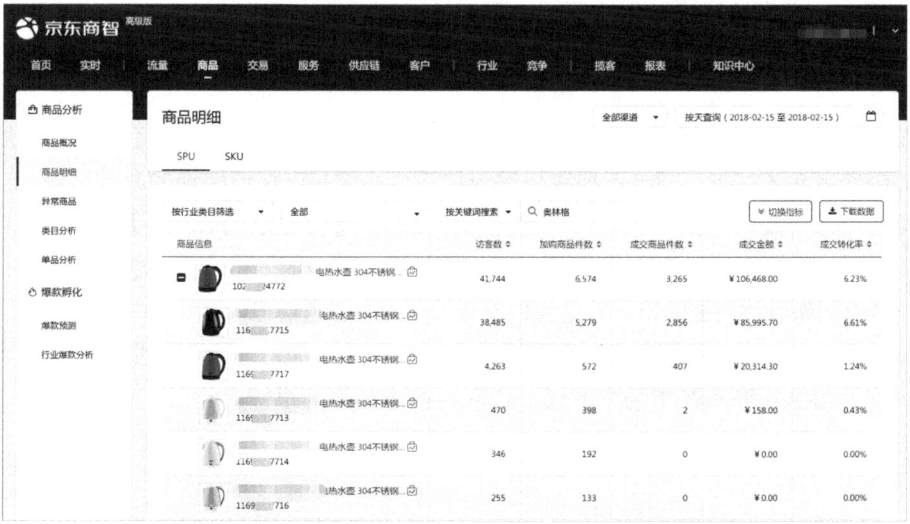

图 2-7

因为电水壶从包装到防护的技术都比较成熟，工厂交到你手里的货只要贴上快递单就可以发走，相对比较轻松，而且大部分工厂货款的结算周期是一个月以上，遇到大型活动还能自动延后，所以要解决的供应链问题仅仅是提前与工厂沟通好，让工厂准备好相关配件。一条生产线一天可以生产约2000台电水壶，工厂一般会有2~4条生产线，所以在产能上面非常轻松。另外没到货款结算周期时，广告费方面就能更大方一些，只要保证源源不断出货，资金链就非常稳固。

假如电水壶平均每天销量为3000台，可以提前让工厂备足一周的货量，在旺季或者有大批量订单时要提前告知工厂，让工厂准备足够的货，然后将货物拉到自己仓库，这也是控制库存的方法。但是我们往往会发现，有利润空间的行业从来不缺抄袭者，如果一个行业价格战持续不断，那么这个行业就在走下坡路。

当农村电商如火如荼的时候，很多人都想做水果电商。大家都知道，水果保鲜问题是水果电商的一大瓶颈；其另外一个瓶颈就是水果的季节性，这个特点使得水果电商每年都得从头再来。还有一个比较困难的问题就是生鲜商品无法标准化，中国地大物博，众口难调，不同口感适合的人群千差万别。另外对于生鲜产品而言，农民只要想种就可以种，这给统一管理带来非常大的麻烦。

大家都知道，四川的猕猴桃产量较大，每年仅在京东平台猕猴桃的销售额就可达1亿元，下面跟大家讲讲猕猴桃的供应链是如何打造的。首先，货源把控。如果你想在这一单品上有所建树，就不得不联合几家大的采购商一起控制货源，你只要能控制货源，几乎就可以控制市场价格了。所以在其他采购商没有行动之前就要带上专业人员去寻找好的果实，并拿钱把货盘下来，然后记录好采摘时间，到时将其按顺序运回自己的仓库即可。其次，准备好仓库，仓库要避光通风，做好防损保鲜措施。如此大量的货不可能通过人工进行挑选，水果全部需由机器挑选，最后装箱才需要人工，人工装箱可以根据路途远近发送不同成熟度的猕猴桃。这时的发货物料及快递公司也是提前准备好的，如果你日销3万单，除了准备这么多物料，也应该提前准备好打印足够快速的快递单打印机。同时你需要跟快递公司协商解决如何在一天内把3万单货物安全发送出去，不管是分批还是同时，甚至使用9米挂车。同时还要跟快递公司签订协议，以保证快递的时效问题。当然需要根据订单量分配对应的工人，可以选择部分全职加部分兼职的方式。最后，商品销售出去后的售后、货款回收都是供应链的流程，环环相扣。其实我们每天都在接触这些事情，甚至在不经意间做着供应链的事，只是我们没有系统地去思考而已。

最后总结一下，供应链就是货源、信息、人的结合，简单而言就是生产厂家与人通过传递、交流信息让商品在市场中流通，最后转换成资本的事情。

2.10 财务管理

首先申明的是，本节的内容并不是介绍财务人员如何管理财务，而是从运营的角度来讲，运营人员需要了解哪些财务方面的知识。

2.10.1 运营要了解的基本财务知识

运营人员在财务管理方面，首先要了解电商行业的成本结构与成本核算。电商企业的成本结构，如表 2-2 所示。

表 2-2

项　目	费用标准/元	数量/个	金额/元	备　注
办公室租金				
办公成本				
工资成本				
包装成本				
物流成本				
仓储成本				
售后成本				
管理成本				
平台佣金				
平台服务费				
推广成本				
税费成本				
奖金成本				
产品成本				

首先，运营人员需要了解以下几个成本概念。

（1）固定成本：每个月都固定不变的成本，如办公室租金、仓储成本、平台服务费等。

（2）比例成本：费用是按营业额的比例产生的，如奖金成本、税费成本、平台佣金等。

（3）可变成本：既不是固定成本，也不是比例成本，如物流成本、推广成本、产品成本、工资成本等。产品成本、物流成本与工资成本虽然是可变的，但大致有一定比例。

（4）边际成本：某些成本销售额越大，分摊费用的比例越小，因此会产生边际成本，到达某个边际的时候，这个费用比例不变。一旦测算出了这个边际成本，成本就成了可控项。

其次，运营人员需要了解以下几个算法。

（1）销售毛利率=(销售收入-销售成本)/销售收入×100%；

（2）销售净利率=(销售收入-销售成本-税费成本)/销售收入×100%；

（3）产品周转资金=产品单价×产品安全库存+产品单价×销量×资金回收平均天数。

计算产品周转资金。例如，产品单价为100元，产品安全库存为100件，平均每天销售10件，资金回收平均天数为10天（京东自动确认收货时间为20天），则产品周转资金为100×100+100×10×10=20 000元。也就是说，保障正常销售的采购资金为20 000元。

了解这些财务知识的意义是什么呢？

第一，了解各项成本，运营人员即可测算出盈亏平衡点，即每个月至少要有多少销售额，才能够保证不亏本。

第二，在做促销活动方案时，在选品、定价的时候，能够计算出本次促销盈亏平衡点，测算出合理的定价区间和合理的销售额区间，从而测算出合理的选品、合理的定价、合理的备货数量及资金金额。

第三，具备测算盈利能力，运营人员可以合理地设定相关人员的奖金比例。

第四，进行合理的测试，可以控制可变成本。例如，测算主推产品的销量和利润指标，即可在达到某种量级时，要求供应商合理降低商品价格，进而减少采购成本，增加收入来源。再如，大促期间设置促销价格能够增大销量，但是利润将降低，但调整包裹数量可增加或降低物流成本，进而增加利润。

第五，通过财务测算，能加快产品周转率，从而可以减少产品对流动资金的占用，降低财务成本。

第六，通过财务测算，可以计算人工工资的边际成本，降低工资成本。

2.10.2 计算盈利能力

计算盈利能力是判断项目或公司能否盈利的方法；换一种说法，即盈利能力是对公司的生存能力的测算。

1. 计算产品平均销售利润率

计算产品的平均销售利润率是计算产品盈利比例的方法：

产品平均销售利润率=(产品月销售额-产品月进货额)/月销售额×100%

例如，某店铺有三款SKU，A进货价为50元，销售价为100元，月销量为10件；B进货价为60元，销售价为100元，月销量为20件；C进货价为70元，销售价为110元，月销量为30件。则产品销售毛利率为[(100-50)×10+(100-60)×20+(110-70)×30]/(100×10+100×20+110×30)×100%=39.68%。

为什么要计算产品平均销售利润率呢？

因为产品平均销售利润率是一个盈亏比例界限,如果所有费用成本(不含产品采购成本)没有控制在这个费用比例内,则会亏本。因此,可以简单地将产品平均销售利润率理解为盈亏平衡比例。

2. 控制可变成本

在费用成本项里,有些项目是固定成本,如办公室租金、平台服务费等。当营业额足够高的时候,固定成本比例可以降到极低。因此,只要提高营业额,即可控制固定成本比例。

比例成本是按营业额比例来计算的,如平台佣金、税费成本,这部分成本基本无法控制,也基本不用控制。当然,部分类目会有平台返点,如果能争取下来就是利润。在合法的基础上合理避税,也能降低一些成本。

成本控制的关键在于可变成本项的控制。

物流成本控制:主要体现在两个方面,一方面是在订单量增加的情况下,与供应商协商降低物流成本;另一方面是尽可能地批量运输。某生鲜水果店铺,原采用原产地直发模式,由于水果产地偏远,产生的快递成本较高,而且投递时效问题衍生了腐烂问题,物流与售后成本非常高。经改进将货物用冷链批量运输方式运送到物流发达的城市再打包进行快递发货,将物流成本从原来的 8% 降低到 4%,同时售后成本降低了 60%,综合成本比例降低了 6%。

推广成本控制:付费推广既是提高店铺销售额的重要手段,又是损耗利润的一大方面。如何平衡这部分费用是运营人员需要重点学习的内容。

控制推广成本的第一要素是提升推广技术水平。运营人员要熟练掌握平台与类目的规则,将 ROI 做到最佳。只有将 ROI 提升上来,推广成本的投入才会产生价值。

控制推广成本的第二要素是测算出各种推广模块的边界值。例如,京东快车的投放,每天投入多少金额能够使带来的流量与转化数据的比例达到最佳。要充分了解本行业各推广模块的投放比例。例如,每天投入 1000 元,其中,有多少钱投到京东快车、多少钱投到京任务、多少钱投到品牌聚效、多少钱投到站外引流、各模块投入 1 元能够引进流量的比例是多少等,这些数据需要弄清楚。

对各推广模块进行测试,不仅能够对推广费用进行合理分配,还能够了解各模块对不同阶段商品的作用。例如,新品上线阶段的重点是引流,需要将推广费用投放到引流能力强的推广模块;成熟产品的重点是提高转化率,需要将推广费用投放到高转化率的模块。

控制推广成本的第三要素是要测算出合理的费用比例。后续做推广预算的时候,可以参考这一比例,一旦超过该比例,就意味着产品利润将大幅下滑。这一测算要分清产品类型及其所处的阶段,若产品处于上新阶段,则推广费用投放比例相对较高;若产品处于尾声阶段,则推广费用投放比例相对较低;如果是爆款或者引流产品,则推广费用投放比例相对较高；如果是其他产品，则推广费用投放比例相对较低。

产品采购成本：产品采购成本的控制，重点在以下两个方面。

一方面是销量预测能力。准确的销量预测能够为采购提供准确的下单指令，进而能够给予采购更大的议价空间。一般来说，准确的采购数量与尽可能大批量地采购更有利于降低采购成本。另一方面是销售力。销售力强的店铺，在采购上总是具有更强的议价能力。当然，采购不是一味地压价，而是在保障产品品质的前提下，争取更多的议价空间。

工资成本：工资成本是一个可变的成本项。运营人员需要测算出每完成100万元销售额需要多少工资成本。特别需要注意的是，工资成本不仅是发到员工手上的工资，还包括社保费用、医保费用、个人所得税费用等多个项目。

2.10.3 做好财务预算

财务预算对于每个企业来说都是至关重要的事情，这关乎资金使用的合理性，特别是现金流不充足的企业，财务预算对其来说，甚至关乎企业的生死。

对于运营人员来说，财务预算的工作主要包括两个方面，一方面是回款与采购预算；另一方面是推广预算。

1. 回款与采购预算

京东商品正常签收的时长是20天，部分消费者在收到商品后会主动确认收货，但平台正常的及时签收率为20%~30%，正常签收时间为3~7天，而约70%的订单为自动确认签收。因此，平均的订单签收时长为15~18天，也就是货款回收平均周期为15~18天。相应地，采购也需要根据这个节奏来做预算，保证在回款周期内产品有库存，这也就是安全库存的概念。同时，企业还要保证有足够的资金采购后续产品。

因此，从运营角度来说，要想加快货款回收周期，需要安排客服人员通过与客户进行沟通或向客户发送短信来催客户确认收货（不过作用不大）。只有缩短签收时间，才能缩短货款回收周期。在很多情况下，大部分运营人员并不关注此类问题。

2. 推广预算

要根据运营计划做好每天的预算并做好资金使用计划，千万不可随意推广。例如，京东快车如果效果好，就不顾资金使用计划加钱推广；如果效果不好，就不花钱推广。有很多运营人员一次性往京东快车账户充值几千元甚至几万元，等用完后再充值，这种做法是严重不合格的。

推广预算要有上限，要在控制总销售利润的基础上计算推广预算比例范畴，即使在有亏损战略的情况下也需要考量后续盈利周期，不能为了销量无限制地投放广告。

第 3 章

实战技巧

本章要点：

- 爆款与流量规划
- 店铺与活动页设计
- 商品详情页与关联页设计
- 主图与视频优化
- 关键词和标题优化
- 搜索优化
- 京挑客与内容营销
- 京东快车速成
- 逃离"刷单"
- 千人千面
- 活动的威力
- 京东"6·18"大促与"双 11"大促
- 玩转客户营销
- 数字化复盘
- 售前客服转化
- 售后能力提升
- 新店新品爆款
- 京准通玩法
- 商智考智商
- 老店新品

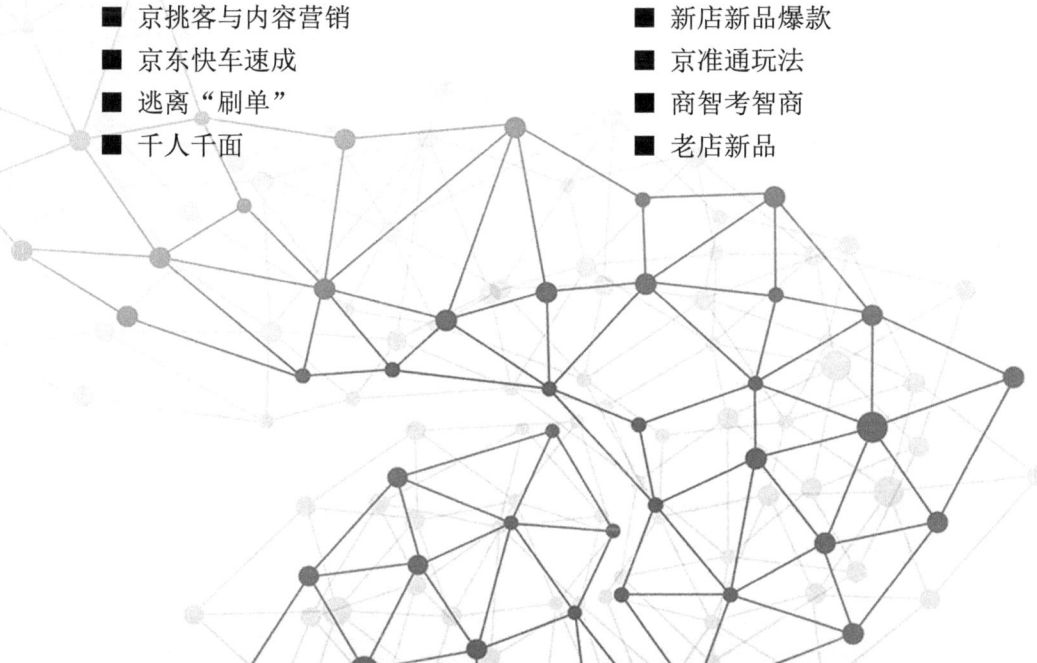

3.1 爆款与流量规划

电商所说的爆款,是指在销售中,供不应求、销量很高的商品;也指卖得很多、人气很高的商品。当我们真正去挖掘的时候就会发现,类目不一样爆款的玩法也不太一样。有些客单价低、需求量大的商品,如低价快销品,有可能可以做到日销万单,但是利润可能不及一些日销几十单的高价商品。另外,还存在一些商品无太大销售关联性的店铺,如把苹果数据线和华为数据线进行关联销售;或关联性销售非常强的店铺,如把手机和充电宝进行关联销售,所以在爆款规划上面要有所区分。

3.1.1 爆款规划

不管我们是规划爆款单品还是规划爆款群,都要先参考高级商智的数据,真正做到用数据说话,一切要以数据为参考。首先我们要确定的就是目前正在销售或者准备销售的商品的体量有多大、商品有多少、商家有多少(见图 3-1),通过这些信息就可以确定该商品竞争的激烈程度了。

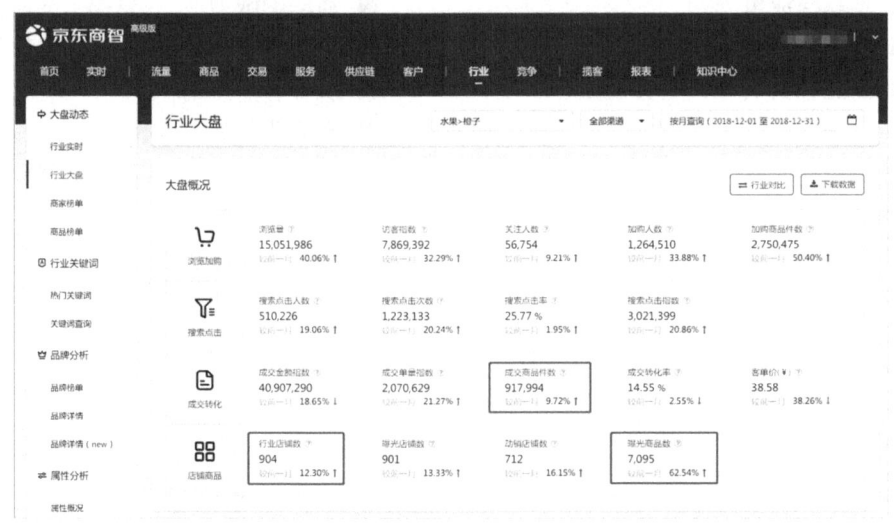

图 3-1

通过图 3-1 可以看到,2018 年 12 月橙子三级类目一共成交 917 994 件(包括赠品),其中,竞品 7095 个、商家 904 个,从这些数据来看,相对其他三级类目橙子的竞争不算激烈。接着分析目前做得比较好的竞品有哪些,其销量如何,如图 3-2 所示。

交易榜单默认值是按成交金额排序的,但是这个数据是加权值,只能看到指数,所以我们可以先查看在商品排行 TOP100 上的商品的规格及现在的销售价格,当然如果是我们的竞品还要关注该竞品的活动价格或者其他价格，以做对比。

图 3-2

然后单击交易榜单中的"详情"按钮，显示结果如图 3-3 所示。

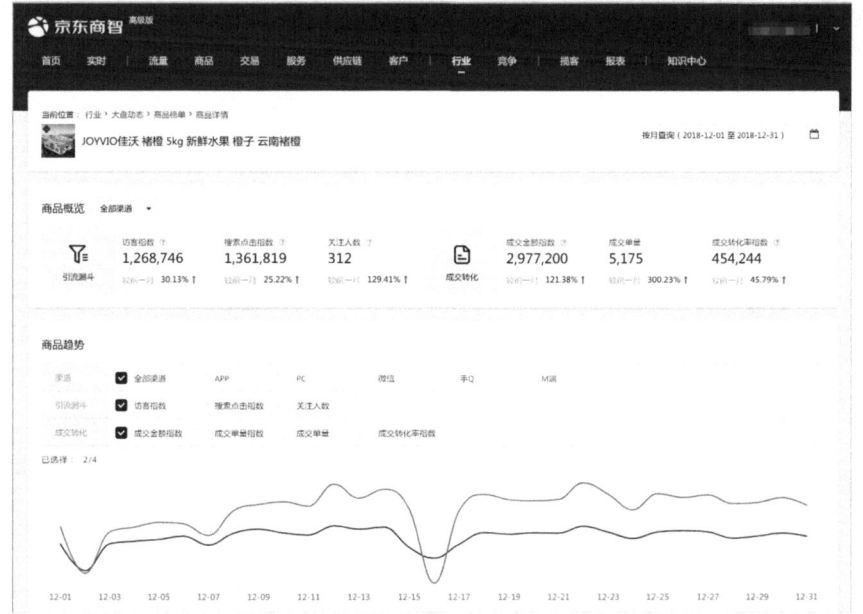

图 3-3

由图 3-3 我们可以进一步清楚某时段的成交单量，由此可以估算交易额（可能会存在一单购买多件的情况）。如果我们知道大概成本，那么就可以算出竞品在某时间段的大概利润。如果我们有实力做到这个位置，那么该时间段的利润也就是我们自己的利润。所以，知己知彼方能百战百胜。

然后查看该商品的“流量来源 TOP10”，如图 3-4 所示。

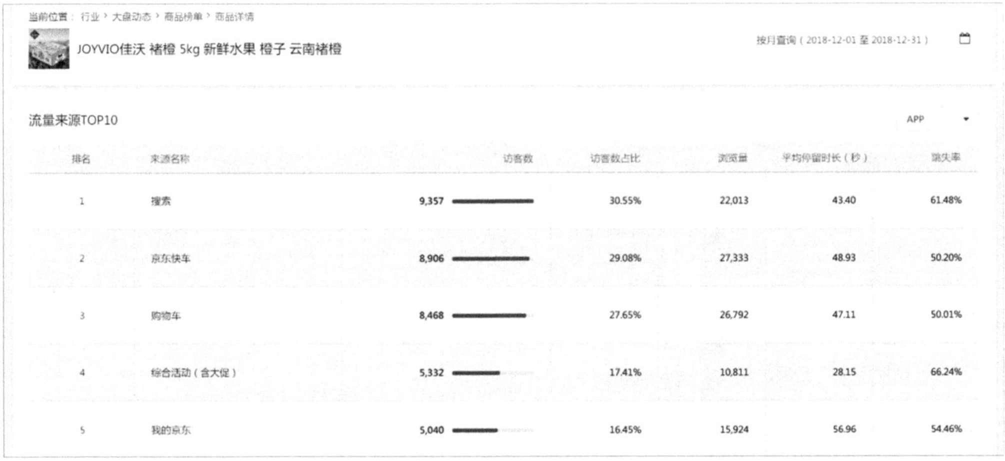
当前位置： 行业 › 大盘动态 › 商品榜单 › 商品详情

JOYVIO佳沃 褚橙 5kg 新鲜水果 橙子 云南褚橙

按月查询（2018-12-01 至 2018-12-31）

流量来源TOP10

APP

排名	来源名称	访客数	访客数占比	浏览量	平均停留时长（秒）	跳失率
1	搜索	9,357	30.55%	22,013	43.40	61.48%
2	京东快车	8,906	29.08%	27,333	48.93	50.20%
3	购物车	8,468	27.65%	26,792	47.11	50.01%
4	综合活动（含大促）	5,332	17.41%	10,811	28.15	66.24%
5	我的京东	5,040	16.45%	15,924	56.96	54.46%

图 3-4

从图 3-4 中可以看到“搜索”和“京东快车”是该商品的主要流量入口，如果我们刚好擅长搜索优化和京东快车推广，那么就有把握了。

下滑图 3-4 所示网页即可查看该商品的“引流关键词 TOP5”，如图 3-5 所示。

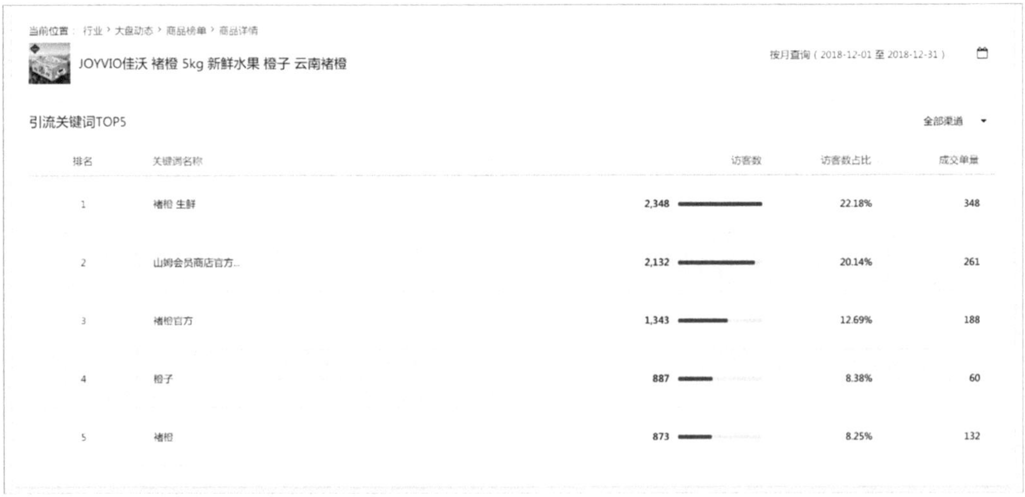
当前位置： 行业 › 大盘动态 › 商品榜单 › 商品详情

JOYVIO佳沃 褚橙 5kg 新鲜水果 橙子 云南褚橙

按月查询（2018-12-01 至 2018-12-31）

引流关键词TOP5

全部渠道

排名	关键词名称	访客数	访客数占比	成交单量
1	褚橙 生鲜	2,348	22.18%	348
2	山姆会员商店官方...	2,132	20.14%	261
3	褚橙官方	1,343	12.69%	188
4	橙子	887	8.38%	60
5	褚橙	873	8.25%	132

图 3-5

通过图 3-5 能看到该商品准确的访客数和某关键词在某时间段带来的成交单量。此时，我们已经能够清楚自己的商品与竞品的差距了，如果我们无法逾越这个竞品，则可以用同样的方法继续查看其他竞品。

通过以上比对方式得到的数据，我们可以记下来，然后通过查看"属性分析"下的"属性概况"，获取如图 3-6 所示"属性分布"信息，其他类目也有对应的属性可供参考。

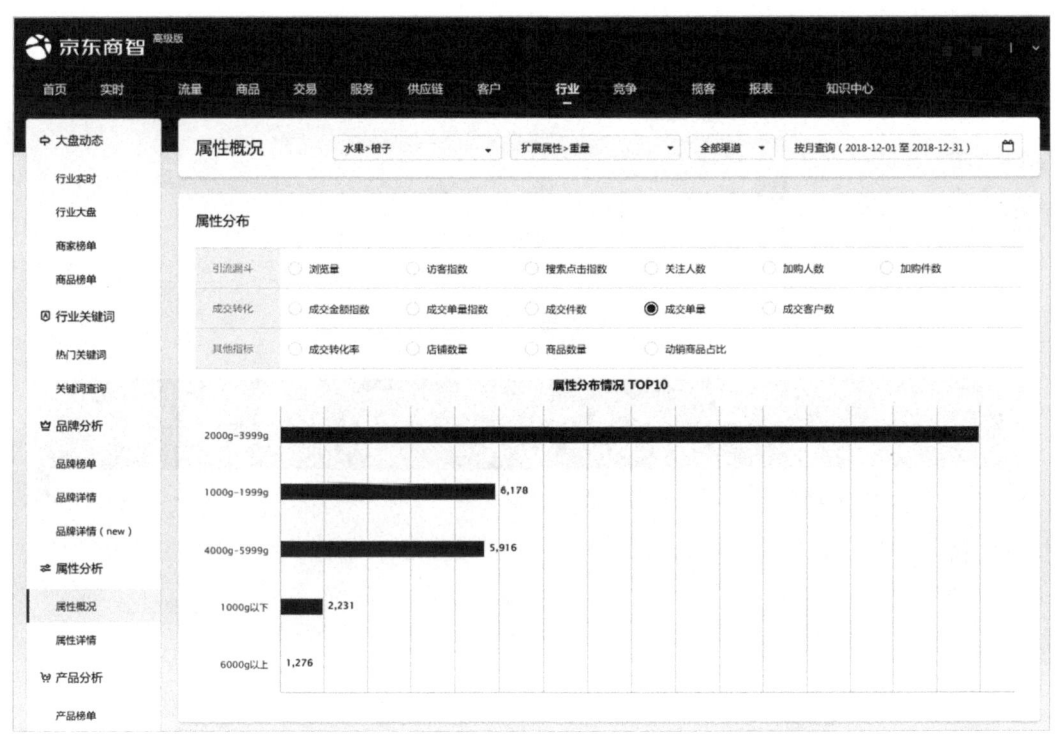

图 3-6

由图 3-6 可知橙子三级类目"成交单量"最高的重量是 2000～3999g，所以如果要打造爆款可以优先考虑这个重量规格。我们一直提倡差异化运营，所以这只是一个参考。同样，还可以通过单击"属性详情"来获取更多参考数据，进而帮助我们做出判断。当然如果有些商品是某品牌的竞品，那么还可以通过单击"品牌分析"中的"品牌详情"来获取相应数据，如图 3-7 所示，从而清晰了解竞争品牌的情况。

笔者根据橙子不同的规格做了几个爆款群，效果如图 3-8 所示。

根据京东的体量我们可以预测自己可以做到多大规模，所以我们在做规划的时候千万不要跨越这一项，假如某品类在京东一年的销量为 1 亿件，那么你做销量 10 亿件的规划，就有些不切实际。有些店铺运营人员也会说，"我可以利用站外引流，如直播、电视、新媒体平台等"，不是不可以这样做，只是这是主次不分的表现，这样做将出现更多不可控因素。

图 3-7

图 3-8

很多传统企业转战电商，利用电商销售、宣传渠道可以短时间内将商品销往全国乃至全球，商家直接面对的是终端客户，这比传统的一个城市的铺设分销来得更快、渗透得更远。《京东 2018 Q2 财报》披露了京东平台的活跃用户数：截至 2018 年 6 月 30 日，京东平台过去 12 个月的活跃用户数为 3.138 亿，同比增长 21.5%。这 3.138 亿用户在一定意义上都可以成为你的触达用户，这种广告效应跟媒体广告有得一比。所以我们的爆款规划一定是以京东平台流量为主，站外流量辅助的方式进行的。首先我们要通过高级商智分析我们操盘的商品体量有多大。例如，操作母婴用品奶瓶，先通过"行业大盘"数据查看2018年9月该品类商品的销售情况，如图3-9所示。

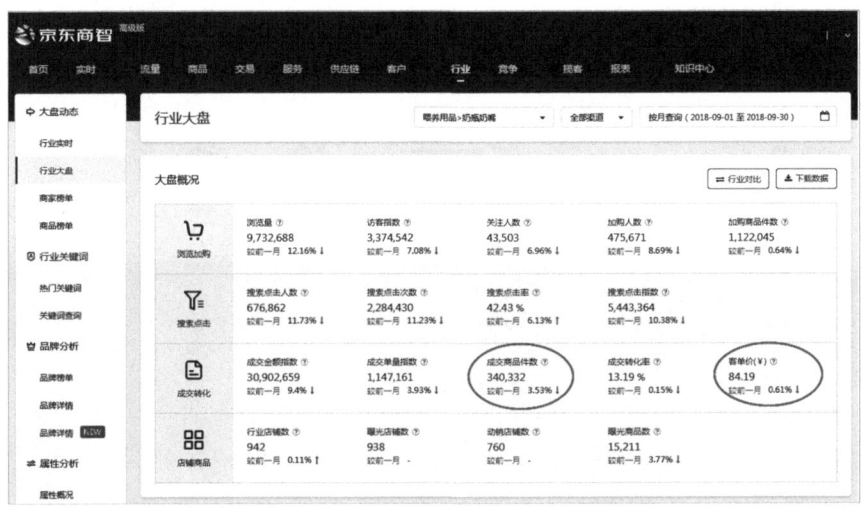

图 3-9

由图 3-10 我们可以得知，2018 年 9 月 TOP1 商品的月成交单量为 4299 单。根据图 3-9 中的成交转化率 13.19%，可以推算如果商品做到 TOP1 的体量需要 3.25 万个访客。

图 3-10

然后查看 TOP1 商品的流量来源，如图 3-11 所示。

流量来源 TOP10

排名	来源名称	访客数	访客数占比	浏览量	平均停留时长（秒）	跳失率
1	搜索	5,675	31.70%	14,451	70.74	55.86%
2	栏目	5,519	30.83%	10,425	39.59	70.81%
3	京东首页	5,165	28.85%	11,129	41.61	63.27%
4	购物车	2,766	15.45%	9,522	60.84	42.34%
5	我的京东	1,388	7.75%	5,179	78.24	40.42%
6	其他店铺的商品	1,173	6.55%	2,516	50.46	62.15%
7	京东快车	1,057	5.90%	2,696	53.97	56.29%
8	问答	649	3.63%	1,470	53.05	61.63%
9	消息中心	587	3.28%	1,865	56.81	43.95%
10	直接访问	340	1.90%	659	48.50	61.76%

图 3-11

由图 3-11 可知好孩子（gb）宽口径婴儿奶瓶 PPSU 的主要流量来源为"搜索"和"栏目"渠道。主要通过哪些关键词带来的流量及订单数，可以通过关键词流量分析得知（见图 3-12）。

引流关键词 TOP5

排名	关键词名称	访客数	访客数占比	成交单量
1	奶瓶	2,723	43.14%	661
2	好孩子奶瓶	944	14.96%	344
3	婴儿奶瓶	531	8.41%	149
4	奶瓶好孩子	211	3.34%	23
5	好孩子	176	2.79%	6

图 3-12

另外，类似京东快车的流量渠道可以根据关键词的平均点击价格，来推算其用于该渠道推广的大概费用。然后用同样的方法分析其他竞品，最终结果可供自己在做决策时参考。

我们无论是做单品爆款还是爆款群，都要与竞品进行比对，如参考价格优势、品质优势、独有优势、代言优势等。这只是第一步，后面还要根据爆款做出流量规划。

3.1.2 流量规划

当爆款规划做完后，我们要开始为爆款引流。流量是需要一段时间培养才能爆发的，不是想要多少就有多少的。建议大家先使用京东快车进行测款，如果不知道如何使用京东快车可以先阅读本书 3.8 节的内容。测款完成后如果数据达不到我们预期的效果，则可以对策略进行相应调整。如果在一切都准备好的情况下再调整策略，那么将会造成一定损失。

当一切准备就绪就可以在如图 3-13 所示的流量入口开始进行"打怪升级"。

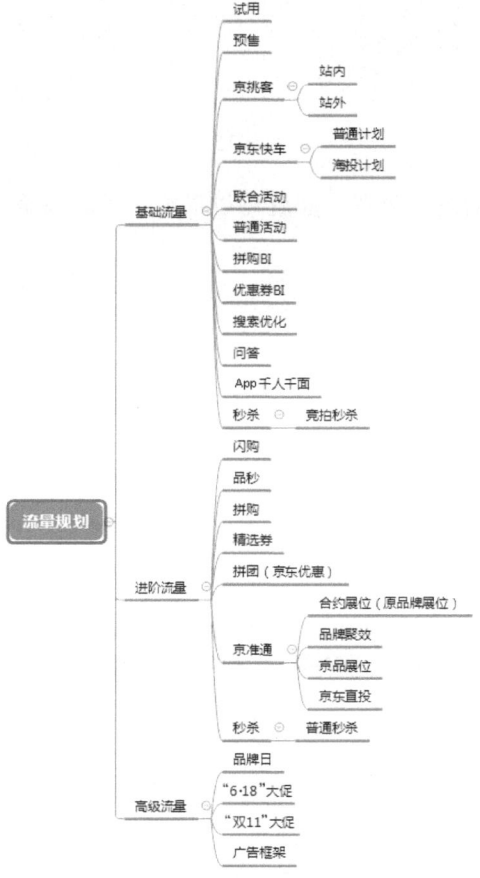

图 3-13

图 3-13 中每一种活动的玩法可以通过阅读本书 3.11 节的内容来了解，我们唯一要做的就是根据这些活动和流量的关系制订流量计划。先测试商品的转化率，其对应的基础数据计划如图 3-14 所示。

基础数据计划

目标：测试转化率

序号	开始日期	结束日期	商品名	SKU	订单数/个	试用报告/份	评价数/个	好评率	晒图数/个	视频晒单数/个
1	2018/10/1	2018/10/7	电饭煲3L	2969[illegible]6359	50	5	30	99%	20	5
2	2018/10/1	2018/10/7	旅行智能烧水壶	33539[illegible]450	20	0	10	99%	5	2

图 3-14

然后制订进一步规划，如图 3-15 所示。

电饭煲3L爆款计划

目标：500单

序号	开始日期	结束日期	商品名	SKU	流量入口	访客数/个	转化率	客单价/元	订单数/个	销售额/元
1	2018/10/8	2018/10/10	电饭煲3L	296[illegible]96359	京挑客	100	50%	88	50	440
2	2018/10/11	2018/10/18	电饭煲3L	296[illegible]96359	拼购	200	5%	99	10	990
3	2018/10/11	2018/10/30	电饭煲3L	296[illegible]96359	京东快车	2000	10%	139	200	27800
4	2018/10/1	2018/10/30	电饭煲3L	296[illegible]96359	搜索优化	2000	5%	139	100	13900
5	2018/10/19	2018/10/21	电饭煲3L	296[illegible]96359	闪购	500	2%	119	10	1190
6	2018/10/22	2018/10/25	电饭煲3L	2969[illegible]6359	品秒	500	2%	119	10	1190
7	2018/10/29	2018/10/30	电饭煲3L	2969[illegible]5359	宽拍秒杀	8000	10%	99	800	79200

图 3-15

把爆款和其他商品的规划放在一起就可以形成一个店铺全年运营目标计划表，如图 3-16 所示。

2018京东[illegible]全年规划

年度目标销量：¥223, 061
总盈利：¥1, 805, 253
总销售额：¥14, 070, 000
成本费用率：87.17%
净利润率：12.83%

自动填写数字，自动计算

京东2018年度运营目标计划表

序号	月份		12月	1月	2月	3月	4月	5月	6月	7月	8月	9月	10月	11月 11月日常	11月 11月11日	12月 12月日常	12月 12月12日	
1	每月销售额		570000	500000	200000	300000	500000	800000	2600000	1200000	1500000	2000000	1200000	1200000	500000	1500000	200000	¥14, 070, 000
	全年占比		4.05%	3.55%	1.42%	2.13%	3.55%	5.69%	18.48%	8.53%	10.66%	14.21%	8.53%	8.53%	3.55%	10.66%	1.42%	100%
	运营目标	流量(UV)	226190	163399	55556	109091	263158	266667	464286	333333	500000	277778	400000	400000	20833	312500	8333	
		转化率	7.00%	6.00%	6.00%	5.00%	5.00%	6.00%	7.00%	6.00%	6.00%	6.00%	6.00%	6.00%	20.00%	8.00%	20.00%	
		客单价	36	51	60	55	38	50	80	60	50	120	50	50	120	60	120	63
	公式			销售额=流量(访客数)*转化率（全店成交转化率）*客单价														
2	预计广告投入（5%）		28500	40000	16000	15000	100000	160000	260000	60000	75000	200000	60000	60000	50000	300000	40000	1436000
	精准通（80%）		22800	32000	12800	12000	80000	128000	208000	48000	60000	160000	48000	48000	40000	240000	32000	1148800
	其它（20%）		5700	8000	3200	3000	20000	32000	52000	12000	15000	40000	12000	12000	10000	60000	8000	287200
	人力成本		85500	75000	30000	45000	75000	120000	390000	180000	225000	300000	180000	180000	75000	225000	30000	2130000
	物流成本		57000	50000	20000	30000	50000	80000	260000	120000	150000	200000	120000	120000	50000	150000	20000	1420000
	杂费		11309.52	8169.935	2777.778	5454.545	13158	13333	23214	16667	25000	13889	20000	20000	1042	15625	417	178747
	货品成本		285000	250000	100000	150000	250000	400000	1300000	600000	750000	1000000	600000	600000	250000	750000	100000	7100000
	平均每日费用		919.3548	1290.323	571.4286	483.871	3333.333	5161.29	8666.667	1935.484	2419.355	6666.667	1935.484	2068.966	50000	10000	40000	¥12, 264, 747
3	运营/推广		3	3	3	3	4	4	4	4	4	5	5	5	5	5	5	
	美工		3	3	3	3	3	3	3	4	4	4	4	4	4	4	4	
	客服		6	6	6	6	7	7	7	7	7	7	7	7	7	7	7	
	客服人均日接单		88	26	10	15	22	35	115	53	66	88	53	53	661	66	265	
	仓库		2	2	2	2	3	3	3	4	4	5	5	5	5	5	5	
	人均日发单量		88	77	31	46	51	82	267	93	116	123	74	74	926	93	370	
	运营阶段销售额		第一阶段准备期：销售目标58万元				第二阶段发展期：销售目标130万元		阶段优化期销售目标110		第四阶段爆发期销售目标580万元							
	品牌推广方向		做流量、抓主推产品				依托线下和微商品牌积累做爆款		依托品牌活动、做爆款		线上线下整合转换、做销量							
	产品推广方向		体验品口碑产品引流量				打造符合品牌定位的爆品		主推热卖特惠套组		主推爆款、特惠套装							
			1、梳理现有产品线，并做好角色定位； 2、针对行业、类目、子类目、竞争对手进行分析；				1、优化关联营销，提高客单价； 2、设置淘客联盟多渠、多维度增加流量引入；		1、总结活动达成效果，并找出提升空间 2、活动准备以及关联营		1、【"6·18" "双11" "双12"】 2、培养第二阶梯产品，抢占类目排行（三款产品进入自然搜索前三） 3、加大广告投放，为"6·18" "双11" "双12"等大促活动抢占有资源，配合促销环							

图 3-16

再结合自己商品的情况和各流量入口的访客数来预测总访客数据，如京东"6·18"、"双 11"、掌上秒杀、超级品牌日、类目级的联合活动等流量，从而确定目标。此时，运营的整体轮廓就基本呈现出来了。然后，根据目标分解任务，将任务具体到每月、每周、每日。再将这些流量分解到可获取的流量入口上，如搜索流量、活动流量、内容流量、京准通流量、站外流量等。另外店铺运营人员还要预测各流量入口可能带来的变数，可以通过其他可控制的流量渠道，如京东快车，对其进行补充。最后，也是最为重要的，即对流量获取难易度进行排序，前期的一些容易获得流量的流量入口有试用、京挑客、京东快车、老客群等，其中，京东快车的测款最为重要。如果前期商品分析不充分，那么很容易造成爆款定款失败，后期再怎么补救也无济于事，只能重新开始。如果准备工作做得好，那么销售额将逐步上升。这时将你的计划与平台运营人员进行充分沟通，以获得支持。为了获得支持，你需要向平台运营人员提供充分的数据证明。至于最后搜索优化中的关键词流量，只要你能在短期内集中爆单，那么关键词排名将水到渠成，唯一不同的地方就是流量获取渠道不同。

3.2　店铺首页与活动页设计

店铺首页与活动页作为直接落地页与商品详情页相比，其浏览量占比较小，但是这些页面往往又向客户传递着商品背后的品质与品牌背书。当然一般情况下，如果商品属于冲动消费类，那么几乎可以忽略该商品的活动页设计。店铺流量路径如图3-17所示。

图 3-17

高级商智的活动装修服务已经下线，并全面切换到通天塔系统，如图3-18所示。通天塔的页面装修界面如图3-19所示。

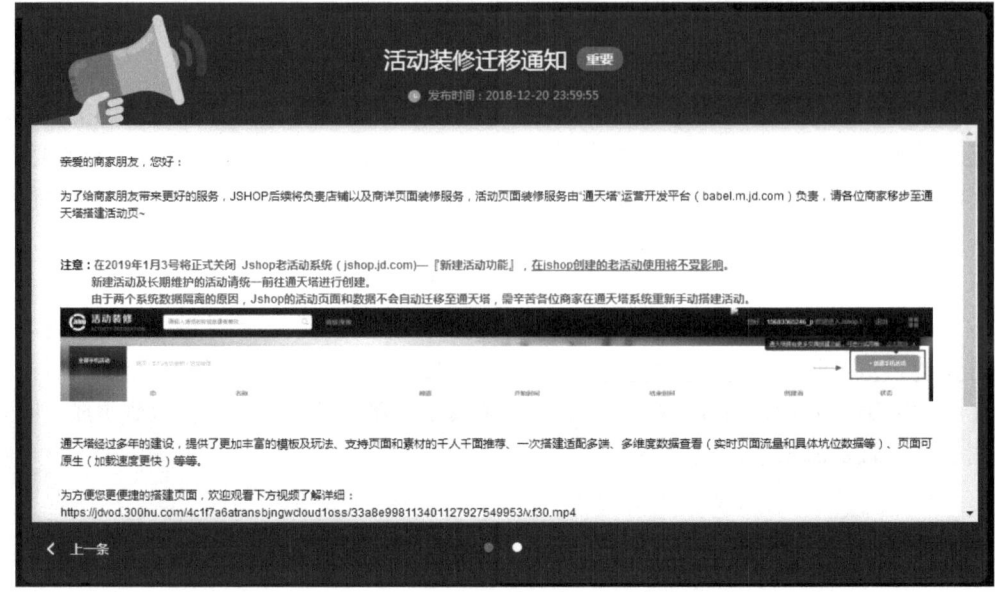

图 3-18

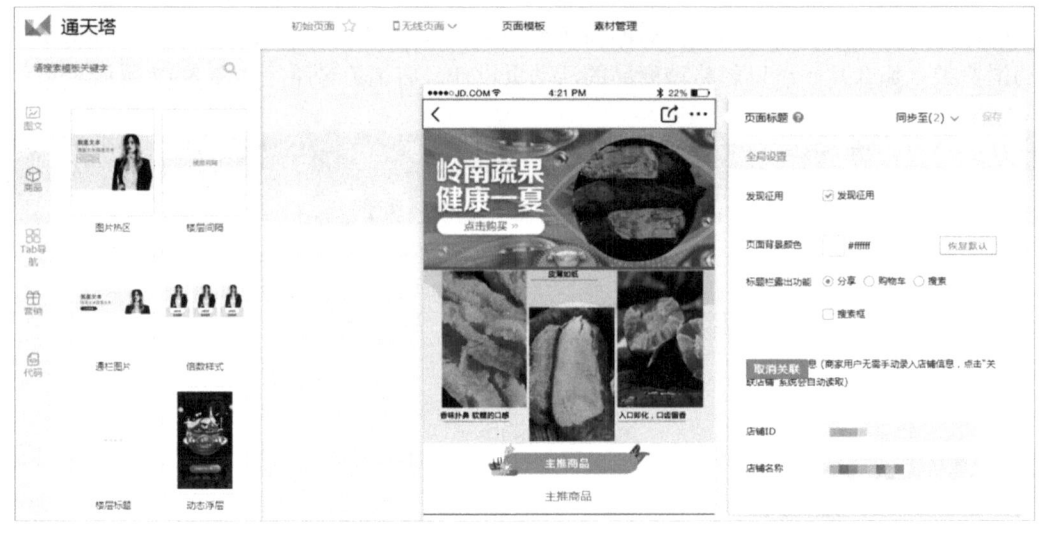

图 3-19

通天塔不仅实现了一些官方大型活动的功能还增加了很多黏性的玩法。

不管是店铺首页设计还是活动页设计，其实很多做法都是相似的，故将其合为一体进行讲述，大家在具体应用时，根据自己的需要调用不同组件即可。最主要的是设计，要特别注意的是，店铺设计分为 PC 端（电脑端）和移动端设计，还可细分为基础页、店铺二级页、个性化首页设计，如图 3-20 所示。

图 3-20

店铺基础页中 PC 端的店面装修页面中的四个页面是固定的。移动端只有一个首页，虽然可以做多个首页，但是装修发布之后只会将最新的发布作为首页。店铺二级页可以被看作活动页，也是没有店招（PC 端店铺页顶部招牌模块）的，该页面可以针对移动端和 PC 端分别进行制作，但是有些活动会要求使用通天塔页面，一定要注意区分。个性化首页也是移动端和 PC 端分别进行制作的。其中，个性化首页有一个非常震撼的功能，即针对不同客户人群做不同展示页面，特别是在手机屏幕展示内容有限的情况下，向不同的用户展现针对性的利益点，有利于提升用户体验，如图 3-21 所示。

图 3-21

通天塔制作的页面比较特殊，在无线端页面制作完成后，再根据自己的需求分别修改对应的微信手Q、PC端页面（见图3-22），设置完成后系统会提示不会同步到移动端。

图 3-22

视觉效果是提高转化率的催化剂，所以判断一个店铺或者活动页设置效果如何，转化率是一个绝对化的指标（见图3-23）。

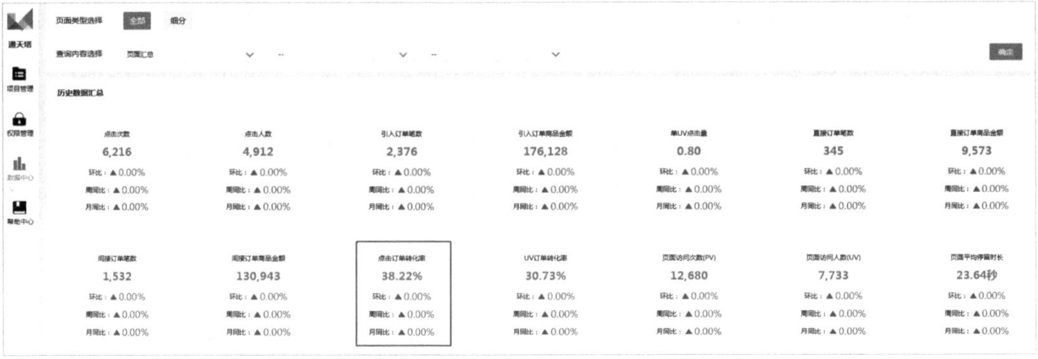

图 3-23

电商行业的竞争异常激烈，同品竞争在所难免，哪怕销售一模一样商品的店铺，因视觉效果不同，也会产生不同的销售情况。因为每个人的生长环境、所受教育不一样，所以每个人的需求点就有可能不一样，所以店铺的视觉效果要与用户的需求保持高度一致。你要通过视觉效果告诉用户，你的店铺就是为了解决他的痛点而生的。

因为本书属于运营方面的书籍，所以本节只是站在运营的角度来介绍页面与店铺运营的关系，以及运营人员如何跟美工沟通。将店铺首页与活动页设计放在一起的原因是这两者之间有很多共性。店铺虽然可能有多个活动页，但是其设计方法是一样的。运营人员先要确定页面主题或定位，或者进行换位思考，即明确你想把商品的什么卖点传递给客户；哪个卖点让你的商品与众不同。例如，"6·18"大促大多店铺选用的设计元素大同小异，但是一些有追求的店铺会比较重视自己店铺的VI（视觉设计）色调，让客户一看到店铺Logo、颜色就知道是哪个品牌，不断加强自己品牌的调性，吸引客户。

笔者并不赞同商品因为某个颜色就能卖爆的说法，真正好的商品是不用花很大力气去营销的，只要商品足够好，客户就会帮你宣传。一般情况下都是品质一般的商品在争夺搜索排名、争夺活动资源位。竞争的本质就是"隐藏"自己商品的不足，将自己商品的优势呈现给客户。在这里笔者其实有更大的底气去坚持自己的观点，就是尽量做差异化竞争。差异化运营理念使店铺首页和活动页的设计变得更简单，即如何呈现差异化内容，其表现方式无非两种，一种是故事性的表现方式；另一种是直接展示卖点的表现方式。

不太建议大家采用故事性的表现方式，除非你有丰富的文化底蕴，并可以将自己店铺的主题和商品的卖点通过故事表达出来进而给你带来爆发性的流量和订单。笔者把这种消费叫作冲动消费，类似于最近被批得体无完肤的"滞销老大爷"事件（某地因为农产品滞销，把一个老大爷的堪忧的表情作为推广的亮点进行推广，其后发生多起盗用老大爷图片以博取消费客户同情心的事件）。但是这只是内容的表达形式而已，真实吸引访客的内容还没有呈现出来。一般都是用一个顶部通栏的 Slogan 式的震撼大图，来告诉访客你要干什么。接下来就是满减优惠券领取按钮或者利益点提示内容，此部分内容是为了让客户觉得买得越多越值。再往下就是各个商品或者组合商品的卖点，不让客户纠结哪种商品适合自己，而是主动将商品呈现给客户，聪明的运营人员是不会让客户进入选择困难症状态的。在这里特别要说明一点，如果不是非常有必要，不建议大家使用"1 元""亏得心跳"等词语自定义秒杀。商品的价位决定了客户人群，不要搞乱自己商品的客户标签。许多时候，你会发现有些店铺的页面设计看似没有什么特点，但是销量却很高，希望大家思考一下，到底是颜色重要还是卖点重要（不同于创意主图吸引的点击）。

最后大家注意一定要设计出某种氛围，如时间紧迫、快卖光了、热销、前 1000 件包邮等，尽可能缩短客户的决策期，因为可能存在一件与你的商品一模一样但售价是你的商品售价一半的商品。在页面正式上线之前尽可能让朋友参与进来，建议此时不要让局内人提任何建议，局内人应该在头脑风暴的时候提建议。最后提醒大家，"知彼知己，百战不殆"，多分析同行你就能做到心中有数。

3.3 商品详情页与关联页设计

商品详情页设计的好坏直接影响转化率的高低，其虽然不是唯一一个影响转化率的指标，但是从用户需求方面分析，客户浏览商品详情页就表明他有购物意向。所以，就看你这临门一脚踢得好不好而已。

在开始构思商品详情页前，建议大家注意描述内容的逻辑顺序。例如：①引发兴趣，②激发潜在需求，③赢得消费信任，④替客户做决定。内容表达应该围绕商品具有核心竞争力的点，切勿过多，否则会使客户抓不住重点，图 3-24 所示的设计就只突出了持久续航的痛点。

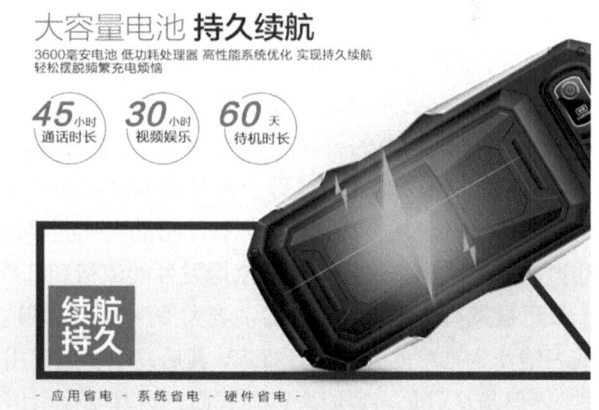

图 3-24

针对以上描述内容的逻辑顺序，首先是引发兴趣。其内容一般是一张海报图片，如把商品场景外观和卖点组合在一起的图片，图 3-25 所示的图片突出了迷你电饭煲。

图 3-25

其次是激发潜在需求。这时需要用到实物及细节图，通过实物及细节图让客户融入使用场景以验证产品是否适合，如图 3-26 所示。

再次是赢得消费信任。这一般与品牌商的实力有关，因为大部分人固有的思想是有实力的品牌商才有能力解决这些痛点问题。所以这个地方建议大家出示一些证明实力的图片，如商品的资质文件、拥有雄厚实力的厂房车间，以及车间里密密麻麻的工作人员等。

图 3-26

最后是替客户做决定,即给用户购买的理由,一般为:①快递、产品包装服务;②展现服务,如运费险、放心购、7 天无理由退换等服务。

了解这些信息后,客户对商品已经有了一定的认识。一些客户在浏览商品时可能会查看其他竞品,这就是强调突出自己商品核心竞争力的原因。当客户比较完商品之后,如果卖点都一样,我们可能就是被关掉页面的那一家。

最后要说的是尽量把 PC 端与移动端的描述文案分开来做,切勿把 PC 端的商品详情页直接按比例缩小上传至移动端,不要挑战客户的浏览耐性,建议移动端描述文案不要超过 10 屏。现在通过移动端购物的人数已经远远超过 PC 端,而且大部分客户利用碎片化时间购物,只要不是太过贵重的商品,其决策期都在慢慢变短,所以尽量把有核心竞争力的卖点局部放大,因为移动端的屏幕小,所以更有视觉冲击力、更容易被记住。当消费者的电商购物习惯培养起来的时候,一些常识性的东西就可以简化,如物流问题、售后问题。可以通过转化率的高低和浏览时长的长短考验商品详情页的好坏。

关联页作为商品详情页的一部分,一般也是增加销售机会的地方,平时可以放些有关联性的商品,当遇到活动时可以放活动海报等广告信息。但是要特别注意,关联页最好不要出现有竞争的商品,除非这个竞争商品是你准备主推的商品,否则会使客户迷失方向,最终的结果可能是一个都不买,甚至到竞争对手那里购买。

至于关联页表达创意的内容,建议不要太多,最好不要超过一屏,如果是多品类的店铺,可以考虑分类入口;商品海报建议不要超过 3 屏,最好能将有关联商品的卖点直接呈现出来;越是高客单的商品其关联页越要简洁。关联页的内容可以是商品链接,也可以是活动页链接。

3.4 主图与视频优化

商品主图的创意表达在很大程度上决定了商品的点击率,点击率越高访客数越大。京东商城是严禁使用"牛皮癣"式主图的,部分习惯了这种风格的运营人员可能会直接使用原来的素材,这存在爆款突然被下架的风险。如果爆款突然被下架,那么这个商品就相当于被判了"死刑"。

现在主图一般可以上传6～10张,不一样类目的商品的主图上传数量不一样,大家可以根据自己类目情况添加,后台如图 3-27 所示。一般建议大家加满主图数量,特别是第一张主图和透明素材图。很多时候搜索结果页或者其他活动页,出现的都是第一张主图。京准通的首焦(首页焦点)海投计划,会根据透明图直接智能生成推广素材。所以不管是第一张主图还是透明素材图,制作的时候都要特别注意,尽可能通过主图就能清晰识别出商品的卖点,如品牌、VI 色、赠品、包装、数量、配件等。

图 3-27

使用到视频优化的地方有商品主图视频、商品详情页视频和店铺视频,它们的格式和要求是不一样的。主图视频要求大小不超过 50MB;视频时长为 6～90s;仅支持 mp4 视频格式;服饰类商品的视频宽高比例推荐为 7:9,非服饰类商品的视频宽高比例推荐为 16:9,不做强制限制(见图 3-28)。商品详情页视频要求大小不超过 500MB;视频时长为 30～180s;支持绝大多数的视频格式。店铺视频要求大小不超过 500MB;视频时长为 5～300s,支持绝大多数的视频格式。特别要注意的是关联后台路径是"店铺后台"→"我的店铺"→"媒体资源管理中心",通过这个路径将上传成功的视频进行关联即可。

视频拍摄属于比较专业的事情。需要注意的是,很多时候用户不会听到视频的声音,所以建议大家如果有旁白,尽可能在视频底部配上字幕;内容创意表达方面根据卖点设计即可。

图 3-28

3.5 关键词和标题优化

关键词和标题直接影响搜索优化带来的流量和订单,所以将做关键词和标题优化分成两个阶段,第一个阶段根据行业关键词数据来设计标题,经过一段时间后,根据店铺关键词数据表现再进行第二个阶段的优化,以达到更好的效果,并持续跟进。在京东平台,很多时候大家会听到一些说长尾词效果不好的声音,或者说大词竞争大的声音。但是对于运营人员来讲,一切都是用数据说话的,下面跟大家分享一下如何做好关键词和标题优化。

相对其他友商平台来讲,京东对标题的可读性有更高的要求。首先不能出现关键词堆砌,这种情况严重的可能会受到下架处罚;其次大部分类目对于标题都有标准,大家要根据类目的标准进行优化,切忌按友商标题格式设计。《生鲜商品标题命名规范(2017.1 月版)》部分内容如图 3-29 所示。

京东平台的商品标题不能随意命名,应在规范下进行,所以很多运营人员从友商转到京东刚开始的时候会有些不适应,一些在友商成绩非常好的运营人员也可能会吃这种亏,建议大家入乡随俗,每个平台都有自己的规范,要想在京东平台做出成绩,就要遵守京东平台的规范。

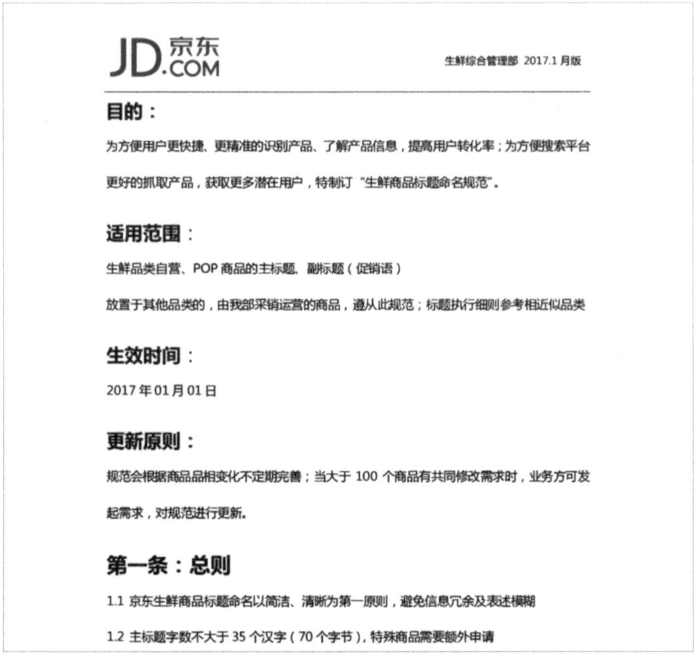

JD.COM 京东

生鲜综合管理部 2017.1 月版

目的：
为方便用户更快捷、更精准的识别产品、了解产品信息，提高用户转化率；为方便搜索平台更好的抓取产品，获取更多潜在用户，特制订"生鲜商品标题命名规范"。

适用范围：
生鲜品类自营、POP 商品的主标题、副标题（促销语）
放置于其他品类的，由我部采销运营的商品，遵从此规范；标题执行细则参考相近似品类

生效时间：
2017 年 01 月 01 日

更新原则：
规范会根据商品品相变化不定期完善；当大于 100 个商品有共同修改需求时，业务方可发起需求，对规范进行更新。

第一条：总则
1.1 京东生鲜商品标题命名以简洁、清晰为第一原则，避免信息冗余及表述模糊
1.2 主标题字数不大于 35 个汉字（70 个字节），特殊商品需要额外申请

图 3-29

在选词阶段，有经验的店铺运营人员由于知道哪些关键词实际效果较好，选词往往能一步到位。但是大多店铺运营人员会根据高级商智的行业关键词、京东快车添加关键词、搜索框下拉菜单等进行初次测试。也有些店铺运营人员喜欢利用京东快车进行直接测款，笔者也认为这种方法较好，在商品还没有被大力推广的时候运营人员就可以得到关于商品的关键词、主图、标题、商品详情页的效果，为接下来项目的全力推进提供参考数据。选词直接关系到后面的搜索优化效果，选词错误可能会导致某些关键词无法召回，所以我们首先需要知道哪些词能被召回。

1. 标题

说明：除了标题，商品属性里面的颜色和尺码部分修改后也能达到和标题一样的召回效果。

2. 商品属性

说明：商品属性里面包含的关键词也能被召回，但是商品属性更多体现在搜索之后的条件筛选结果中。

3. 类目

说明：一、二、三级类目都能被召回。

4. 副标题

说明：虽然副标题能被召回，但是不建议将主要关键词放在副标题，因为经测试发现副标题的关键词召回不够准确。

5. 商品详情页文字部分

说明：没有特殊需求不建议在商品详情页中直接使用文字。

当我们知道关键词可以出现在哪些地方之后就要开始挑选关键词了，一般挑选关键词的步骤如下。

第一，在高级商智的"行业关键词"下的"热门关键词"中寻找相关关键词（见图 3-30）。

图 3-30

行业关键词可以细化到三级类目，这将更利于我们挑选适合自己的关键词，这个时候很多人会困惑这么多关键词应该如何挑选。其实大家把事情想复杂了，经过观察会发现大部分关键词可能只是顺序不一样，或者是其他关键词连在一起组成的标题，又或者是同义词。所以我们第一步工作其实就是尽可能多地把相关的关键词找出来，如通过高级商智查找关键词（可以切换时间段进行比较）、通过京东快车添加关键词（见图 3-31）、搜索框对应下拉列表框内的词（见图 3-32），然后把所有关键词全部列举出来（见图 3-33），之后你会发现有很多关键词是重复的。

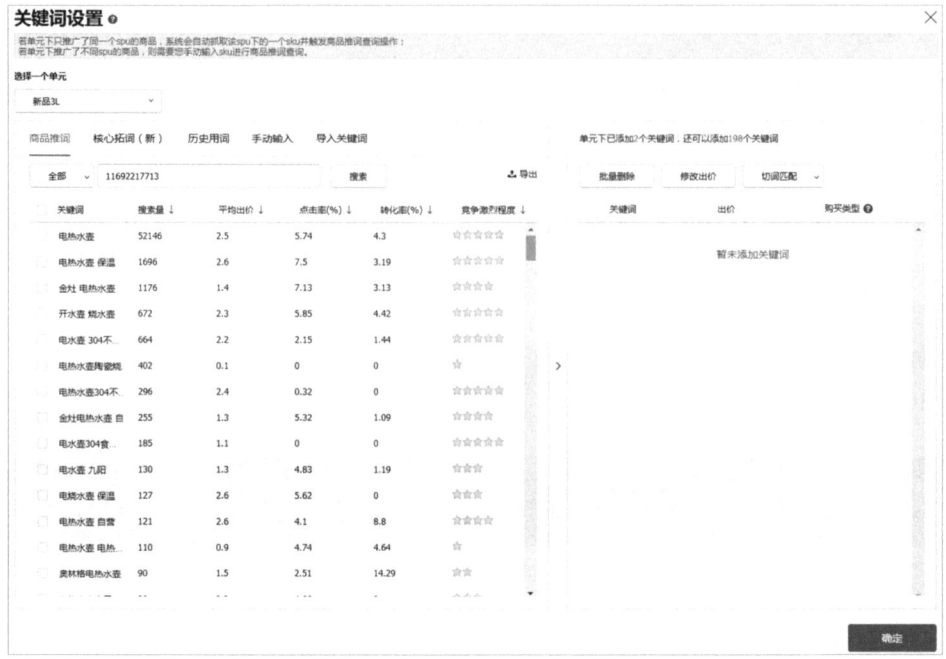

图 3-31

图 3-32

第二，根据挑选出来的关键词撰写标题。

图 3-33

目前的标题限制是 50 个字，但是超过 35 个字就会降权，建议在获取更多的召回关键词与降权之间选择更多关键词。标题的撰写规则在上文有描述，每个类目都有相关的标题撰写规定或者标准，所以我们应当先满足标准，然后在标准的基础上进行合理优化。类目的标题撰写标准可以从类目运营群中获取，开店之后平台招商会引导你先加群，然后再加平台运营人员，加群之后可以从群里面下载相关标准；如果没有找到相关标准，可以向平台运营人员或者群里面的管理员咨询。

标题相关标准无外乎如下几种类型：中文品牌（英文品牌）+商品名称/型号（系列）+规格、材质类型、用途+颜色+货号，其中生鲜类目下的特产馆要在品牌前面加上"【馆名】"。根据图 3-32 做的一个示范为"苏泊尔（SUPOR）电饭煲电饭锅 5L 大容量火旋风球釜内胆 CFXB50FC832-75"。虽然不能保证这是最优标题，但至少与这个商品有关的关键词涵盖其中了，这已经符合标题撰写的初步要求了。

第三，测试关键词召回情况并及时调整。

单击"开始销售"按钮之后，商品将处于"从未上架待审核"状态，这是京东平台为了降低各种违反法律法规风险增加的一道平台运营审核工序，如图 3-34 所示。这个时间主要由平台运营人员的审核效率决定，一般每天下班前运营人员会将当天处于待审核状态的待上架商品审核完。要提醒大家，平台运营人员在后台只能看到标题内容，而看不到属性规格内容，所以可能会出现商品被驳回的情况。建议大家如果有多属性规格的商品那么先上传一个属性规格，待通过审核后再添加其他规格，具体表现形式可参考图 3-35～图 3-37。

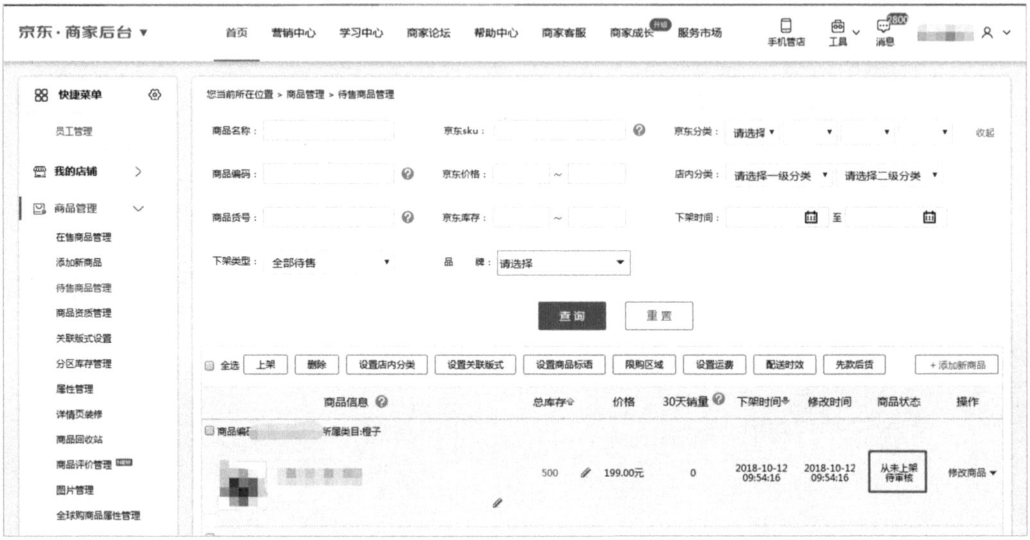

图 3-34

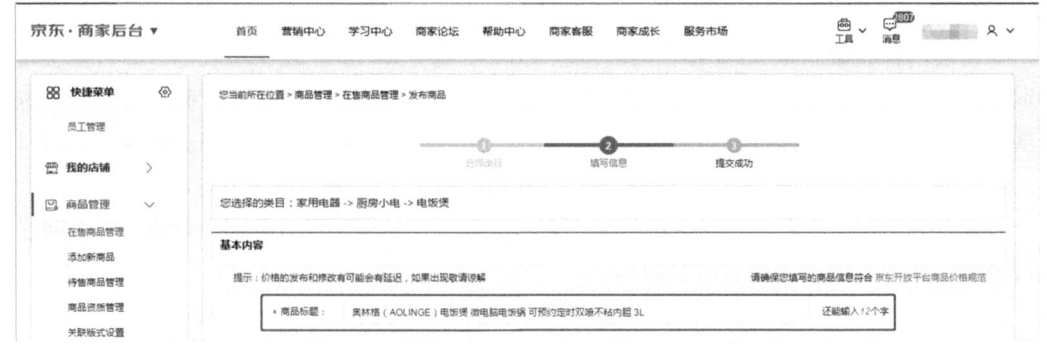

图 3-35

图 3-36

如果情况紧急也可以直接找平台运营人员审核，当然个别类目也曾有直接通过审核的情况，但是没多久平台就关闭了直接通过审核的功能，不管怎么样，大家在准备发布商品的时候要预留出审核时间，以免耽误自己的推广时效。大家经常问的一个问题就是，京东平台有没有加权重这一说法，笔者通过多次测试，暂时没有发现类似友商在商品下架时加权重的现象，所以大家根据自己的推广计划进行即可。因为不知道商品什么时候通过审核，所以大家应当留意京东商城的商家后台，商品审核通过之后马上进行推广。

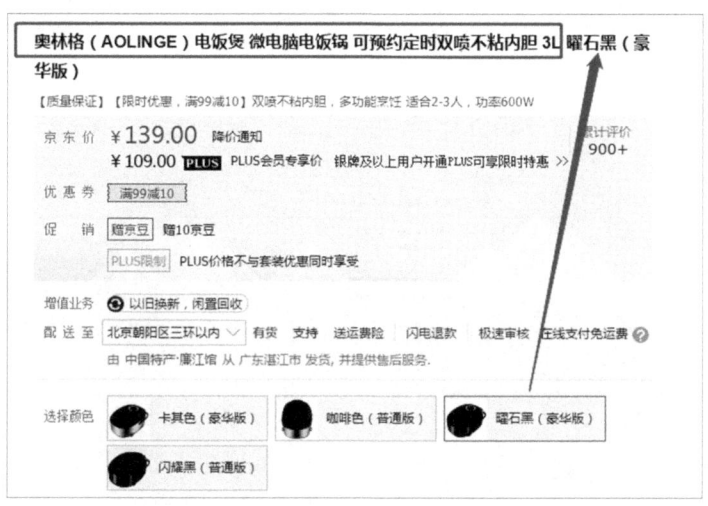

图 3-37

因为不知道自己撰写的标题效果怎么样、关键词是否都能被正常召回，所以要等待服务器建立索引。建立索引的时长谁也说不准，快的可能几分钟，慢的可能要 24 小时。我们只能不停地去测试，如果不想人工测试，那么可以借助高级商智的排名定位功能或者第三方工具录入之前意向操作的关键词（注意目前是 50 条）进行测试。因为涉及不同城市的关键词排名的结果不同，所以建议购买主要城市参与即可。这步工作非常重要，如果等排名效果出来之后发现某些关键词没有被召回再修改标题，那么就得不偿失了。笔者曾经因为偷懒做过一次这样的事情，当时操作一款电水壶，以为"电热水壶"肯定包含"电水壶"，所以标题没有关键词"电水壶"，因为流量递增正常、订单递增正常、利润也丰厚，所以没有去检查。结果发现"电水壶"这个大词竟然没有被正常召回，后来忍痛修改标题后发现竞争对手已经追了上来。

3.6 搜索优化

3.6.1 搜索原理

虽然对于不同级别的店铺来讲，其搜索流量在店铺流量中的占比有所不同，但是这一部分免费流量的获取相对于其他流量按 ROI 计算是比较划算的，店铺流量路径如图 3-38 所示。

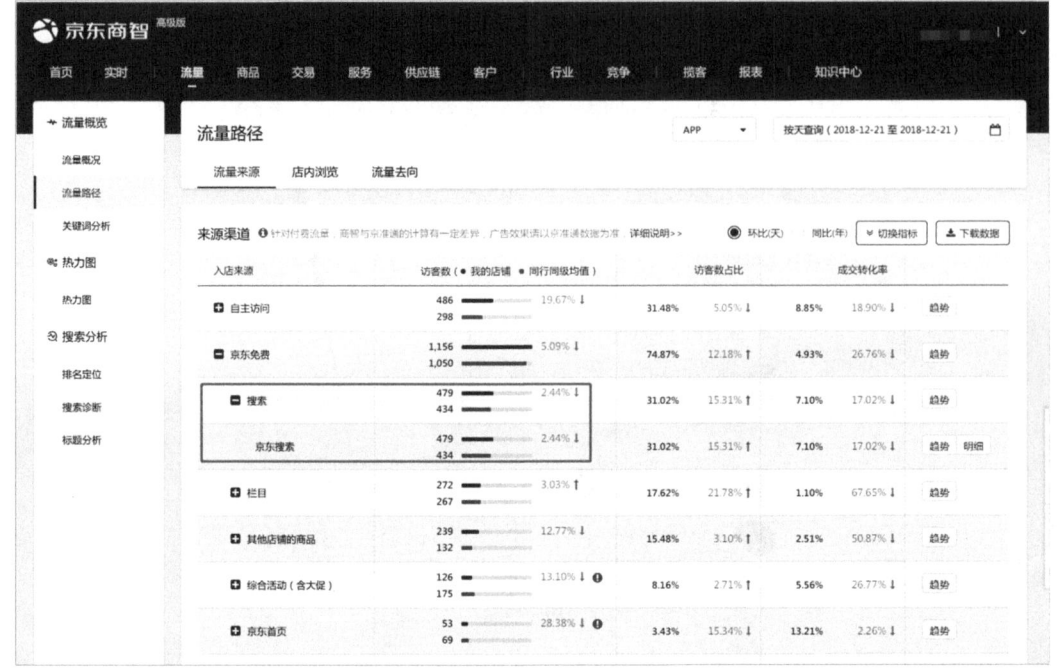

图 3-38

我们在进行搜索优化之前,首先要明白搜索结果是如何获得的,只有了解这个原理之后,结合关键词及标题优化技巧,才能更好地进行搜索优化。

有一张数学成绩表如表 3-1 所示,老师把成绩录入系统后就能看到成绩排名。

表 3-1

序 号	姓 名	数学成绩/分	排 名
1	张三	100	1
2	李四	99	2
3	马五	95	3
4	孙六	92	4
5	阮七	90	5

有些学生为了提高学习成绩,不注意锻炼身体,出现了近视或者其他的身体疾病。于是学校规定加考 50 分制跳绳项目,然后对总分计算方式进行加权计算,其中,数学成绩加权 80%、跳绳成绩加权 20%,最终结果如表 3-2 所示。

表 3-2

序 号	姓 名	数学成绩/分	跳绳成绩/分	加权成绩/分	排 名
1	张三	100	20	84	2
2	李四	99	50	89.2	1
3	马五	95	40	84	2
4	孙六	92	50	83.6	3
5	阮七	90	40	80	4

对比表 3-1 和表 3-2 很容易发现排名发生了改变，虽然跳绳成绩所占权重不大，但是排名结果却发生了巨大的改变。然后我们把问题放到搜索引擎的关键词排名上，以加深大家对搜索结果影响因子的了解。

搜索引擎对大家来说并不陌生，有百度、360 等，如果我们要在网上查找一些资料，如京东搜索优化，其搜索结果如图 3-39 所示。

图 3-39

这个排序是先通过数据中心对海量数据进行处理，再根据百度的算法进行排序得来的。百度官方关于算法的说法如图 3-40 所示。

百度从索引到结果输出之前还要经过数据抓取、过滤操作、建立索引。每一步都有一定的规则，如果违反这些规则，那么数据将可能无法进入百度索引或者被百度索引剔除，并且百度制定了一系列的反制措施，所以每一步操作都要遵守百度的规则。如果想要获得好的关键词排名，可以参考百度权重值、站点外链接数、网页收录数等资料（见图 3-41 和图 3-42）。

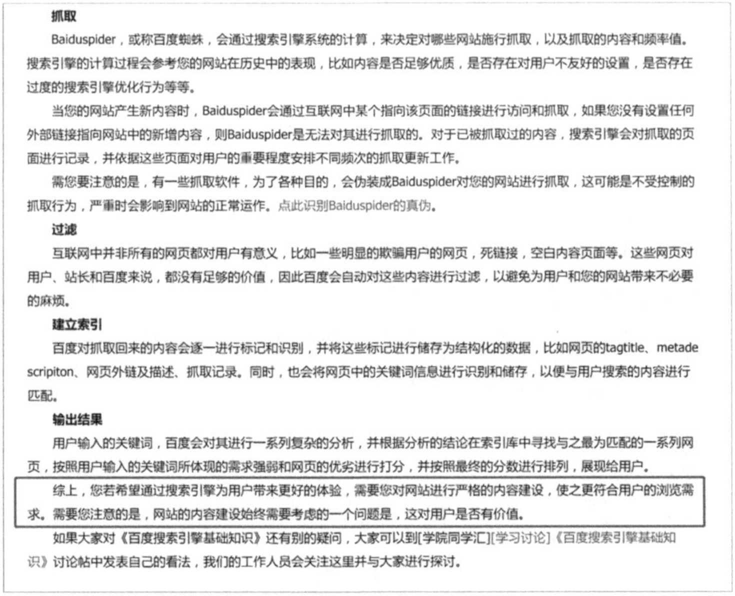

抓取

Baiduspider，或称百度蜘蛛，会通过搜索引擎系统的计算，来决定对哪些网站施行抓取，以及抓取的内容和频率值。搜索引擎的计算过程会参考您的网站在历史中的表现，比如内容是否足够优质，是否存在对用户不友好的设置，是否存在过度的搜索引擎优化行为等等。

当您的网站产生新内容时，Baiduspider会通过互联网中某个指向该页面的链接进行访问和抓取，如果您没有设置任何外部链接指向网站中的新增内容，则Baiduspider是无法对其进行抓取的。对于已被抓取过的内容，搜索引擎会对抓取的页面进行记录，并依据这些页面对用户的重要程度安排不同频次的抓取更新工作。

需您要注意的是，有一些抓取软件，为了各种目的，会伪装成Baiduspider对您的网站进行抓取，这可能是不受控制的抓取行为，严重时会影响到网站的正常运作。点此识别Baiduspider的真伪。

过滤

互联网中并非所有的网页都对用户有意义，比如一些明显的欺骗用户的网页，死链接，空白内容页面等。这些网页对用户、站长和百度来说，都没有足够的价值，因此百度会自动对这些内容进行过滤，以避免为用户和您的网站带来不必要的麻烦。

建立索引

百度对抓取回来的内容会逐一进行标记和识别，并将这些标记进行储存为结构化的数据，比如网页的tagtitle、metadescripiton、网页外链及描述、抓取记录。同时，也会将网页中的关键词信息进行识别和储存，以便与用户搜索的内容进行匹配。

输出结果

用户输入的关键词，百度会对其进行一系列复杂的分析，并根据分析的结论在索引库中寻找与之最为匹配的一系列网页，按照用户输入的关键词所体现的需求强弱和网页的优劣进行打分，并按照最终的分数进行排列，展现给用户。

综上，您若希望通过搜索引擎为用户带来更好的体验，需要您对网站进行严格的内容建设，使之更符合用户的浏览需求。需要您注意的是，网站的内容建设始终需要考虑的一个问题是，这对用户是否有价值。

如果大家对《百度搜索引擎基础知识》还有别的疑问，大家可以到[学院同学汇][学习讨论]《百度搜索引擎基础知识》讨论帖中发表自己的看法，我们的工作人员会关注这里并与大家进行探讨。

图 3-40

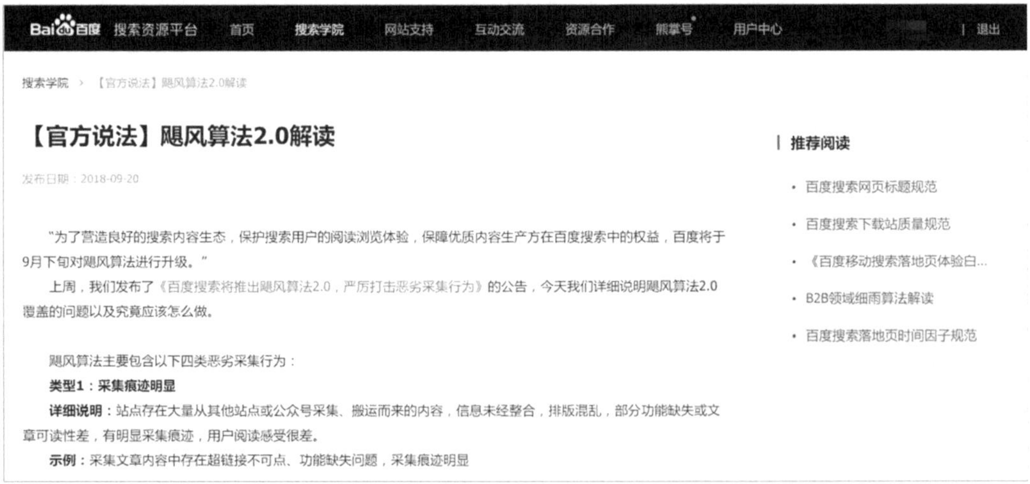

图 3-41

百度搜索引擎的复杂性主要表现为搜索内容不被百度数据中心控制，其是从海量的网页数据中获取的。而网页数据发生变化后，百度索引的数据有可能还是之前的数据，不能做到实时更新。相对于百度来说，京东的搜索引擎就变得简单得多了，其属于站内搜索引擎，能监测到用户的大部分数据，从数据来看，要获得好的搜索排名就要参考前面讲到的程序算法。

图 3-42

3.6.2 影响搜索结果的因子

根据前面的理论，京东搜索属于站内搜索引擎，可以根据用户的反馈得出大部分数据，而且根据用户体验原则，我们可以从客户的角度根据购物流程进行如下设想。客户通过搜索某个关键词，找到了理想中的商品，经过对比发现了某个符合自己要求的商品，通过商品详情页对商品有了更多了解，下单之后快速收到货，打开包裹发现商品不仅符合自己的要求还有其他惊喜，立马确认收货并返回精美图片及真实感受的评价。这应该是用户体验的标准流程。

自己尝试输入某个关键词，看排名结果是否类似以上设想中的搜索排序结果，从而分析排序结果是否是从用户体验角度考虑的。最后大家会发现搜索结算大致是按用户体验进行排序的，但是个别排位有差异，这些差异是系统的一些反制措施。

既然无法从用户体验角度直接获取影响搜索结果的因子，我们再看看官方公布的京东搜索排序规则。影响默认综合搜索排名的因子较多，总结如表 3-3 所示，大家可以仔细阅读规则以加深了解。

表 3-3

序 号	影 响 因 子	说　　明
1	文本相关性	文本描述信息（包括商品标题、类目名称、品牌名、图书类商品、作者、出版社等搜索关键词）
2	类目相关性	商品的分类要正确

续表

序 号	影响因子	说 明
3	商品人气	a. 商品销量 b. 销售额 c. 好评率 d. 商品属性
4	消费者关注度	关注店铺
5	用户搜索反馈	点击量、下单量、浏览时长、转化率
6	风向标	a. 店铺 DSR 评分 b. 咚咚应答率和平均响应时长 c. 物流履约 d. 售后服务 e. 交易纠纷 f. 京东放心购 g. 影响因子
7	作弊	非正常手段快速提升商品在搜索结果的排序
8	个性化排序	个性化服务,实现搜索千人千面

对于风向标官方有更加具体的标准,所以,不关注官方公布的标准就等于闭门造车。相信一些"极端大法",最终不仅伤害了自己,还降低了用户体验,甚至伤害了平台。京东官方在排名搜索排序最前面加入了诚信相关性和商品相关性规则(见图 3-43)。还对风向标作了更详尽的解释,这里不再一一讲述,如图 3-44 所示。

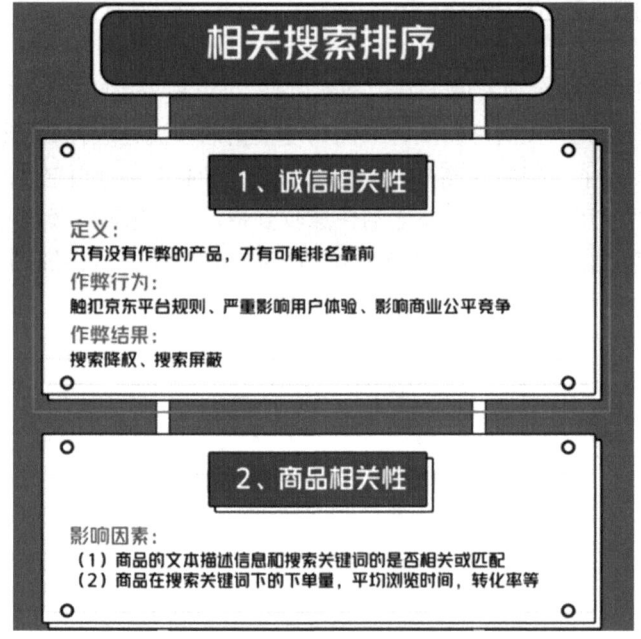

图 3-43

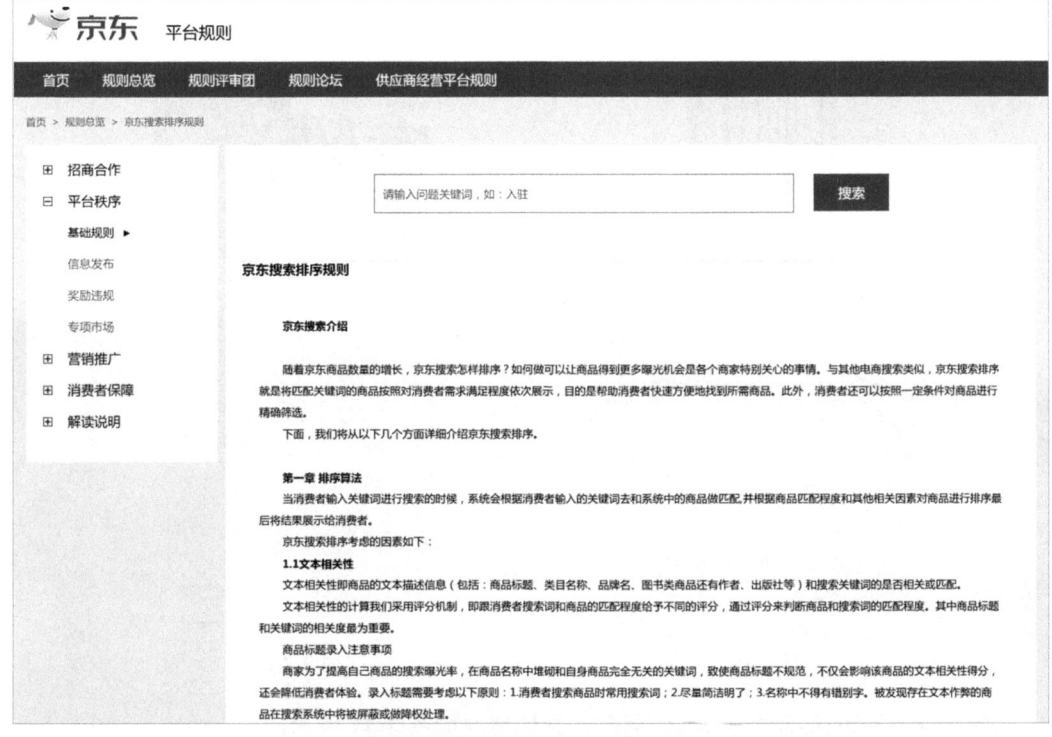

图 3-44

另外商品上架时间不会影响综合搜索排名,但会影响新品排序。搜索排名每天都会更新,关于非默认综合排序算法,官方也没有具体说明排序的算法纬度,但是笔者根据测试,给出如表 3-4 所示影响纬度因素的表格供参考,最终结果以官方公布为准。

表 3-4

序 号	排 序 方 式	说 明
1	销量	15 天内的销售额按降序排序
2	评论数	商品 SPU 评价数量按降序排序
3	新品	商品第一次上架时间从新到旧排序
4	价格	根据 SKU 价格排序,可以从高到低,也可以从低到高

非默认综合排序会将相关性较差的类目过滤或不予展示,多类目的商品一定要注意检查。

搜索结果展示方式目前有两种,一种是主从合并展示方式,如图 3-45 所示;另一种是图书列表展示方式,如图 3-46 所示。

图 3-45　　　　　　　　　　　　　图 3-46

图 3-46 所示的商品是多 SKU 商品，具体情况如图 3-47 所示。

图 3-47

根据实测，以主从合并方式展示的商品的排序与销售额有关，等同时间内销售额高的商品排位靠前。

展示方式最后一点是属性筛选，这给客户带来了极大的便利性，有利于客户找到更符合需求的商品。

3.6.3 搜索优化技巧

有一个优化等式，如下所示：

$$关键词排名 = 搜索影响因子 + 京东风向标 + 个性化 + 模型指标$$

其中，模型指标大家可能比较陌生，在"京东开放平台风向标新版解读"中有关于模型指标的说法，但未做出解释，如图 3-48 所示。我们可以假设一个与用户体验有关的模型，如表 3-5 所示。

图 3-48

表 3-5

序　号	用户体验项	可能涉及的因素
1	价格	某价格段可能优先展示
2	店铺	同一个店铺商品的展示数量可能有限制

续表

序号	用户体验项	可能涉及的因素
3	品牌	同一个品牌的商品可能有商品展示数限制
4	广告	由广告带来的订单，特别是京东直投，可能会有加权
5	季节/事件	优先展示应季/事件商品

注：仅供参考，暂时无法提供测试数据。

表 3-5 只是假设影响搜索排名的一部分模型指标，可能还有其他指标。大家在运营过程中多考虑用户体验，就会发现做对用户有益的事情，一般都会带来惊喜。

我们知道搜索影响因子之后要怎么办呢？

首先是文本相关性和类目相关性，只要运营人员稍加注意一般没有什么问题。最常见的是单商品跨多类目的情况，对此我们可以对其进行手动测试，只要自己跟同行都能正常搜索到就不会有问题。

其次是大家在争论的搜索反馈分问题。新品上架之后的搜索权重与有一定销售时间的竞品相比，在搜索反馈分上是不占优势的。而且搜索反馈的获取流程（见图 3-49）要求在 24 小时内完成才有搜索反馈分，所以前期按正常操作方法获取搜索反馈分不太实际，建议大家先看搜索影响因子，优先操作自己擅长的方面。

图 3-49

建议大家按以下步骤进行，运营技巧可以参考本书中活动的威力、京挑客、内容营销、京东快车速成、京准通玩法等内容。

试用：增加店铺关注人数。

朋友圈：建议至少以成本价优待朋友，如"京东价+优惠券"的方式。

微信群：建议至少以成本价优待朋友，如"京东价+优惠券"的方式。

注意，因为以上方法对应的客户都是强关系的，所以可以适当提醒客户进行晒图评价。

站外京挑客：此种方式不太适合客单价为 200 元以上的商品。

京东快车：效率最高的流量获取方法，也是见效最快的方法，特别是在搜索反馈分方面其优势特别明显。

活动：活动是搜索优化的分水岭，特别是京东秒杀这类活动能使商品人气分在短期内得到提升，与竞争对手拉开距离。

通过分析你会发现京东风向标的数据是可视化的，意思是只要你愿意就可以分析到，这与搜索反馈分、人气分有很大差别。

总之，搜索优化是一个系统工程。

3.7 京挑客与内容营销

3.7.1 京挑客

说起京挑客，一般情况下，大家都会想到京准通后台京挑客佣金的设置，认为京挑客就是发布京任务广场或者参与活动广场的京饭粒活动。但是用过的商家都知道，京任务广场和京饭粒并没有多大的作用，推广效果最好的还是"专业"的京挑客。一说到京挑客就会想到内容营销，虽然没有必然联系，但从推广的层面出发，你要么自己花钱去推广，要么花钱让京挑客去推广，要么通过推广渠道去推广，要么通过内容去推广。其中，花钱推广与通过 CPS（按销售支付佣金服务）让别人去推广就非常容易被商家和推手接受。当然如果你想通过更好的渠道（如京达人、直播）去推广就有可能涉及除佣金外的其他服务费，下面先讲解京挑客的基础部分。

京东商家后台在不断更新，所以建议大家记住京准通的直达网址，登录该网页后的页面如图 3-50 所示。

图 3-50

单击"京挑客"超链接进入京挑客页面，如图 3-51 所示。

这里要特别说明，佣金结算是从京东钱包余额中扣除的，如果余额不足，那么就会造成推广计划失效，直到余额大于或等于结算金额才会恢复推广。另外，京任务的资金是从京准通中扣除的，需要先从京准通账户中拨款到京挑客账户才能使用任务平台。

京挑客分为如下 3 种计划类型：①通用计划、无限期计划，所有推广员都可领取推广，所有商家都可推广（部分特殊类目除外）；②定向计划、定向媒体计划，只有定向的媒体才能领取推广，适用于对媒体偏爱的商家；③京推计划，可以指定推广员，适用于对推广员要求较高的商家。

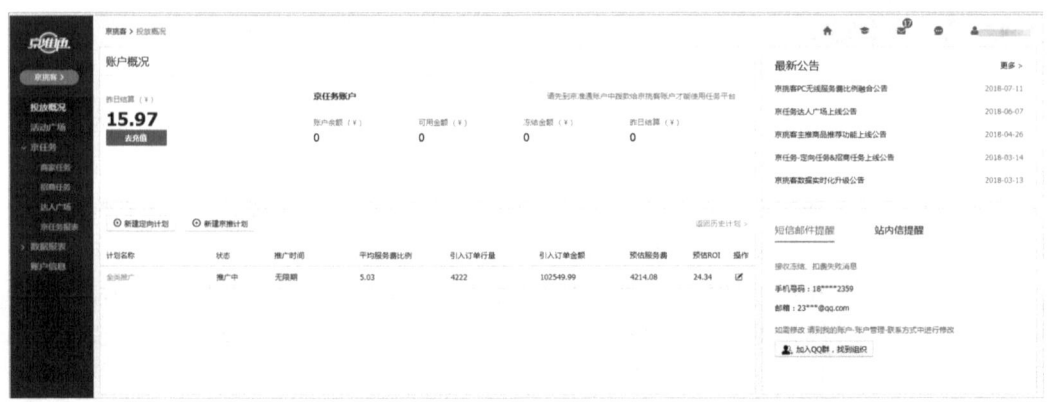

图 3-51

虽然 3 种计划类型都可以设置佣金，但是其适用性不同，大家要根据实际情况进行选择。当一些推广员要求独家推广的时候就要使用京推计划了，除把申请链接发给推广员外，还需要手动审核，这大大加深了商家与推广员之间的相互紧密合作关系。已经结束的京推计划如图 3-52 所示。

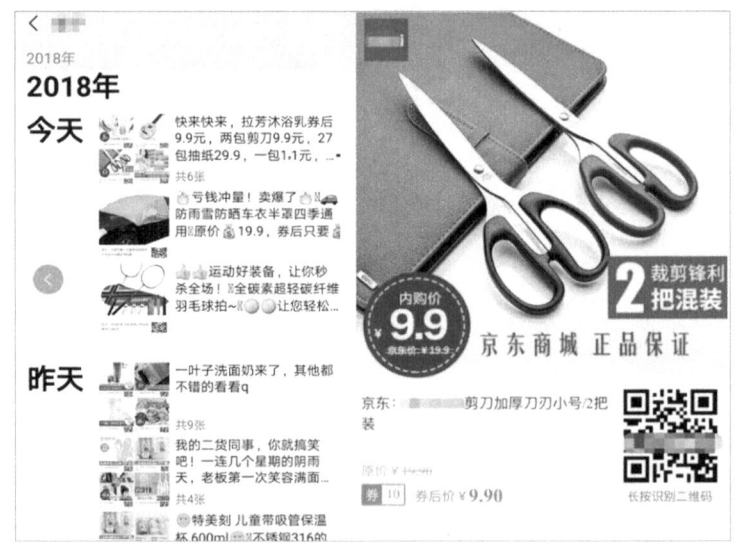

图 3-52

不管哪种计划类型，都只是基础设置而已，带来订单的主要因素还是推广员的推广能力。所以在寻找推广员的时候，可参考该推广员以往的同类产品的推广案例，这几乎可以决定该推广员所面对的用户群体及人数。大家会发现，低客单商品容易推广，而高客单商品难推广，这是由推广员面对的推广人群决定的。一些低客单商品的客户群，一般都是一些妈妈群，而且这些妈妈群的成员也是推广员之一，这也是微商喜爱裂变的原因。妈妈群用户群体相对较大，对于低客单商品来说容易接受。但是对于高客单商品来讲，其客户是对价格不太敏感的群体，他们不太可能为了贪图便宜加入一些分享群，最多就是加入一些业主群、车主群，但是在这些群里发广告会被嫌弃。妈妈群的分享方式如图 3-53 所示。

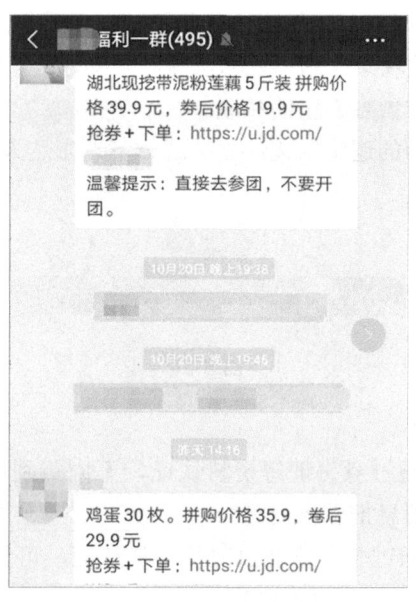

图 3-53

由于隐私问题，不方便公布推广员的联系方式，但是笔者可以跟大家分享找到这些京挑客的过程。首先笔者有一个用来加入各种群的微信号，一旦发现京挑客就将其加为好友并进行详聊；其次在商家运营群里面跟其他运营人员交流经验，看到哪个商家的订单量在猛增，就与该商家的运营人员沟通，然后交换资源。当然如果实在找不到推广员也可以联系笔者。

下面是关于京挑客佣金和券后价的几点建议，为了好的推广效果，希望大家采纳如下建议。首先关于佣金，建议设置为 20%～50%，当然畅销商品的佣金可以适当降低。但是如果你的商品不畅销又想取得好的推广效果，建议将佣金设为 50%以上，否则推广员不太可能选择帮你推广。总之，佣金越高，商品越畅销，推广员越青睐。其次商品券后价，参考京东商城商品的均价，券后价略低于均价即可，当然券后价越低帮你推广的推广员越多。对于优惠券的券值建议不要太离谱，否则客户会认为你这个商品不值钱，或者认为商品有问题。所以建议尽可能按京东均价的 70%左右设置优惠券值，并且价格结尾低于 1 的建议以小数点加 8 或者 9 结尾。例如，京东均价 29.9 元，优惠券 10 元，券后价 19.9 元，不建议将商品价格涨到 39.9 元，将优惠券设置为 20 元。虽然券后价一样，但是给客户的感知不太好，客户可能会认为商品的优惠力度这么大是不是商品存在一些问题，从而放弃购买。

3.7.2 内容营销

内容碎片化时代来临，以商品为触点的购物场景开始升级为以内容为触点的购物消费场景。内容营销的前端触达场景分为以京东快报、发现好货、京东视频、京东直播、会买专辑等为主的公域和以发现内容为主的私域。

为了便于理解内容营销的逻辑结构，先了解一下京东达人构成，如图 3-54 所示。

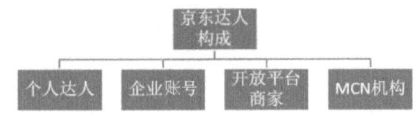

图 3-54

下面分别对其进行说明。

（1）个人达人：需要通过身份证等资料认证，不同级别可拥有不同渠道权限，CPS 结算权益、京任务权限、消息推送权限等。

（2）企业账号：需要通过企业营业执照等资料认证，可拥有公域和私域发文权限、CPS 结算权益、京任务权限，可承接打包任务。

（3）开放平台商家：京东入驻的商家，无须注册，只有发文权限。

（4）MCN 机构：邀请制，暂不对外开放，无发文权限，可管理旗下子账号佣金。

综上所述，对于开放平台商家来说，只需关注开放平台商家和企业账号即可，这些账号发布的内容直接触达的场景就是京东平台的私域和公域，对于一般商家来说已经足够。

了解京东达人构成之后，我们接下来就要了解发布内容的方法与技巧。对于商家来讲，最为重要的是怎样做能让粉丝有内容看，能让客户熟悉并接受自己的品牌故事，从而引导客户购买，这也是内容营销的目的。所以对于公域内容营销来说，笔者建议利用公域用户触达范围更广泛的特殊性，引导客户关注店铺，进而将其变成私域内容，让品牌故事完整及延伸，在真正意义上完成从"种草"到"收割"。

在登录商家后台的状态下进入 dr.jd.com 页面，我们就能直达达人平台，无须输入账号密码，如图 3-55 所示。

登录之后会发现，只能发布如图 3-56 所示的内容。京东达人构成也有京东内容开放平台商家号各项权限的说明，其中，第 3 条注明"目前支持文章、视频、清单、买家秀"；第 4 条注明"投稿到渠道的内容，需要通过相应的频道投稿审核才能上线"。所以京东达人私域内容有一定的局限性,特别是渠道申请要满足一定的条件才可以通过审核,常见的京东快报、京东视频的要求也不低,其中,京东直播需要通过相应考试。

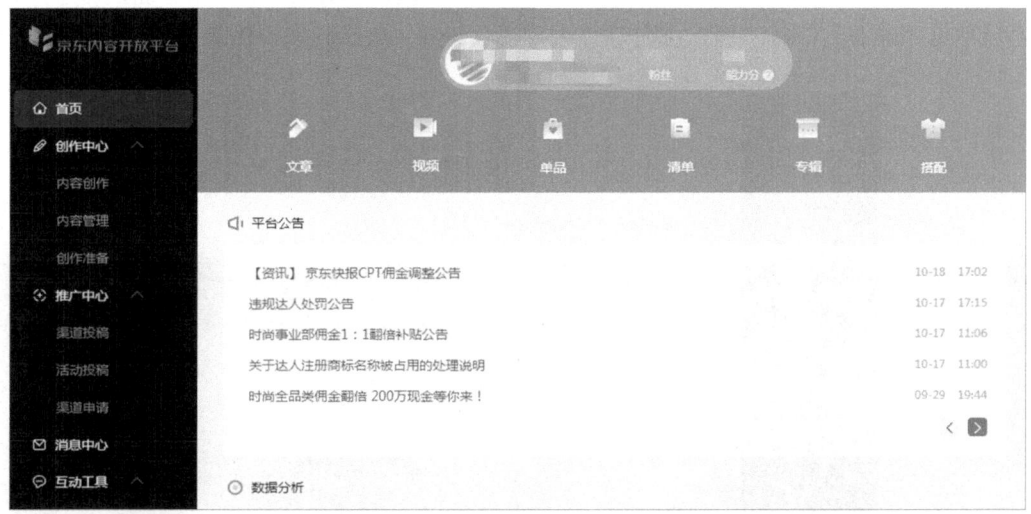

图 3-55

图 3-56

最后要说的是关于私域内容营销,无论发布何种内容,都需要让有一定文字功底的编辑专门负责。

可能是因为私域运营效果不能立竿见影,所以大多商家在这方面花费的精力不多甚至会对其置之不理。一部分商家对于公域投放了比较多的精力,希望能从中获取到一些惊喜。特别是如图 3-57 所示的京挑客里面的"京任务",其操作起来相对简单,直接发布自己需要的任务即可,下面以发布京东快报为例来说明花钱让达人帮忙写文章的便利性。"商家任务"界面如图 3-58 所示,当选择不同任务类型时界面右侧会提示该类型任务的发布位置,然后根据自己推广需求将任务写到"任务要求"文本框内,并将需要用到的素材打包成 zip 文件进行上传,之后单击"下一步"按钮,就会看到如图 3-59 所示界面,确定价格之后单击"发布到任务广场"按钮等待达人领取任务,最终商家择优录用即可。

图 3-57

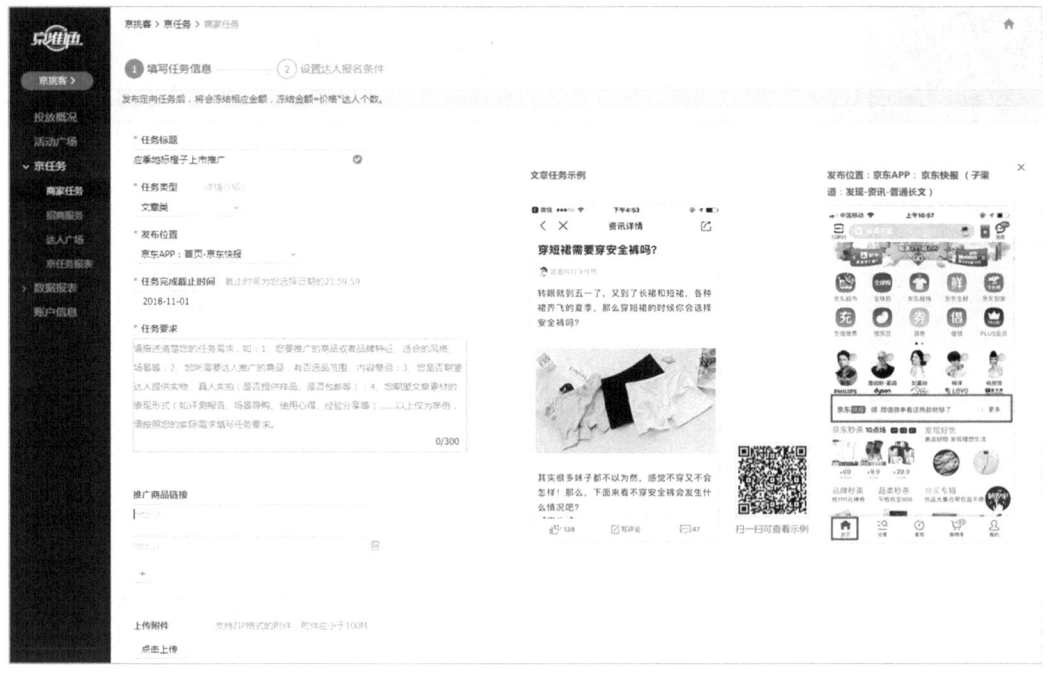

图 3-58

图 3-59

这里说一下如何选择达人，执行"京任务"→"达人广场"命令后会看到达人的相关信息，商家可以根据这些信息选择适合自己的达人，如图 3-60 所示，单击感兴趣的达人就能查看该达人自我介绍的内容及发布过的"招商服务""粉丝分析""历史内容""商户评价"等资料。建议大家多查看该达人的"历史内容"和"粉丝分析"，以判断该达人的编辑能力和其粉丝是否是自己的目标客户。

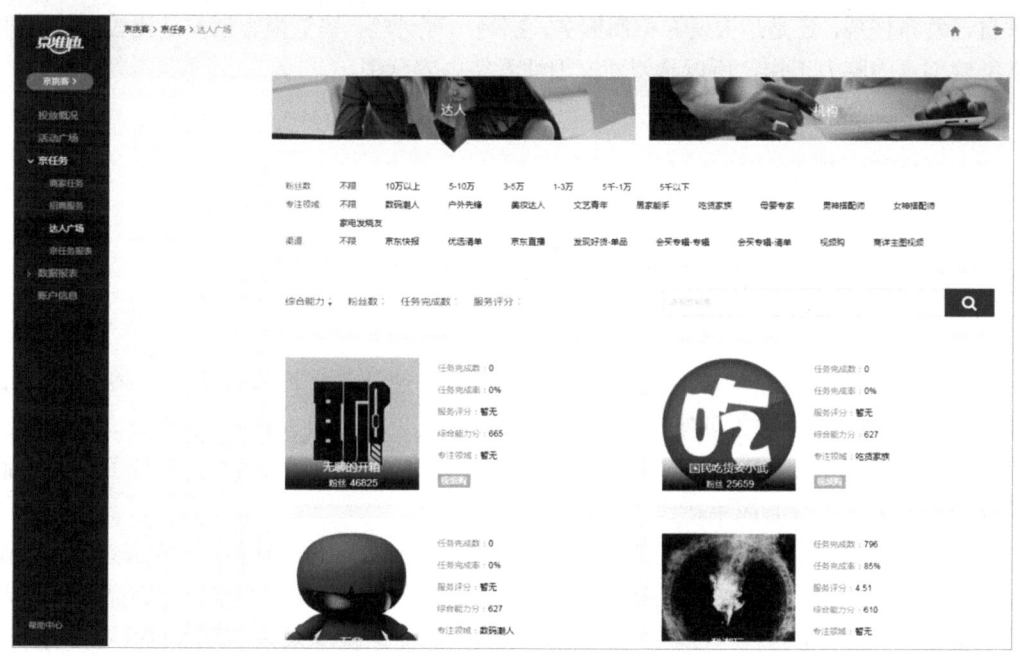

图 3-60

非常有意思的是，京任务还有一个针对达人发布的招商服务功能，简单地说就是达人认为自己可以胜任某个类型的内容而发布的招商服务（见图3-61），如果商家觉得合适即可进行合作。

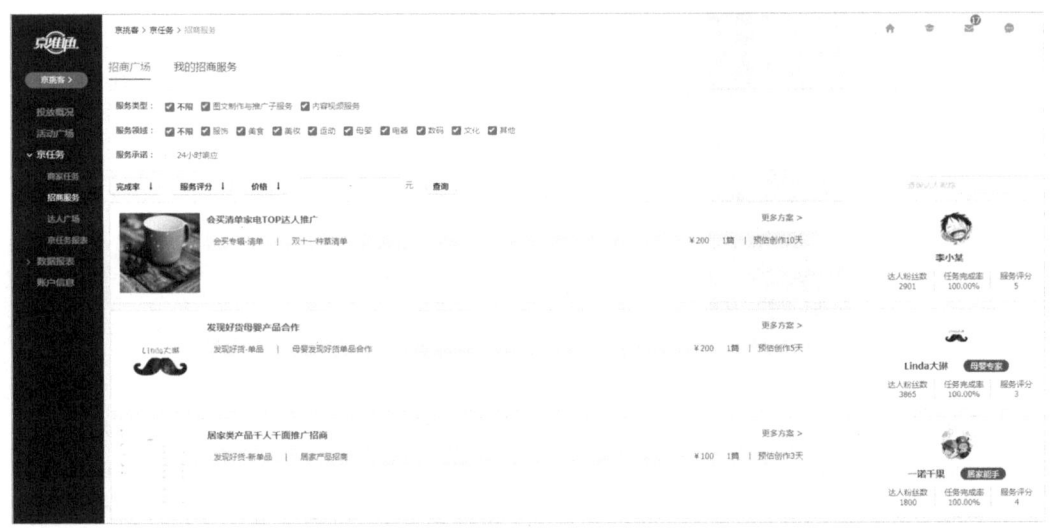

图 3-61

以上的内容营销操作起来相对简单，但是要立马做出效果还是相当困难的。无论是商家自己发布任务，还是达人发布招商服务，都是一种考验，毕竟内容创作是比较主观且非常考验创意的脑力工作，所以希望商家理性看待内容营销。

3.8 京东快车速成

3.8.1 京东快车概述

京东快车目前有三种产品投放计划，分别是普通计划、海投计划、秒杀计划，如图3-62所示。这些计划之间有很多相似的地方，也有差异化很大的地方。在正式"开动"这辆"快车"之前先进行一些前序说明，以便了解京东快车的产品特性，只有了解了产品特性使用起来才能得心应手。

众所周知，京东快车相对其他推广产品来说，其时效性是其他推广产品望尘莫及的，而且见效特别快，做到了立竿见影。所以大家一般都会选用京东快车来进行新品测款或爆款流量助推，当然也有一些经验丰富的推广人员使用京东快车来获得商品的销售利润。不管出于何种目的，京东快车作为一款时效性强的推广工具是非常受推广员喜爱的。

图 3-62

在正式使用京东快车之前,我们首先认识一下京东快车的展现位置及逻辑关系,只有弄清楚这些之后才容易上手,就像开车,了解各部件的功能之后再加以训练,才能熟能生巧变成老司机。为方便大家查阅,下文将会对广告位位置一一进行介绍。一般情况下京东快车广告会有"广告"字样,但是不排除京东快车会以其他形式展现,只要大家在测试过程中多留意,就会发现京东快车的竞价方式是 CPC(按单次点击付费),推广方式是 SKU。

3.8.1.1　PC 搜索位

左侧商品精选:共 20 个广告位。
底部商品精选:共 5 个广告位。
原生广告位:每页最多 6 个广告位(见图 3-63)。

图 3-63

3.8.1.2　PC 推荐位

PC 推荐位在三级类目列表下，其分为如下几个部分。

顶部热卖推荐：3 个广告位（部分类目才有）。

左侧商品精选：10 个广告位。

底部商品精选：5 个广告。

原生广告位：每页最多 6 个广告位（见图 3-64）。

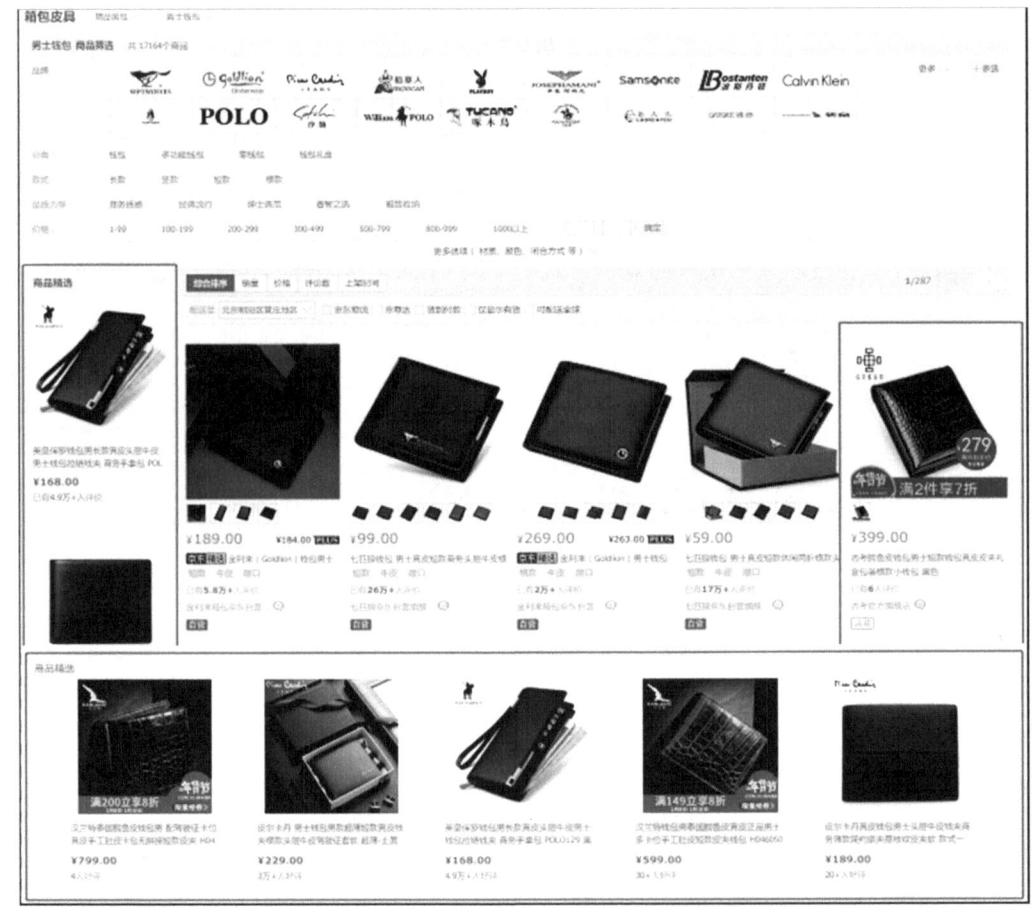

图 3-64

3.8.1.3　无线搜索位

搜索结果页信息流广告：默认 11 个 SKU 有一个广告位（可能会有变化，以实际为准，仅供参考）（见图 3-65）。

无线端：App、M 端、微信、手机 QQ，其中，微信及手机 QQ 入口如图 3-66 所示。

图 3-65

第一个广告位置左上角带 HOT 标。

图 3-66

3.8.1.4 无线推荐位

京东 App 首页底部分类列表页：每页 2 个广告位（见图 3-67）。

无线推荐位的其他位置：京东 App 首页底部、商品详情页、我的京东、购物车、猜你喜欢、为你推荐。

图 3-67

3.8.1.5 无线店铺广告位

无线店铺广告位穿梭在 App 搜索结果页中，在第 20 个位置，其展现机制为自动抓取近半年店铺销售额较高的 3 个 SKU，第一个单品 SKU 为默认跟单 SKU，如图 3-68 所示。

图 3-68

3.8.1.6 活动广告位

PC端搜索结果页：左下侧商家精选。

PC端三级类目列表页：左下侧商家精选（见图3-69）。

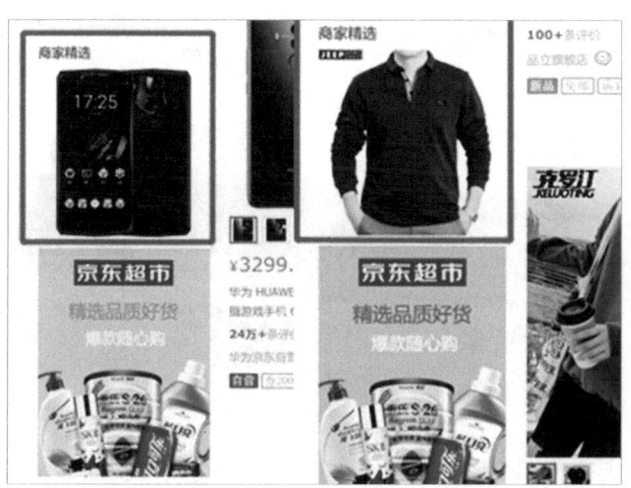

图 3-69

3.8.1.7 中间页广告位

中间页广告位是从站外广告转到京东热卖页面的，站外广告第一次点击免费，到达京东热卖页面后开始收费，广告展示内容为商品广告、店铺广告、活动广告，且PC端（见图3-70）及无线端（见图3-71）均有此类广告位。

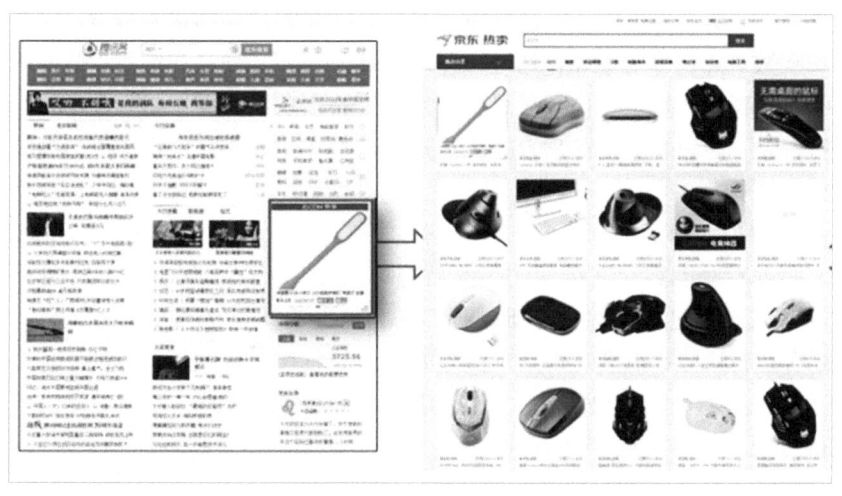

图 3-70

图 3-71

通过观察这些广告位我们发现竞争无处不在，但是只要我们了解展现量、点击率、转化率的影响因素，这些问题将非常容易解决。

 京东快车的展现量、点击率、转化率策略

3.8.2.1 准备工作

一般在准备操作京东快车之前要做好以下一些基本工作。

（1）测款：主要是为了验证所推的新上架的商品在客户侧的接受程度，主要考核的是转化率、加购数、点击率等数据。通过在测款期调整主图、商品详情页、商品标语（副标题）等，可以看哪种环境下推广效果最优，为之后的京东快车操作提供参考，也可以对不同商品进行测款。切忌拿到商品后直接就通过京东快车进行推广，只有在其测款数据满意后才可开始正式推广。

（2）基础数据：商品的评价数、好评率、晒图及评语对准客户的购买决策有非常重要的影响，而且有些准客户在准备购买商品的时候还有可能再浏览一下店铺首页等页面。所以建议在正式推广之前测算好基础数据，转化率会有更好的改观。

（3）配合运营规划：很多时候京东快车的流量是整体运营规划补充的，当然不排除一些京东快车高手采用以京东快车为主流量的操作手法来打造爆款。所以不管出于何种目的，一定要先做好规划，包括推广日期、预算，以抢占更多流量，进而达到更好的推广效果。切忌三天打鱼两天晒网，要保持持续性。

我们操作京东快车前要先查看京准通的行业大盘数据，登录该网址后的页面如图 3-72

所示。

图 3-72

单击"行业大盘"后通过图 3-73～图 3-75 的分析确定最后的推广时段，如 1:00—8:00 选择不推广或者折扣推广，从而降低推广费用。另外关于地域推广也是一样的，针对某些地域的情况选择不推广或者折扣推广，如图 3-76 所示，分别单击"展现数""点击率""ROI""转化率"标签可以查看各区域数据，并以此为依据可以判断是否在该地区推广。京东快车在推广阶段还要根据行业数据和自身数据进行相应调整。因为目前只是做推广前的工作，所以数据设置将在后面章节进行细述。

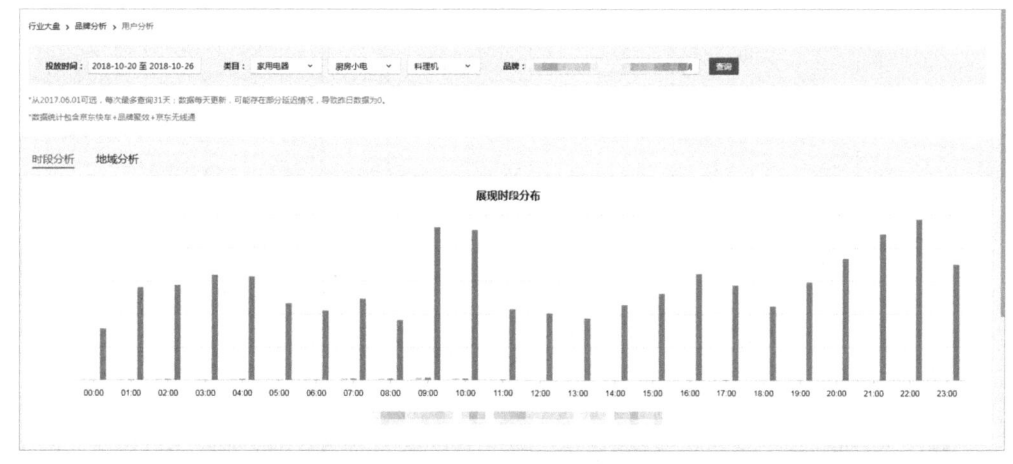

图 3-73

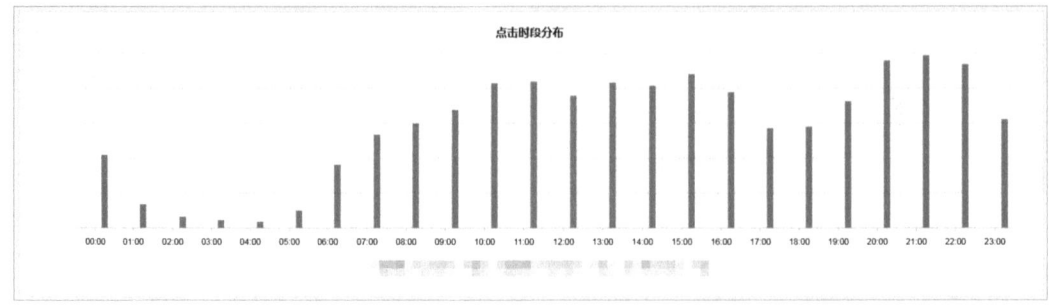

图 3-74

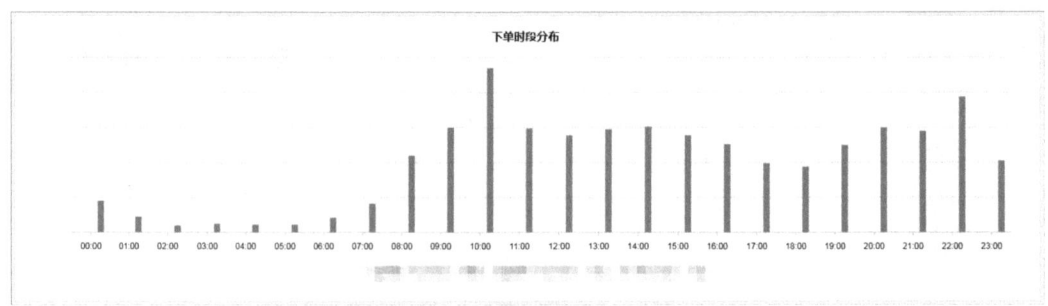

图 3-75

省份	自身 展现占比	排名	行业 展现占比	排名	行业 展现占比	排名
山东省	38.64%	1	38.64%	1	6.03%	3
广东省	20.45%	2	20.45%	2	16.54%	1
北京市	15.91%	3	15.91%	3	12.47%	2
上海市	4.55%	4	4.55%	4	4.43%	7
其他	2.27%	5	2.27%	5	0.5%	29
河北省	2.27%	5	2.27%	5	4.86%	6
四川省	2.27%	5	2.27%	5	4.98%	5
黑龙江省	2.27%	5	2.27%	5	1.89%	19
江苏省	2.27%	5	2.27%	5	5.93%	4
广西壮族自治区	2.27%	5	2.27%	5	2%	18
河南省	2.27%	5	2.27%	5	3.6%	10
辽宁省	2.27%	5	2.27%	5	4.29%	8
陕西省	2.27%	5	2.27%	5	3.64%	9
天津市	0	6	0	6	2.38%	13

图 3-76

了解了"时间分段"和"地域分析"后，还可以了解某竞争品牌的平均点击成本、ROI、转化率等数据（见图 3-77），为设置京东快车推广数据提供数据参考。

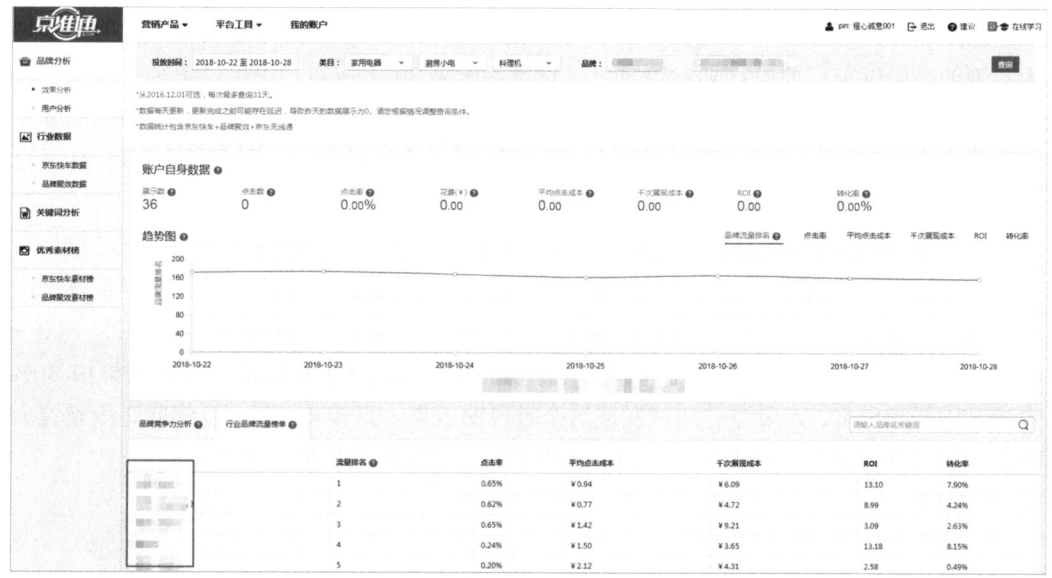

图 3-77

3.8.2.2 设置进阶

准备工作之后,我们将进入设置进阶阶段,简单的设置不再重点讲述,本节会把更多的笔墨放在技巧上,以便大家落地施行。

创建基本的普通推广步骤为"新建计划"→"新建单元"→"新建推广创意"→"添加关键词"→"引用搜索人群",如图 3-78 所示。

单击"普通计划"下的"新建计划"进行基本项目设置,先设置好"推广计划名称",该名称设置没有什么特殊要求,方便记忆、可修改即可。

图 3-78

推广计划分为商品推广、活动推广、店铺推广三种,其设置大同小异,后文将分别对其进行讲述。

关于"每日预算"一般情况下建议将其设置为"自定义预算"。因为推广费用不会是无节制的，所以推广要有计划。预算可以设置为未来 30 天左右，也可以单独设置某一天的预算。建议按从小到大的顺序设置数值进行测试，可以根据京准通行业大盘中的品牌平均点击成本来测算。例如，每次点击 0.79 元，预计需要 100 次点击，那么预算就是 79 元，当然也可以将预算放大到 100 元，具体数值在实际操作过程中再进行调整。

"起始日期"和"截止日期"一般设置为默认值即可，除非有特殊情况需指定推广日期。

"时段设置"的默认值是全程展示广告，但是一般会根据前面的数据分析来设置推广计划的"时段设置"（见图 3-79）。例如，通过比较各品牌的数据得出结论为虽然 1:00—6:00 展现量下降不大，但是点击率和转化率都较低，因此我们可以尝试按最低折扣 30% 设置时段折扣出价。如果经过测试发现这个时段的效果一直较差，则可以将此时段设置为不投放。具体设置根据个人情况而定，注意最终是根据测试数据来设置的。

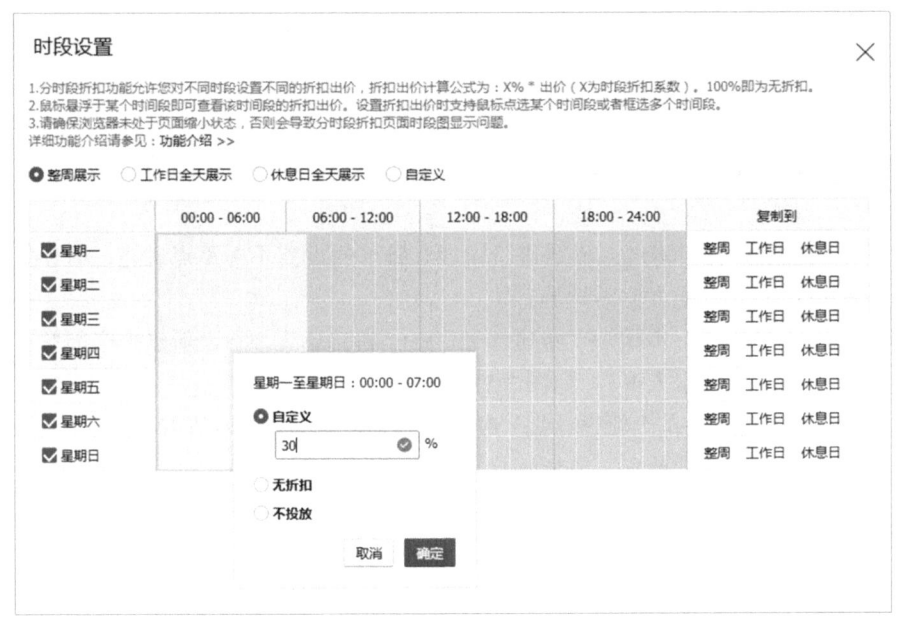

图 3-79

"推广计划"设置完成后就会进入"推广单元"设置，上文讲到选择不同的推广计划类型就有不同的"推广单元"设置，三种推广计划的展现位置是不一样的。

先说"商品推广"类型，单击"新建单元"按钮进入设置界面，其中推广单元名称的确定从方便记忆的角度出发即可，能做到顾名思义最好。"地域设置"要根据分析数据来设置特定区域，如图 3-80 所示。

如果某些区域各个品牌数据显示效果均较差或者无法发货，那么就可以不勾选该区域。当然也存在为拉近与竞争对手的距离，不得不在效果不佳区域牵强推广的情况。

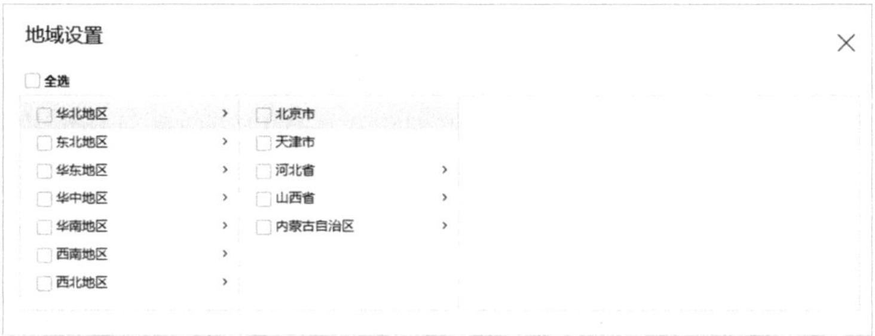

图 3-80

对于"用户定向设置",在对于 DMP 人群定向不熟悉的情况下,建议勾选"使用默认设置"单选按钮,勾选之后"智能定向"默认为已开启状态,如图 3-81 所示。由于直接使用 3 个默认人群并且溢价 10%,匹配的人群可以基本满足条件。若想更"精准"地匹配人群,就需要学习后面章节。

图 3-81

3 个默认人群如下。

(1)默认购买人群:近 6 个月购买过本单元 SKU 扩展至三级类目(快车搜索位扩展至品牌+三级类目,或者扩展至店铺任意商品)的人群。

(2)默认浏览人群:近 30 天浏览过本单元 SKU 扩展至三级类目(快车搜索位扩展至品牌+三级类目,或者扩展至店铺任意商品)的人群。

(3)默认拉新人群:系统自动为目标品类进行拉新,定向近期浏览过目标品类(单元

SKU 所属的三级类目+品牌的相似商品）但未购买目标品类商品的用户。

如果不使用默认设置，我们可以自行分别设置"定向推荐人群""京选人群""DMP 人群"。其中，"定向推荐人群"偏重于系统根据账户历史投放记录自动推荐；"京选人群"是京东平台根据各个行业投放的广告效果积累的大数据，运用大数据分析算法找出更适合品牌或类目投放的目标用户群；"DMP 人群"更偏重于自定义人群选择，下面分别对其进行讲解。

首先单击"定向推荐人群"的"设置"按钮，打开"定向推荐人群设置"对话框，如图 3-82 所示。圈定定向推荐人群必须先确定种子店铺或品牌，目前圈定 6 类人群。判断是否要圈定某类人群，建议遵循以下定位建议：

（1）商品定位一致，人群一致；

（2）价格差别不大，低于竞争对手最好；

（3）商品差异化明显，做到人有我有，人无我也有最好，并在主图和商品描述中突显商品的差异化；

（4）商品的评价数、好评率、晒图质量最好都高于竞争对手；

（5）考虑客户购买决策期长短；

（6）考虑商品使用周期长短。

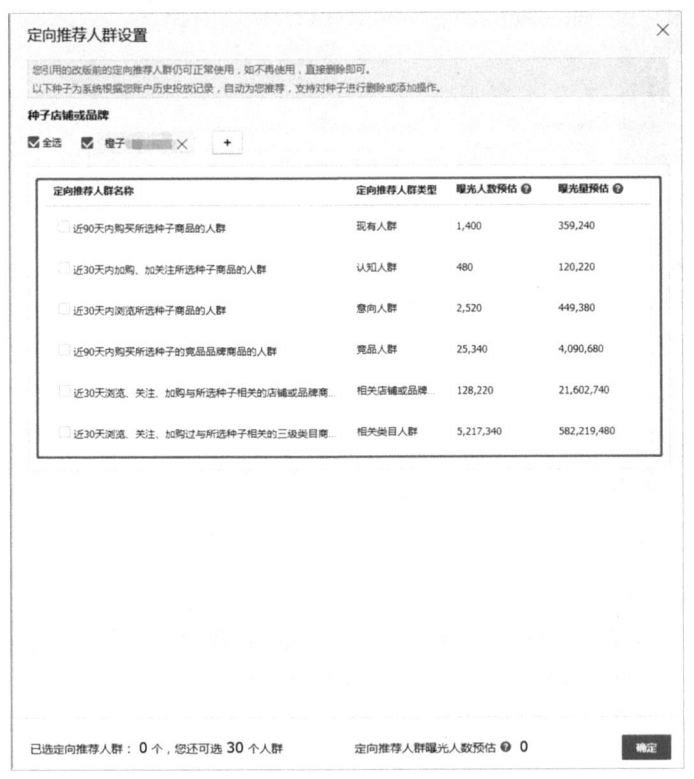

图 3-82

一般情况下，我们在圈定人群的时候，可以想象当我们把自己的商品与竞品放在同一种人群下时，我们的商品是否具有优势；如果没有优势，就意味着我们的广告投放人群是错误的。

设置完"定向推荐人群"（或者根据实际情况也可不设置），单击"京选人群"的"设置"按钮，打开"京选人群设置"对话框，（见图 3-83），并对其进行设置。

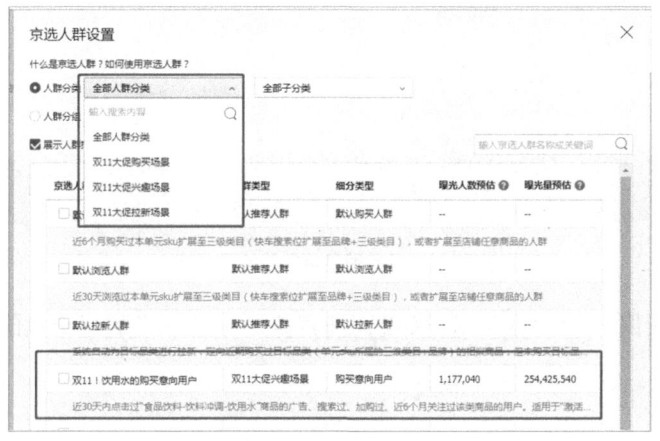

图 3-83

"京选人群"圈定方法与"定向推荐人群"圈定方法相同，根据实际情况选择人群即可。每种人群都有相应的说明，只要根据上文的建议选择即可。

对于"DMP 人群"，大家先看后台的界面，可以从"DMP 人群"选项下的"新增 DMP 人群"进入，或者单击京准通后台首页底部的平台工具"DMP"按钮，如图 3-84 所示。

图 3-84

这里要特别提醒的就是，新手不需要理会旧版 DMP，直接使用当前新版 DMP 即可。因为新版 DMP 标签更丰富，唯一要注意的就是"标签内数据是并集的，标签外数据是交集的"的逻辑关系，如图 3-85 所示。

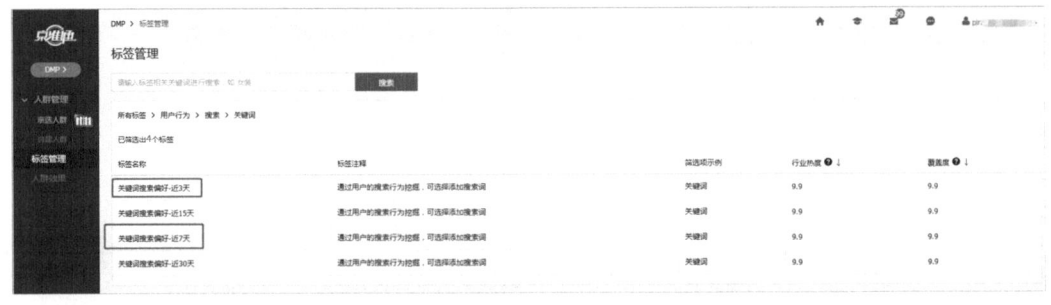

图 3-85

"关键词搜索偏好-近 3 天"和"关键词搜索偏好-近 7 天"属于交集的关系，如图 3-86 所示。

图 3-86

从曝光人数预估数也可以看出"关键词搜索偏好-近 3 天"和"关键词搜索偏好-近 7 天"的关系是交集，"关键词搜索偏好-近 7 天"曝光人数预估数为 171 100，"关键词搜索偏好-近 3 天"曝光人数预估数为 85 060，同时选中这两个标签的曝光人数预估数为 85 060。这种关系非常重要，会直接影响人群圈定的准确性，所以在设置的时候要特别留意。

面对数目繁多的标签，很多新手感觉无从下手，这个时候可以按照以下步骤进行。

（1）利用前台属性筛选找出竞品（见图 3-87），然后初次确定竞品，并记录竞品价格、评价数、好评率等信息（为方便后期整理，建议建立表格），以提升创建 DMP 人群的效率。

（2）通过高级商智查看"行业"下的"客户分析"数据（见图 3-88），为 DMP 标签管理的用户属性提供参考。虽然目前的数据不能保证选出 100%准确的用户标签，但至少有了参考依据，这能大大减少测试的费用。

（3）店铺经营一段时间有一定的客户购买数据后，就可以将高级商智"客户"→"客户分析"→"成交客户分析"下的数据作为客户标签,以供参考(见图3-89)。

图 3-87

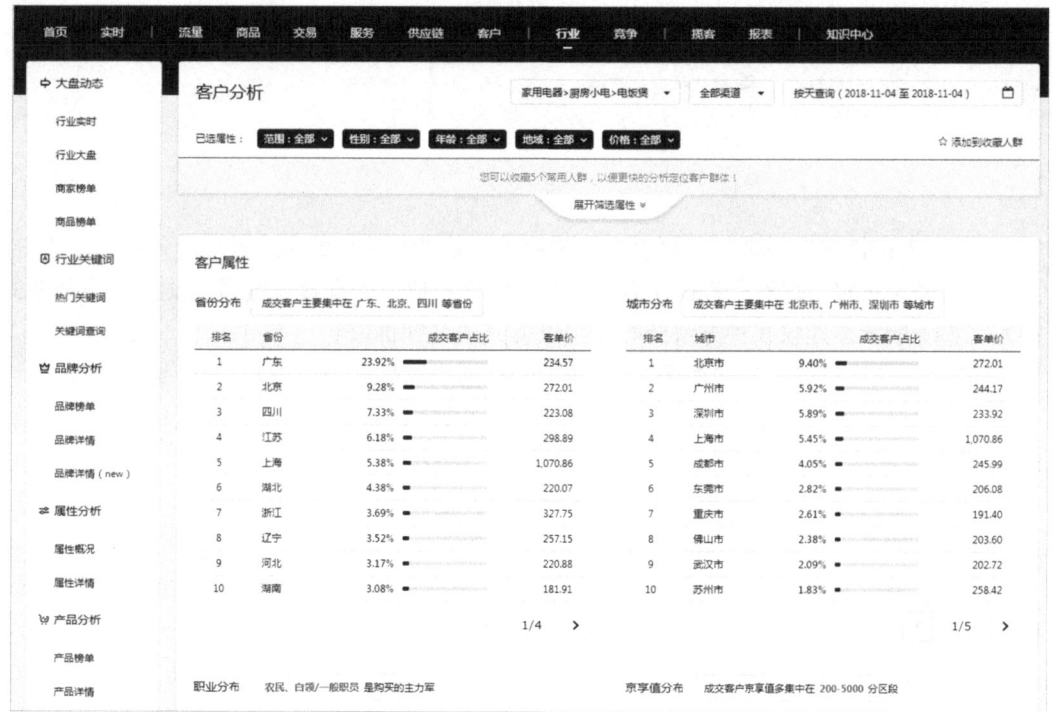

图 3-88

(4)可以根据商品的产品属性确定用户定位,但这并不一定精确,还需要通过进一步调整、测试,或者查阅大量自己的商品和竞品的评价详情来获取更多有用信息。

以上信息准备妥当,就可以开始创建 DMP 人群了。一定要谨记"标签内数据是并集的、标签外数据是交集的"的逻辑关系,也可以通过添加标签时曝光人数预估数的变化来判断这一关系，避免标签人群圈定错误。

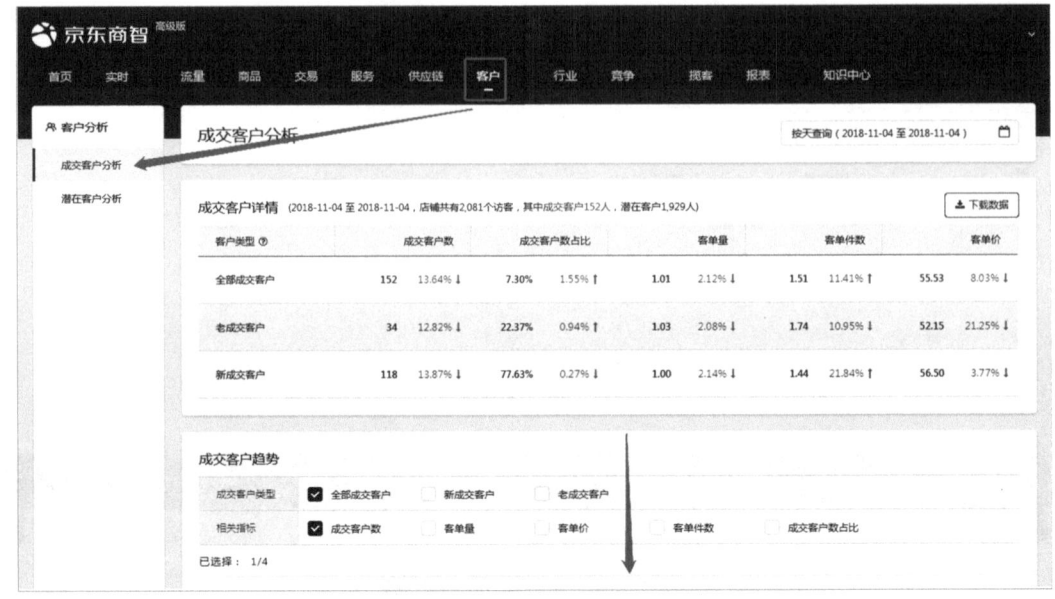

图 3-89

DMP 人群创建完成之后就可以直接使用了，要特别注意的是，推荐广告位对于人群定向没有溢价设置，搜索广告位才有。设置搜索广告位要先设置关键词，设置关键词的 3 种方法如下所示，建议 3 种方法同时使用以提升关键词价值。

（1）"添加关键词"界面如图 3-90 所示，特别注意如果通过录入 SKU 寻找关键词，那么可以通过录入自己的 SKU 或者竞争对手的 SKU 让系统会自动推荐关键词，不同的 SKU 推荐的关键词可能不一样，可以将其逐个记录下来。

（2）通过执行高级商智的"行业"→"行业关键词"→"热门关键词"命令可以定位到三级类目的热门关键词（见图 3-91），将其逐个记录下来即可。

（3）在前台搜索框录入主关键词后弹出的列表框也是关键词的一种来源，如图 3-92 所示。

目前每个推广单元只能添加 200 个关键词，利用上述 3 种方法选出最适合推广的 200 个以内（包含 200 个）关键词即可。通过执行高级商智的"行业"→"行业关键词"→"关键词查询"命令即可对所选关键词的效果进行检查（见图 3-93），从而确定需要推广的关键词。

接下来是关于 tCPA（目标转化出价）的设置。用京东快车推广产品的特点就是花钱购买流量，而且流量的价格随着竞争对手数值的变化而变化，即这是一个动态过程，推广人员要随时做好调整计划的准备。所以不管是 tCPA 还是关键词搜索里面的抢排名功能，我们都要用到一个衡量标准，即 ROI，谁也不能保证使用了 tCPA ROI 就会比在其他方式高。所以很多时候前期测款会建立两个推广单元,或者先测试 tCPA 数据再测试人工控制,以找到最合适自己的推广方式,否则普通计划与海投计划就没有区别了。

图 3-90

图 3-91

图 3-92

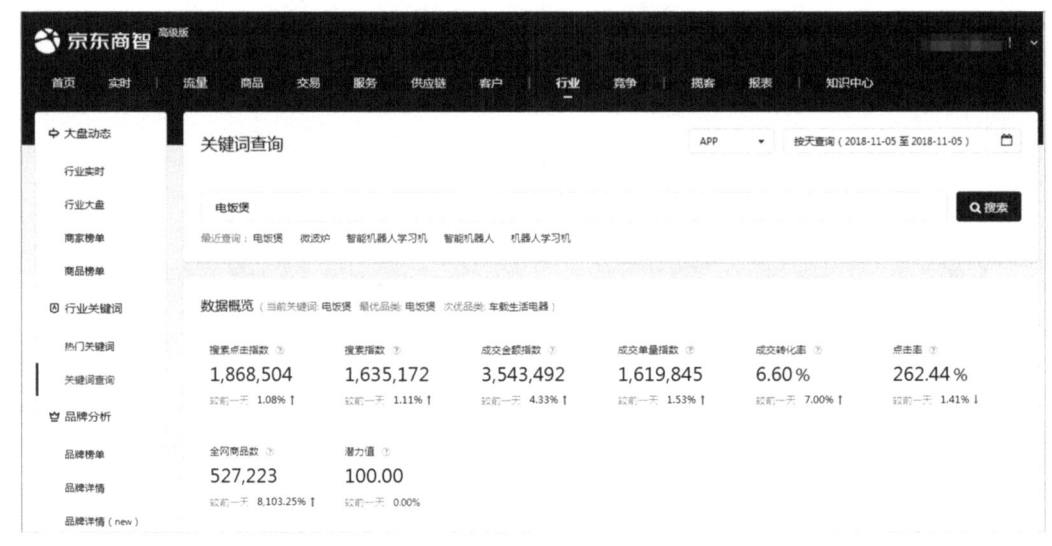

图 3-93

设置 tCPA 最重要的是设置 CPA，CPA=CPC（点击价格）/CVR（转化率），可以参考京准通的行业大盘里面的"行业数据"→"京东快车数据"界面的内容来了解此部分信息，如图 3-94 所示。需要注意的是，单元累计搜索订单达到 20 单后的次日才会进入智能的 tCPA 推广阶段。这从侧面表明前面的 20 单搜索订单是一次系数数据校验，在智能 AI 算法里也叫作学习阶段，学习效果的好坏很大程度上决定了前 20 单的优化效果。所以我们需要认真地做好基础优化工作，而且智能 tCPA 正常开启后期还要根据推广效果优化 CPA 出价。

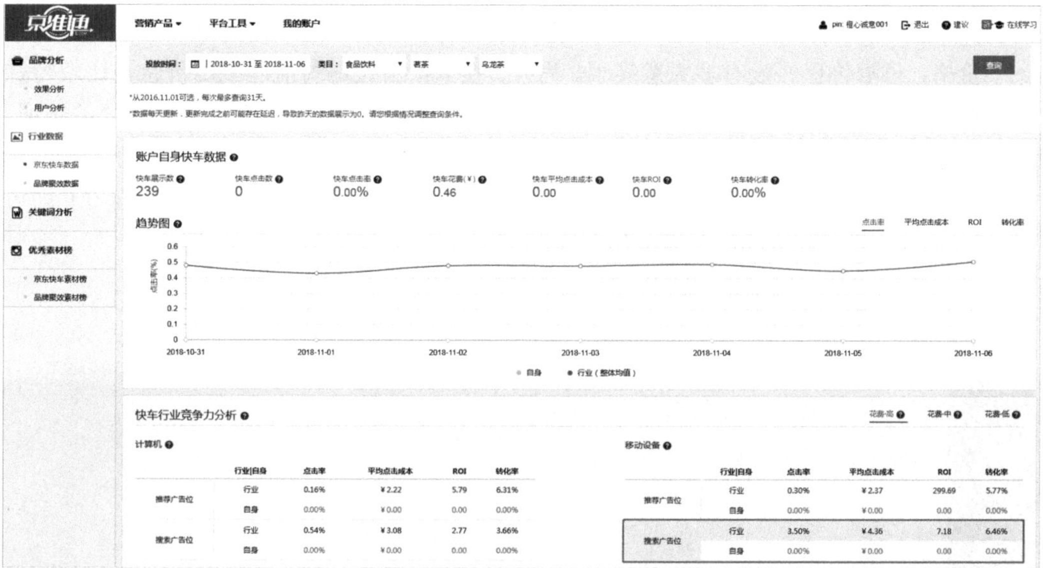

图 3-94

一般情况下，我们可以手动设置出价以获取流量。但是我们在设置出价的时候竞争对手也在设置出价，所以有时候设置出价非常占用时间。官方有一个叫作抢排名设置的工具，其通过溢价系数来控制溢价的最大范围从而抢占排名。特别是前期测款，利用抢排名设置可以提高效率，如图 3-95 所示。这里要特别注意溢价系数有如下特点，假设关键词出价为 2 元，如果将溢价系数设置为 20%，那么抢排名最高出价为 2+2×20%=2.4 元，因此就会出现抢不到前三排名的情况。

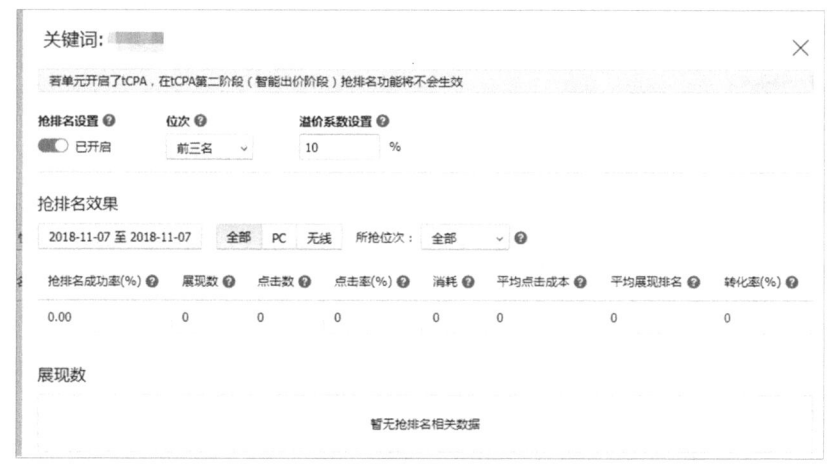

图 3-95

上文提到的推荐广告位不支持搜索广告位的人群溢价设置，推荐广告位只能设置 PC

推荐广告位出价，而且只能通过设置无线出价系数来控制无线推荐广告位出价，只能设置一个价格，再溢价已经没有多大意义了。另外，搜索广告位的智能匹配出价也是比较特殊的存在，一旦设置了出价，京东快车系统就会根据大数据选择某些会带来效果的关键词，并进行智能匹配，所以就会出现不设置关键词也能带来点击词量的情况，这类似海投计划的功能。如果想关闭这个智能匹配，将"PC 搜索广告位智能匹配出价"设置为 0.1 即可（见图 3-96），其他设置的注意事项如图 3-97 所示。

图 3-96

图 3-97

当我们把普通计划设置完成后就要开始进行数据测试了,如主图、价格、商品描述、商品详情页、评价、晒图等数据跟踪测试,最终把效果优化到最好。有时候为了快速测款新品的市场反馈,数据的重要性逻辑为订单数>加购数>点击率。当新品只有较高的点击率但没有高的加购数和转化率时,也需要确定这一新品是否可以推广。由于新品没有评价晒图,所以仅凭主图就能引来较高关注度的新品也可以被判断为可推广。

3.9 逃离"刷单"

我们首先看一下京东官方《虚假交易细则》的截图(见图3-98)。

图 3-98

虽然有这些规定,但很多商家仍然对"刷单"这一行为趋之若鹜。我们从店铺流量的角度来解释为什么会有人冒险做这件事。目前店铺流量入口比例一般为活动流量>搜索流量>付费流量,当然不同类型的店铺和类目会有所差别,如图3-99所示。活动流量一般是与店铺营业额(GMV)挂钩的,对于新店来讲,其营业额是很难达到可以参与活动的要求的。而付费推广,如京东快车等,在商品基础不好的情况下,转化率也会有一些问题,会造成 ROI 较低、入不敷出,并进入死循环。因此,一些店铺认为获得流量最直接的方法就是进行虚假交易。虚假交易不仅可以提高搜索排名、提高店铺营业额,而且当店铺营业额达到一定程度时还可以获得一些活动坑位，从而获得更多活动流量。

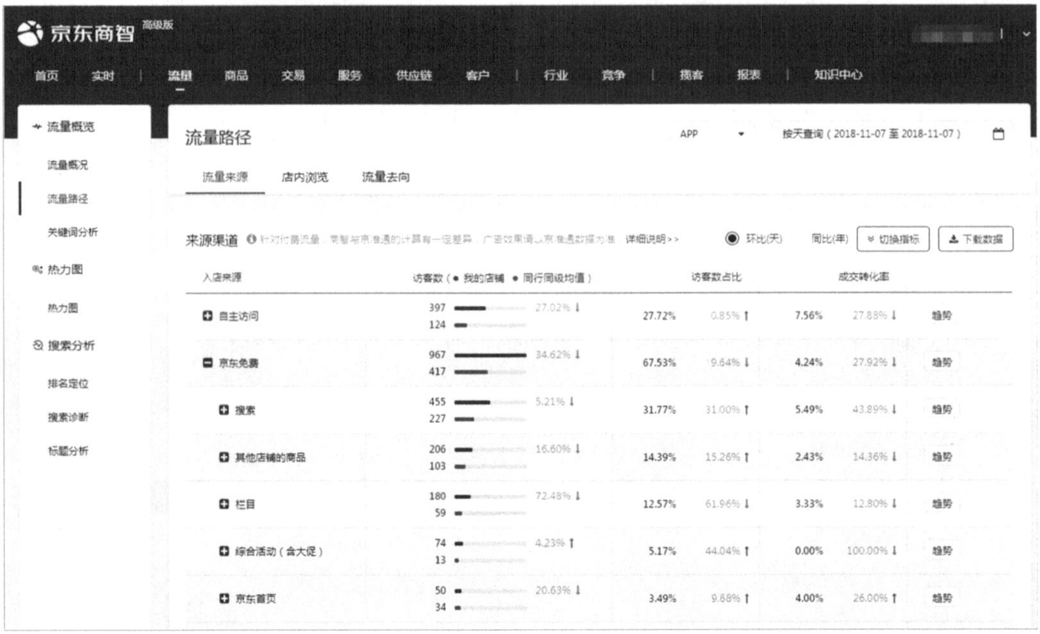

图 3-99

笔者通过与一些商家进行沟通发现一个非常严重的问题，即"虚假交易一旦开始就不能停止，否则订单就会骤然停止"，这带来的结果不仅是一个店铺的问题了，还有可能涉嫌违法。我们一直在探讨数据化运营，而虚假交易会使千人千面、高级商智、京准通大盘等参考数据变得没有参考价值，从而让平台生态错乱。虚假交易带来的最直接的恶果就是商品推送不精准，这会使京东平台的用户体验变差。因此，虚假交易使我们失去的就不仅是一个店铺的用户，而是所有京东平台的用户。

例如，我们销售一款针对年龄在 26～35 岁的男性高级白领的商品，但这一类目部分商家采取虚假交易，而且进行虚假交易的买家是一些年龄在 22～25 岁的家庭主妇，那么这种商品与目标用户不匹配的情况就会被系统记录，进而这些数据会被呈现给运营人员。如果平台使用智能 AI 学习，那么就会出现系统向用户推送他不需要的商品的现象，这是很严重的问题。相反如果平台所有的交易都是正常交易，那么京东平台购物系统将会越来越好用。

《中华人民共和国电子商务法》已经开始实施，再加上其他相关工商管理法律法规，虚假交易已经不仅是破坏交易平台准确性的行为，而是违法行为，相关人员一经被查处将会受到应有的法律法规制裁。平台关于虚假交易的处罚如图 3-100 所示。

事实上平台对于新店新品有针对性的措施与引导。例如，店铺可以通过参加试用活动为新品带来粉丝，还可以通过预售、预约等方式为新品蓄流，有了基础评价或者试用报告之后，店铺还可以利用京挑客和京东快车走上更高层。这是非常考验商品品质、运营人员水平及设计水平的，一般情况下基础打好了后面的事情都是水到渠成的。远离"刷单"，让电商更健康的发展。

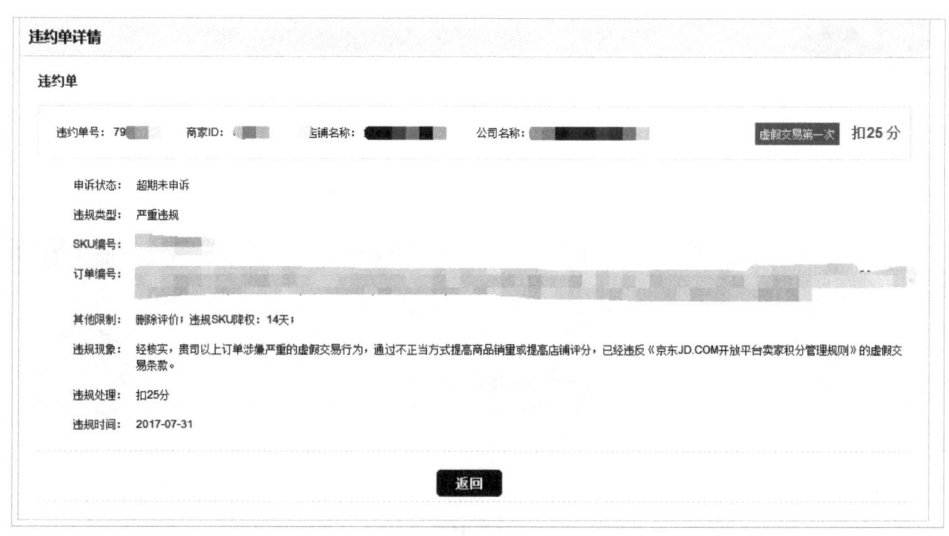

图 3-100

3.10 千人千面

3.10.1 个性化页面

千人千面的热烈讨论是从 2017 年开始的，但 2012—2013 年京东就有了"看了又看""买了还买""看相似""找搭配"等模块（见图 3-101）；2014—2015 年京东秒杀开始尝试个性化推荐；2016—2017 年个性化推荐进一步升级，特别是 2016 年"6·18"大促，京东针对各分会场进行了个性化商品推荐；2017 年"京家小院"诞生；2018 年京东首页开始全面实施千人千面，内容营销方面也将单品、专辑、资讯、视频等内容素材经过个性化排序推荐给用户。

大家应该会好奇千人千面个性化排序背后的逻辑是什么，商家如何才能进入千人千面的千人千面的商品池，下文将通过举例为大家说明。例如，当你浏览某秒杀商品后，再次打开该页面你会发现这个商品的位置靠前了；发现好货/会买专辑频道会从千人千面的商品池里选择 200 个商品推荐给用户；为你推荐频道会从千人千面的商品池里选择 400 个商品推荐给用户。其推荐逻辑分为以下 3 种类型。

（1）**素材池**：固定素材池、指定规则筛选、浏览相似商品、购买相似商品。

（2）过滤：敏感过滤、无货过滤、商品图过滤、性别过滤。

（3）个性化呈现：商品画像、用户画像。

图 3-101

有了逻辑之后，接下来就是重点部分，即商品如何进入千人千面的商品池进行个性化展示。先看七个个性化楼层的展示界面（见图 3-102），每个楼层都包括多个频道（见表 3-6），各楼层顺序及频道可能会有变化。

图 3-102

表 3-6

楼 层	频 道
摩登时尚	个人护理、女神专属、逛好店、嗨购全球、奢品大牌、美丽妆扮、新品风尚、时尚衣橱
潮玩先锋	潮力新机、机不离手、玩 3C、品质潮男、酷玩科技、优享免息、运动户外
品质生活	臻选·家、京东家电、格调·家、居家好物、京东超市、家有萌宝
吃喝玩乐	食全食美、火锅英雄、吃货心选、东家菜、趣娱乐、去旅行、兴趣部落
实惠好货	大牌闪购日、水果/蔬菜、唯品会、拍拍二手、京东拍卖、京东拼购、电脑办公、生鲜馆、数码馆、钟表馆、更多
东家小院	品尝新鲜、放肆玩、机不离手、好吃不停、送礼不停、送礼佳品、元气小食
发现好店	

所有楼层的多个频道涵盖多个类目，具体内容可以通过浏览京东 App 来了解，在浏览某个类目后，就可以看到楼层及频道的变化。

商品是否能在这些楼层展示的参考指标是商品点击率；商品是否能在这些频道中展示的参考指标是商品点击率及商品详情的访问深度，与是否成交没有关系。但是我们要注意，系统主要是对商品主图及透明图层进行过滤的，只要严格遵守主图及透明图要求即可避免被过滤。在测试的时候不难发现，千人千面商品是根据用户画像和商品画像来呈现的，如图 3-103 所示；高级商智的"流量路径"，如图 3-104 所示。

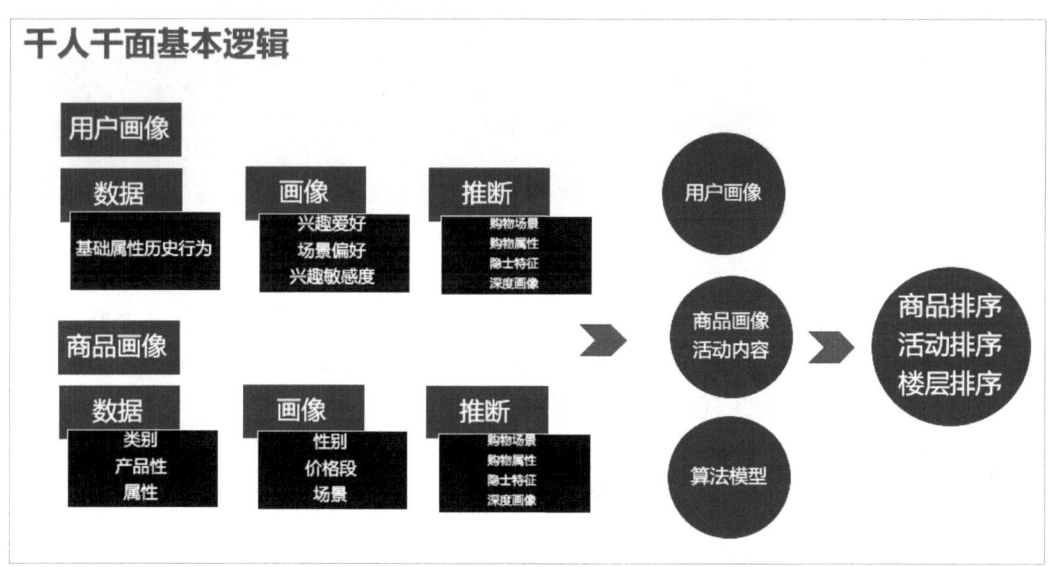

图 3-103

千人千面的展现结果就像画像匹配，而画像是根据标签来描绘的，标签质量决定了素材展示的人群精度和量级。

流量路径								
流量来源 店内浏览 流量去向			APP ▼	按月查询 (2018-11-01 至 2018-11-11)				
▣ 栏目	4,889 573	237.64% ↑	23.69%	167.79% ↑	5.44%	83.22% ↑	趋势	
领券中心	3,219 36	1096.65% ↑	15.60%	849.10% ↑	6.80%	30.72% ↑	趋势	明细
排行榜	650 86	12.07% ↑	3.15%	11.11% ↓	2.62%	16.69% ↑	趋势	明细
东家小院	416 214	225.00% ↑	2.02%	157.77% ↑	3.13%	50.00% ↓	趋势	
会员plus	391 10	610.91% ↑	1.89%	463.84% ↑	1.79%	75.38% ↓	趋势	
发现好货	127 221	61.75% ↓ ⓘ	0.62%	69.66% ↓	2.36%	292.13% ↑	趋势	明细
领京豆	59 16	247.06% ↑	0.29%	175.26% ↑	8.47%	44.07% ↓	趋势	明细
京东闪购	46 16	557.14% ↑	0.22%	421.20% ↑	2.17%	0.00%	趋势	明细
优品/会买专辑 ♡	44 34	10.20% ↑	0.21%	28.78% ↓	6.82%	234.09% ↑	趋势	明细
发现好店	5 4	50.00% ↑	0.02%	60.34% ↓	0.00%	0.00%	趋势	
品牌头条	2 2	100.00% ↑	0.01%	58.63% ↑	0.00%	0.00%	趋势	
京东房产	1 1	0.00%	0.00%	0.00%	0.00%	0.00%	趋势	

图 3-104

3.10.2 搜索的千人千面

京东搜索的千人千面执行得没有京东 App 首页那么彻底，笔者通过在三个不同的环境（微信端、安卓手机端、苹果手机端）中测试搜索同一个关键词的展示页面，发现商品排序基本没有变化，如图 3-105 所示，但是对于浏览过的商品搜索的个性化搜索结果还是会正常呈现。如果你搜索的类目没有个性化到搜索结果，那么就表示该类目处于灰度测试中。搜索的千人千面仍然有很大的发展空间。

图 3-105

3.11 活动的威力

在店铺成功开起来时我们都会有些兴奋,并希望有朝一日能日销万单,走上人生巅峰。但回归现实我们往往会发现,商品上架后订单并不能像期盼的那样日销万单,可能每天只有两位数的访客和一位数的订单。

有经验的店铺运营人员一般会根据运营规划调整流量来源构成。新店流量来源构成如图 3-106 所示。新店流量来源构成是不准确的,其反映的现象就是搜索流量关键词不集中,这些流量可能大部分是自己人做测试的流量,以及其他入口流量,特别是来自京东 App 首页的千人千面流量。老店流量来源构成如图 3-107 所示,该截图是 2017 年 11 月店铺"流量路径"数据,我们能清晰地看到搜索访客数与上月相比下滑 29.36%,而综合活动(含大促)访客数比上月上涨 249.53%,其原因是"双 11"期间店铺能获得比较多的大促活动流量。

京东商智
免费版
首页
实时
流量
商品
交易
服务
供应链
客户
行业
竞争
揽客
报表
知识中心
流量概览
流量概况
流量路径
关键词分析
热力图
热力图
搜索分析
排名定位
搜索诊断
标题分析
流量路径
APP
按月查询（2018-11-01 至 2018-11-19）
流量来源
店内浏览
流量去向
来源渠道
环比(月)
同比(年)
切换指标
下载数据
入店来源
访客数（● 我的店铺 ● 同行同级均值）
访客数占比
成交转化率
自主访问 84 125 0.00% 35.00% 0.00% 11.90% 0.00% 趋势
京东免费 190 485 0.00% 79.17% 0.00% 5.79% 0.00% 趋势
搜索 139 250 0.00% 57.92% 0.00% 4.32% 0.00% 趋势
其他店铺的商品 32 90 0.00% 13.33% 0.00% 15.63% 0.00% 趋势
栏目 23 107 0.00% 9.58% 0.00% 0.00% 0.00% 趋势
其他店铺 13 24 0.00% 5.42% 0.00% 7.69% 0.00% 趋势
京东首页 5 49 0.00% 2.08% 0.00% 0.00% 0.00% 趋势

图 3-106

京东商智
高级版
首页
实时
流量
商品
交易
服务
供应链
客户
行业
竞争
揽客
报表
知识中心
流量概览
流量概况
流量路径
关键词分析
热力图
热力图
搜索分析
排名定位
搜索诊断
标题分析
流量路径
APP
按月查询（2017-11-01 至 2017-11-30）
流量来源
店内浏览
流量去向
来源渠道
环比(月)
同比(年)
切换指标
下载数据
入店来源
访客数（● 我的店铺 ● 同行同级均值）
访客数占比
成交转化率
自主访问 24,036 4,667 1.82% 28.28% 6.64% 0.00% 0.00% 趋势
京东免费 68,428 15,564 5.01% 80.50% 3.71% 0.00% 0.00% 趋势
搜索 24,755 10,797 29.36% 29.12% 35.23% 0.00% 0.00% 趋势
其他店铺的商品 16,063 3,010 5.82% 18.90% 2.97% 0.00% 0.00% 趋势
综合活动（含大促） 15,159 975 249.53% 17.83% 220.49% 0.00% 0.00% 趋势
京东首页 13,625 1,101 16.92% 16.03% 7.21% 0.00% 0.00% 趋势
栏目 2,136 963 30.76% 2.51% 36.51% 0.00% 0.00% 趋势
问答 1,520 365 26.78% 1.79% 32.87% 0.00% 0.00% 趋势
消息中心 676 244 0.45% 0.80% 7.90% 0.00% 0.00% 趋势
发现（觅Me） 613 63 3.46% 0.72% 11.48% 0.00% 0.00% 趋势

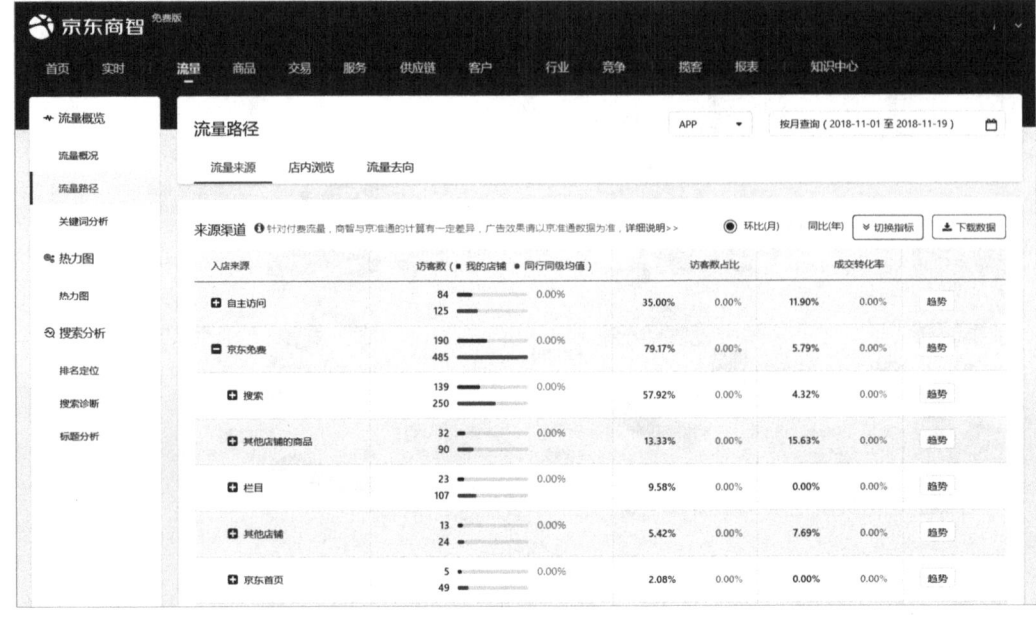

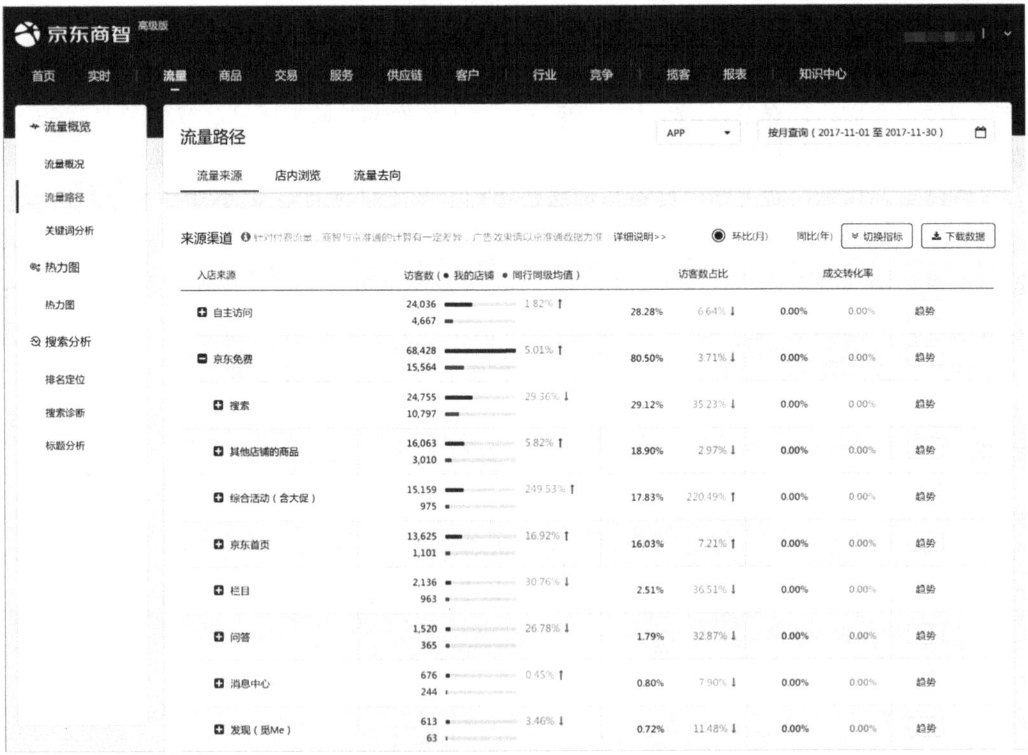

图 3-107

该店铺由于"双 11"期间的 KPI 达到了平台运营的目标,所以接下来配比的活动资源位会持续增加。图 3-108 所示为店铺 12 月份的流量构成情况,可以看到,搜索访客数占比持续下降至 13.56%。

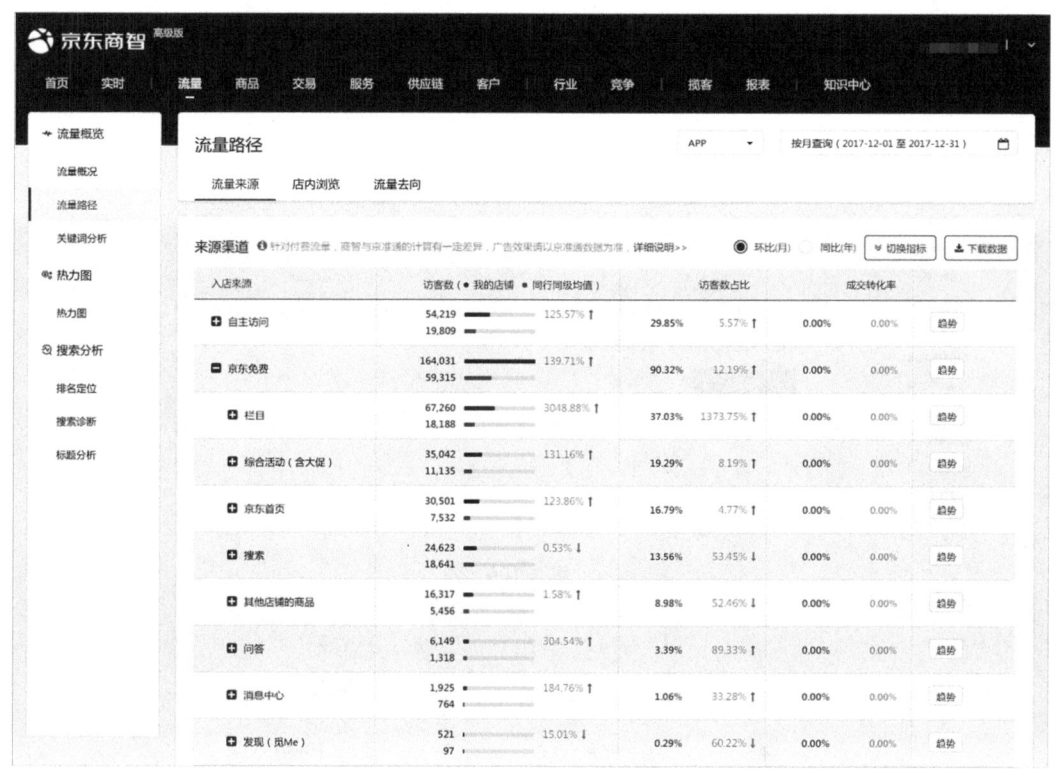

图 3-108

为什么很多在友商平台很厉害的店铺运营人员在京东平台却无法发挥原来的水平呢?这是因为友商平台以搜索流量为主,而从图 3-108 可知,京东平台以活动流量为主(当然京东自营除外)。

如何通过活动做好店铺运营?建议按以下步骤进行。

(1)试用:目前试用活动可以自行创建,无须运营人员审核,如果平台运营人员有专项大促活动楼层更好,如图 3-109 所示。通过试用可以获取首批店铺粉丝,并且试用内容介绍可以引导客户打开首页。通过执行"商家后台"→"营销中心"→"用户营销"→"店铺礼包"命令,即可进行优惠券设置,从而吸引客户,提升留存率。

(2)预售:目前预售方式有两种,一种是需要预付款的预售模式;另一种是无须预付款的预约模式。预售商品在前台的表现形式是预约人数多的商品排序靠前,排序靠前意味着可以获取更多流量。预售也是新品量产前的一次测试,商家可以根据订单量确定商品生产量,这大大降低了风险。预售在 PC 端前台的表现形式如图 3-110 所示。

图 3-109

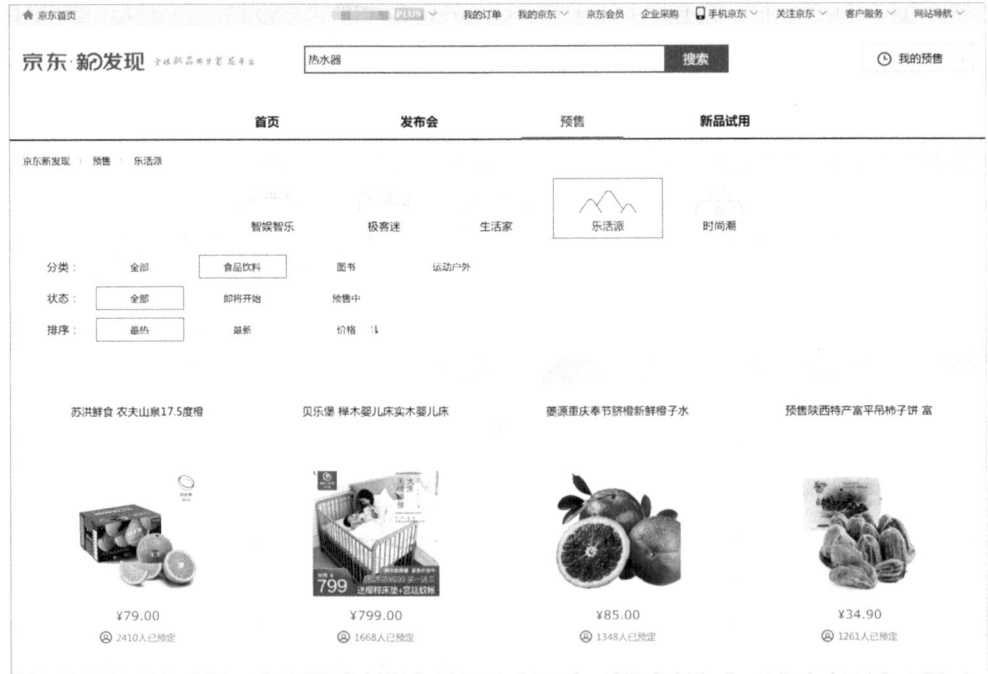

图 3-110

（3）京挑客：上文介绍的京挑客与内容营销的内容在这一步就可以使用了。需要注意的是，对于高客单商品，不管是内部的还是外部的京挑客引流方式，相对来说效果都不会那么明显。但是我们会发现，经过京挑客推广的商品的基础数据已经能反映出商品销量的好坏了，如好评率、评价内容、晒图。基础数据往往能直接决定这个商品的走向，是成为爆款还是成为死链接。判断京挑客营销方式成功与否最直接的依据就是商品转化率，一般商品转化率达到行业平均水平之上的商品就继续推广。

（4）常规活动：闪购、拼购、拼团、精选券、PLUS秒、联合活动（包括品牌日）等活动的访客数从几百到几千不等。经过前面的测试，这时可以向平台运营人员提供一些数据以争取参与以上活动，从数据量化的角度考虑，平台运营人员一般会参考访客数、销量、转化率、好评率等数据。如果能参与以上活动，那么在活动结束之后需要整理一份复盘数据返给平台运营人员，如果表现良好，就有机会获取更多资源坑位；如果表现不好，那么也要整理复盘数据，找到原因，进一步优化。

（5）大流量活动：秒杀、"6·18"大促、"双11"大促。如果店铺可以参加大流量活动，那么该店铺就已经属于重点商家了，这时候商家要做的事情就是不断优化商品，准备第二个爆款。一般通过第一个爆款带动第二个爆款是比较容易的事情。

综上所述，与搜索优化比较，无论从难易度方面来讲还是从流量方面来讲，参与活动都是最优选择方式，在这个基础上配合付费推广、搜索优化，可以使店铺拥有更多的流量。

3.12　京东"6·18"大促与"双11"大促

友商的"双11"活动和京东的"6·18"活动现在已经成为电商界的两大盛事，店铺的流量在这两个大促活动中能够获得爆发式增长。京东商家如果能参与这两个大促活动，那么不管是否能赚到足够多利润，都能巩固其在行业中的地位。这对商家及该商家的供应商来讲，是使其极具信心并且能为其带来希望的事情。

比对往年的大促节奏不难发现，不管是"6·18"活动还是"双11"活动，大概都可以分成预热期、专场期、爆发期几个阶段，而且跨店利益点（满减、抢3件免1件）等优惠几乎贯穿活动时期。通过这些利益点刺激客户消费，希望客户多买。"6·18"家电类目节奏如图3-111所示，"双11"家具类目节奏如图3-112所示。

观察大促活动页面可以发现，活动的玩法就是抢优惠券、抢秒杀单品、抢3件免1件等，而且不同类目还会通过分会场及三级至四级活动页面进行活动宣传，如图3-113所示。

	周四 1日	周五 2日	周六 3日	周日 4日	周一 5日	周二 6日	6月 周三 7日	周四 8日	周五 9日	周六 10日	周日 11日	周一 12日	周二 13日	周三 14日	周四 15日	周五 16日	周六 17日	周日 18日
家电主推		居家生活		大服饰		家电主推		生鲜	居家生活	消费品			3C					
超级IP品牌						中国国产 品牌日			超级 秒杀				神券日			王牌明星 直播	超级单品 日	
				王牌盛赛	家电6月7日-6月9日（美的、海尔、飞利浦）												
	开门红	蓄势期1——巅峰品牌日			主打期				蓄势期2——巅峰品牌日							高潮期		
	金品类	金品类			金品类				金品类							金品类		
	5折+限量爆款+满10000元 减1000元	巅峰品牌日 预约+晚间小时东券 （满1000元减100元，满300元减30元）			亿元礼券、0元购、 满10000元减 1000元				预约+晚间小时东券（满1000元减100元，满300元减30元）							实时榜单+1折		
					61.8、618元、1680元秒杀													
					型单满返、满1000元返1500元券包（家电POP满2500元减250元、商家全额承担）													

图 3-111

"双11" 节奏												
专场期									正式期			
1日	2日	3日	4日	5日	6日	7日	8日	9日	10日	11日	12日	
爆发期					预热期				爆发期			
秒杀日	神券日			品牌日			PLUSDAY		满减日	全类爆发日	闪购日	
	居家主推							居家主推	主推199元减 100元满减			
1-2日 每满400元减50元	3-4日 1.品类券：满499元减100元、满1499元 减400元、满4999元减1000元、满9999 元减2000元 2.暴力券：满999元减500元、满599元减 300元 3.噱头券：1元券 4.整点抢神券：满199元减188元等 （每档券之间不叠加）			5号 每满满400元 减50元		/	8日 1.PLUS拉新券： 满4999元减300元、 PLUS专享券：满1999 元减600元 2.跨店3兔1 （与PLUS叠加）	9日跨店3 兔1	1.各档满减 2.每满400元 减50元 （2个满减不 叠加）	每满400元减50元		
11月11日 付尾款					11月6日-11月10日预售				11月11日 付尾款			

图 3-112

图 3-113

以上只是表象，真正重要的是商家如何才能获取活动坑位。有活动坑位才有流量，有流量才有订单，特别是大促活动的订单。但是活动坑位有限，能拿到入场券的商家并不多。能在秒杀坑位或者比较靠前的坑位出现的商家一般都是重点商家。当然也有付费入场券，比较常见的是 T1～T3 级入场券，具体费用是多少可以咨询平台运营人员，如图 3-114 所示。

2017年11月11日资源（标红为站内资源）

等级	分类	具体位置	权益形式	数量、天数	资源价值	价格
两种梯度席位 T1 共计10席 T2 共计25席	物流会场资源	首页大促楼层专属坑位	专场期（11月1日-11月12日）首页大促楼层12个中第二排第一个置顶坑位	“双11”期间（10月25日-11月12日）	1600万元以上	T1-78万元/席，T2-33万元，无折扣
		头图弹幕资源位BI展示	专场期（11月1日-11月3日）主会场头图弹幕BI			
		特色会场置顶位	专场期（11月1日-11月3日）特色会场小图置顶，高潮期（11月10日-11月12日）			
		App首焦BI六天	专场期（11月1日-11月3日），高潮期（11月10日-11月12日）首焦BI			
		WQ主会场	11月1日-11月12日特色会场置顶位置第一个			
		好物不思议Banner	高潮期（11月10日-11月12日）ME主会场独立楼层位	1个		
	首页频道资源	品牌嘉年华T2-2	提供大促优惠券频道，精选坑位一个，时间待定	1个		
		秒杀频道	“双11”期间（10月25日-11月12日）共计15个	15个		
	腾讯资源			/		
	联盟（CPS）			/		
	其他资源			/		

2018年11月11日资源（标红为站内资源）

等级	分类	具体位置	权益形式	数量、天数	资源价值	价格
两种梯度席位 T1 共计8席 T2 共计30席	物流会场资源（非最终）	大促主会场-特色会场	品牌店铺/SKU坑，会场1～3屏，可露出品牌Logo/主商品/利益点	12天（11月1日--12日）	1500万元	T1-50万元/席，T2-10万元，无折扣
		App首焦BI				
		PC首焦BI				
		PC登录页大图				
		PC快报				
	首页频道资源	单品秒杀坑	提供大促期间单品秒杀坑1个，时间待定	1个	20万元	
		优惠券-精选坑	提供大促期间优惠券频道，精选坑1个，时间待定	1个		
	线上传播	互动小程序	定期品牌元素专属形象（品牌BB兽）	15天	500万元	
			品牌元素形象地图中露出			
			品牌元素形象多次曝光（BB兽升级）			
			品牌优惠券发放			
			朋友圈活动投放，整体活动推广			
		寻找品牌BB兽	纸媒资源露出BB兽品牌形象			
			结合BB兽品牌形象做特效小视频	3个		
			多媒体渠道传播推广			
		品牌BB兽快闪视频	结合BB兽品牌形象病毒视频	1套（视频/表情包）		
			多媒体渠道传播推广			
	线下事件		线下活动BB兽形象露出	2天		
			BB兽形象玩偶线下互动			
			整体活动扩散引流			
			多媒体渠道传播推广			
			BB兽品牌形象露出	11天		
			整体活动扩散引流			
			多媒体渠道传播推广			
	物流广告		线下箱体BB兽品牌形象露出	3万个	30万元	
			线上传播推广	/		
			线下车体BB兽品牌形象露出	10辆		
			线上传播推广			
	附赠项目资源	N-39项目资源	线上媒介传播和线下活动露出	细分资源再做划分	650万元	额外计算费用

图 3-114

不管拿到哪种入场券，我们要考虑的都是流量与转化率问题。平台运营人员要考虑的是 KPI，商家要考虑的是 ROI。我们要预测平台运营人员配给的活动坑位（平台运营人员一般都会提前给出排期）可能带来的流量和转化率，对于不足部分要考虑付费资源，如广告投入（当然很多时候平台运营人员会提供一个广告投放比例，如营业额的 2%）、老客户激活（如群发短信）等。

一般情况下，平台运营人员会提前给进入会场的商家分配 KPI，如 300 万元营业额，当然会有相应配比的活动坑位，包括一些临时活动坑位。这时，店铺运营人员要做好对应的运营计划，如表 3-7 所示。

表 3-7

序号	活动坑位	预计访客数/万个	预计转化率	商家客单/元	销售额/万元	日期
1	主会场秒杀	2	5%	490	49	11月5日
2	分会场秒杀	1	10%	290	29	11月6日
3	分会场F1	1	10%	199	19.9	11月8日
4	掌上秒杀	5	10%	99	49.5	11月11日
5	主会场秒杀	3	10%	490	147	11月11日
6	京东快车	1	10%	199	19.9	11月11日

表 3-7 中的数据是基于 5%～8%的转化率进行预测的，当然不排除访客数不足或者转化率不足的情况，所以我们应该通过其他流量渠道进行补充。如果是第一次参与这样的活动，那么也不用过多担心，多与平台运营人员沟通、多参考商品平时的转化情况及预测可能出现的问题即可。参与类似的大型活动越多，对数据的把握度越精准。

重点商家得到"6·18"大促或"双 11"大促活动坑位的概率更大，普通的腰部商家或普通商家可能匹配不到资源，或者只有很少的资源，其常见的就是类目商家群发的作业或者营销中心的常规活动，如图 3-115 所示。

图 3-115

在"6·18"大促与"双 11"大促活动前 20 日左右就要特别留意商家群店铺运营人员或者助理发出的通知。因为坑位有限，只有完成报名的商家才有机会被审核。活动力度越大的坑位，商家审核通过的概率越大，同时大优惠力度会令很多商家望而却步，如图 3-116 所示。

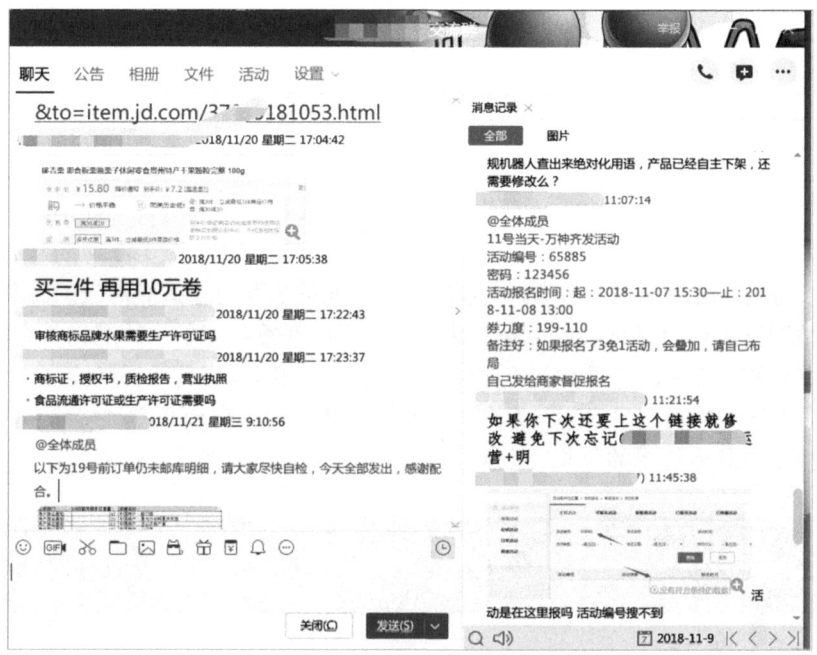

图 3-116

这里要特别提醒大家的是关于各种优惠券叠加的问题，特别是一些新商家，看到密密麻麻的优惠券可能会无从下手，这里要先了解优惠券叠加表格，如表 3-8 所示，做到心中有数，不至于造成巨大亏损。

表 3-8

促销优惠	东券	京券	直降	店铺满减	跨店铺满减	满 M 件减 N 件	M 件 N 折	满 M 件赠 N 件（赠品）	加价购
东券	—	N	Y	Y	Y	Y	Y	Y	Y
京券	N	—	Y	Y	Y	Y	Y	Y	Y
直降	Y	Y	—	Y	Y	Y	Y	Y	Y
店铺满减	Y	Y	Y	—	N	N	N	Y	Y
跨店铺满减	Y	Y	Y	N	—	N	N	Y	Y
满 M 件减 N 件	Y	Y	Y	N	N	—	N	Y	Y
M 件 N 折	Y	Y	Y	N	N	N	—	—	N

续表

促销优惠	东券	京券	直降	店铺满减	跨店铺满减	满M件减N件	M件N折	满M件赠N件（赠品）	加价购
满M件赠N件（赠品）	Y	Y	Y	Y	Y	Y	Y	Y	Y
加价购	Y	Y	Y	N	N	N	N	N	—

近几年大额优惠券贯穿京东大促期间，商家运营人员往往只重视某促销活动的力度是否会造成亏损，并不考虑特定条件下的风险利益。例如，满199元减100元的跨店满减券，从优惠力度分析，这是一张5折券，一般店铺运营人员在发现5折券对应的高利润商品无法承受的情况下，就会直接放弃，但是考虑客户购买的件数和客单价的逻辑关系不难发现，如果客户最多购买2件商品且购买4件商品都不超过199元，那么亏损风险会大大降低（见图3-117），最终的情况出乎意料，因为大概有三分之一的客户会选择直接购买，这部分利润可以直接抵销其他订单的亏损。

图 3-117

普通商家在没有活动坑位的情况下，应该积极提报各种分会场的大力度跨店优惠券，特别要注意以下几点。

（1）优惠券叠加问题。

（2）优惠力度对应的客单价及购买份数的关系，至少要计算出在所有订单都满足优惠条件的情况下是亏损还是盈利。

（3）优惠券折扣力度的计算公式为(满额-优惠额)/满额=折扣，如(169-50)/169≈0.7，即约7折；又如(299-150)/299≈0.5，即约5折。计算盈利的方法为毛利率减折扣力度，如30%

毛利-50%折扣= -20%亏损。假设商品类目为母婴用品的奶瓶，客单价为59元，4件商品总额为236元，不足299元。判断是否参与优惠活动需要计算商家的利润能否支撑风险，假设参与满299元减150元的优惠券活动，即折扣为50%，客单价为59元，毛利为30%，则客户购买6件商品的情况为$(59×6-150)×(30\%-50\%)= -40.8$元。假设库存为1000件，则最大亏损为6720元。

最后发现，普通商家要想在大促活动中做"黑马"是比较难的，其只能从普通商家做到腰部商家再做到重点商家，只有进入平台的培养池才有希望做大。

3.13 玩转客户营销

客户营销要做好两点，第一点是商品要具备短期的复购率；第二点是触达客户的能力。第一点容易理解，即对于快消品，在商品使用周期结束时客户还会再次购买商品；但是对于类似珠宝、大家电等几年乃至一辈子只购买一次的商品做到这一点就有些困难。第二点就是如何提醒曾经购买商品的用户再次购买。

第一点几乎很难改变，因此我们将问题归结到第二点，我们有什么办法触达客户，最好能在客户购买商品之前起到提醒作用。目前京东平台触达客户的办法有以下几种。

（1）运用京东客服市场的短信系统触达客户。"发送对象"对话框如图3-118所示，但是目前客户使用的手机以智能手机为主，此类短信往往会被认定为垃圾短信，无法触达客户，其效果如图3-119所示。

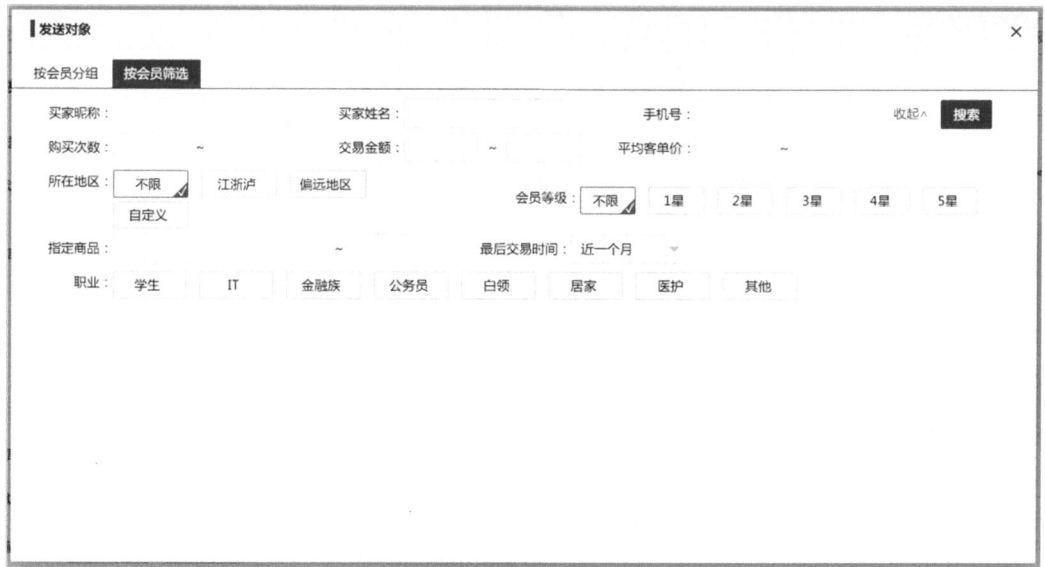

图 3-118

（2）店铺礼包。店铺礼包是店铺针对目标人群设置的利益点玩法，设置生效后，只要目标客户打开店铺首页就会弹出如图 3-120 所示的提示框，最终效果如图 3-121 所示。

店铺礼包的设置方法比较简单，进入路径为"商家后台"→"营销中心"→"用户营销"→"店铺礼包"。未设置店铺礼包的网页显示界面如图 3-122 所示。

一般单击"官方工具创建"按钮即可，也可以单击"其他工具创建"按钮，单击"官方工具创建"按钮进入"创建店铺礼包"页面，如图 3-123 所示。

图 3-119

图 3-120

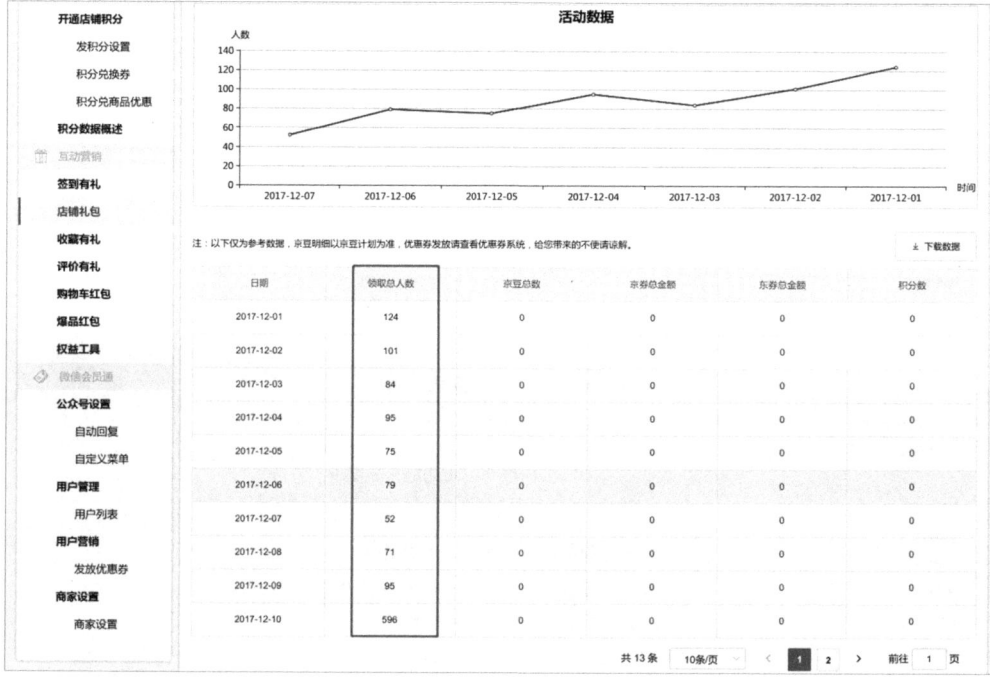

图 3-121

图 3-122

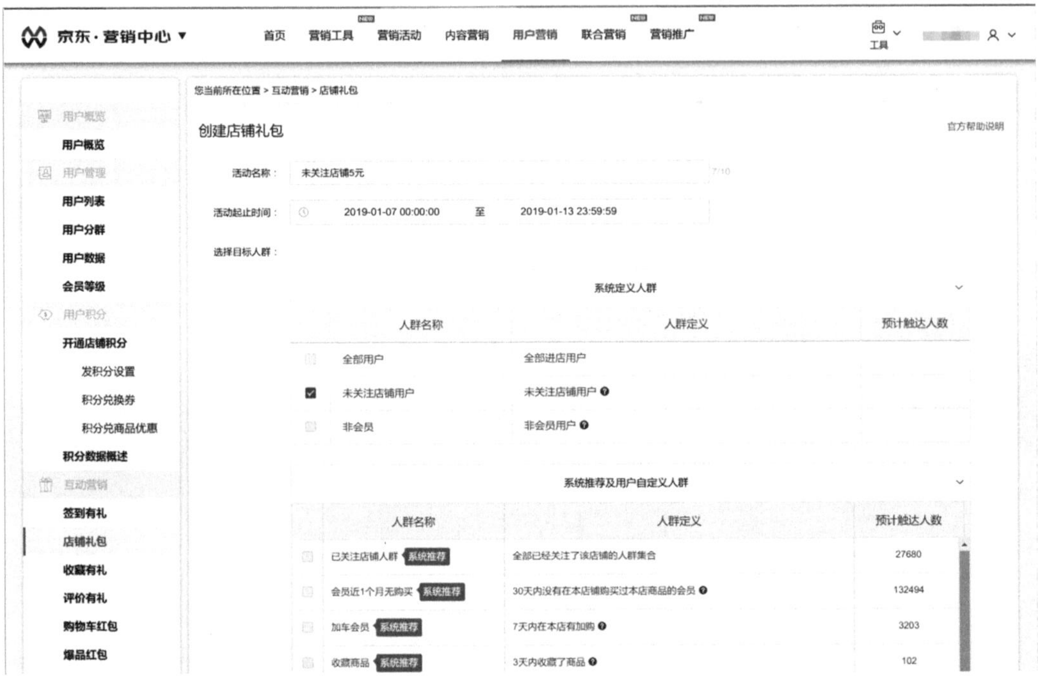

图 3-123

特别目标人群根据需要选择即可,如根据店铺商品价格段设置满 58 元减 5 元的东券(见图 3-124),并将其发送给未关注店铺的目标用户。

图 3-124

确认内容无误后单击"提交"按钮,系统默认最早生效时间为 T+1 天。店铺礼包能直接带来关注人群,如果优惠券力度足够吸引人,那么也能带来一定数量的订单。

3.14 京东入仓与进驻自营

3.14.1 京东入仓

京东商城与其他友商平台相比明显的一个特点就是到货时效短。享受极速的网上购物体验是每一位网络购物爱好者喜欢的事情。京东物流于 2017 年开始独立运作，目前已经支持面对个人的揽件业务。随着京东物流的发展，其物流网络覆盖区域变得更广更大。为了提升用户购物体验，商家对京东仓库的需求日益增大，这将促使京东仓库更加完善。

3.14.1.1 入仓的好处

到货时效一直是网络购物爱好者的一个痛点，商家对于到货时效造成的中差评也是无能为力，因为快递商家是无法控制的。目前京东有北京、上海、广州、成都、武汉、沈阳、西安七大仓库（德州仓库官方尚未公开，因此尚不计入），京东物流的主要辐射区域如下（数据仅供参考，请与京东物流官方公布为准）。

北京仓库：北京、内蒙古、山东、天津、河北、山西。

上海仓库：上海、安徽、江苏、浙江。

广州仓库：广东、广西、福建、海南。

成都仓库：贵州、云南、四川、重庆、西藏。

武汉仓库：湖北、湖南、江西、河南。

沈阳仓库：吉林、辽宁、黑龙江。

西安仓库：青海、宁夏、陕西、甘肃、新疆。

一部分客户对商品是否是入仓商品有特别需求，京东搜索结果页也有相应的筛选功能。勾选"京东物流"复选框后的展示结果如图 3-125 所示。入仓商品在店铺名下有非常明显的"京东物流"或"京东自营"字样。这里不得不提的是，标题前面"京东超市"打标的要求之一是京东入仓商品。

官方一直没有明确表明入仓商品是否会增加搜索权重，目前可以明确的就是所有订单出库之后都会计算权重，至于权重值的大小只有从各商品的实际操作中才能看出端倪。也可以说客户越早确认收货权重值越高，这也反映了到货时效的重要性，客户越早收到货越有可能早确认收货，越有可能在到货时效性方面给予好评，并在评价中向其他客户提示该商品的物流时效性（见图 3-126）。图 3-127 所示为 3 天完成从出库到确认收货流程的情况。不管是从权重方面考虑还是从客户看评价的用户体验方面考虑，这都是一件非常值得做的事情。但这并不能代表所有商品都必须入仓，商品是否入仓是由商品的销售情况决定的，因为入仓之后的仓储费用与商品的周转率有很大关系。

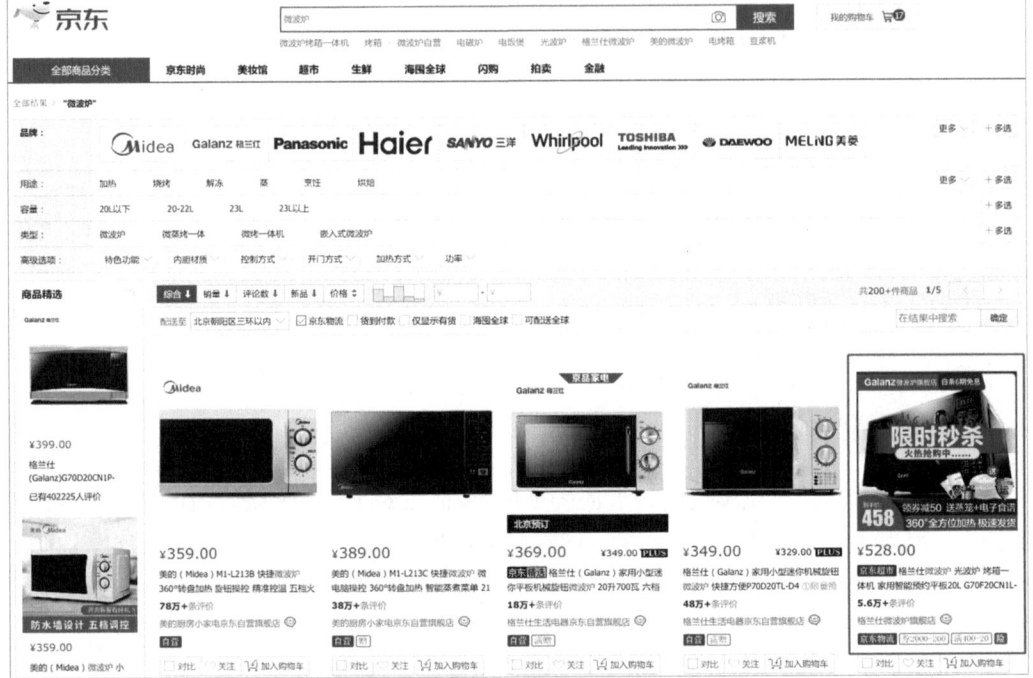

图 3-125

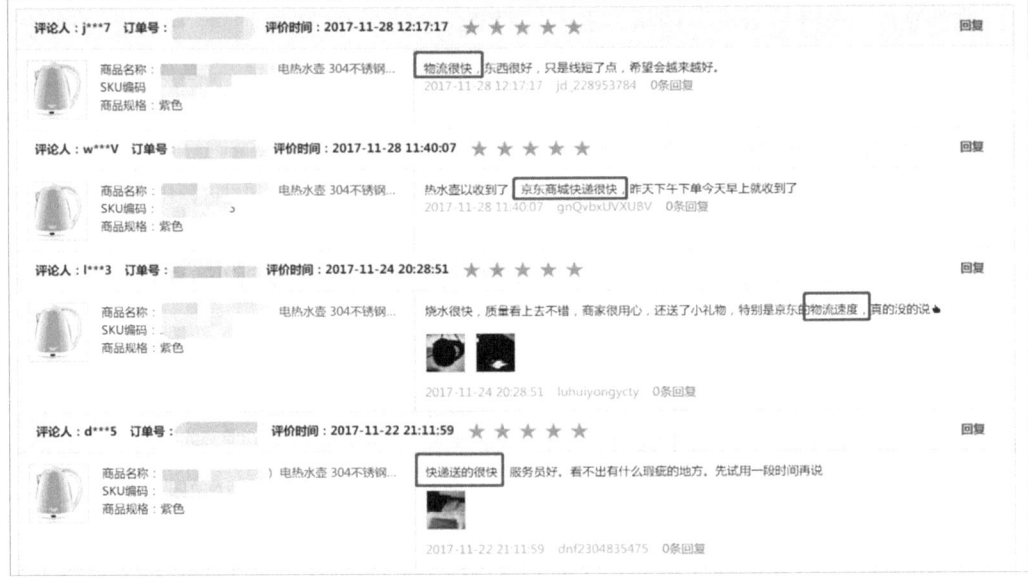

图 3-126

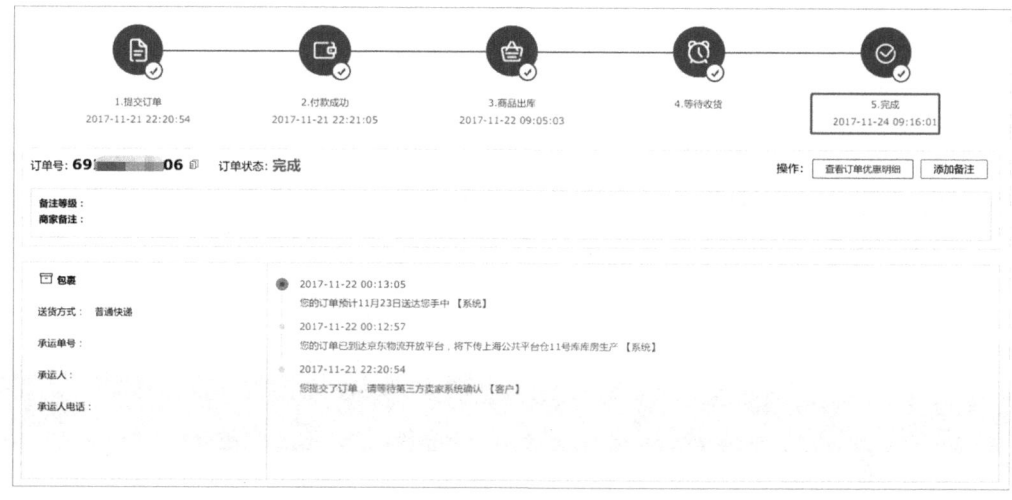

图 3-127

3.14.1.2 入仓流程

确定商品需要入仓后,建议大家先找平台运营人员获取店铺所在区域入仓招商经理的联系方式,也可以在线或者电话联系平台客服以获取该信息。

如果是店铺运营人员一段时间之后才开始考虑入仓,那么建议店铺运营人员在与区域入仓招商经理沟通前先统计商品过去一段时间在各区域的销售情况。建议直接导出订单来进行统计,订单获取途径为"客户"→"客户分析"→"成交客户分析",该数据是根据全店成交客户所在地占比进行统计的,如果是商品为多类目商品,那么其省份或者城市占比数据就不准确,因此应单独从后台获取订单数据进行比对,不能单单依靠商智数据。对于图 3-128 所示情况,商家可以考虑入驻北京仓库和广州仓库,其他区域订单从北京仓库或广州仓库调配即可。

排名	城市	占比
1	北京	30.07%
2	广州	13.73%
3	上海	13.08%
4	深圳	11.71%
5	天津	6.40%
6	东莞	6.21%
7	成都	5.09%
8	佛山	4.91%
9	苏州	4.54%
10	武汉	4.26%

图 3-128

如果是新开店铺考虑入仓，则可以通过执行"高级商智"→"行业"→"行业用户"→"客户分析"命令获取数据从而进行参考。对于图 3-129 所示情况，商家可以考虑入驻北京仓库，其他区域订单直接从北京仓库调配即可，根据销量还可以增加其他区域。商品入仓主要考虑的是商品周转率问题，根据协议一般商品在仓库内超过一定时间就会产生仓储占用费用，所以建议商家选择店铺爆款入仓，而不是全店商品入仓。如果涉及多规格（如颜色）商品，要进行数据分析后再选择入仓商品，因为有可能出现某规格商品动销过低占用仓储空间的情况。

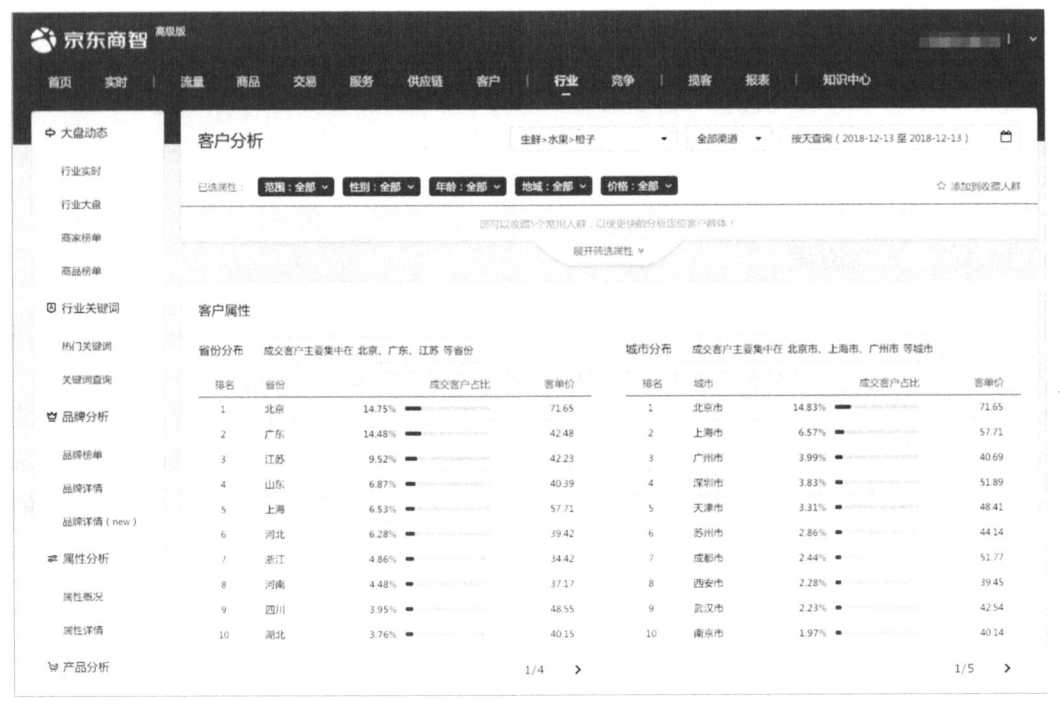

图 3-129

准备妥当之后与区域入仓招商经理沟通我们的需求，有任何疑问都可以咨询招商经理，争取利益最大化。最后确定合作之后，招商经理将会给你发一份电子合同，该电子合同包含配送价格等内容。确认电子合同没有问题之后将开始进行网签，网签完成后你将收到纸质合同文件，纸质合同文件盖章寄送完毕后合同正式生效。电子合同如图 3-130 所示。

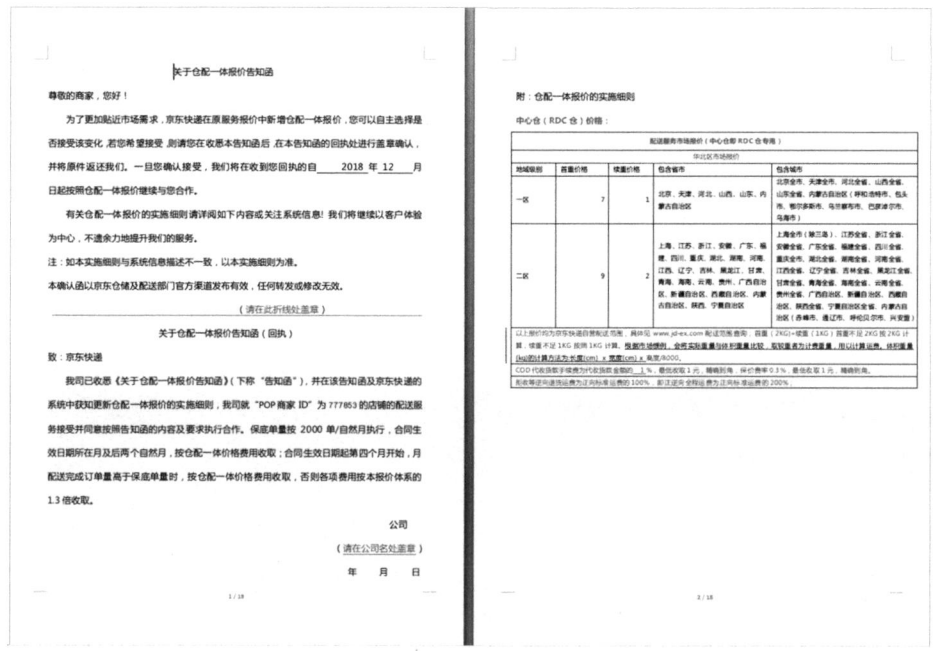

图 3-130

接下来我们要按合约规定开始预约入库,首先要提醒大家的是入仓预约的时间和货品一定要遵循招商经理的要求,否则可能造成退仓,如果退仓将产生重大损失。建议在正式入仓之前将商品图片拍照发给招商经理以帮助审核,确认信息无误之后再开始进入下一流程。一般招商经理会将预约入库的规范流程及相关的操作文件发送给我们,只要认真阅读、按要求操作,就不会有什么问题。

接着开始预约入仓,有两种入仓方式,一种方式是直接使用京东 TC 物流服务,该方式直接按照要求在"仓海系统"填写"采购入库管理"信息即可,如图 3-131 所示。

图 3-131

另一种方式是自己找的承运商，如果采用这种方式就要选择供应商预约通道。"京东供应商预约系统"预约操作窗口，如图3-132所示。

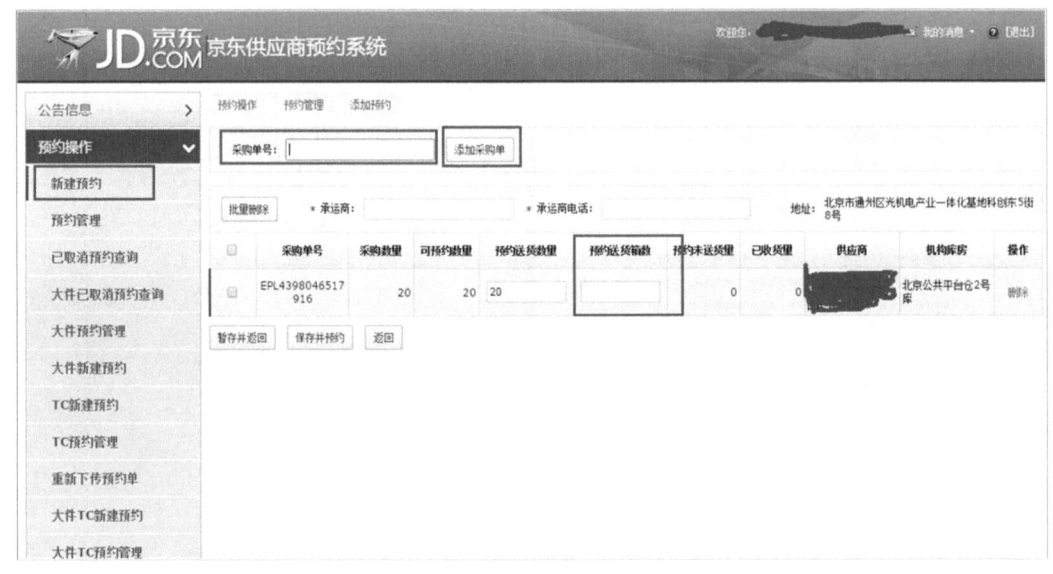

图 3-132

不管采用是哪种入仓方式，只要按时将货物送到约定的京东仓库即可。当货物到达约定的京东仓库后，京东的工作人员会对其进行入库验收。如果有问题会有专员与我们联系；如果没有问题也会有人与我们联系，以确认货物数量等信息。最终确认货物及相关信息没有问题后就可以将商品上架了。

3.14.1.3 入仓后的运营

京东仓储系统开通流程需对应的销售经理协助完成，该系统使用的是单独的账号和密码，注意不要与商家后台登录账号及密码混淆。

入仓结束之后我们需要进入仓海系统完成几步设置才算是正式完成入仓。先进行京配打标，即标题前面"京东物流"字样的标签。登录仓海系统，操作步骤如图3-133所示。

图 3-133

然后进行商品库存配置，如图 3-134 所示。

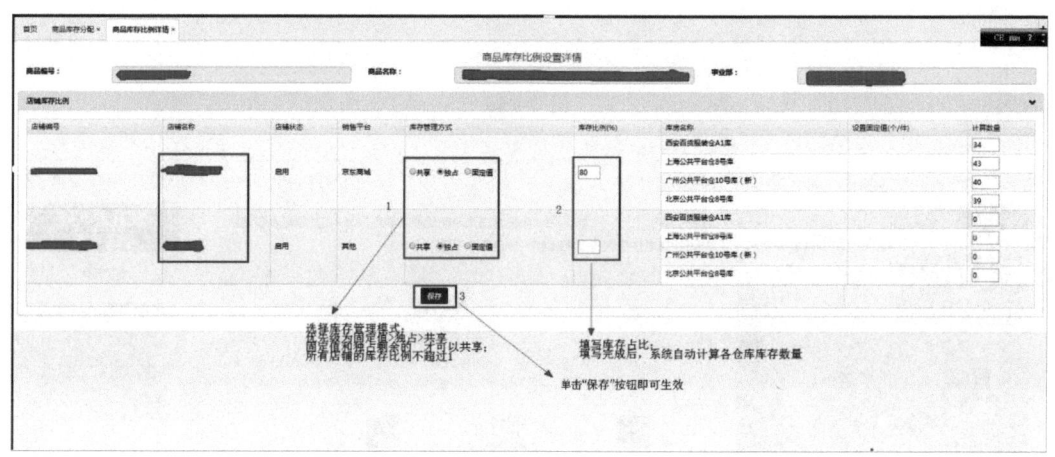

图 3-134

接下来登录商家后台，执行"仓储管理"→"分区仓库管理"→"仓库覆盖区域管理"命令设置出库优先级，数字越小优先级越高，本级仓库无货后将从下一级仓库发货，如图 3-135 所示。

具体的设置方法可能有所变动，建议联系区域入仓招商经理获取最新设置方法文件。

全部设置完毕之后就可以让客户享受京东物流的快速到货体验了，有些区域甚至可以做到上午购物下午到货。京东物流在提升客户购买体验的同时还会让商家得到接踵而至的好评。京配打标的页面效果如图 3-136 所示。

图 3-135

图 3-136

3.14.2 进驻自营

如果有一种与京东商城的合作模式是,平台商家只负责供货,运营规划、报活动、发货等工作都不用做,那么开放平台商家是不是会感觉非常轻松?这种模式就是京东自营。

京东商城最初的模式就是自营,后来才开放了第三方商家进驻。相对开放平台商家,京东自营不管是在客户方面还是在运作方式方面都有很大的优势。从页面方面看,没有入仓的开放平台商家的商品详情页,如图3-137所示;已经入仓的开放平台商家的商品详情页,如图3-138所示;自营开通联系客服的商品详情页,如图3-139所示;自营开通联系客服的商品详情页,如图3-140所示。

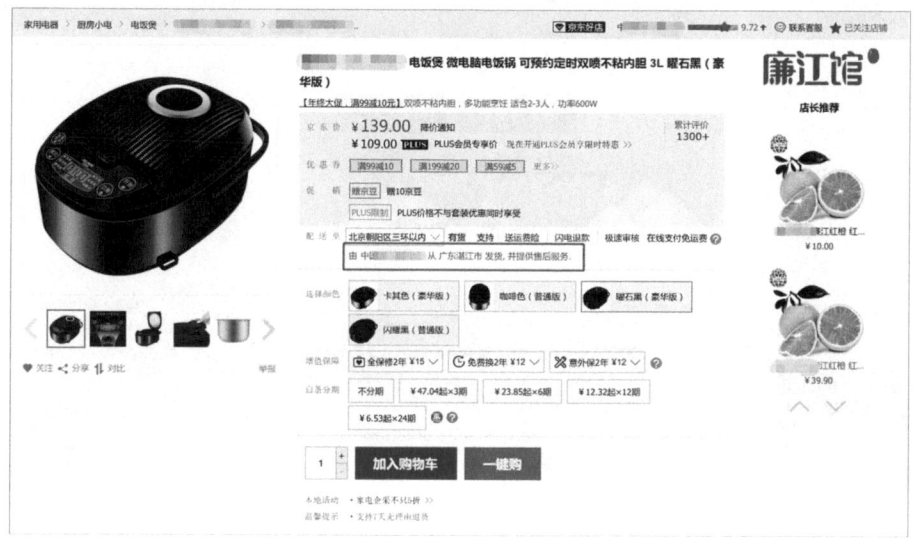

图 3-137

图 3-138

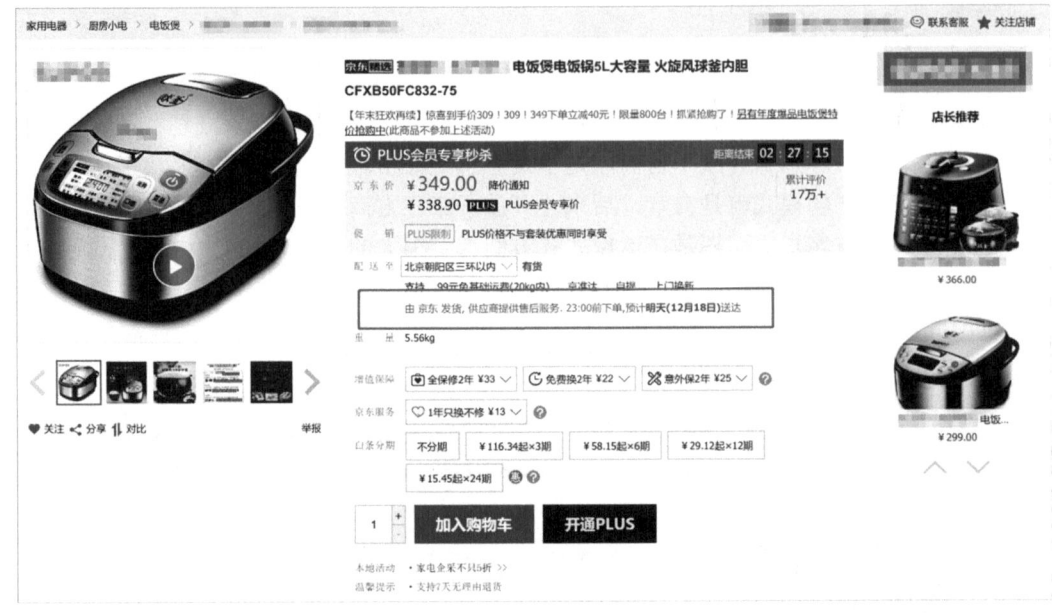

图 3-139

图 3-140

3.14.2.1 进驻申请

目前京东没有公布各类目进驻状况，那就意味着无论什么类目的店铺都有机会进驻自营。建议先向客服咨询申请路径，再与对应类目的采销人员进行沟通，在采销人员确认可以入驻自营后，即可开始准备资质文件。

需准备的生产线资质文件如下。

（1）质检报告。

（2）企业标准备案（若质检报告检验依据是国标，则不需要准备该文件）。

（3）商标（中英文）注册证书（在使用期内）及逐级授权商标使用权。

（4）生产许可证。

（5）营业执照。

（6）食品流通许可证：生产厂家食品流通许可证（若无，再开具证明）；经销商食品流通许可证。

（7）销售授权书（授权期限至少截至合同到期日）：厂家，仅需一个授权书；经销商，厂家—经销商（授权渠道为京东掌柜宝）不准有网址，经销商—京东。

需要注意的是，所有资质都应加盖合作商家公章。

需准备的企业资质文件如下。

（1）营业执照。

（2）企业年报（进入国家企业信用信息公示系统，搜索企业名称即可找到）。

（3）组织机构代码证（如果营业执照是三证合一，则不需要）。

（4）税务登记证（如果营业执照是三证合一，则不需要）。

（5）开户许可证。

（6）增值税一般纳税人资格证。

（7）供应商审核调查表。

（8）京东合作伙伴基本信息备案。

需要注意的是，所有资质都应加盖合作商家公章。

除此之外，还需要准备的资质文件如下。

（1）VMS（价值流程图）录入表格。

（2）EBS 合同录入表格。

（3）报价单。

（4）首次结账信息（一式两份盖章后快递寄回）。

（5）合同盖章要求。

（6）质保金账户。

在提供以上资质文件后，对应采销人员就会向你出示合同以进行信息确认，信息确认无误后按要求签订合约后按流程操作即可。在沟通期间，采销人员会向你咨询企业发展、产品规划等方面的信息，所以你要提前做好企业或产品规划。

收到采销人员通知后就可以进行账号绑定了。登录京东供应商协同平台后的界面，如图 3-141 所示。

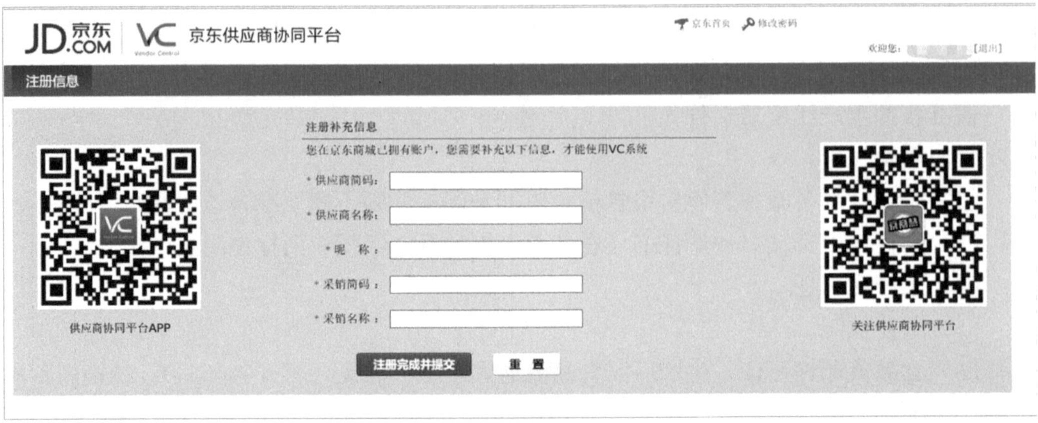

图 3-141

3.14.2.2 商品创建

开通京东供应商协同平台权限之后可以先添加产品线，当然如果还没有添加品牌要先添加品牌，上传相关资质文件后等待采销人员审核，采销人员审核通过后就可以创建新品了。

新品创建与开放平台新品创建差不多，这里不再赘述，只要按要求录入信息即可，但要注意以下几点：①要分别上传 PC 端与移动端的商品详情页，缺一不可；②主图单独上传，注意如果图片尺寸不符合要求，那么图片将会被拦截；③销售属性绑定需要进行绑定申请；④广告词需要单独申请。

以上提交信息通过审核之后才可以使用，特别要提到的是修改后的任何信息都要经过审核后才可以使用，这是与开放平台不一样的地方。新品创建审核通过之后，找下单人员下单入仓即可。

3.14.2.3 采购单与送货

在新品创建完成之后，即可收到商品可以上柜的提示，这时候我们要找下单人下采购单，如果是第一次下单，一定要让下单人提供相关要求或者模板说明，否则在下单过程中可能会遇到很多问题，模板说明如图 3-142 所示。

	A	B
1	一、模板说明	
2	要求	详细说明
3	1.必填项&选填项	变色列均必填，单价&d返利属性不填。各分仓数量根据实际下单数量填，不下单分仓不填
4	2.模板格式	1.订单模板为系统导出，格式特殊，请勿修改任何格式，勿添加任何格式，数据只识别常规数字格式 2.表格格式.xls格式 3.商品编码格式：单元格格式-自定义-第二项；注意不要添加超链接
5	3.提报时间	1.提报时间：周一15点前，周四15点前；合计两天；规定时间内邮件申请均为有效邮件 2.当日超时申请请于下个出单日重新邮件申请 3.因格式或其他已注明问题导致的下单失败，推迟到下个下单日下单 4.仓库补单可随时下单（因自身供应链问题造成的多货，错货，不接受补单申请）
6	4.备注要求	1.备注列要求参考："二、备注要求"；备注要求规范填写，备注顺序禁止改动，汉字数不超过50个，简明扼要，突出主题
7	5.手工单&自动单	最近一次自动补单已补单未及时回告（24小时内）商品且自动单未确认商品不接受手工单申请
8		
9	二、备注要求	
10	备注类型	说明
11	1.常规备货	指商品现有库存无法满足库存需求时需补货
12	2.活动备货	商品参加相应促销活动，补货周转超出常规补货
13	3.仓库补单	商品已经送至京东库房，库房原因未到时验收，需要补单
14	4.断货补货	断货影响销量时会降低可备货量，需特殊说明
15	5.新品订单	新入驻京东自营商品

图 3-142

在一般情况下，如果首次将商品送至京东仓库，建议按最低箱规送货，以免造成货物积压。也可以通过与下单人沟通来增减采购数量，一般是通过邮件来沟通具体事项的，如图 3-143 所示。

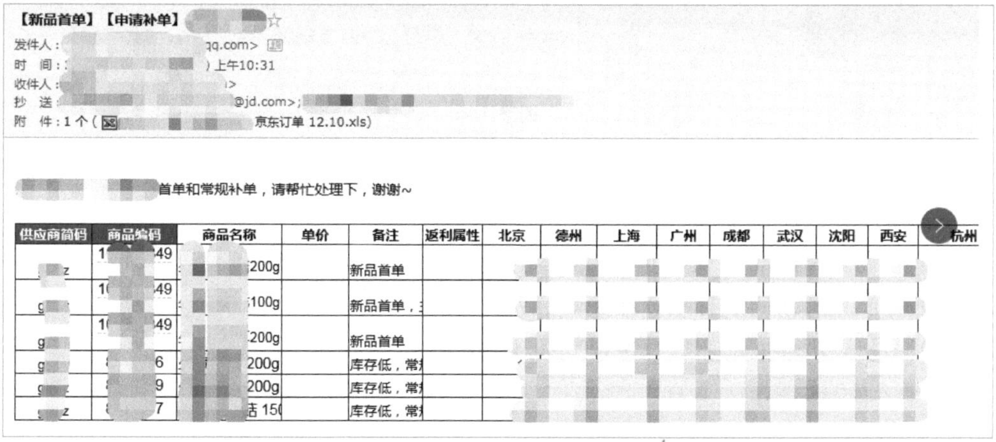

图 3-143

在后台看到有采购单时就可以安排送货了，采购单如图 3-144 所示。可以使用京东 TC 物流服务将商品送至京东仓库，也可以找第三物流公司将商品送至京东仓库，大家根据自己的情况选择即可。

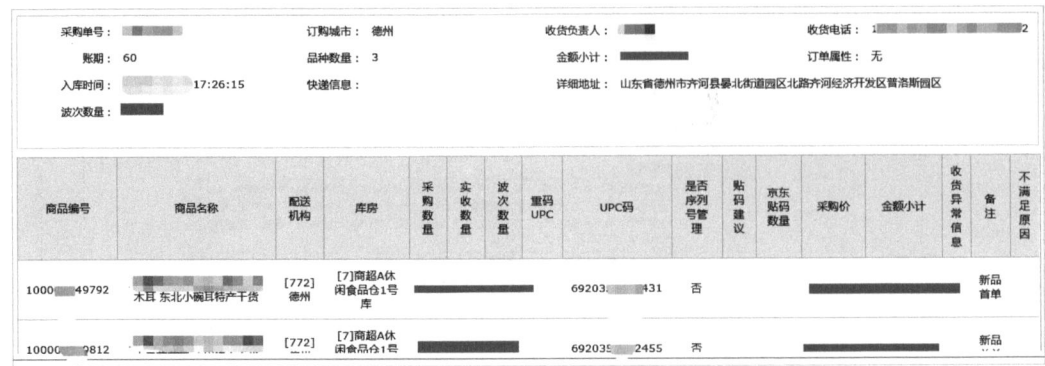

图 3-144

最后填写预约单,预约单如图 3-145 所示。

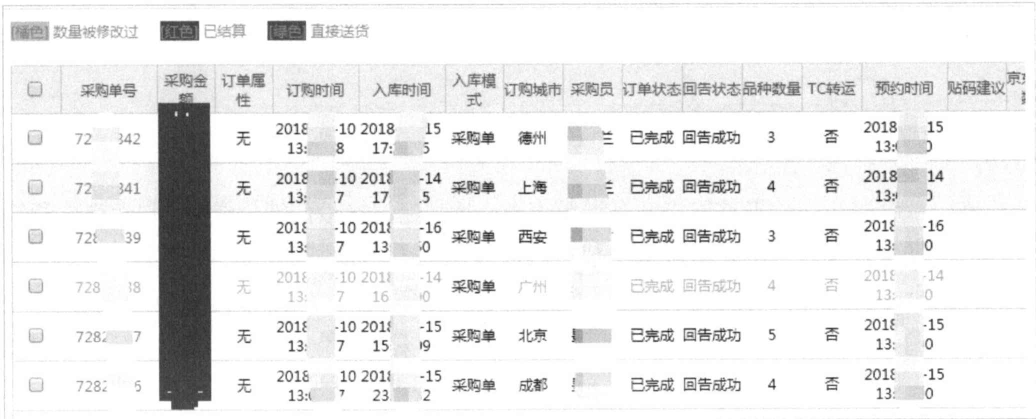

图 3-145

不管是选择京东 TC 物流服务还是第三方配送,货物包装都要严格按照包装要求进行,不同商品有不同的码放标准。

(1)普通批量商品码放标准,如图 3-146 所示。

(2)保质期商品码放标准,如图 3-147 所示。

(3)易碎、液体商品码放标准,如图 3-148 所示。

图 3-146

图 3-147

图 3-148

要特别注意的是,商品如果出现以下情况可能会被拒收,造成的损失是自己承担的。

1. 吉祥如意标签不规范

商品使用 100mm×35mm "吉祥如意" 标签粘贴销售包装封口处,禁止覆盖任何对消费者有帮助的相关信息（如商品名称、规格、介绍、生产日期及保质期等），如图 3-149 所示。

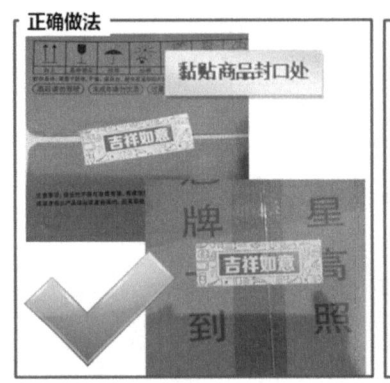

图 3-149

2. 打码及贴码不规范

商品使用 40mm×20mm 标签，GODERX128 码制式，"narrow"为 2mm，高度为 7mm。京东码需正方向覆盖在原条码上，且条码方向要一致，贴码不得覆盖商品任何有助消费者信息，如图 3-150 所示。

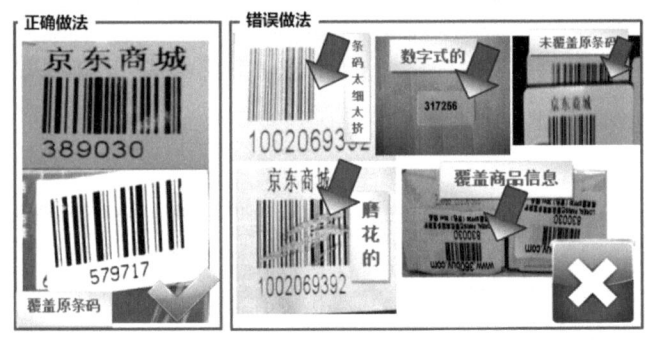

图 3-150

3. 装箱混乱，不同采购单商品混乱一起

将商品按订单、款式分开装箱，内附装箱清单或将清单粘贴在外箱；多款商品装在同一个箱子里必须加隔膜，以示区分；商品的配件必须独立包装，杜绝混装；商品在装箱时，需增加防护措施，以降低损耗，如图 3-151 所示。

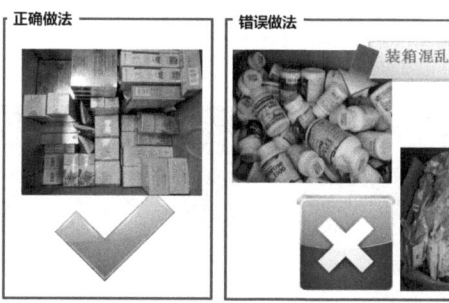

图 3-151

4. 保质期问题

商品要严格按照《保质期商品管理办法》规定执行,如果不熟悉该规定请先咨询采购,错误的做法如图 3-152 所示。

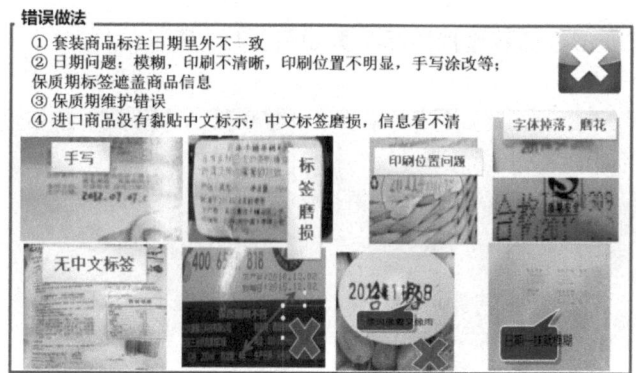

图 3-152

5. 其他常见问题

(1)商品破损(封口裂开、贯穿破损、内物裸露等),如图 3-153 所示。

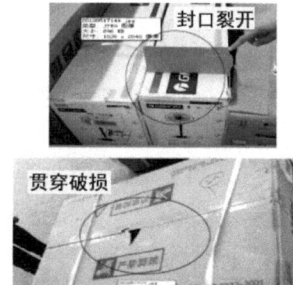

图 3-153

（2）胶带异常（原包胶带异常等），如图 3-154 所示。

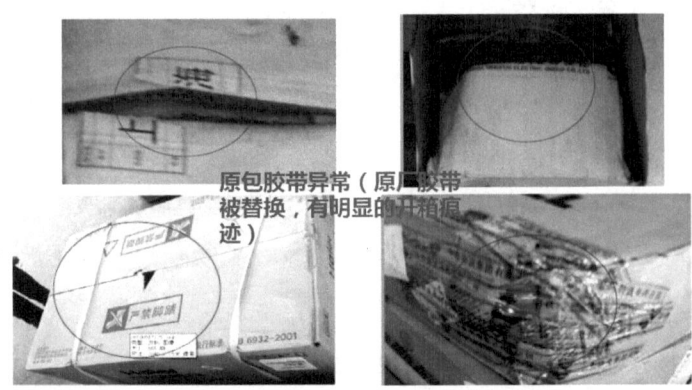

图 3-154

（3）货物积压变形，标签遮挡商品参数如图 3-155 所示。

图 3-155

　　为了避免做一些无用功，请大家认真阅读入库流程：①按照预约的时间，提前到达库房。供应商将货送到仓库后，先在登记员处进行到货登记，并打印验收单。②供货商卸货、分货，并将货物码放整齐，对应标记找出新品；收货员进行新品物流属性采集。③新品物流属性采集完成后，供应商到登记员处排号，等待登记员叫号；叫号后供货商将码货完毕的商品放到指定的验收区域并配合收货员验收。④商品出厂原运输包装必须清洁、整齐、完整，不能有撕裂、破损、挤压变形、发霉、色泽退化、污损及各种碰撞擦伤痕迹等情况。如发现运输包装不合格或为二次封箱，需要开箱验货，检验后要将商品恢复到原运输包装内。在拆箱验收时应有供应商在场，以便明确责任。⑤为避免商品入库后出现商品破损、少货、混货的情况，请物流人员积极配合入库收货员的引导进行开箱验收。

　　其他注意事项如下所示。

（1）对于等待签收状态的采购单，供应商在 VC 端按照实际的采购量向相应库房进行预约送货（若不能及时送货，可以在预约时间前一天 18:00 前在 VC 后台取消预约并重新预约，预约日期当天不能取消当天的预约，在执行取消预约操作的第二天系统自动取消预约，并且重新预约的时间不能是当天）。

（2）在创建新品时务必保证 UPC（商品统一代码）、保质期、商品名称等信息维护完整并正确，避免货物被拒收。

（3）保质期。国产商品，生产日期不应超出该产品总保质期天数的 1/4；进口商品，生产日期不应超出该产品总保质期天数的 2/5；套装商品，按照套装内保质期最短的商品进行系统保质期天数信息维护，商品实物按照套装内最先到期商品的有效截止日期进行截止日期标识；到货数量小于 30 件的同一个商品，必须是同一保质期批次。

（4）在排队收货时请耐心等待，出现任何问题可及时与收货负责人及采购人员联系。当您的商品出现以上未列举的异常情况时，请配合入库验收的工作员协商解决。

3.14.2.4 上架和推广

当收到商品成功入仓的通知后，即可通知采销人员将商品上架并开始销售。其实自营的运营流程与开放平台没有太大差异，只是加了采销人员权限审核一环。例如，活动提报是可以自行提报的，但活动是否能正常上线要等采销人员审核。大家感觉自营商品似乎有天生的搜索优势，其实该观点多少存在些误解。自营带给客户的用户体验截然不同，特别是在快递体验上。换一个角度，可以认为客户的满意度促使自营商品的排名在一定程度上获得了搜索优势，搜索结果如图 3-156 所示。

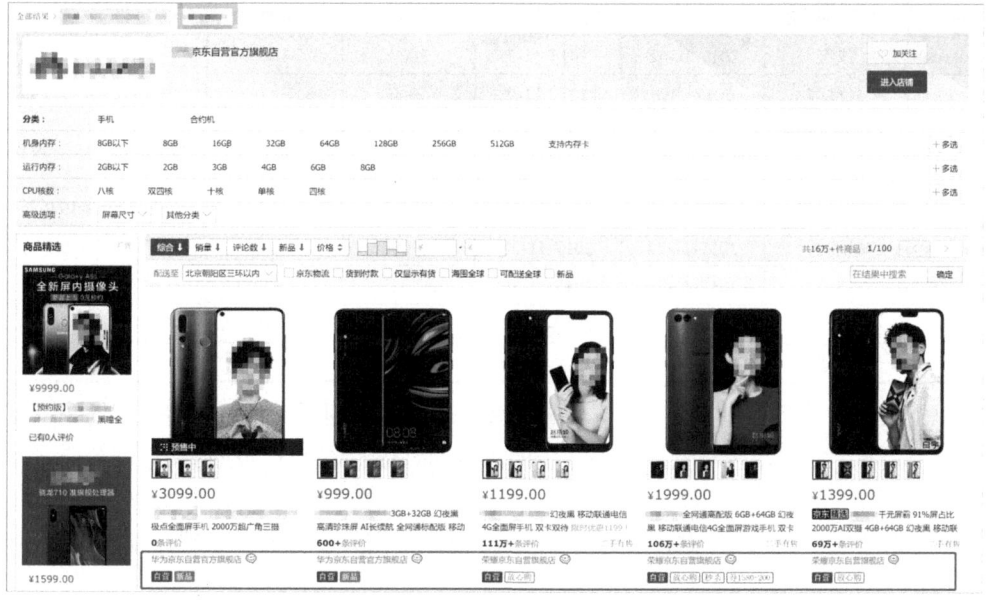

图 3-156

目前自营商品的优惠券仍在测试阶段，暂时无法做到利用京挑客加优惠券的方式进行推广。这种情况下京准通就发挥了其应有的作用，利用京准通推广不仅畅通无阻，还无须经过采销审核。

3.15 数字化复盘

复盘是为了分析以往运营手段的优劣，其中，做得好的方面继续提升，做得不好的方面或者方向错误的方面加以改正。商家要从每一次复盘中吸取经验，不断提升店铺运营能力。复盘可以分为阶段性复盘和活动复盘，阶段性复盘是以时间为纬度进行的复盘；活动复盘是以活动为纬度进行的复盘。

3.15.1 阶段性复盘

复盘与运营计划无法分开，没有运营计划，只谈复盘是没有意义的。我们从运营计划的流量入口开始分析，三大流量入口分别为活动流量、搜索流量、京准通流量（付费）。不管是单品爆款还是爆款群计划乃至全店爆款计划，大家都应该有针对以上三大流量入口的计划，如表3-9所示。

表 3-9

SKU	项目内容	开始日期	结束日期	访客数/个	订单数/个	说明
3xxxxxx	预售	2017-10-18	2017-11-5	2000	100	客单价为29.9元
3xxxxxx	京挑客	2017-11-6	2017-11-9	5000	1000	客单价为19.9元
3xxxxxx	京东快车—海投计划	2017-11-15	2017-11-30	10 000	1000	客单价为19.9~39.9元
3xxxxxx	普通拼购	2017-11-20	2017-11-22	3000	900	客单价为19.9元
3xxxxxx	精选券	2017-11-24	2017-11-27	20 000	4000	客单价为19.9元
3xxxxxx	秒杀	2017-11-29	2017-11-30	30 000	4500	客单价为19.9元
3xxxxxx	搜索	2017-10-18	2017-11-30	4000	400	客单价为19.9~39.9元
3xxxxxx	其他	2017-10-18	2017-11-30	2000	100	客单价为19.9~39.9元

以上数据大家也可以多加几项，如转化率、销售额、同行订单预测等，数据越细反映出的问题越多，特别是在与竞争对手竞争的激烈的时候，运营计划应将其他细分流量都包含在内。

在实际运营过程中，计划往往赶不上变化，但是我们只需将数据呈现在复盘表中即可。某商品优惠券实际情况如图3-157所示。

第 3 章 实战技巧 | 159

图 3-157

整理实际数据得到表格，分析数据有差距的原因，并提出改进措施，如表 3-10 所示。

表 3-10

SKU	项目内容	开始日期	结束日期	访客数/个	订单数/个	措 施
3xxxxxx	预售	2017-10-18	2017-11-5	2000	58	宣传不足，应该在首页、关联页、商品标语、咚咚自动回复中加入宣传
3xxxxxx	京挑客	2017-11-6	2017-11-9	5000	1120	渠道宣传到位，跟踪到位就能出量
3xxxxxx	海投计划	2017-11-15	2017-11-30	10 000	807	考虑到测款，只开海投计划，后期应该单独开普通计划，做更精准的流量
3xxxxxx	普通拼购	2017-11-20	2017-11-22	3000	1320	排名靠前，流量集中，注意排位
3xxxxxx	精选券	2017-11-24	2017-11-27	20 000	3993	全方位宣传
3xxxxxx	秒杀	2017-11-29	2017-11-30	30 000	3280	转化率偏低，注意与平台运营沟通撞品日期间隔

续表

SKU	项目内容	开始日期	结束日期	访客数/个	订单数/个	措施
3xxxxxx	搜索	2017-10-18	2017-11-30	4000	387	搜索流量较少，转化率低，竞争对手进入价格战，文案做差异化处理
3xxxxxx	其他	2017-10-18	2017-11-30	2000	89	

一般有运营经验的店铺运营人员的复盘数据与运营计划出入不大。在实际运营过程中，特别是一些新手运营人员，往往在获得活动坑位的时候就陷入了困境，进而导致运营计划中断，特别是在店铺运营计划不能打动平台运营人员的时候。但对于新手运营人员来说这都不重要，重要的是能发现问题并对其改进。

3.15.2 活动复盘

活动复盘与阶段性复盘最大区别的是活动资源不同，活动复盘针对的往往是"6·18"大促、"双11"大促等大型活动，进入这些会场的商家几乎都是重点商家，这些活动都存在一定的KPI考核，所以容不得有过多的错误。在与平台运营人员对接的过程中，结合平台运营人员给的活动坑位，根据以往的经验或者咨询做出如表3-11所示表格。

表3-11

序号	活动坑位	预计访客/万个	预计转化率	商家客单/元	销售额/万元	日期
1	主会场秒杀	2	5%	490	49	11月5日
2	分会场秒杀	1	10%	290	29	11月6日
3	分会场F1	1	10%	199	19.9	11月8日
4	掌上秒杀	5	10%	99	49.5	11月11日
5	主会场秒杀	3	10%	490	147	11月11日
6	京东快车	1	10%	199	19.9	11月11日

大促期间流量因素影响较大，而且不止京东一个平台在进行狂欢活动，其他友商平台也在进行狂欢活动，我们能做的就是随机应变。每一个活动坑位结束后，都应该马上进行复盘，并在下一次活动到来之前做出调整，如优惠力度远小于竞争对手，如果可以临时修改价格就直接找平台运营人员调低价格；如果不能临时修改价格可直接设置满减优惠或者领取优惠券，哪怕需要调整主图、商品详情页等，这些操作也是要做的。活动结束后形成如表3-12所示表格。

表 3-12

序号	活动坑位	实际访客/万个	转化率	客单/元	销售额/万元	日期	说明
1	主会场秒杀	3	2%	490	29.4	11月5日	流量超预期
2	分会场秒杀	1	5%	290	14.5	11月6日	转化率较低
3	分会场F1	0.5	4%	199	3.98	11月8日	流量低
4	掌上秒杀	3	15%	99	44.55	11月11日	转化率高
5	主会场秒杀	1	8%	490	39.2	11月11日	流量低
6	京东快车	1	2%	199	3.98	11月11日	转化低

由表 3-12 可知结果与预期有较大出入，其实在大促活动期间，平台运营人员都会提醒商家是否要调整一些设置，如调整价格、与竞争对手或者平台对比，当然是否调整是商家决定的，平台运营人员没有私自调整信息的权力，但商家应该站在全局的角度考虑问题。例如，后期活动坑位，大促期间打造的爆款对商品接下来搜索权重的影响，用户体验影响等情况。总之我们最终要得到的不仅是一份报告，还是店铺接下来新的运营规划。

3.16 售前客服转化

从售前岗位职能来看，售前客服负责答疑、引导购物、关联销售、促单、核实信息、催付等操作，流程如图 3-158 所示。客服要有服务意识，当咚咚接到客户咨询信息的时候，就要意识到马上要有客户下单了，因为一般客户只有在有购买需求时才会进行咨询。

图 3-158

收集咚咚聊天记录进行分析，我们发现一般情况下售前客户的问题不外乎 4 类：①品质质疑，②价格问题，③规格问题，④服务类问题。这 4 类问题看似简单，但是如果没有以下 5 类知识储备，提升转化率也是有难度的。只有熟悉运用这 5 类知识储备才能更好地服务客户，提升转化率。

（1）京东平台规则：根据规则论坛反馈情况，问题主要集中在延时发货、发票开具、第三方平台引流处罚方面，应该多注意平台通知，并与其他店铺客服多沟通，防患于未然，京东平台规则的界面如图 3-159 所示。

图 3-159

（2）产品知识：除了熟读产品手册，如果条件许可，客服应当试用并熟悉自己的产品，这样才能更好地为客户服务，这也是经验丰富的客服转化率更高的原因之一。

（3）京东前后台流程：首先客服人员如果不熟悉客户购买商品的流程，那么在客户咨询的时候就会花费更多时间，从而让客户失去耐性，并认为客服不专业。其次客服也要熟悉京东后台的操作流程，如此不仅能提升工作效率，还能提高客户满意度。

（4）话术：从答疑到最终订单成交售前咨询过程可以归结为四大板块话术。第一，常见话术，如发货时间、快递公司、时效等。第二，产品话术，如商品规格、功能、优势、特点和商品促销信息等。第三，催单话术，催促有购买需求但还在犹豫的客户下单，如现在拍下有赠品、快递正在揽件、现在拍下马上发货等。第四，催付话术，比较常见的是催促已经下单但未付款的客户付款，如请于多久内付款，否则系统自动关闭订单等。

（5）接待原则：①热情不敷衍，特别是在刚开始沟通的时候。②在无法满足客户需求时，需要向客户表达歉意，并说明客服权力有限。③让客户自己选择，只提供建议。④站在客户的角度，为客户着想。⑤在沟通时要时刻保持平等对待的态度，多用赞美的词语。⑥切忌使用命令式或者反问式语句与客户沟通。⑦尽量少使用否定句。在工作中落实以上 7 个原则，转化率就能得到提升。

总之，尽快找出客户的需求点，再通过特定的话术就容易促进交易达成。

3.17 售后能力提升

很多商家的售后岗位是由有经验的客服承担的,这些有经验的客服能快速判断售后问题的责任,并在与客户沟通的过程中处理好问题、安抚好客户,将损失降到最低。如果售后问题得不到很好的处理,那么可能会出现一些麻烦及纠纷。因此,售后能力的提升是极为重要的,后台售后客服如图 3-160 所示。

图 3-160

3.17.1 责任判定

有购物经验的客户遇到问题一般会先在咚咚上与客服沟通,这种情况比较容易处理,如果责任清晰,那么客户也不会为难商家,并且在客户利益得到维护的情况下,还有可能给商家五星好评。但是有些客户一言不合就申请售后,直到纠纷处理专员介入(见图 3-161),甚至在判定客户责任的情况下还会给一个不合实际的评价。

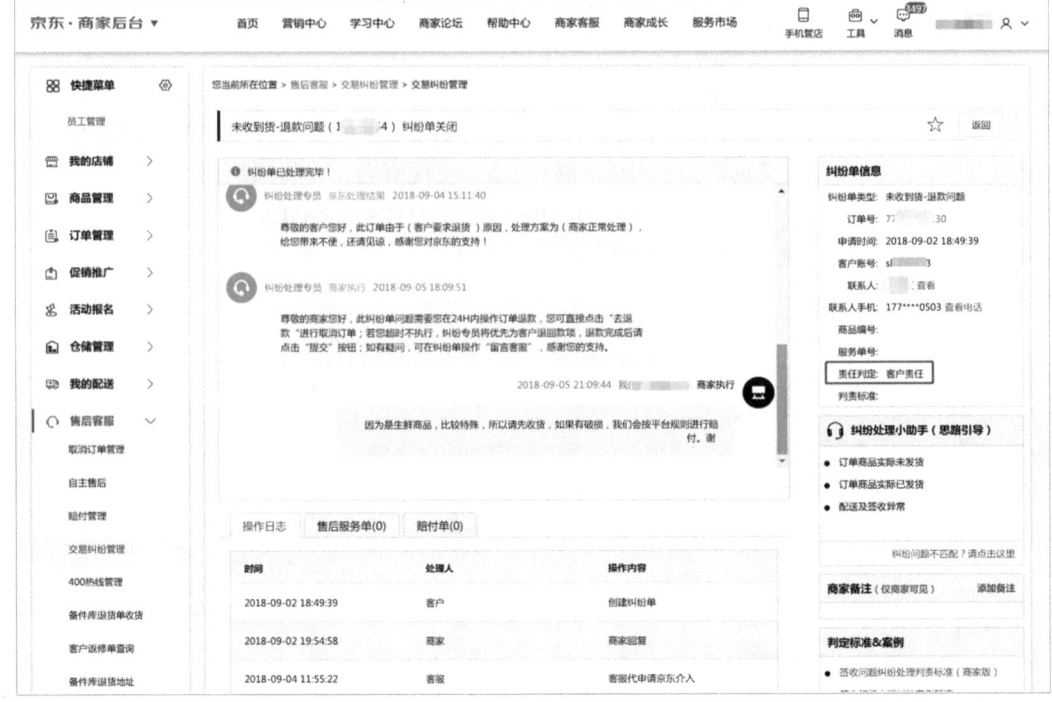

图 3-161

对于售后客服来说，责任判定不是其最主要的工作指标，安抚好客户情绪后如何让客户接受售后客服提出的解决方案才是其职责关键。熟悉售后规则是售后客服岗的基本要求，如果是商家的责任，那么应该二话不说直接处理；如果是客户的责任，那么就要先安抚客户情绪，不要跟客户争论。所以售后客服需要有过硬的情绪控制能力。

3.17.2 沟通技巧

改变一个人的思维是非常困难的事情，但在获取对方的信任的情况下，这件事情就会比较简单。在经营网店时商家一般是通过文字或电话与客户进行沟通的，在这种情况下获取客户信任比在面对面沟通的情况下更困难。

第一步我们要先学会倾听，不要急于反驳客户和表达自己的观点，只有等客户把"需求"说完，售后客服才好组织语言和提供处理办法帮助客户解决问题。第二步专业的售后客服，在安抚客户情绪后，应根据京东平台规则向客户解释清楚最终责任判定。第三步在自己的权限范围内尽可能满足客户需求，但切忌一步到位，以防对方狮子大开口。

3.17.3 赔付与中差评

售后客服在处理一些售后问题时都会比较纠结，如赔付与中差评问题。他们不明白为什么明明是客户的责任，商家还要赔付"巨款"。我们将问题数据化，利用科学的计算决定是否进行赔付。中差评往往会影响转化率，而转化率最终影响的是店铺的利润（见表3-13）。

表 3-13

周期/天	转化率	订单数/个	利润
差评前	10%	100	5000元
差评后	5%	50	2500元

3.17.4 预防职业打假人

职业打假人应该被很多商家不齿，随着越来越多职业打假人的出现，商家稍有不慎就会遇到令人头痛不已的事情。如果自己商品本来就有问题，那么自己也无话可说，我们要做正当的事，挣正当的钱。所以本节的内容主要是针对设置错价格、标错规格等情况的解决办法。

遇到职业打假人，我们要做到遇事不怕事，千万不要乱了阵脚，让职业打假人有可乘之机。以下是遇到各类问题的应对办法，大家可以根据自己的实际情况进行调整，当然在处理问题之前建议先向平台客服或者平台运营人员咨询情况。

（1）关于超时不发货的问题，如标错价格、标错规格、客户大量下单。

主动电话联系客户，并表明来意，要求对方取消订单。因平台规则赔付的封顶金额是500元，所以如果对方要求赔付金额低于500元则考虑接受，并要求对方出具和解书和身份证复印件，以防遇到职业打假人。一般与客户说明情况后，大部分客户都会选择申请退款。

（2）关于违禁词问题，如极限词、误导词。

如果违禁词没有针对商品本身夸大的成分，如企业文化，则不属于违反《中华人民共和国广告法》的词语；如果对方认为这违反了《中华人民共和国广告法》，则可以进行行政复议；如果确实违反了《中华人民共和国广告法》但涉及金额较大，则可以适当进行行政复议，将损失降至最低。

3.18 新店新品爆款

新店首先要做的是店铺规划、品类规划、运营规划，但对于新手运营人员来说，通过前期打造一个爆款来给团队带以希望不失是一个好的运营策略。

我们要利用高级商智的数字化去挖掘有利于提高新品销量的数据，如该类目商品的热销价格段、规格、属性等。再判断自己的商品在哪一点有优势，从而决定从哪一点切入与竞品竞争。最后确定该商品可能做到的销售体量，就可以判断该商品是否可以成为爆款。

确定爆款商品之后，首先要解决的就是流量问题。但是，一个新品即使有流量也可能因为新品没有商品评价、新店没有动态分的原因，出现转化率过低的现象，如图3-162所示。

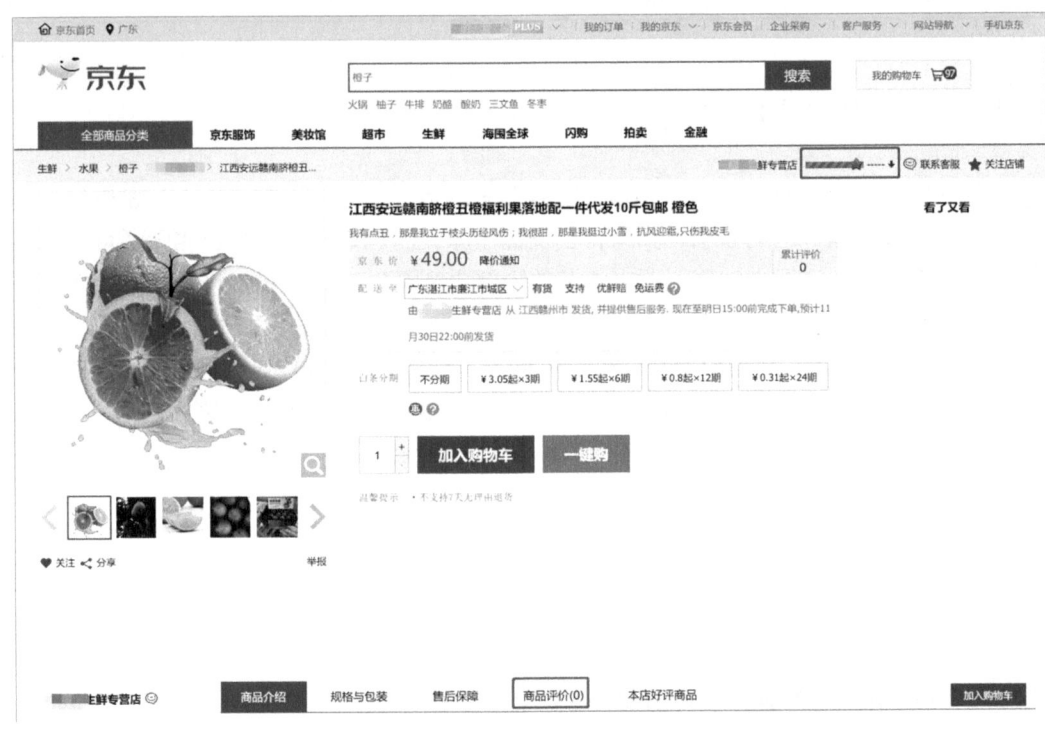

图 3-162

3.18.1 获取客户信任

从客户购物习惯角度考虑，客户除通过浏览商品详情页确定商品是否满足自己的需求外，还会将其他客户的评价作为购买决策的参考。在有限的条件下试用报告不失为一种手段（见图3-163），然后商品评价和商品问答内容也可以为客户提供参考。

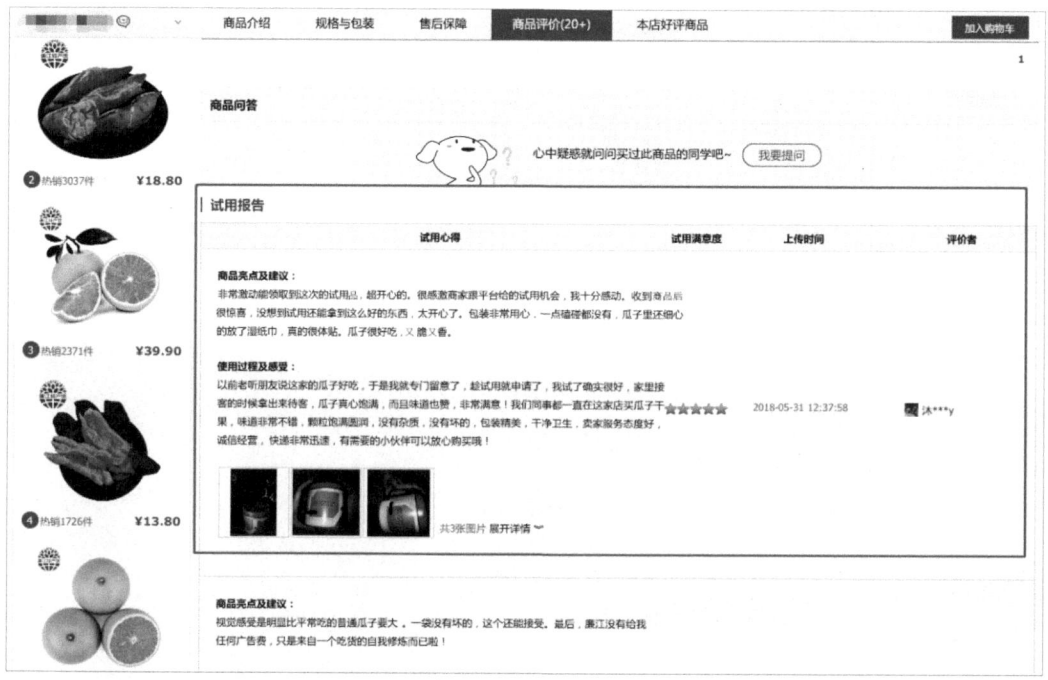

图 3-163

要获得试用报告就要先参与试用活动,试用活动的玩法请参阅本书 3.11 节的内容。试用活动让我们除试用报告外,还获得了关注店铺的粉丝。这时候就会发现虽然店铺流量比较少,但开始动起来了。

从试用活动到获得试用报告需要几天时间,如果在此期间做一些日常推广,那么转化率还是会有问题,所以建议采用京挑客的方式来进行推广。京挑客面对的客户群体比较特殊,因为大部分京挑客的客户群体是基于熟人的强关系网络,这类客户一般在意的是推广的人,而不是商品。所以不用等待试用报告就可以进行京挑客活动,并且试用活动与京挑客互不影响,京挑客玩法请参阅本书 3.7 节的内容。京挑客操作的商品的特点是价格比较低,再加上平台的佣金和推广服务费,可能会没有利润,甚至亏本,但是换来的却是客户对商品的好评。

有一点不得不说,如果在京挑客操作阶段出现较多差评,那么就要好好找一下原因,如商品本身的问题、快递问题等。只有解决了好评率问题才能执行下一阶段操作,否则路会越走越偏,如图 3-164 所示情况就要特别注意。

图 3-164

3.18.2 测款与稳定客户标签

当商品有了一定量的好评,我们就可以开始通过京东快车付费来推广商品了,京东快车的玩法请参阅本书 3.8 节的内容。因为京挑客带来的客户一般不精准,所以反馈回来的信息不一定能真实地反映出商品的问题。因此,需要运用比较精准的营销工具进行快速测款,京东快车普通计划无疑是最优选择。

通过京东快车引进流量,做精准 DMP 人群营销,大概一周就可以确定该新品是否有成为爆款的希望,参考项目如表 3-14 所示。商品成为爆款的前提条件是正在操作的这个商品所在类目大盘的体量足够大,存在爆款,并且你的商品更具有竞争力。

表 3-14

序 号	参 考 项 目	说 明
1	点击率	点击率高于行业平均水平,找出不成交的原因
2	加购率	只是加入购物车,不成单,找出决策期长的原因
3	转化率	高于行业平均水平,非常有希望成为爆款

如果转化率高于行业均值,那么就可以不断通过京东快车进行拉新,以提高转化率。因为京东快车带来的客户都是精准客户,所以你的商品在京东 App 首页千人千面的表现会越来越好,商品的标签会越来越精准。

3.18.3 活动坑位拉升销量

商品经过一段时间京东快车操作后,其自然成交单量会逐步提升。其中,对高频交易的快销品来说，京东快车带来的效果更显著；但是对结婚钻戒等低频消费品来说，京东快车就表现平平，这取决于对行业爆款的理解。

大家可能会发现这一阶段不管我们多努力，我们与类目头部商家的差距似乎越来越大。通过高级商智观察竞品的成单可知，这种差距在很大程度上是商品参加活动获得的订单带来的（见图 3-165）。

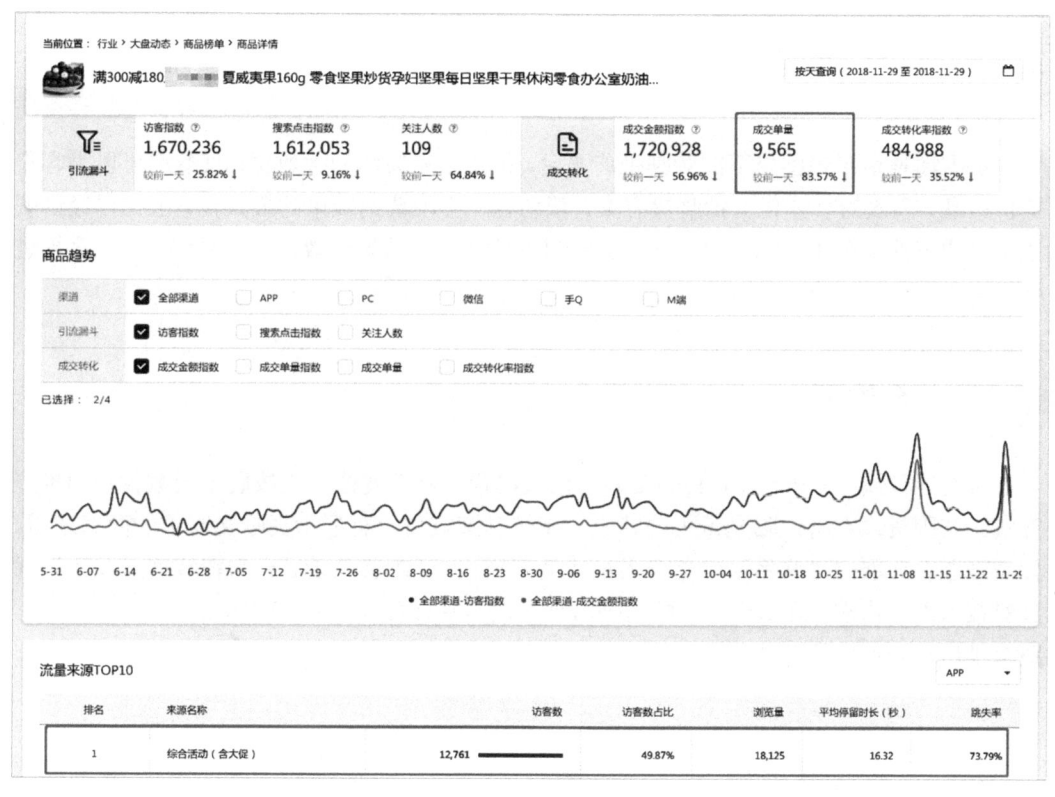

图 3-165

活动常有但是掌上秒杀不常有，所以这一阶段应向平台运营多争取一些小活动坑位。在操作新品之前我们已经做了足够多的功课，与平台运营人员沟通的问题一般会集中在其给你的流量对你来讲是雪中送炭还是锦上添花。如果你的情况是前者那么能获得活动的机会不大；如果是后者，那么就有机会进一步沟通。建议大家在与平台运营人员沟通时把商品的整体规划量化出来，虽然现阶段会有点过早，但是这能让平台运营人员看到你是有准备的，他自然会把你与其他夸夸而谈的店铺运营人员区分开，多沟通几次或许就能得到活动坑位了。

当争取到机会之后，因为商品有了之前的基数数据，这个时候再配合京挑客、京东快车的推广，转化率将达到行业均值以上。活动结束后向平台运营人员提供活动复盘数据，不管是否会得到回复，我们在平台运营人员心中会有一个靠谱的标签。这样经历几次，我们会发现店铺能参与的活动的级别在逐步提升，如闪购、单品秒杀、掌上秒杀，乃至"6•18"大促、"双11"大促。

爆款一般就是这样形成的，而且大家会发现，在爆款的带动下其他原来没有什么流量的商品也会开始有动销。如果其他商品也有成为爆款趋势，也可以对其做爆款规划，那么就可以上升到爆款群的操作了。

3.19 京准通玩法

京准通是京东集团旗下的营销推广平台，依托京东集团的大数据，京准通可以为客户提供精准、高效的一体化营销解决方案，帮助客户实现营销效果的最大化。上文已经讲解了京准通下的京东快车和京挑客，下文将对合约展位、品牌聚效、京品展位、京东直投进行讲解。

3.19.1 合约展位

合约展位属于CPD（Cost Per Day，按天付费）资源展位，是按展示天数收费的推广方式。其因资源丰富、曝光量大的特点，常被品牌宣传及有展示类曝光需求的商家选用。如需开通合约展位可联系平台运营人员协助开通，也可在京准通后台与在线客服联系以找到对接人沟通需求，确认资源、排期等信息无误后签订合同，然后准备相关推广素材进行跟踪推广，合约展位开通流程如图3-166所示。

图3-166

商家创意设置操作步骤如下：

第一步，商家登录京准通下的品牌展位后，选择需要投放的排期，即可看到排期具体内容（广告位、创意示意图和投放时间），如图3-167所示；

第二步，商家在需要投放的排期中选择新建创意，设置创意名称、上传图片并填写推广链接；

第三步，单击"完成"按钮后，等待投放即可。

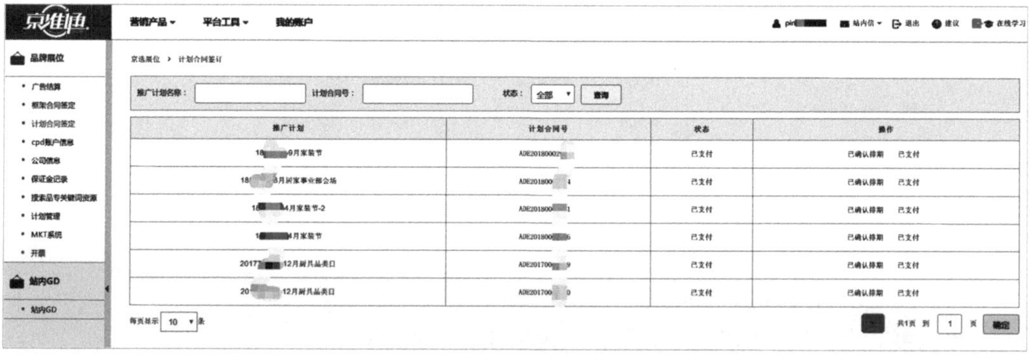

图 3-167

下面对合约展位广告分别进行介绍。

（1）京东站内硬广——App 端资源。

京东资源位置如图 3-168 所示，首页焦点图第 5 帧位如图 3-169 所示，其他位置也能在相应位置找到。

频道	位置名称	售卖帧位
京东APP端首页（新版）	首页焦点图	5
	首页焦点图	6
	楼层三通栏第一帧	1
	楼层三通栏第二帧	2
全球购	全球购频道焦点图	2、3
	全球购频道通栏2/3	
家电频道	家电馆首页焦点图	2、3
	大家电馆焦点图	2、3
	小家电馆焦点图	2、3

图 3-168   图 3-169

（2）京东站内硬广——PC 端资源。

A. 焦点图类资源（首页/细分频道首焦、二级和三级分类页面/分频道焦点图）；

B. Button/大图类资源（首页、分频道、二级和三级分类页面/分频道焦点图）；

C. 通栏类资源（二级和三级分类页面/分频道焦点图）；

D. 浮层类资源（分频道、二级和三级分类页面/分频道焦点图）。

（3）京东站内硬广——微信购物/手机 QQ 资源。

微信购物/手机 QQ 端 CPD 广告资源位，如图 3-170 所示。

频道	位置名称	售卖轮位	类型
微信购物	首页焦点图	2、3	A（可购买）
手机QQ	首页焦点图	2	B（可购买可配送）

图 3-170

（4）线下行销——京东物流广告。

京东物流广告形式如下所示。

随包裹广告：DM 单/轻型纸质品、小型赠品、包裹贴。

包装类广告：定制包装箱/袋、青流箱。

车体广告：依维柯车贴、三轮车车贴。

柜体广告：自提柜柜体、流媒体。

实体终端广告：无人超市。

线上广告：App 广告及微信号。

京东物流广告具体形式如图 3-171 所示。

图 3-171

（5）精准营销——短信、EDM（电子邮件广告）实现分人群触达。

短信形式：通过向注册用户发送短信来传播品牌产品促销信息，单期 50 万条起发，单一广告主（商家）一个月内至多发送一期。其售卖方式为刊例价为 0.4 元/条，可以进行定向筛选，仅支持三个月内购买过的一级品类 ID。

EDM 形式：精准 EDM 通过用户分层筛选进行定向发送。其售卖方式为刊例价为 0.2 元/封，可通过地域、人群、用户等级进行发送。其消费浏览习惯为 3 个月内购买过某件产品的用户。

（6）站外 CPD——各门户网站强曝光资源。

站外资源包含各门户网站（PC 端、App 端）全屏广告、信息流、视频广告等，支持各种网站资源打包售卖,可根据预算及需求定制站外资源包。

(7)平台资源——京东到家。

京东到家产品介绍:通过两大资源入口,即京东 App 的京东到家频道页和京东到家 App,精准覆盖人群,满足广告主投放需求。

(8)平台资源——京东金融。

(9)平台资源——1号店资源。

(10)"大牌争霸"栏目。

"大牌争霸"是基于流量整合、塑造品牌栏目、提升 CPD 广告转化效果打造的常规营销栏目,整合十大流量入口,协助客户实现销售目标和品牌推广。

"大牌争霸"栏目由六大基础板块组成,购物形式和玩法丰富多样,既有促进转化效果的大牌秒杀和抢红包领福利板块,又有趣味性高、互动性强的大牌火拼和视频购板块,还有提升消费者黏性和停留时间的今日号外和生活周刊等板块,具体表现如图 3-172 所示。

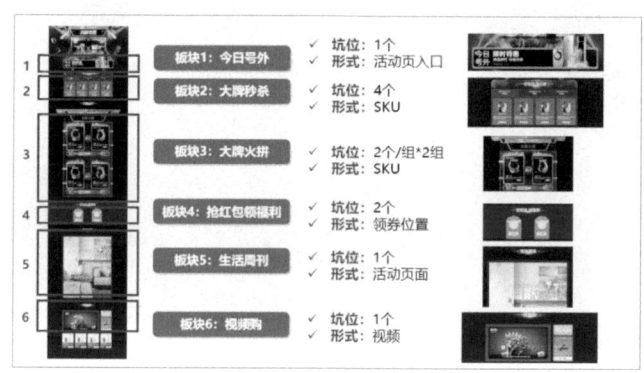

图 3-172

(11)"太会买"流量包。

"太会买"是基于品牌通的保量资源包,通过整合站内外资源,来实现品牌充分曝光,广告主可根据自己的预算购买。

综上所述,大家在选用以曝光为主的推广方式的时候,要清楚自己的推广目的,在品牌宣传、企业周年庆、新品发布会等场景下,比较适合使用"太会买"流量包。实际广告位置可能会有变动,以签订的合同为准。

3.19.2 品牌聚效

品牌聚效是一款高曝光、可精准投放的付费推广产品,付费方式为 CPM(千次展现计费),适合品牌曝光、活动推广、单品推广。

品牌聚效有图片和京选店铺两种计划类型,广告展示资源位各不相同,下面将分别对其进行介绍，如图 3-173 所示。

图 3-173

3.19.2.1 品牌聚效—图片

品牌聚效支持使用精准定向图片展示类广告营销产品，站内图片可引用 DMP 人群标签，可实现地域、媒介等维度的定向，无论是对品牌造势、活动推广还是对新品发布都能起到助推效果。

图片推广广告资源位有以下几处。

（1）移动端（App、微信、手机 QQ、M 端首页焦点图片第 2、3、5、6 帧）；

（2）移动端（App、微信、手机 QQ、M 端分类导航横幅）；

（3）PC 端三级列表页底部通栏、搜索结果页底部横幅；

（4）PC 端京东自营商品终端页的左下侧、我的订单页的底部通栏、帮助中心商品详情页左侧按钮、支付完成页面底部通栏、帮助中心首页底部通栏、帮助中心首页底部通栏等。

图片推广模式与京东快车相比设置较为简单，主要是物料准备问题，按要求设置即可。

图片推广的竞价和扣费逻辑为下一位 CPM 出价值加 0.1 元，出价高者优先获得展现位置。

3.19.2.2 品牌聚效—京选店铺

京选店铺推广模式为独占黄金位置，抢占流量先机，圈定精准人群，扩大品牌效益。

黄金位置：京东 App/M 端搜索信息流置顶位置，如图 3-174 所示；在三超（超级品类日、超级品牌日、超级新品日）日赠送搜索暗文，如图 3-175 所示。

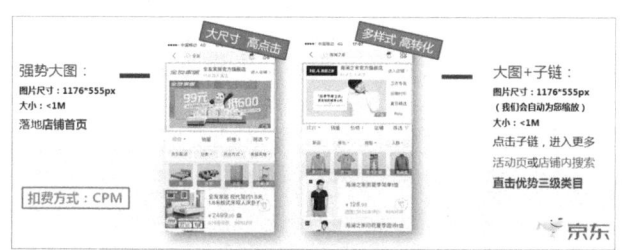

图 3-174

图 3-175

落地丰富：店铺首页+活动链接+店铺内搜索。

多样式，大尺寸：强势大图+大图子链。

优势素材：品牌强曝光。

京选店铺推广效果如图 3-176 所示。

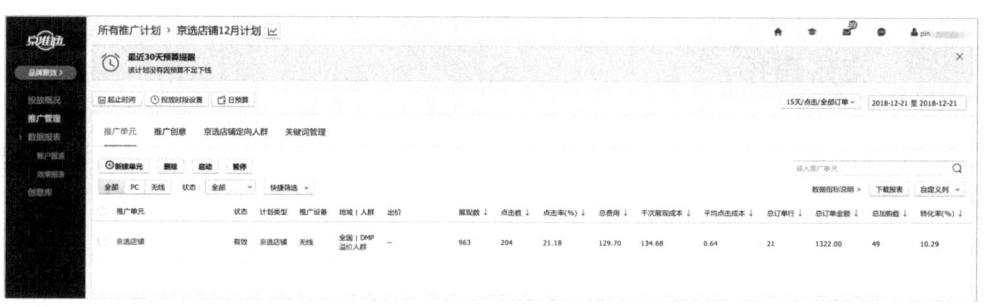

图 3-176

3.19.3 京品展位

京品展位是汇聚众多站外优质媒体的大尺寸广告位资源，是助力品牌推广、兼顾广告投放效果的广告营销产品，其在全方位提升品牌曝光量的同时能有效为店铺或活动页面引流，并提高转化率。产品定位以品牌推广为主效果引流为辅，与商城站内广告营销产品有效结合，从而实现引流与效果营销闭环。

PC 端广告资源位如图 3-177 所示，无线端广告资源位如图 3-178 所示。

媒体名称	客户端	广告资源位	图片尺寸	备注
新浪	PC	科技频道高清图最终页	1000x300	目前各广告位支持上传大图，暂不支持上传多图
网易	PC	首页-矩形M3	300x250	
凤凰	PC	网站首页-矩形02	220x350	
搜狐	PC	首页-第二摩天楼	300x250	
搜狐视频	PC	播放底级页-PC端暂停	640x480	
腾讯视频	PC	视频播放页-暂停	400x300	
爱奇艺&PPS	PC	视频播放页-PC端暂停	600x500	
暴风影音	PC	客户端-TIPS	300x200	
暴风影音	PC	暴风资讯(弹窗)	555x395	

图 3-177

京品展位支持的广告资源位后续会持续增加，敬请期待。

媒体名称	客户端	广告资源位	图片尺寸	备注
网易	无线	头条栏目-第29条信息流	1080x540 / 336x210	目前各广告位支持上传大图，暂不支持上传多图
网易	无线	头条栏目-第35条信息流	1080x540 / 336x210	
凤凰	无线	客户端头条-首页信息流PD	706x398 / 226x156	
爱奇艺&PPS	无线	APP视频播放-暂停	600x500	
驾考宝典	无线	发现频道-精选列表信息流	750x215	
全国违章查询	无线	车友圈-信息流大图	750x215	
蜻蜓FM	无线	首页-信息流列表推荐位	1080x418	
搜狐	无线	WAP图库-后插通发相图大图	600x500	
搜狐	无线	WAP首页-底部通栏	640x120	
搜狐	无线	文章内页通发-通栏首选	640x120	

图 3-178

京品展位支持的广告资源位后续会持续增加，敬请期待。

3.19.4 京东直投

京东直投的广告投放位置是站外广告、合作的主流社交媒体资源和移动资讯资源等，其可以为大家节省独立开户的烦琐工作。京东直投作为流量的一个有力补充极为重要，主要合作商如图 3-179 所示。

图 3-179

京东直投拥有定向投放功能,主要为直投基础定向、京东数据定向、媒体数据定向,以及流量阶梯化的京腾魔方。针对不同定向功能,还可以使用类似于京东快车 tCPA 的功能,即基于成本控制优化的方式,这给大家带来极大的便利。京东直投在创意素材方面已经非常智能,非专业设计的人员也可随意投放。

3.19.4.1 广告位介绍

广告位介绍大家可以参阅链接 https://zt.jd.com/edu/edu_adShowM.shtml 的内容,笔者在此不再一一赘述。正式投放广告前,建议大家先观察、研究一下其他广告投放者在对应广告位上的投放形式。

3.19.4.2 推广计划

不同的投放渠道有不同的优势,大家可以根据商品的特性进行选择。投放渠道的设置方法大同小异,出价方式有 CPC 和 CPM 两种,大家要注意区分,完成设置的界面如图 3-180 所示。

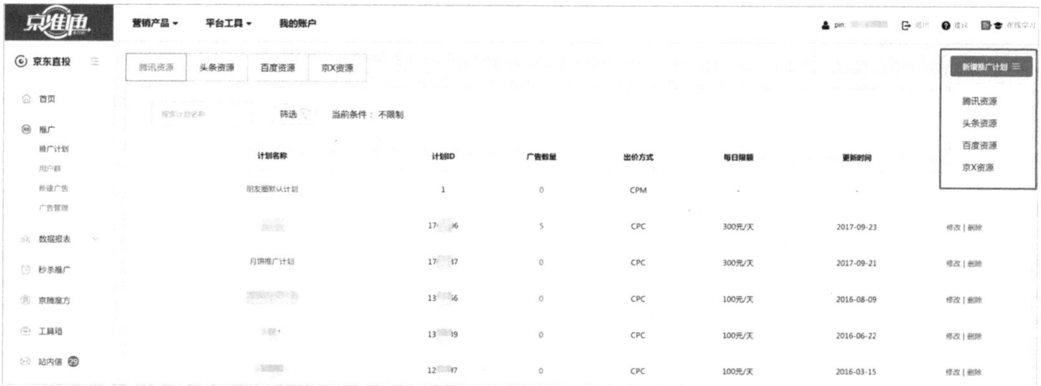

图 3-180

3.19.4.3 建立用户群

根据渠道的用户特征圈定用户群，用户群可以选择基础数据、DMP 人群定向、商业兴趣定向、京腾魔方等。特别要注意的是只有选择腾讯才有京腾魔方可供选择，如图 3-181 所示。

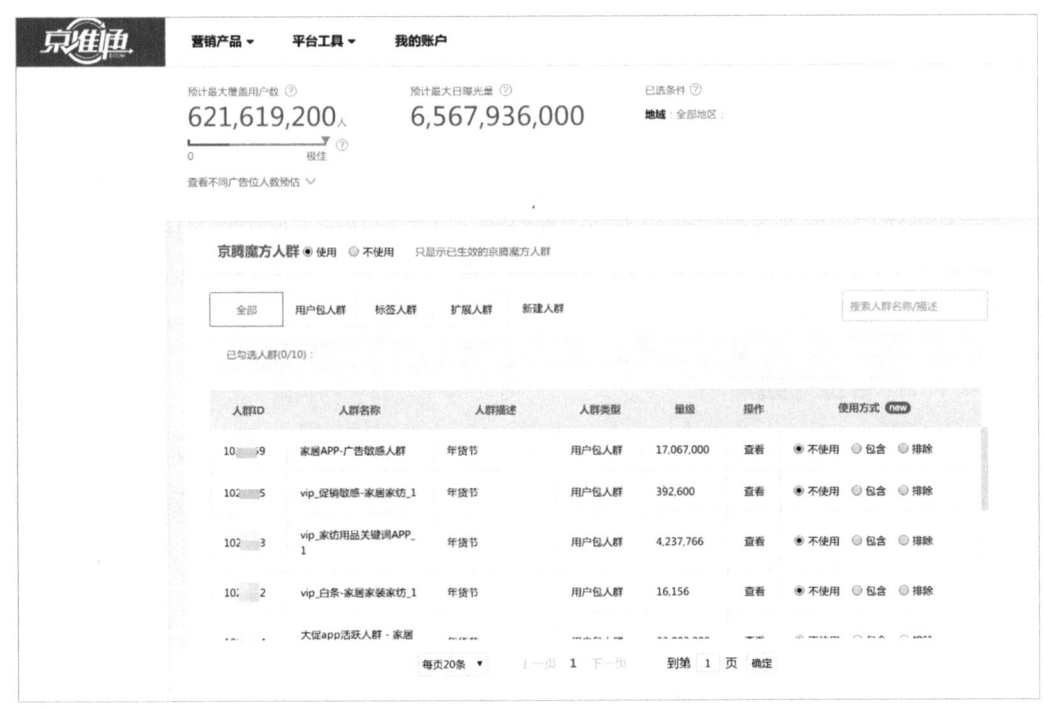

图 3-181

3.19.4.4 新建广告

在选择投放渠道和用户群都后，就可以开始选择要投放的广告了，这里的广告是指接下来要推广的链接或者小程序，现在广告投放链接也支持一号店落地页，如图 3-182 所示。

图 3-182

在设置好相应内容后，单击"生成创意"按钮，即可进入审核阶段，审核通过之后广告就会开始投放；如果被驳回根据要求修改后再提交即可，如图 3-183 所示。

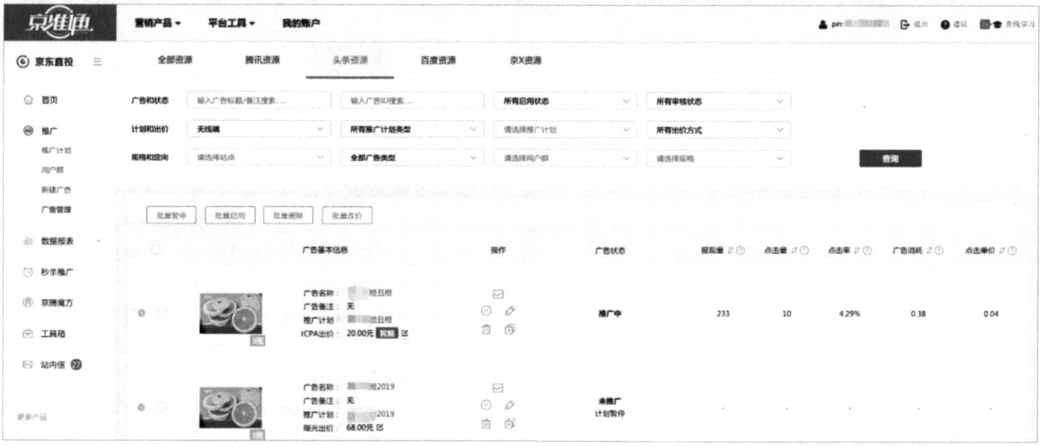

图 3-183

京东直投也适合做新品测款，但是京东直投属于站外流量，在转化率方面可能不如京东快车好，如果是大品牌商品则效果会不一样。

3.20 商智考智商

知己知彼才能百战百胜,我们在拥有好的供应链、好的运营技术和雄厚的资金时,如果能得到竞争对手准确的情报信息,我们将如虎添翼。商智是一款情报软件,我们想要的情报数据它几乎都能提供。就好比双方作战,如果你的情报机构向你提供的情报中包含了敌我双方作战人数、装备情况、作战能力等信息,那么只要对比这些数据你就能制定出相应战略。

3.20.1 大盘动态

一般情况下,商智的数据是与店铺运营类目相对应的,这意味着我们只能看到自己店铺运营类目的行业数据。为了让大家不直接看抽象的数据,笔者尝试以常见问题的方式对商智进行讲解。

(1)如果想知道当天某个二级类目的概况,单击"行业实时"标签即可得知相应数据,通过该数据即可感知该二级类目的走势,如图3-184所示。

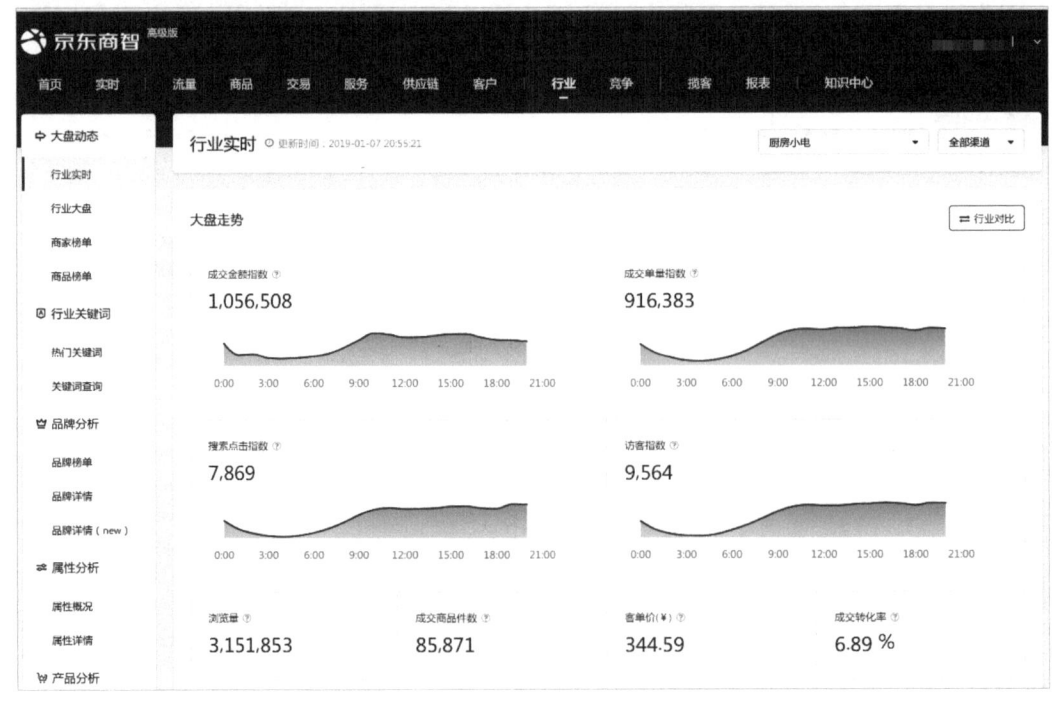

图 3-184

"行业实时"数据还可以分为"热销商家榜单""人气商家榜单""热销商品榜单""人气商品榜单",如图 3-185 所示。

图 3-185

其中,"热销商品榜单"的"成交单量"是以真实数据展示的,通过这些数据可以窥探竞品当天的走势,根据该走势可以制定相应的追赶决策。"行业实时"数据是唯一一个关于二级类目行业的实时数据,其他数据均为 T+1 天前的数据。

(2)如果想知道某二级或者三类目某时段的走势,单击"行业大盘"标签即可,如图 3-186 所示。

图 3-186

其中，"子行业排行"数据下"成交金额增幅"项的箭头能反映出来某些事件对商品销量的影响，如图 3-187 所示。

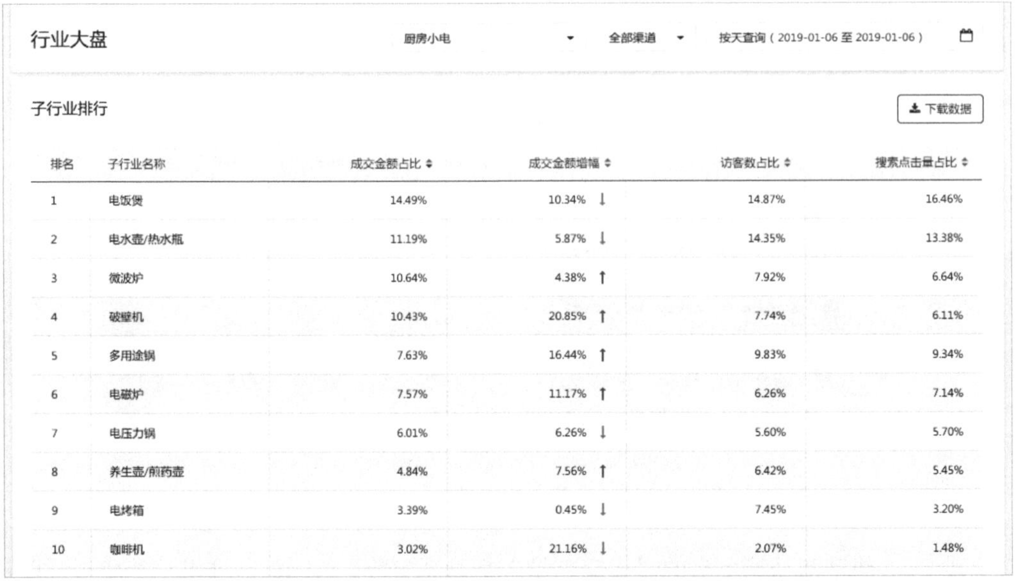

行业大盘

厨房小电　全部渠道　按天查询（2019-01-06 至 2019-01-06）

子行业排行

排名	子行业名称	成交金额占比 ⇅	成交金额增幅 ⇅	访客数占比 ⇅	搜索点击量占比 ⇅
1	电饭煲	14.49%	10.34% ↓	14.87%	16.46%
2	电水壶/热水瓶	11.19%	5.87% ↓	14.35%	13.38%
3	微波炉	10.64%	4.38% ↑	7.92%	6.64%
4	破壁机	10.43%	20.85% ↑	7.74%	6.11%
5	多用途锅	7.63%	16.44% ↑	9.83%	9.34%
6	电磁炉	7.57%	11.17% ↑	6.26%	7.14%
7	电压力锅	6.01%	6.26% ↓	5.60%	5.70%
8	养生壶/煎药壶	4.84%	7.56% ↑	6.42%	5.45%
9	电烤箱	3.39%	0.45% ↓	7.45%	3.20%
10	咖啡机	3.02%	21.16% ↓	2.07%	1.48%

图 3-187

（3）如果想知道某二级或者三级类目某时段前 100 位商家的交易按"访客指数"、"成交金额指数"或"关注人数"等排序的榜单，单击"商家榜单"标签即可，如图 3-188 所示。

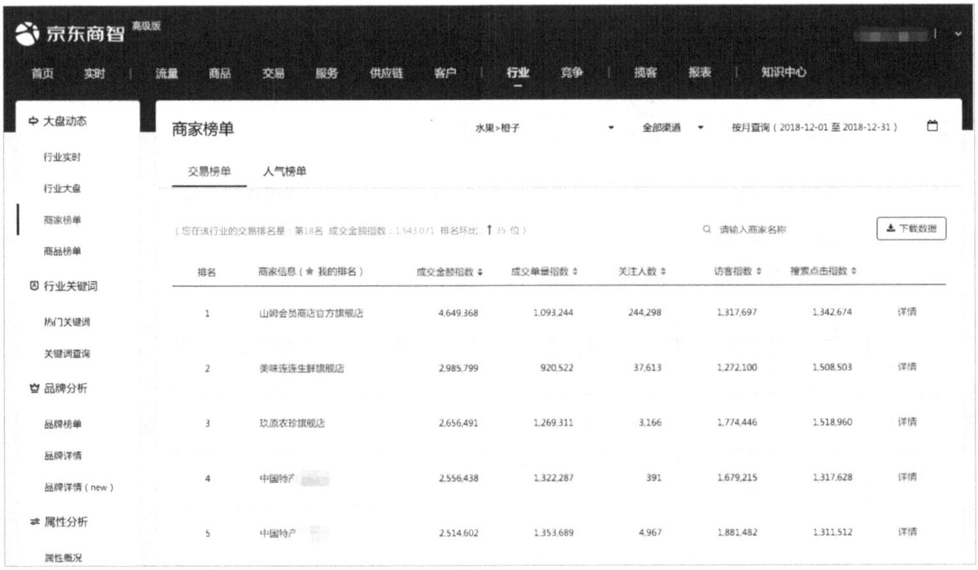

图 3-188

通过单击"详情"按钮可以查询该商家店铺成交量 TOP5 的商品，继续单击"详情"按钮即可获取该商品真实的订单量（更多数据将在下文讲述）。

（4）如果想知道某二级或者三级类目前 100 位商品某时段的交易或者人气榜单，单击"商品榜单"标签即可，如图 3-189 所示。

图 3-189

单击"详情"按钮即可获取该商品"成交单量"（见图 3-190）、"流量来源 TOP10"（见图 3-191）和"引流关键词 TOP5"（见图 3-192）的信息。

图 3-190

流量来源TOP10

排名	来源名称	访客数	访客数占比	浏览量	平均停留时长（秒）	跳失率
1	搜索	12,148	82.25%	38,671	70.96	48.17%
2	购物车	1,854	12.55%	5,676	60.74	46.60%
3	栏目	1,793	12.14%	4,324	55.87	59.84%
4	问答	1,400	9.48%	2,529	25.01	78.00%
5	我的京东	1,257	8.51%	5,187	73.67	39.30%
6	其他店铺的商品	640	4.33%	1,393	44.14	59.53%
7	消息中心	445	3.01%	1,560	66.62	42.92%
8	直接访问	201	1.36%	414	59.48	64.68%
9	京东直投	176	1.19%	1,859	118.31	56.25%
10	京东首页	101	0.68%	208	37.62	60.40%

图 3-191

引流关键词TOP5

排名	关键词名称	访客数	访客数占比	成交单量
1	泡脚桶	5,222	39.25%	244
2	足浴盆	2,041	15.34%	136
3	泡脚盆	1,028	7.73%	75
4	洗脚盆 足浴器 按…	859	6.46%	72
5	洗脚盆	813	6.11%	64

图 3-192

通过查看"大盘动态"的数据，我们就能对二级类目、三级类目的整体走势及竞争对手都有所了解，因此，我们就可以制定相应策略，在与竞争对手展开竞争或者避开竞争时，也能找到对应的数据支撑，避免不必要的损失。

3.20.2 行业关键词

不管是上架商品还是优化标题或者后期关键词优化,大家都希望有数据支持,不至于在发现某些关键词搜索量少、转化率低时,却不知道问题出在哪里。

(1)在撰写标题时应在有限的标题字数范围内放最有效的关键词,这可以通过单击"热门关键词"标签查询二级或者三级类目的热门关键词来实现。当然还要对商品与关键词的相关性做出基本判断,特别注意要根据"成交金额指数""点击率""搜索指数"三个排序列表来选取关键词(见图 3-193)。

图 3-193

(2)筛选出准备选取的关键词后,需要对这些关键词进行查询(见图 3-194),以了解更多关于这些关键词的数据,从而做出最终决策,这也是上文提到的类目相关性问题的数据支撑。

图 3-194

3.20.3 品牌分析

店铺如果有直接品牌竞争对手，或者竞争对手是直接代理某品牌的店铺，则可以对品牌数据进行分析。

（1）如果想了解某二级或者三级类目某时段品牌前 100 名的排名情况，单击"品牌榜单"标签即可得到"交易榜单"和"人气榜单"信息，如图 3-195 所示。

图 3-195

（2）如需要了解更多关于某品牌的概况，单击"详情"按钮或者单击"品牌详情"标签即可，如图 3-196 所示。

图 3-196

单击"品牌行业分布"标签即可查看某品牌的行业分布结构，该信息有助于了解该品牌在各类目的占比，如图 3-197 所示。

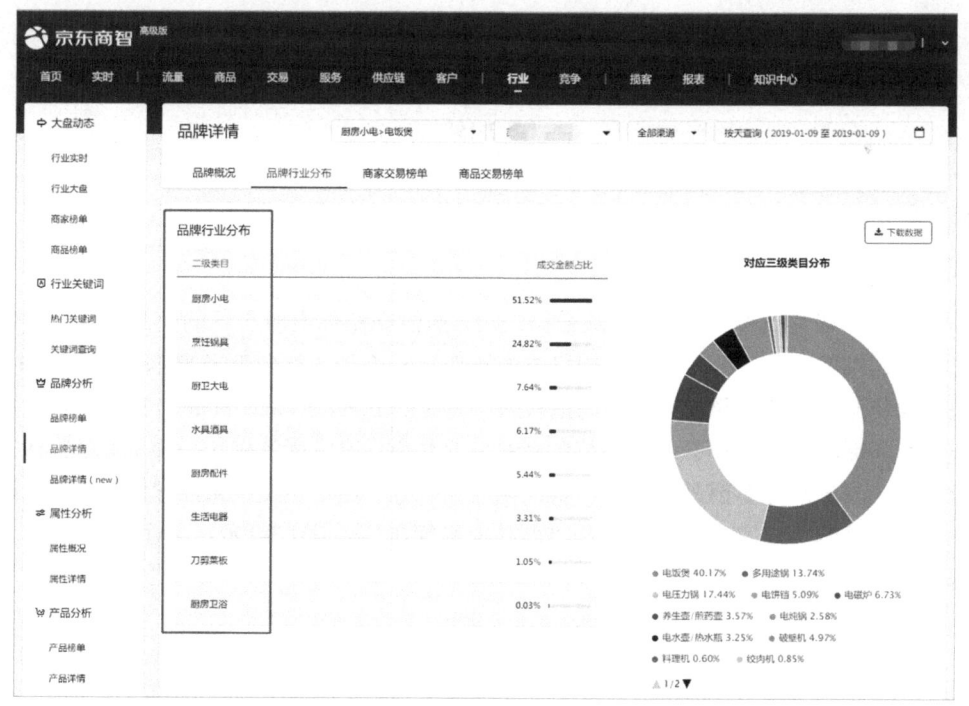

图 3-197

"品牌详情"功能还会提供该品牌在某时间段的"商家交易榜单"和"商品交易榜单"，不管是品牌内的竞品还是品牌外的竞品我们通过"品牌详情"都能获取比较核心的数据，这为后期的战略布局提供了参考。目前"品牌详情"数据还提供了新的展现方式，该展现方式的数据维度更多、更详细、更有利于我们进行数据分析，如图 3-198 所示。

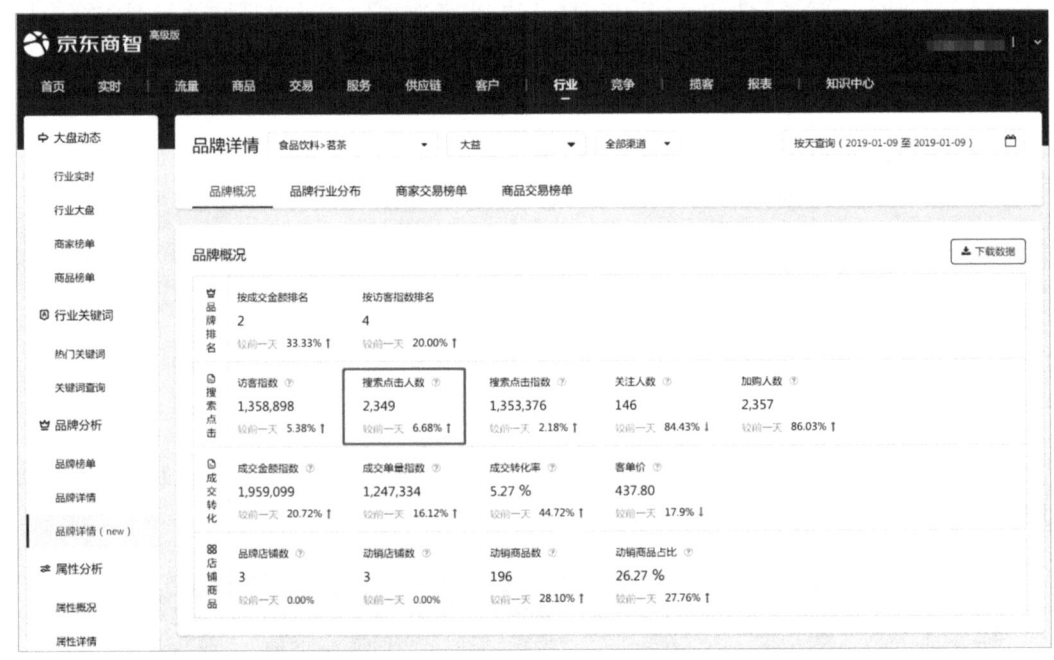

图 3-198

3.20.4 属性分析

当我们了解某品牌、类目、商品数据之后，虽然在整体上对自己的商品和竞品的数据有了比较详细的了解，但是在属性规格方面操作稍有不当，就会带来操作事故。例如，我们决定操作某品牌电吹风机，见其销量喜人，便匆忙上架，结果在商品销售一段时间后发现在上架商品时没留意哪些属性规格的商品才是爆款，造成爆款操作失误（见图 3-199）。所以我们应当了解更多商品细节，尽量细化商品规划。通过单击"属性详情"标签查询某属性规格商品的"商家交易榜单"和"商品交易榜单"（见图 3-200），从而全面了解竞品数据。

图 3-199

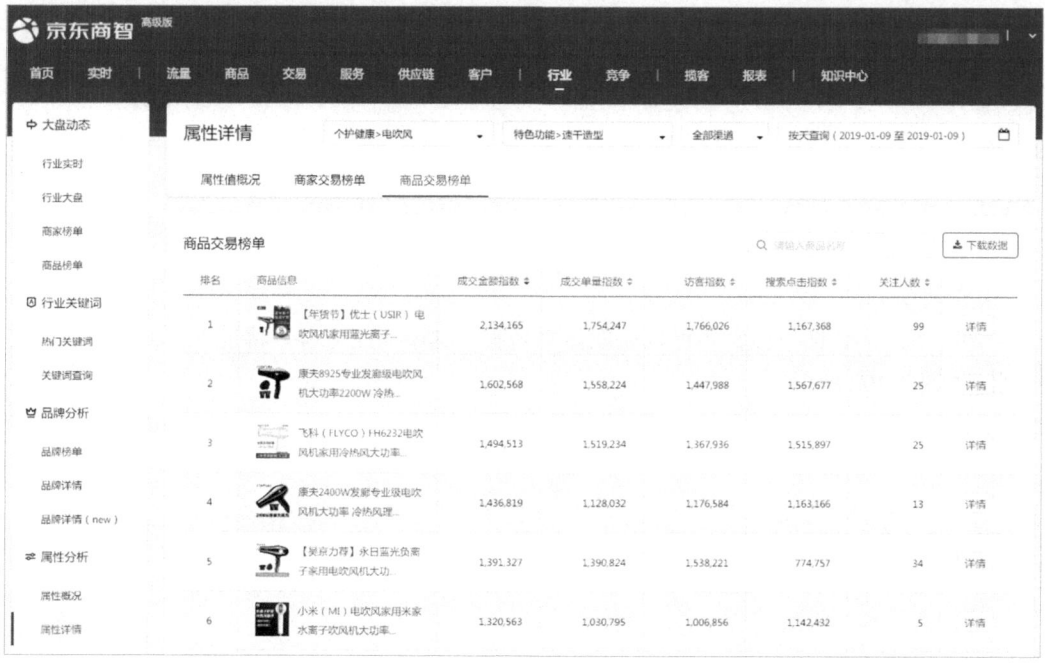

图 3-200

3.20.5 产品分析

为了获取更多帮助我们做决策的产品数据，要用到产品分析功能。单击"产品榜单"标签即可获取某时间段内从一级类目到三级类目的产品榜单数据，数据比较详尽，除"成交金额指数"是加权值外，其他数据完全公开，如图 3-201 所示。

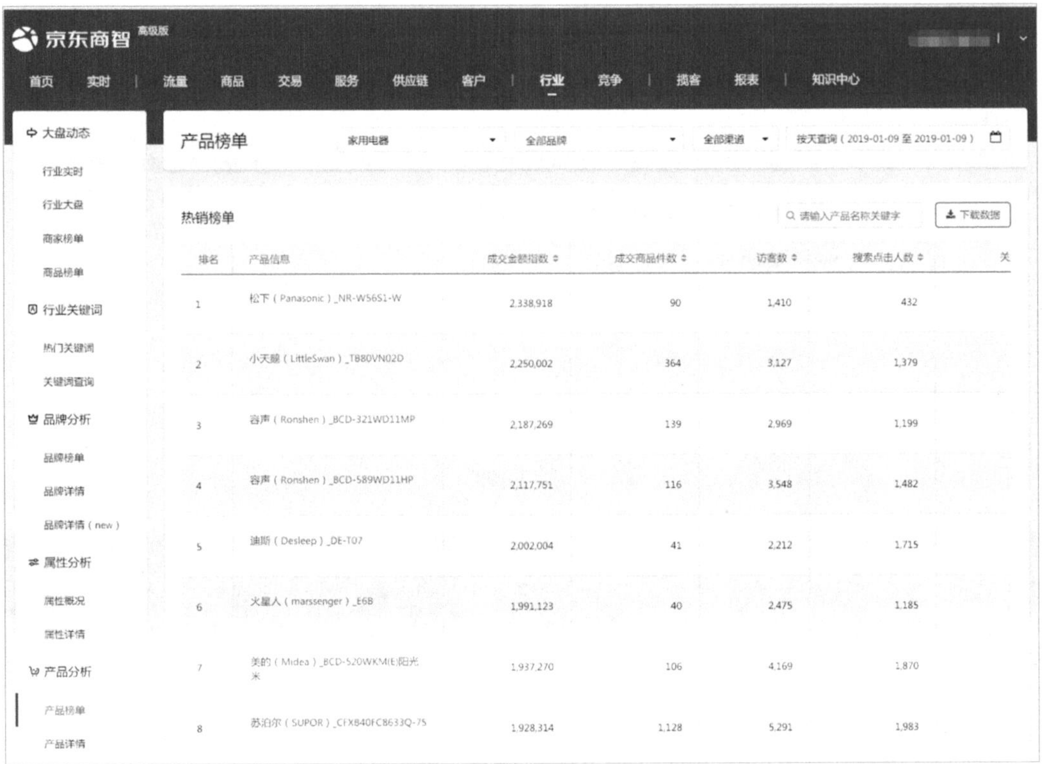

图 3-201

单击"产品详情"标签还可以获取更多数据，其中"成交客户特征"和"热销商品榜单"，如图 3-202 所示。

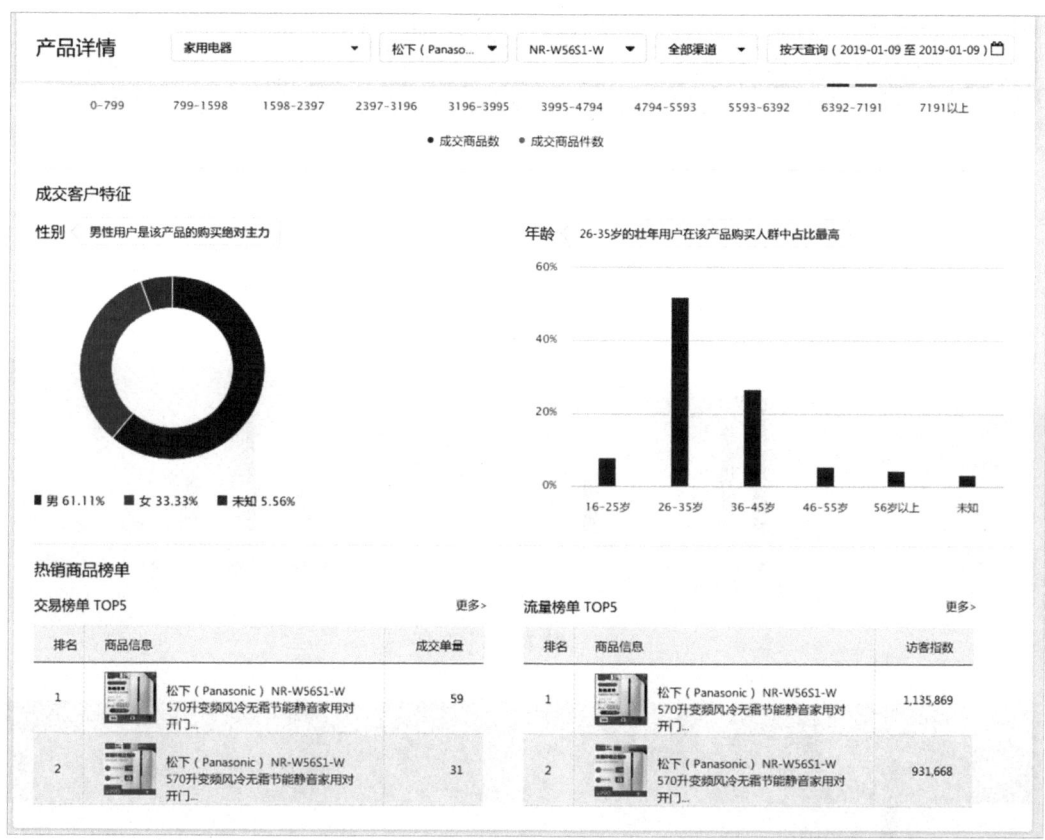

图 3-202

3.20.6 行业客户

在一般情况下，商品流量来源中的搜索渠道占比较大，因此，关键词的客户分析非常重要。通过高级商智的关键词分析，我们可以获取某关键词用户构成比例（见图 3-203），以及"点击人群"与"品牌&相关商品偏好"信息。这有助于制定某关键词与商品对应转化策略，如主图、商品详情面制作等。

高级商智的"客户分析"功能可以查找某个一级类目到三级类目对应的人群特征，如图 3-204 所示。参照这些数据可进行优化店铺设计、调整商品结构。

高级商智的"卖家分析"功能主要提供的是开店商家所在省份、城市分布的数据，以及对应类目的商家数（见图 3-205）。这些数据能直接反映类目的竞争度，某类目同一个城市的商家越多，则该类目竞争越激烈。

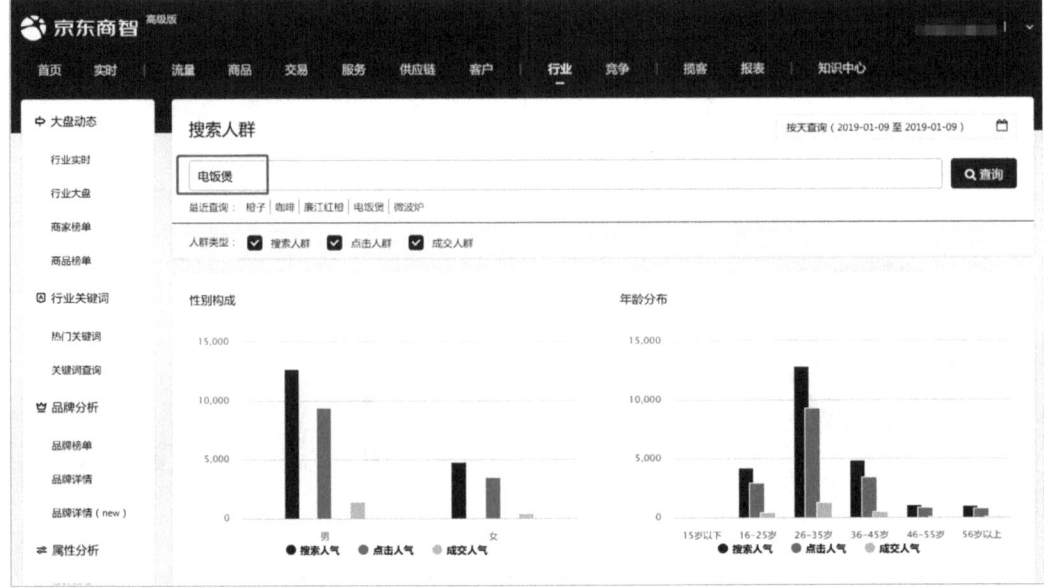

图 3-203

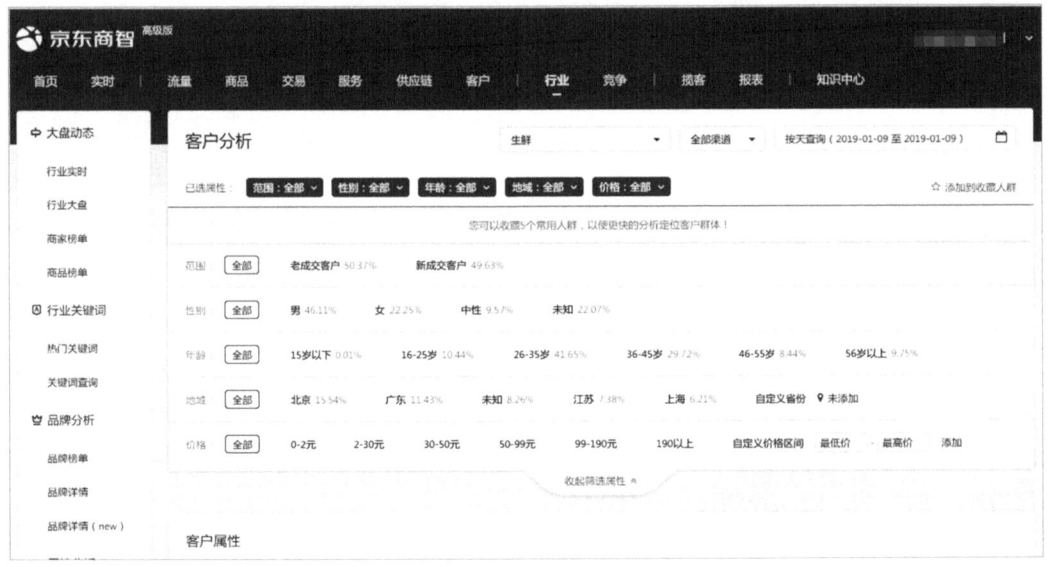

图 3-204

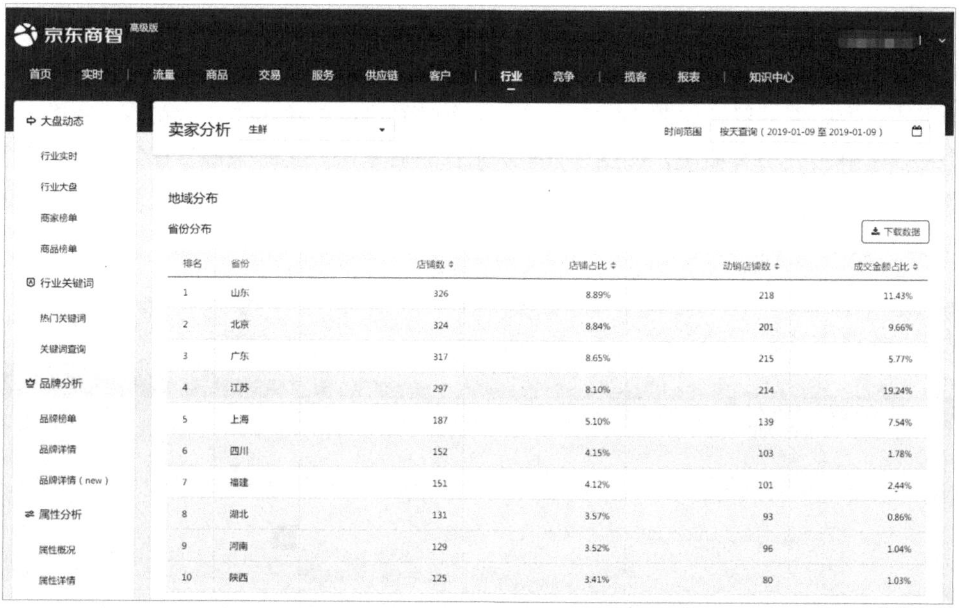

图 3-205

3.20.7 实时总览

前面介绍的都是行业数据,是以"别人"的数据为主,现在要开始研究自己的数据了。我们要先了解店铺的实时概况,以对某些目标做出判断。例如,了解平时店铺各指标的日均数据,当数据出现异常时要寻找其原因,如商品转化率偏低、流量来源数据异常、关键词突然变化等,如图 3-206 所示。

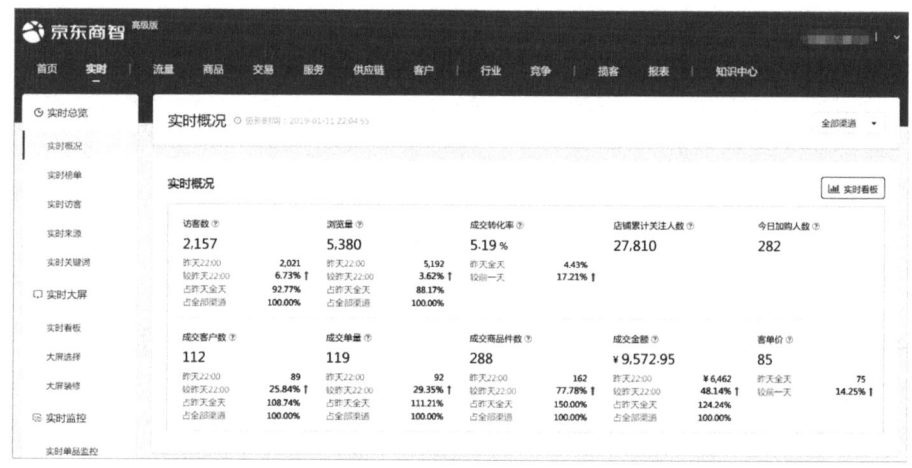

图 3-206

数据出现异常先应查看"实时榜单",看店铺商品的访客数、成交金额、转化率等数据是否异常,找到原因对症下药。例如,访客数突然下降其原因可能是关键词排名下降、活动下线、推广失效等,如图 3-207 所示。这个时候可以先单击"实时访客"标签,查看其信息以了解当天访客概况,如图 3-208 所示。然后单击"实时来源"标签,即可查看各流量来源的访客占比,如图 3-209 所示。当然也可先查看"实时来源",再查看"实时访客",最后核实具体情况。

图 3-207

图 3-208

一般情况下如果每天都关注这些数据,那么只要数据有异常马上就能有所察觉,进而做出调整。最后是"实时关键词"数据,所有通过关键词进入的数据都可以看得清清楚楚,如图 3-210 所示。对于搜索优化来说,"实时关键词"数据是非常重要的,因为该数据是实时数据,是排名优化的风向标。

图 3-209

图 3-210

3.20.8 流量概况

分析历史数据一般是先单击"流量概况"标签,查看"核心指标"信息以分析流量渠道,如图 3-211 所示。

图 3-211

然后查看"流量趋势",并从中找出数据差异情况,如图 3-212 所示。

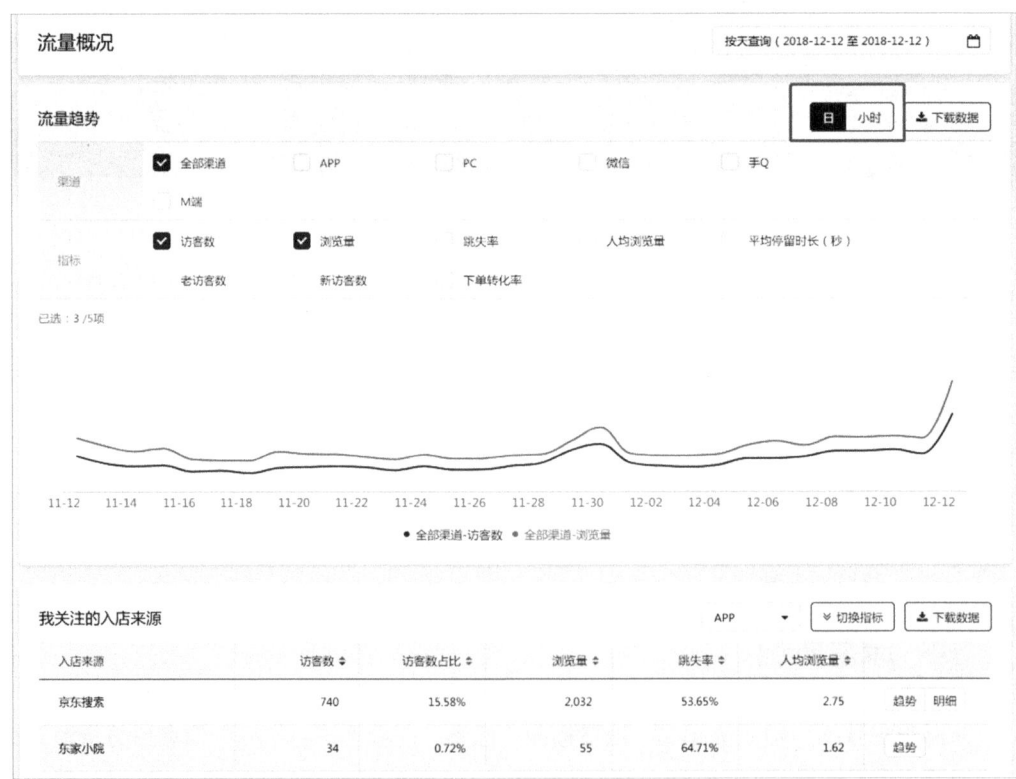

图 3-212

知道流量来源之后还要通过"流量路径"了解更多流量来源细节，如图 3-213 所示，将流量入口细化才能找出流量变化的原因。

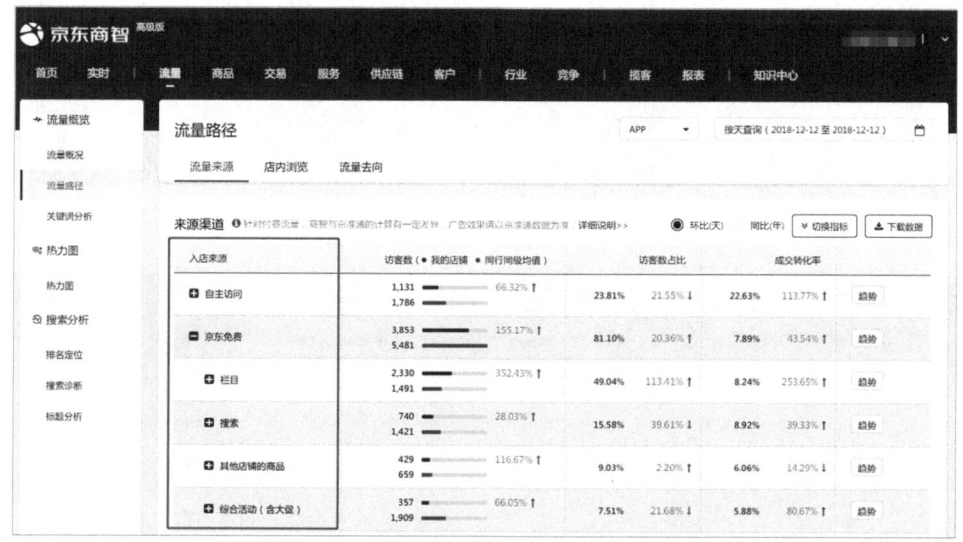

图 3-213

如果要看更具体的数据则需要单击"下载数据"按钮，下载相关数据（见图 3-214）。

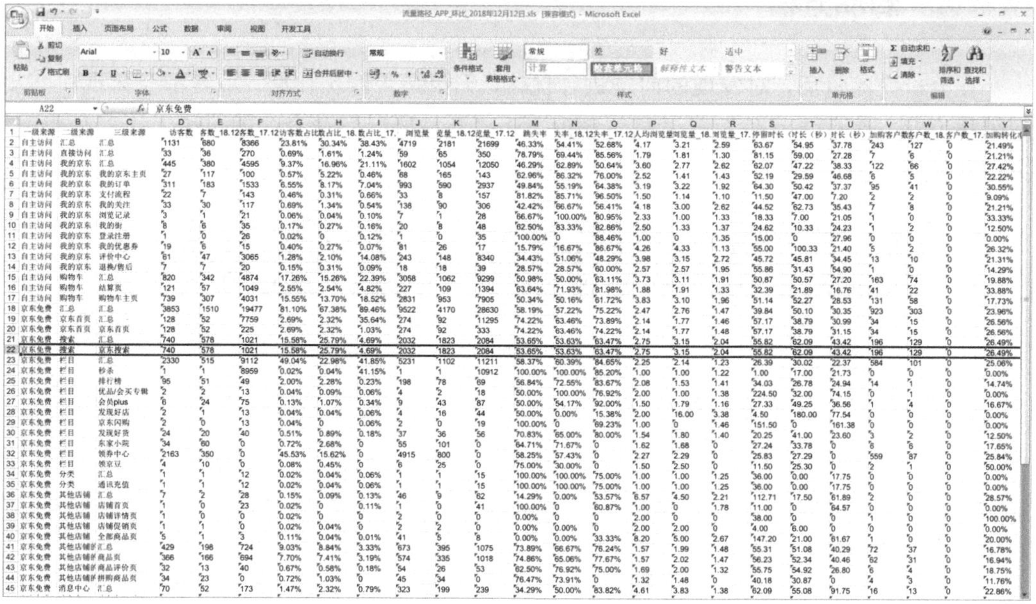

图 3-214

流量路径的历史数据也可以理解为对之前各流量路径优化操作的检验。例如，京东搜索流量路径，就可以从"关键词""访客数"等数据对比中发现问题。

接下来要想办法提升排名或其他需要提升的数据。利用前面学习的内容可查看同行竞品流量数据，然后将自己的流量数据与同行的流量数据比对，就能找出原因了，如图3-215所示。

图 3-215

3.20.9 商品分析

在分析完流量后，对发现的问题进行优化，无论是否能优化好，最终都会体现在商品的销量方面。执行"商品"→"商品分析"→"商品概况"命令，即可进入"商品概况"页面，如图 3-216 所示。

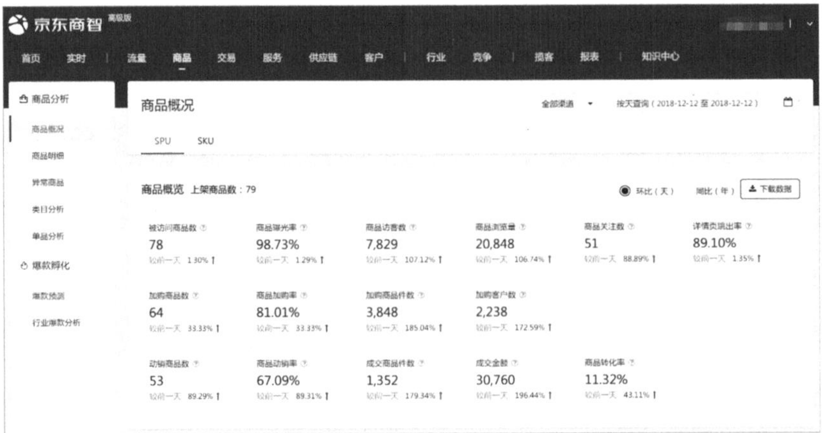

图 3-216

单击"商品明细"标签,即可查看每个商品的具体信息,如图3-217所示。

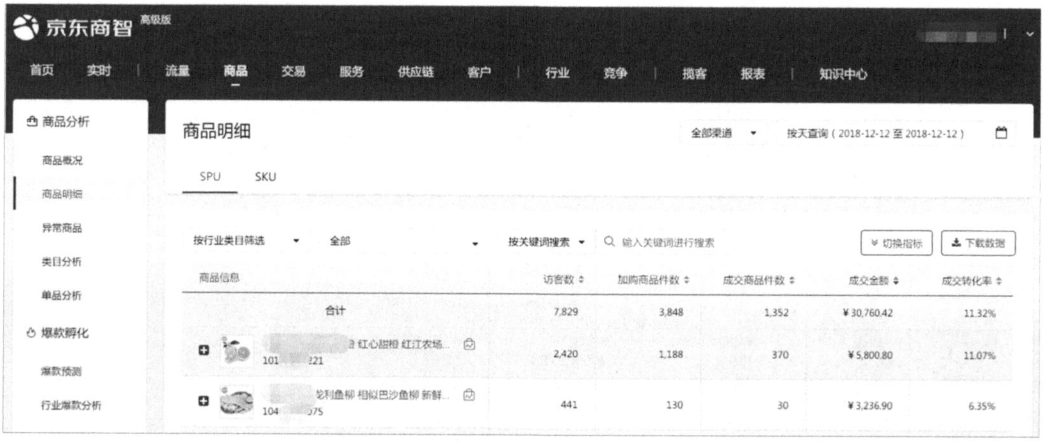

图 3-217

当然如果想获取更多参考数据,可以单击"下载数据"按钮,下载详细表格进行查看。系统还提供了"异常商品"检测功能,利用该功能可以非常清晰地看到异常商品下滑的数据,如图3-218所示。

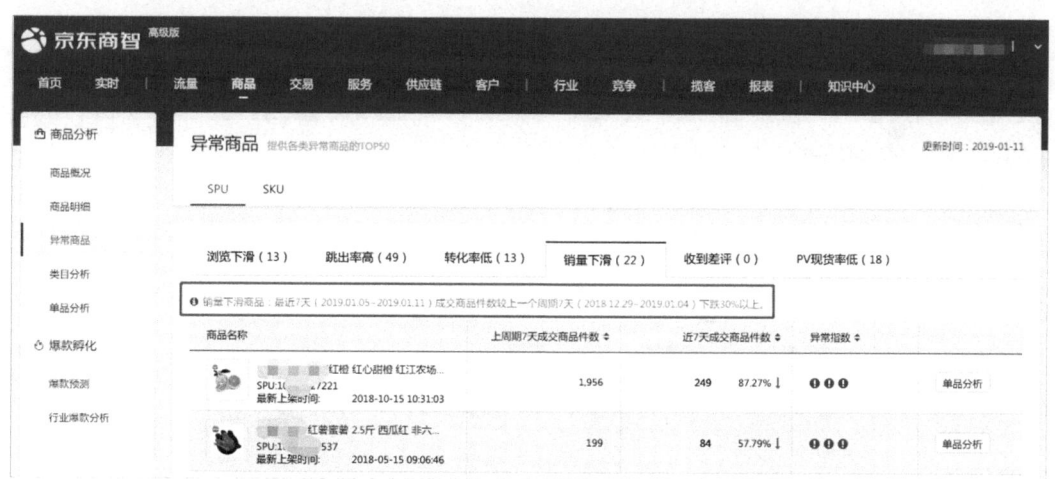

图 3-218

最后可以通过单击"单品分析"按钮查看更多数据,从而查找数据异常的原因,如图3-219所示。

一些多类目店铺可以进行"类目分析",通过该功能可以查看各类目数据(见图3-220)。针对分布在两个及以上类目的商品,可以利用该功能判断其侧重点,主攻自己店铺主营的类目。

图 3-219

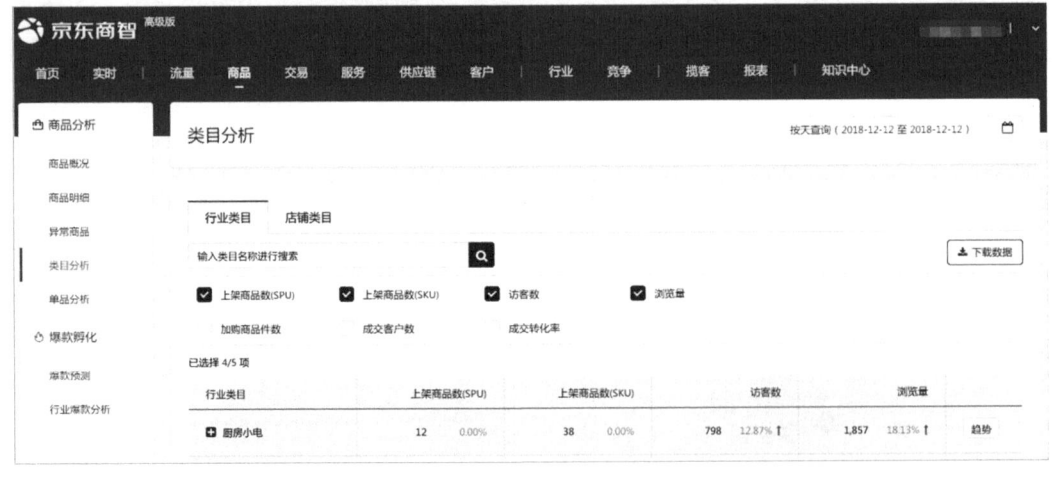

图 3-220

3.20.10 交易分析

接下来要分析客户下单数据和最后成交数据，通过这些数据可以找出客户流失的原因。先分析交易概况，需要特别说明的是，下单是指从单击"立即购买"按钮到单击"确定"

按钮的过程；成交是指客户付款生成订单；下单成交转化率是成交单数与下单数的比例。下单成交转化率高说明在最后付款阶段存在影响客户决策的因素（见图 3-221），如竞品价格更优惠等，具体情况具体分析。

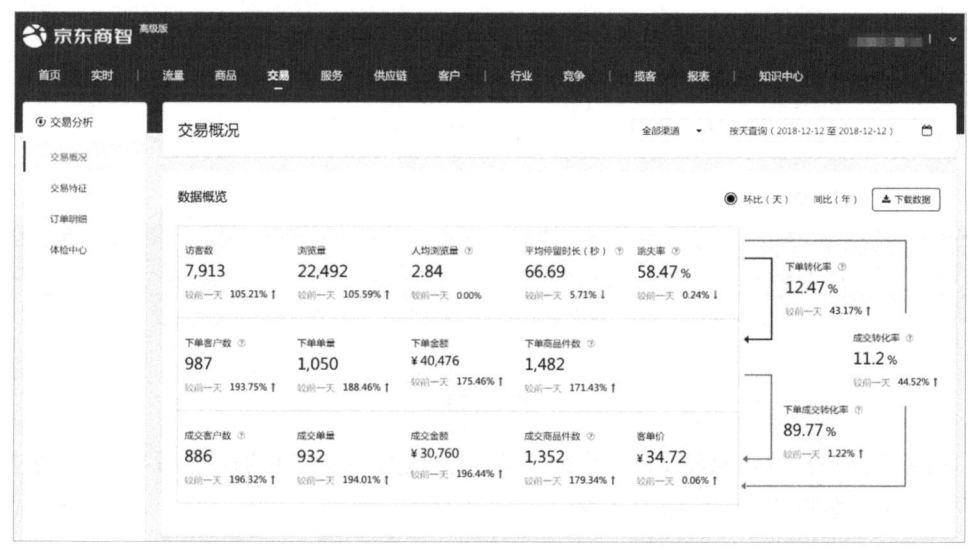

图 3-221

接下来单击"交易特征"标签，即可查看"渠道特征"数据，将其与"同行同级均值"数据进行比较，如图 3-222 所示。下滑页面即可查看"类目特征"，分析主要交易类目是哪些类目，当然个别店铺也存在只有一个类目的情况，如图 3-223 所示。继续下滑页面即可查看"品牌特征"，如果店铺属于旗舰店或者专卖店可能只有一个品牌（见图 3-224）；若属于专营店则有多个品牌。

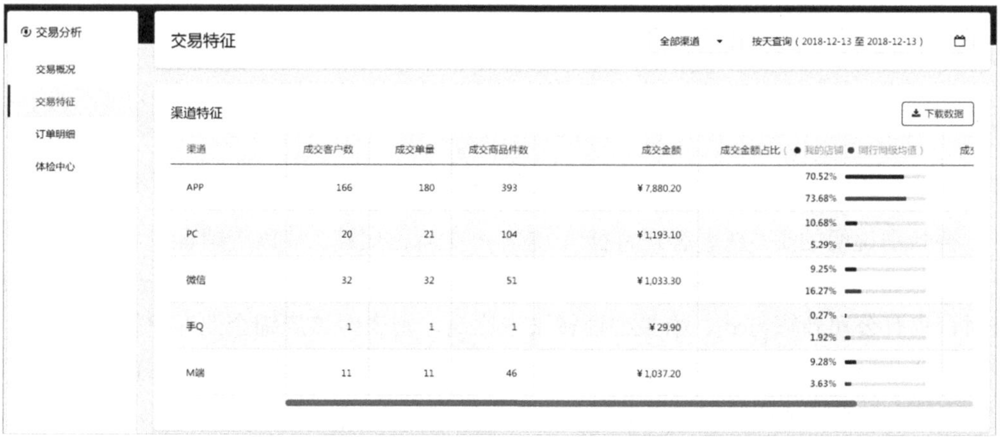

图 3-222

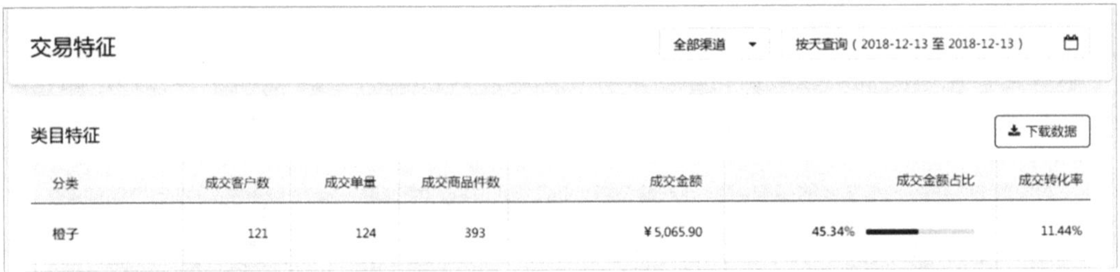

交易特征　全部渠道　按天查询（2018-12-13 至 2018-12-13）

类目特征　下载数据

分类	成交客户数	成交单量	成交商品件数	成交金额	成交金额占比	成交转化率
橙子	121	124	393	¥5,065.90	45.34%	11.44%

图 3-223

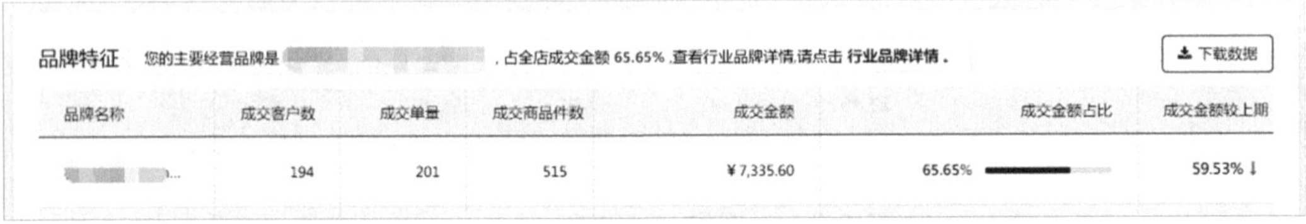

品牌特征　您的主要经营品牌是 [illegible]，占全店成交金额 65.65%，查看行业品牌详情,请点击 行业品牌详情。　下载数据

品牌名称	成交客户数	成交单量	成交商品件数	成交金额	成交金额占比	成交金额较上期
[illegible]...	194	201	515	¥7,335.60	65.65%	59.53% ↓

图 3-224

店铺商品的价格阶梯最能反映店铺品类规划问题，该信息可通过查看“商品价格带特征”来获取，如图 3-225 所示。

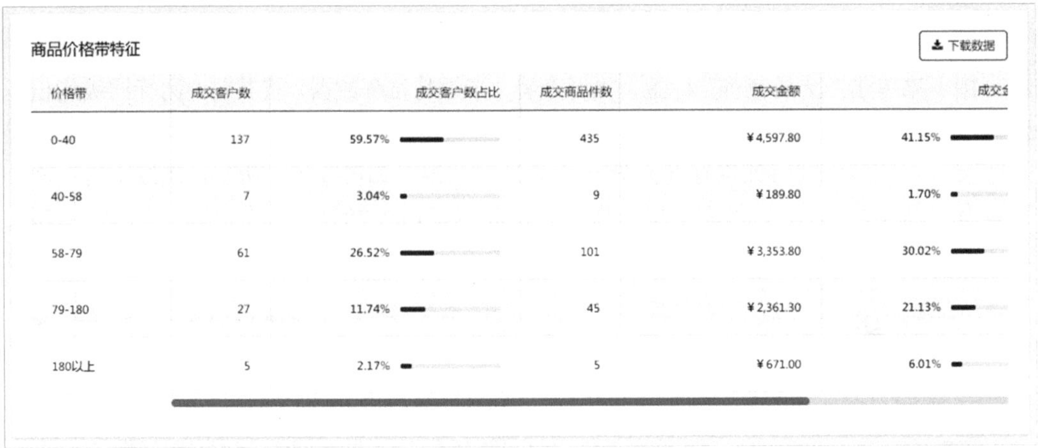

商品价格带特征　下载数据

价格带	成交客户数	成交客户数占比	成交商品件数	成交金额	成交金
0-40	137	59.57%	435	¥4,597.80	41.15%
40-58	7	3.04%	9	¥189.80	1.70%
58-79	61	26.52%	101	¥3,353.80	30.02%
79-180	27	11.74%	45	¥2,361.30	21.13%
180以上	5	2.17%	5	¥671.00	6.01%

图 3-225

要特别说明的是“新老客户特征”，老客户交易占比越大，该店铺客户忠诚度越高，复购率越高，这是判断店铺是否能长久发展的特征之一；“支付方式特征”一般为在线支付，也有公司转账方式，如果公司转账占比高，则表明该店铺企业客户较多，商家可以尝试优化商品详情页的大宗购买特征；“客单件数特征”能反映客户购买件数的问题，如图 3-226 所示情况，商家可以尝试优化多购优惠或者关联销售。

新老客户特征

客户类型	成交客户数	成交单量	成交金额	成交金额占比	
新客户	182	185	¥7,392.90	66.16%	趋势
老客户	48	60	¥3,780.80	33.84%	趋势

支付方式特征

支付方式	成交客户数	成交单量	成交金额	成交金额占比	
在线支付	230	245	¥11,173.70	100.00%	趋势

客单件数特征

件数	成交客户数	成交单量	成交金额	成交金额占比	
1件	130	130	¥3,913.60	35.03%	趋势
2件	54	55	¥2,274.60	20.36%	趋势
3件	7	8	¥247.60	2.22%	趋势
4件	6	7	¥387.80	3.47%	趋势
大于4件	33	45	¥4,350.10	38.93%	趋势

图 3-226

3.20.11 服务分析

服务分析可以简单看作订单成交之后客户与店铺发生的一系列售后服务反馈情况,其能直接反映商品及服务水平,但这只是数据体现,建议大家结合客服的反馈报告一起优化。在"服务分析"页面中先是"售后服务单量"数据,该数据能直接反映"退货量""换货量""返修量""退款金额";然后是"服务核心指标"数据,该数据能直接反映"400 接通率"(如果没有开通该服务则不会有数据)、"订单 48H 揽件率"[48 小时内揽件量/(有效订单量-大件订单量)]、"售后服务时长";最后是以上数据的"趋势分析",如图 3-227 所示。

大家可能会认为要做好店铺运营,最重要的是获得流量,但是笔者认为订单成交之后才是交易的开始,这时候商家才开始直接与客户接触,这样才能直接反映出商品及服务问题,只有发现问题才有提升的机会,"店铺评分"能直接反映店铺的整体情况,如图 3-228 所示。

服务分析
服务分析
店铺评分
评价分析
平台风向标
服务分析
按月查询 (2018-12-01 至 2018-12-31)
售后服务单量
下载数据
退货量
258
较前一月 88.32%
换货量
39
较前一月 2.5%
返修量
0
较前一月 0.00%
退款金额
¥3,090.59
较前一月 79.95%
服务核心指标
400接通率
0.00%
较前一月 0.00%
订单48H揽件率
96.58%
较前一月 1%
售后服务时长
0.52
较前一月 59.11%
趋势分析
相关指标
退货量
换货量
返修量
退款金额
400接通率
订单48H揽件率
售后服务时长
已选择： 2/4

图 3-227

评价分析
平台风向标
所在行业：水果
9.72
较同行业平均水平 43.67%
京东开放平台商家店铺评分规则 »
180天内店铺动态评分
查看趋势
商品质量满意度
9.51
较行业 0.13%
服务态度满意度
9.64
较行业 28.62%
物流速度满意度
9.64
较行业 26.62%
商品描述满意度
9.69
较行业 27.62%
退换货处理满意度
9.61
较行业 40.93%
90天内平台监控店铺服务
查看趋势
售后处理时长
本店
0.68h
优于
行业平均值
7.82h
售后处理时长 = 审核时长 + 退换货处理时长
交易纠纷率
本店
0.00%
优于
行业平均值
1.05%
交易纠纷率 =
商家责任纠纷数+双方责任纠纷数-申诉通过数
下单单量
退换货返修率
本店
0.19%
劣于
行业平均值
0.13%
退换货返修率 =
实际发生退换货返修的服务单量
已完成商品件数

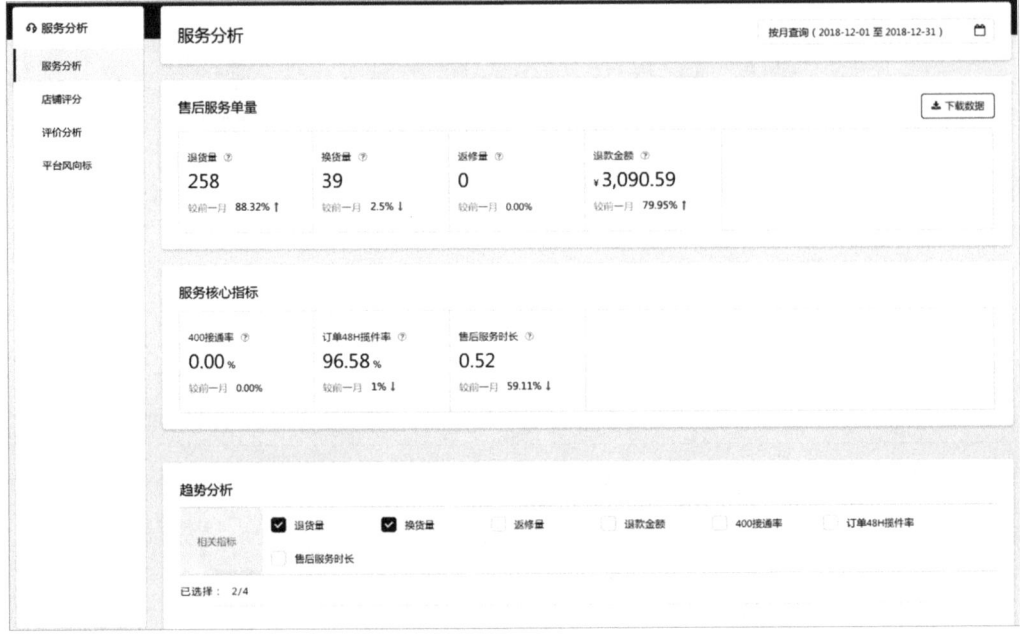

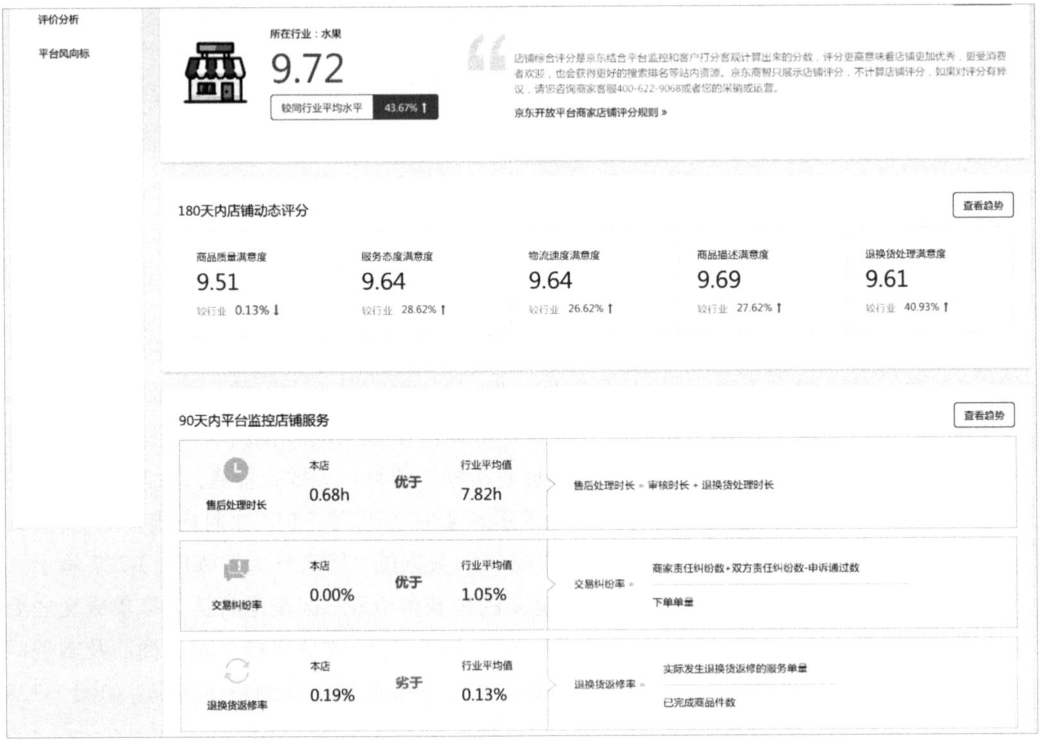

图 3-228

如果发现数据异常，那么就应该赶紧找出问题所在并予以解决，否则可能会出现连锁反应，如转化率越来越低，或者因好评度、店铺评分过低导致活动被驳回等。"评价分析"功能通过数据能比较直接地显示问题，如图 3-229 所示。

图 3-229

对于有差评的商品，系统还提供了列表数据（见图 3-230），真正做到了量化分析。

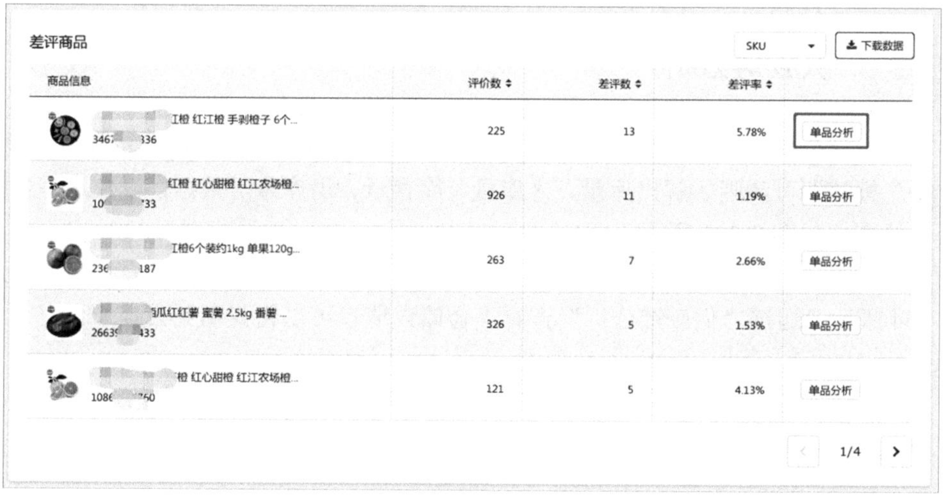

图 3-230

我们除了要找到商品的差评，并分析差评的原因，还应该找出中评及好评里面的差评原因，进而提升商品品质及服务。

"平台风向标"功能可以直接反映店铺综合服务能力比例标准，如图3-231所示。

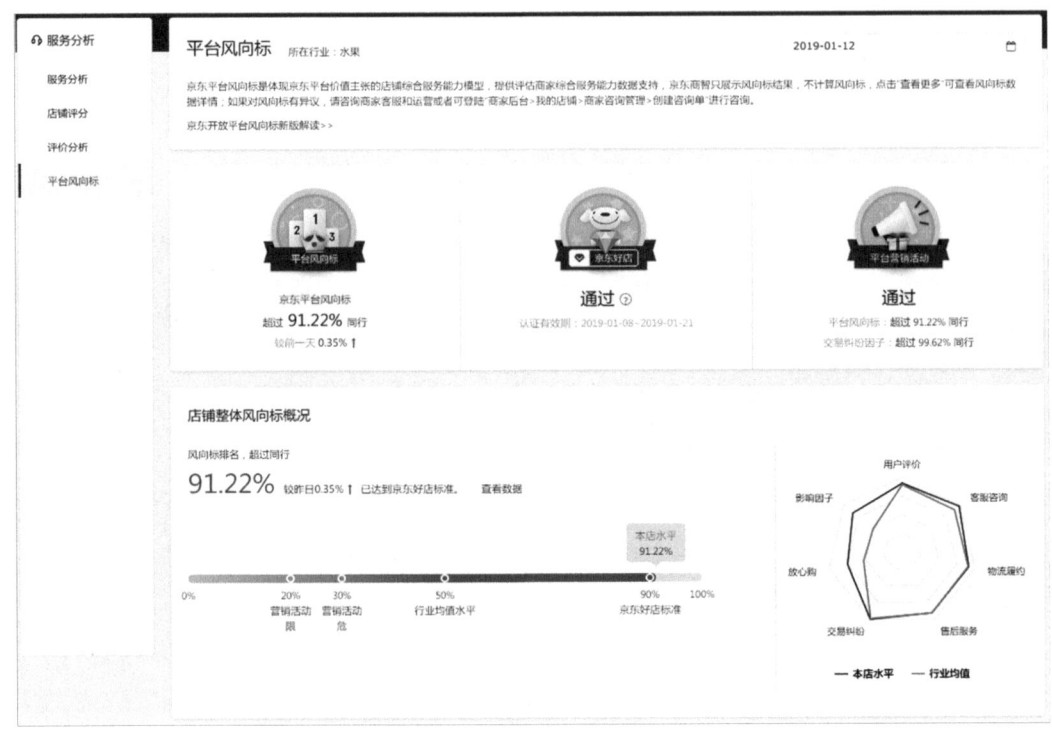

图 3-231

3.20.12 供应链分析

供应链接分析是针对入仓的商品而言的，没有入仓的商品是没有该数据的，单击"库存分析"标签即可清晰了解出库量、入库量、库存量、退库量等数据，以及这些数据的趋势曲线图，如图3-232所示。

通过"供应链分析"功能还可以看到"商品详情"与"仓储详情"，如图3-233和图3-234所示。通过"供应链分析"查看"仓储详情"可以帮我们免去登录仓海系统的麻烦。

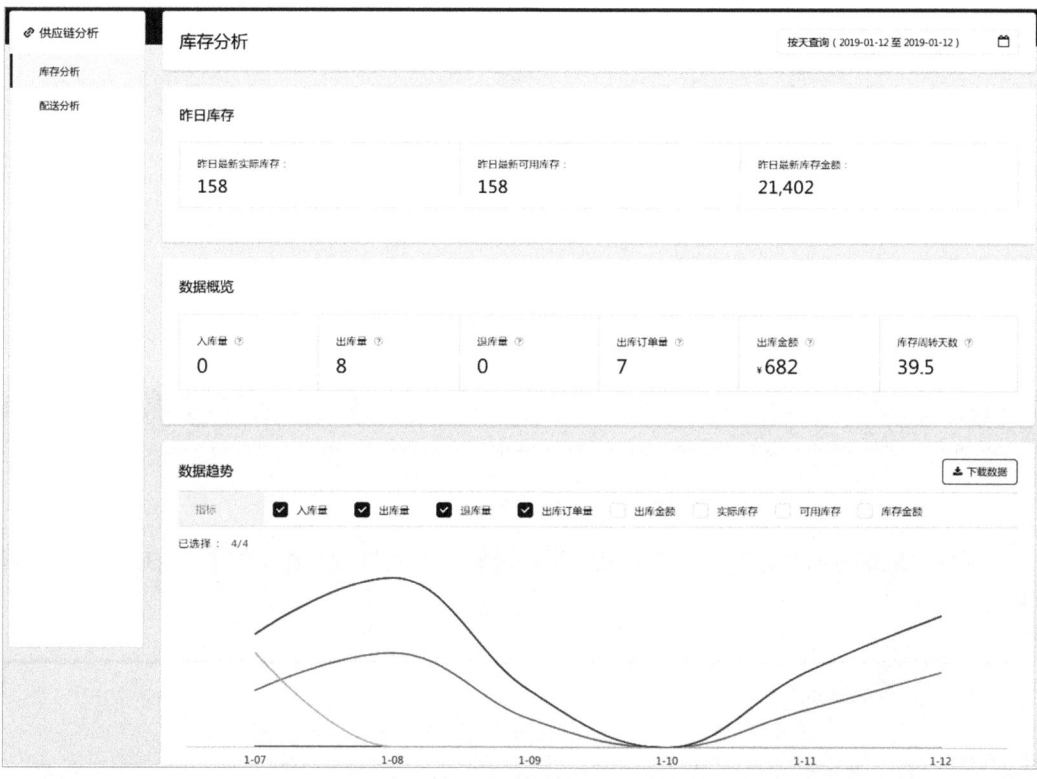

图 3-232

商品名称	入库量 ≑	实际库存 ≑	可用库存 ≑	库存金额 ≑	库存周转天数 ≑
奶瓶ppsu吸管奶瓶… SKU：1□□528	0	36	36	¥5,004.00	0.0
奶瓶ppsu吸管奶瓶… SKU：196□□	0	31	31	¥4,309.00	62.0
玻璃奶瓶硅胶涂层… SKU：2□□3	0	26	26	¥3,874.00	52.0
奶瓶ppsu吸管奶瓶… SKU：19□□9	0	23	23	¥3,427.00	0.0
奶嘴 宽口径舒适奶… SKU：2□□	0	21	21	¥1,659.00	21.0
奶瓶ppsu吸管奶瓶… SKU：1□□0	0	21	21	¥3,129.00	0.0

图 3-233

图 3-234

单击"配送分析"标签，即可了解商品配送概况及其地域明细，如图 3-235 和图 3-236 所示。

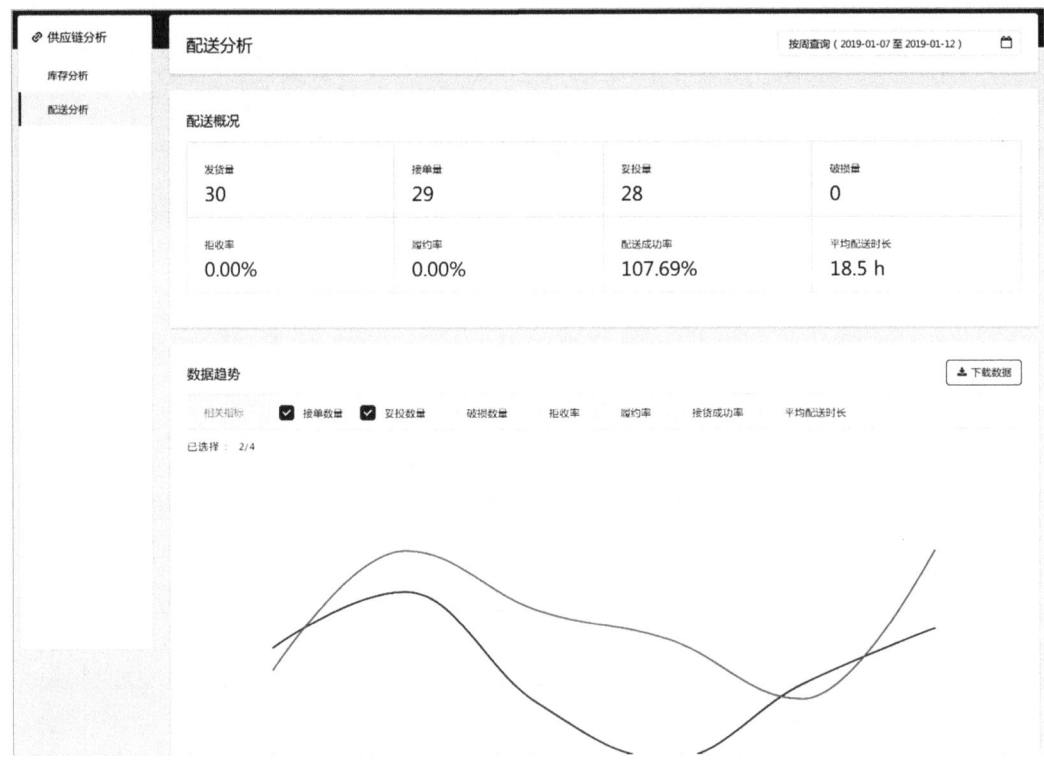

图 3-235

地区	发货量	接单量	妥投量	破损量	拒收率	履约率	配送成功率	平均配送时长	
陕西	8	8	6	0	0.00%	0.00%	120.00%	10.1	趋势
天津	6	6	1	0	0.00%	0.00%	100.00%	21.0	趋势
四川	5	5	1	0	0.00%	0.00%	100.00%	1.8	趋势
湖北	4	4	2	0	0.00%	0.00%	100.00%	14.3	趋势
江苏	3	3	1	0	0.00%	0.00%	100.00%	20.0	趋势
广东	2	2	2	0	0.00%	0.00%	100.00%	20.7	趋势
湖南	1	0	1	0	0.00%	0.00%	100.00%	8.8	趋势
辽宁	1	1	1	0	0.00%	0.00%	100.00%	6.5	趋势
山东	0	0	2	0	0.00%	0.00%	100.00%	61.5	趋势
安徽	0	0	1	0	0.00%	0.00%	100.00%	31.0	趋势
内蒙古	0	0	2	0	0.00%	0.00%	100.00%	83.0	趋势

图 3-236

3.20.13 客户分析

为了吸引客户，大部分商家会设计商品详情页、个性化主页，或者在付费广告上引用 DMP 人群，这时候商家就要做客户分析，从而做到有针对性地营销，这对提高转化率有比较大的作用。另外，通过新老客户的占比能看出客户的忠诚度，如果新客户一直持续增加，则证明拉新效果很好，如图 3-237 所示。

通过"成交客户特征"还能看到客户的性别、年龄，如图 3-238 所示。某些类目商品的使用人群与购买人群不一致，如老人手机的使用人群是老人，但是该商品的购买人群却以年轻人为主，根据这些特征即可在广告创意上做出一些调整，因为商品购买人群与使用人群不一样。

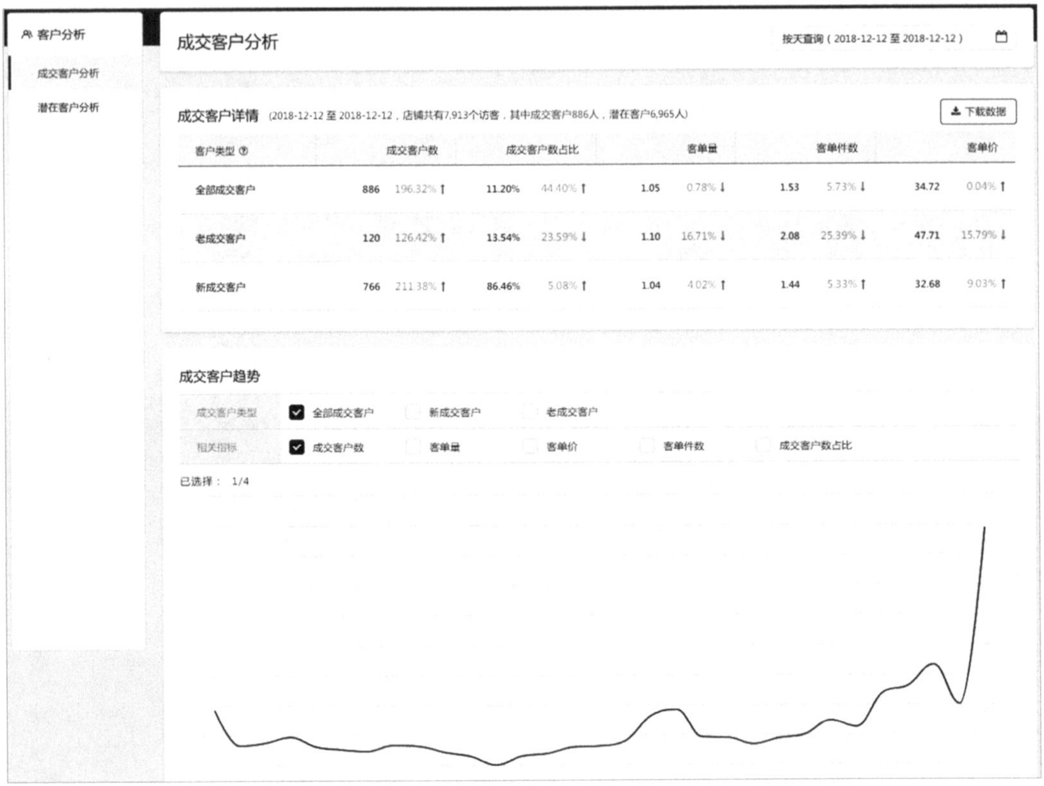

成交客户分析

成交客户详情 (2018-12-12 至 2018-12-12，店铺共有7,913个访客，其中成交客户886人，潜在客户6,965人)

客户类型 ⑦	成交客户数		成交客户数占比		客单量		客单件数		客单价	
全部成交客户	886	196.32% ↑	11.20%	44.40% ↑	1.05	0.78% ↓	1.53	5.73% ↓	34.72	0.04% ↑
老成交客户	120	126.42% ↑	13.54%	23.59% ↓	1.10	16.71% ↓	2.08	25.39% ↓	47.71	15.79% ↓
新成交客户	766	211.38% ↑	86.46%	5.08% ↑	1.04	4.02% ↑	1.44	5.33% ↑	32.68	9.03% ↑

成交客户趋势

图 3-237

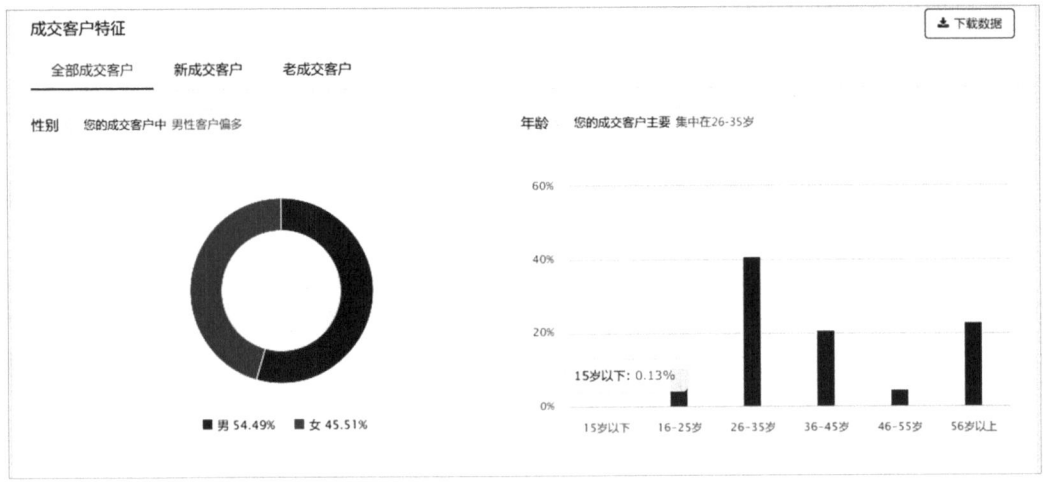

图 3-238

客户所在区域的数据（见图 3-239），这些数据也对我们的一些决策有着引导作用，如入仓区域、京准通推广区域。

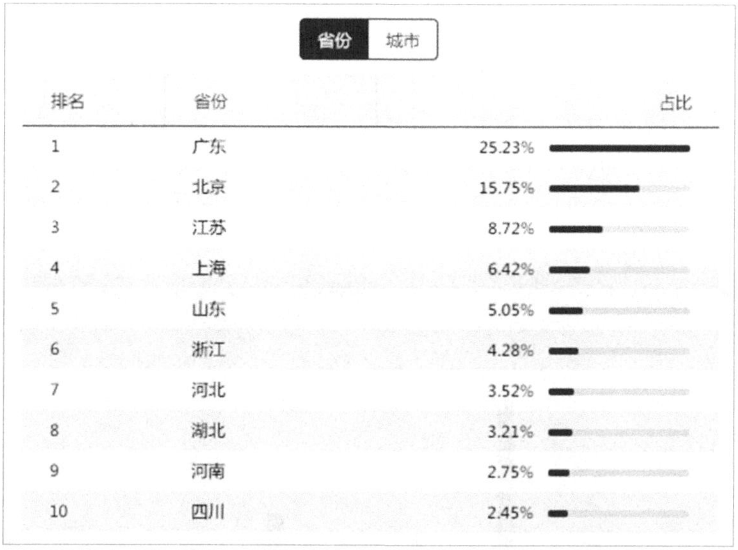

排名	省份	占比
1	广东	25.23%
2	北京	15.75%
3	江苏	8.72%
4	上海	6.42%
5	山东	5.05%
6	浙江	4.28%
7	河北	3.52%
8	湖北	3.21%
9	河南	2.75%
10	四川	2.45%

图 3-239

客户的"会员等级"一般也是判断商品是否有吸引力的标准之一，如果购买该商品的客户的会员等级都比较高，则说明商品具有一定的吸引力。"购买力"一般是客户收入多少的象征，该特征对商品定价有参考意义，如果交易的客户以低收入人群为主，那么推广高端商品的意义就不大。"促销敏感度"反映客户对促销活动的反应情况，客户敏感度越高越要设置类似满减的促销方式。"评论敏感度"反映客户因商品评价所做出的购买决策的反应，敏感度越高代表这部分客户越在意评价内容（见图 3-240），因此我们应该花费更多的精力维护好我们的客户，尽量在客户收到货的时候进行回访，在客户做出商品评价之前解决问题。最新的规则表明客户已提交的评价不再支持申请退货退款就能删除的操作。

"购物品牌偏好"即成交客户最近 90 天在京东站内最常购买的三级商品品类和对应的商品品牌。该数据能反映出这些客户对某些品牌的偏好程度，对于多类目商品的店铺，如果客户只偏好某个类目，那么商家就要注意其他类目商品的调整，如图 3-241 所示。

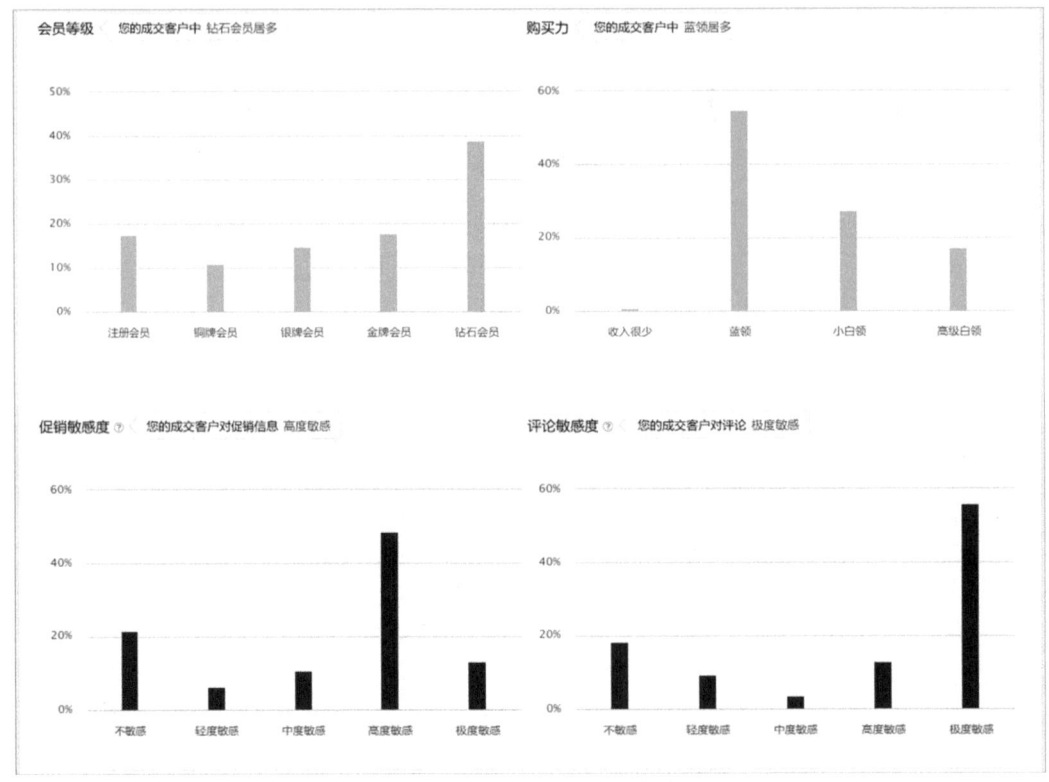

图 3-240

图 3-241

3.20.14 报表

旧版商智数据的呈现形式都是固定的,因为一些店铺运营人员可能只需要其中部分数据,所以高级商智提供了定制报表的功能,如图 3-242 所示。根据自己需要设置好各项内容之后单击"创建报表"按钮,即可打开"预览报表"对话框(见图3-243)。

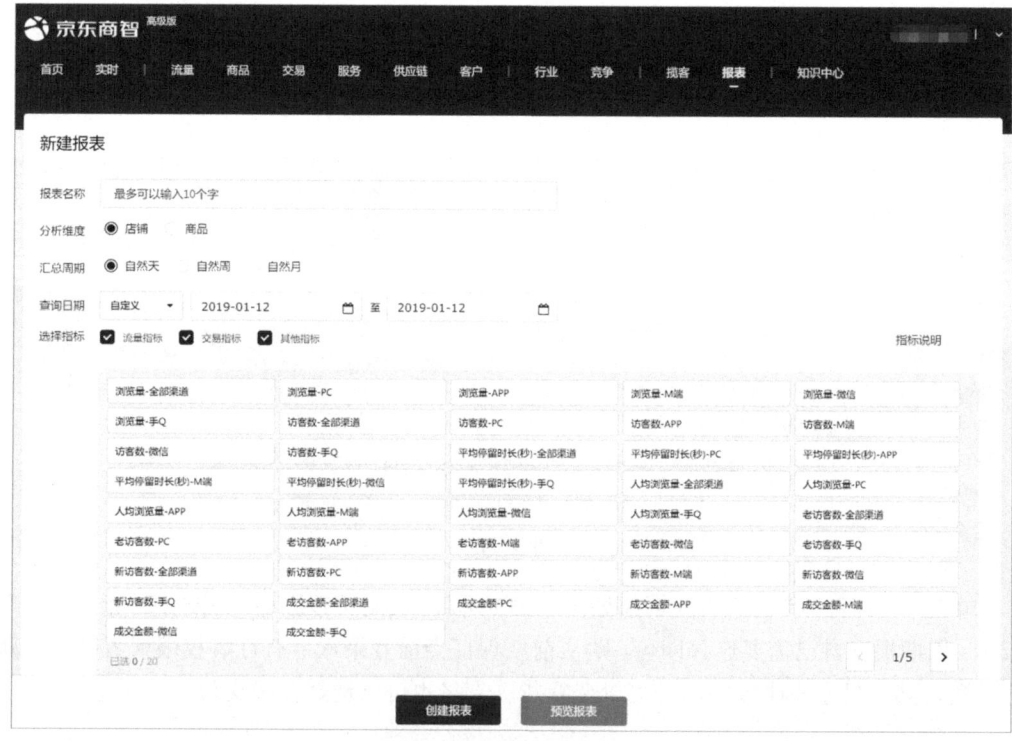

图 3-242

图 3-243

3.20.15 竞争

竞争属于增值服务，高级商智不包括该服务，所以使用前要先购买该服务，未购买该服务的页面如图 3-244 所示。

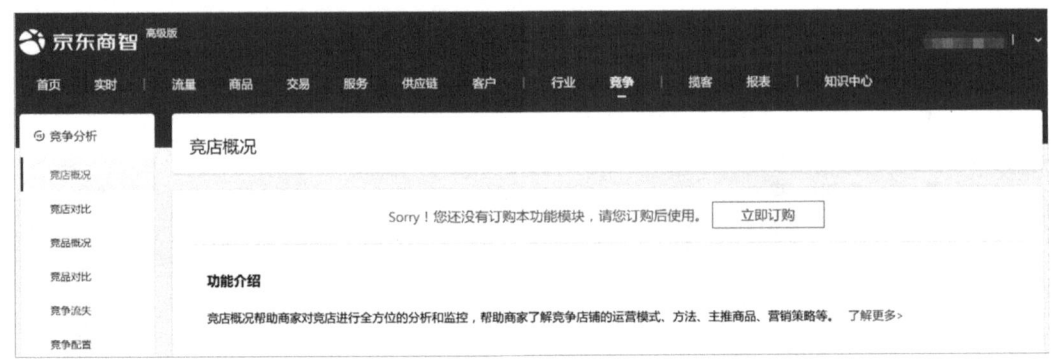

图 3-244

单击"立即订购"按钮后的页面如图 3-245 所示。在购买该服务时需选择"竞争分析"版本，周期根据自己需要选择即可，购买前要保证当前登录账号有订购权限或者使用主账号订购，其支付方式比较灵活，可以选择货款支付也可以选择在线支付。

图 3-245

竞争分析最突出的功能就是对竞争对手数据的分析，通过该分析可获取存在差距的数据，进而可以找到解决方法。在使用竞争分析功能前要先设置"竞争配置"内容，单击"竞争配置"标签后的界面如图 3-246 所示。

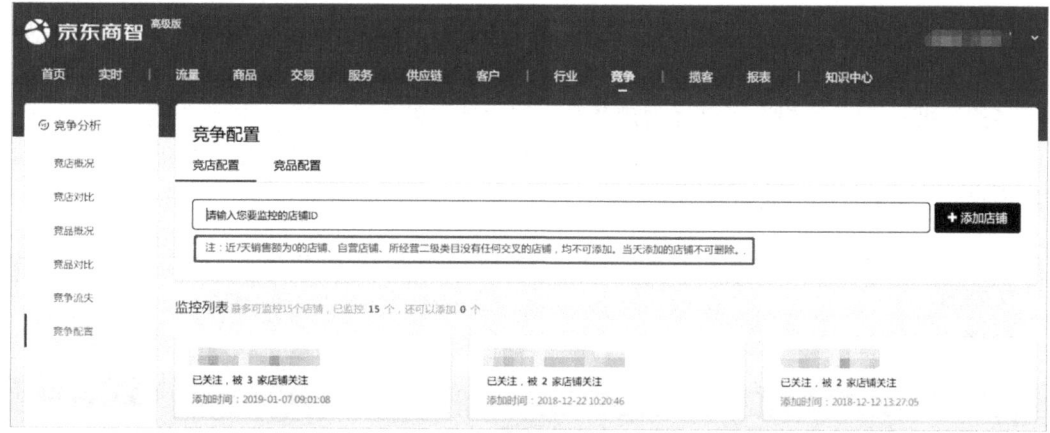

图 3-246

在文本框内输入要监控的店铺 ID。打开竞争对手店铺 PC 端首页后，从浏览器网址输入框中即可获取该店铺 ID，如图 3-247 所示。需要注意的是，近 7 天销售额为 0 的店铺、自营店铺、所经营二级类目没有任何交叉的店铺，均不可添加；且当天添加的店铺不可删除，如图 3-248 所示。

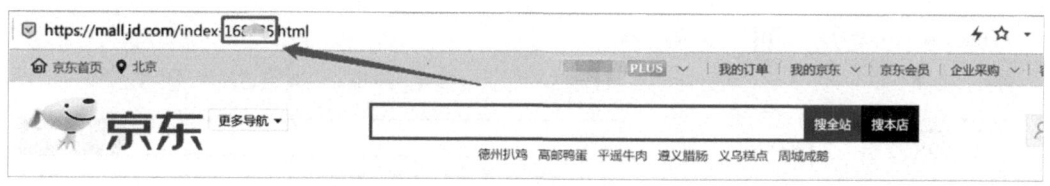

图 3-247

图 3-248

文本框中最多只能添加 15 家竞店，如果竞店超过 15 家可以通过删除已选竞店再添加新竞店的方式进行分析。建议优先添加与自己店铺或商品层级接近的竞店或者竞品，经验丰富的店铺运营人员和设定目标为排名第一的店铺除外。

接下来设置"竞品配置"。"竞品配置"既可以按 SPU 的纬度设置，也可以按 SKU 的纬度设置，都是直接输入对应数字即可。单击"竞品配置"标签，其窗口如图 3-249 所示。

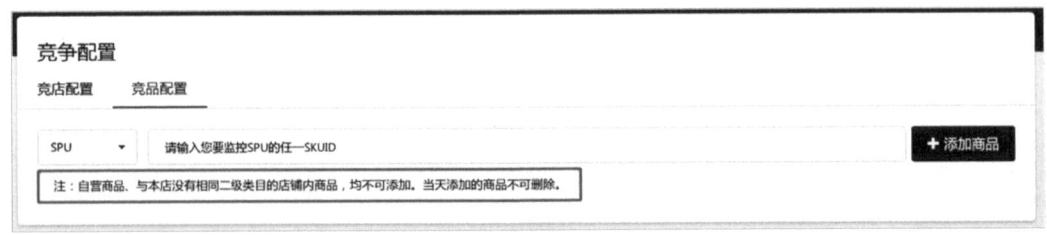

图 3-249

SKU 的获取方式有两种，一种是通过单击 PC 端商品来获取链接 ID，如图 3-250 所示；另外一种是通过 PC 端商品详情页顶部的参数数据来获取商品编号（见图 3-251），目前商品编号就是 SKU，注意与后台的商品编码（商家后台 SPU）不一样。

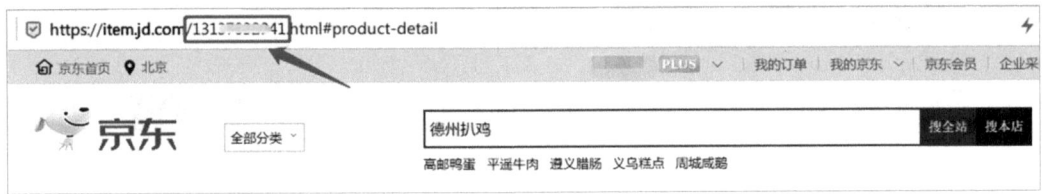

图 3-250

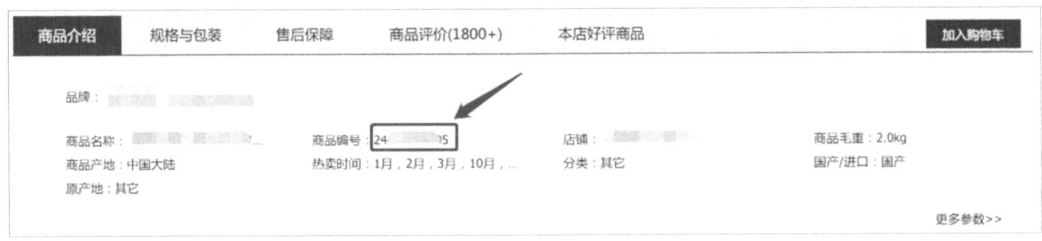

图 3-251

设置完成之后通过"竞店概况"功能即可获取本店和竞店的平均数据，如图 3-252 所示。

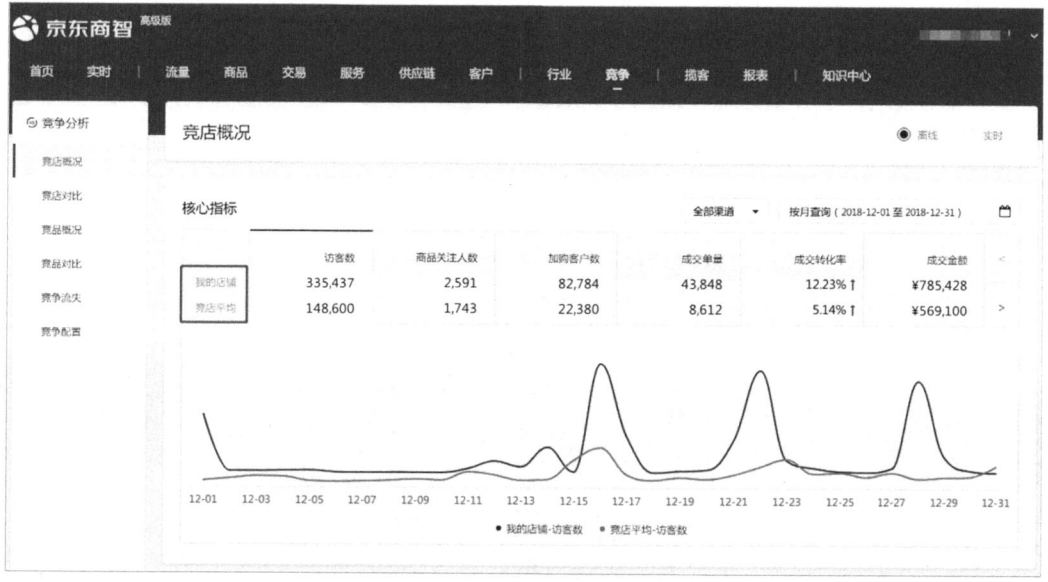

图 3-252

通过"竞店详情"功能可以查看竞店的排名及相应数据（见图 3-253），虽然这些数据是加权指数，但是也极具参考价值。

图 3-253

单击"趋势"按钮、"商品榜"按钮、"对比"按钮，即可查看更加详细的数据，如图 3-254 所示。

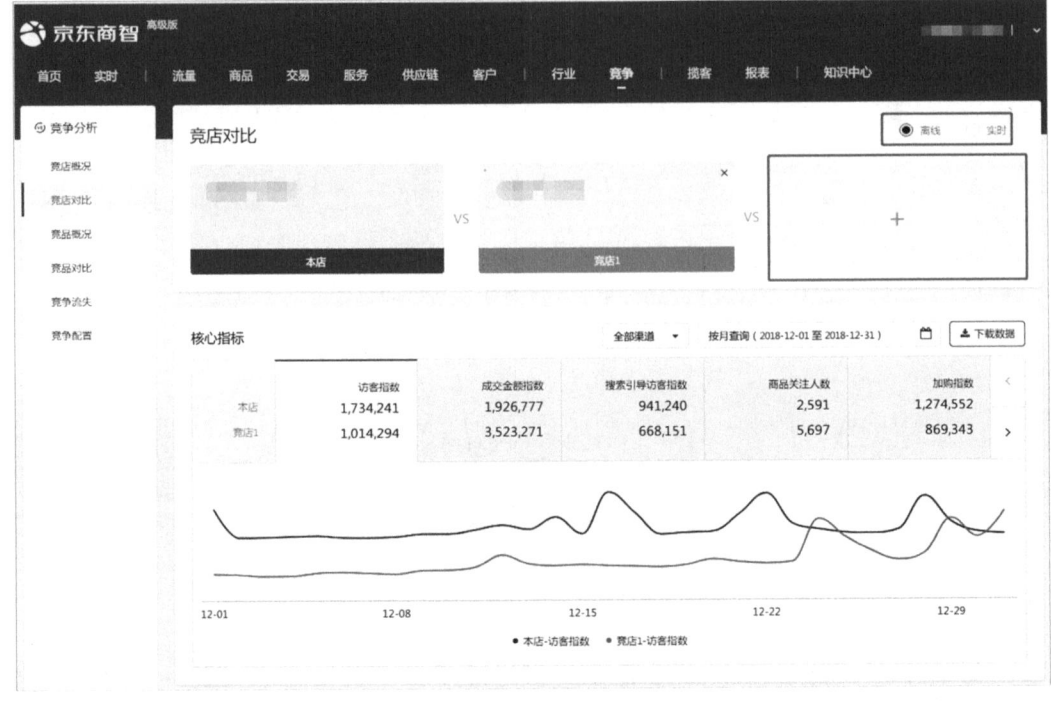

图 3-254

可以通过查看竞店商品的离线历史数据和实时数据来进行竞店比对，也可以通过查看"竞店商品榜"来进行竞店对比（见图 3-255）。

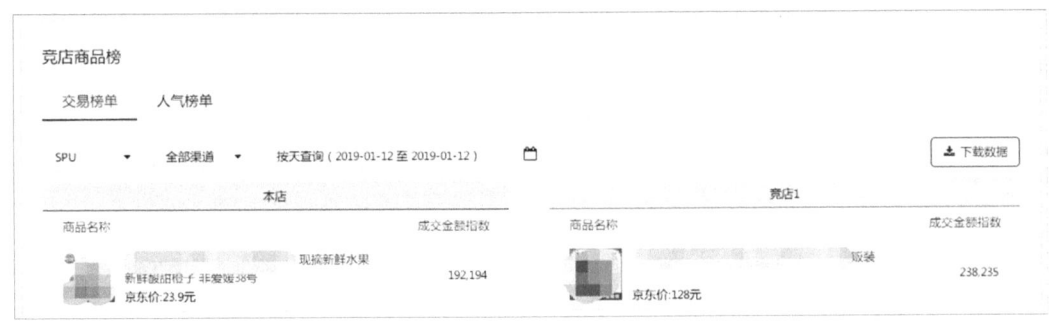

图 3-255

竞争分析还包括本店及竞店的"入店来源对比"（见图 3-256），该数据能帮助我们在流量获取方面做进一步竞争规划。

流量来源名称	本店访客指数	本店访客数占比	本店访客数	竞店1访客指数	竞店1访客数占比
京东搜索	718,406	29.26%	1,194	739,750	47.88%
商品页	625,102	17.45%	712	299,161	6.86%
购物车主页	534,921	12.35%	504	538,934	18.17%
京东首页	434,704	8.75%	357	208,333	2.81%
海投计划	382,441	7.16%	292	473,446	14.54%
我的订单	378,293	7.03%	287	274,219	5.79%
普通计划	326,980	5.54%	226	0	0.00%
京东活动（含大促）	297,485	4.68%	191	353,171	9.14%
东家小院	293,301	4.56%	186	198,156	2.31%
秒杀	276,691	4.07%	166	162,898	0.46%

图 3-256

　　对于多品类店铺来说，品类规划的竞争也不能忽视，通过查看"类目构成-成交金额占比"来制定类目优化规划（见图 3-257），以保证全店健康发展。

本店		竞店1	
排名 类目	成交金额占比	排名 类目	成交金额占比
1	34.49%	1	38.60%
2	15.23%	2	32.49%
3	11.50%	3	9.55%
4	10.50%	4	4.56%
5	9.83%	5	3.86%
6	3.69%	6	2.59%
7	3.37%	7	2.35%
8	3.11%	8	2.17%
9	2.31%	9	1.93%
10	2.14%	10	1.09%

图 3-257

　　除类目竞争外，还有"价格带-成交金额占比"数据的对比，如图 3-258 所示。

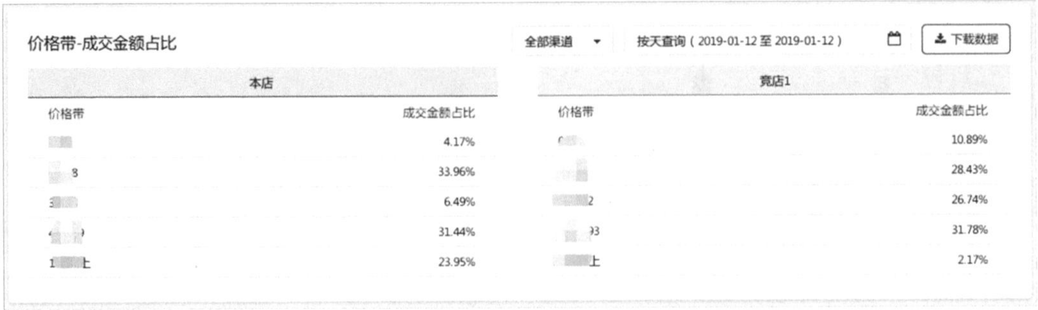

图 3-258

一般情况下,低客单商品在搜索权重方面略弱于高客单商品,所以价格段优化也需进行相应调整,当然商品定价还与商品定位和客户定位有关,只是这里的价格数据是比较有力的数据参考。

既然有"竞店概况"那么也一定有"竞品概况",通过"竞品概况"可以对竞品的历史数据、实时数据进行观察(见图 3-259),以探知竞争对手的动作,不至于被竞争对手超越了都不知道发生了什么,甚至竞品什么时候开始超越的都不知道。

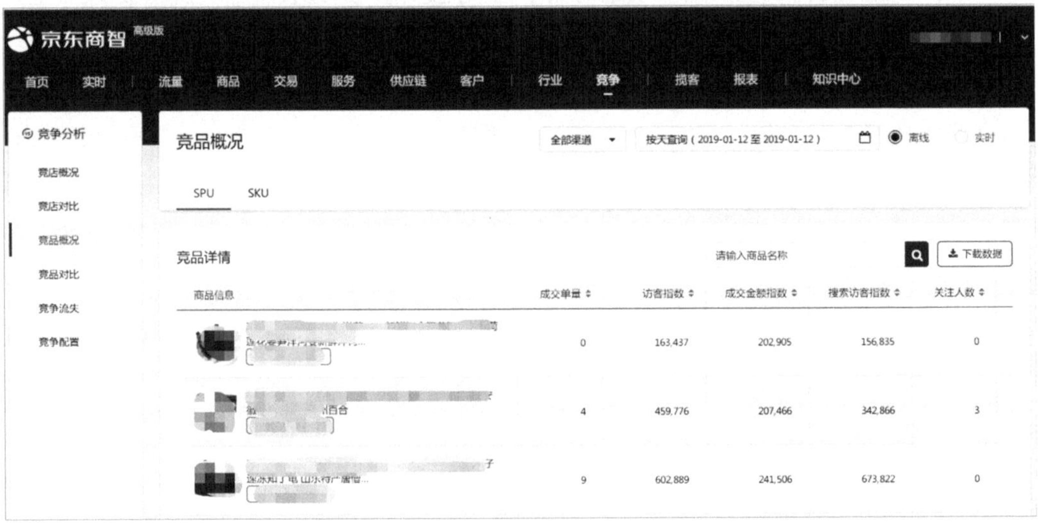

图 3-259

如果竞品一直处于活跃状态,单击"竞品对比"标签即可获取流量变化情况,如图 3-260 所示。

竞争分析还包括"入店关键词对比"(见图 3-261),该功能提供了"交易关键词"与"引流关键词"。考虑非常周到,如果只知道关键词带来了流量却不知道哪些关键词有成交,也是一件麻烦的事情。

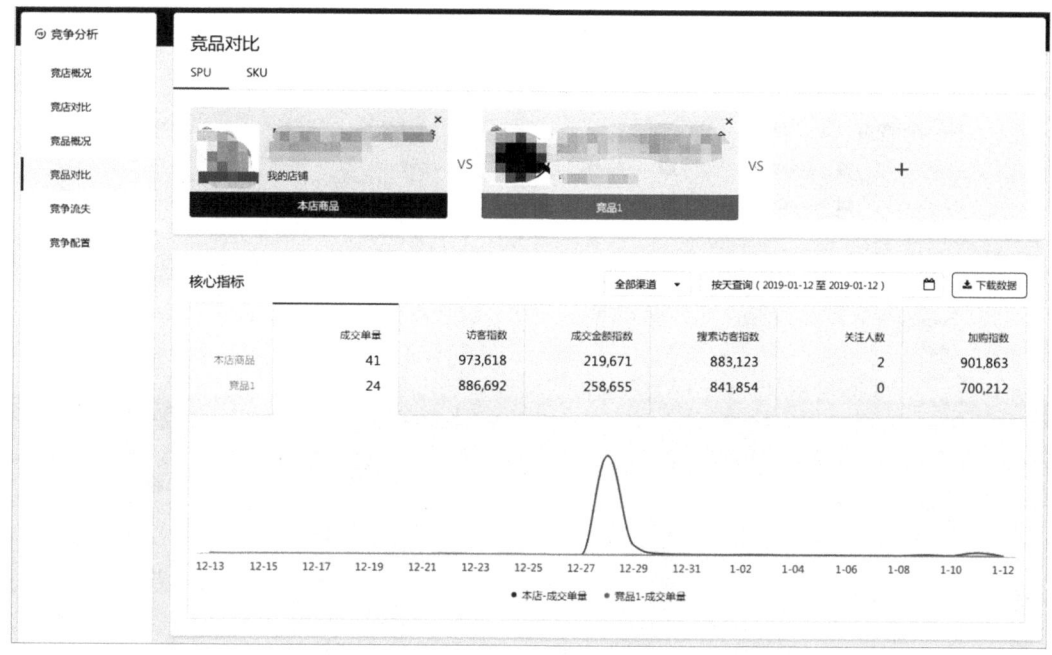

图 3-260

图 3-261

"竞品入店来源对比"如图 3-262 所示。

笔者的运营风格是自己擅长引入哪方面的流量就全力去优化哪方面，而不是强行去优化搜索流量或者其他流量，因为很多时候事情并不能向自己所想的方向发展。只要工作都做到了，成为爆款就是水到渠成的事情。

流量来源名称	本店商品访客数	竞品1访客数	本店商品访客数占比	竞品1访客数占比
京东搜索	203	143	34.41%	42.31%
购物车主页	120	30	20.34%	8.88%
商品页	104	25	17.63%	7.40%
我的订单	72	16	12.20%	4.73%
京东首页	53	4	8.98%	1.18%
问答	48	12	8.14%	3.55%
结算页	22	8	3.73%	2.37%
评价中心	18	14	3.05%	4.14%
消息中心页	15	3	2.54%	0.89%
东家小院	15	1	2.54%	0.30%

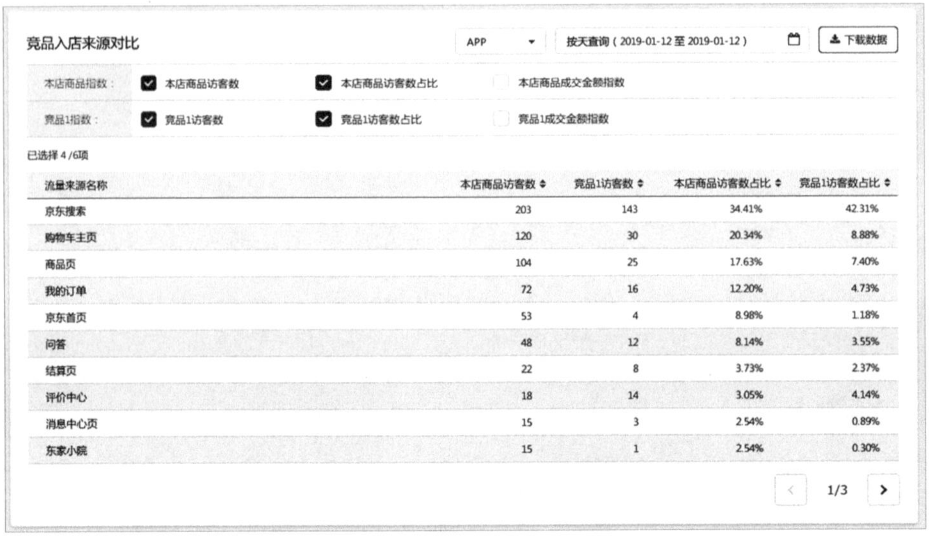

图 3-262

在面对强有力的竞争对手时，如果没有数据作为制定战略的参考将无从下手。特别是“竞争流失”这个功能，该功能可以帮助我们知道自己店铺流量流向了哪个竞店、哪个竞品，以及哪一阶段造成的流失，该功能还提供了搜索引导预订与竞品的对比数据。

“竞争流失”功能目前只支持以天为单位的数据，如图 3-263 所示。

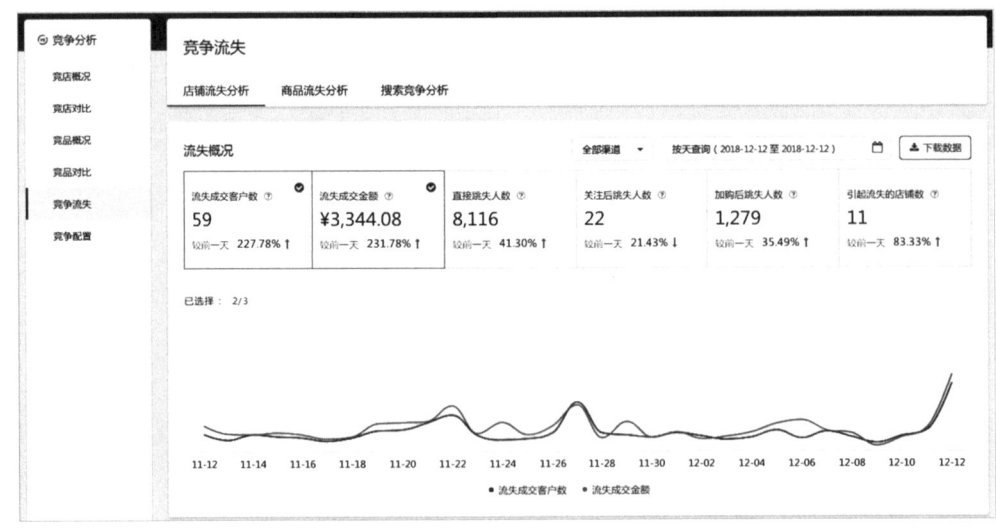

图 3-263

进一步可以查看“流失去向店铺”数据，以及对应的店铺商品，如图 3-264 所示。

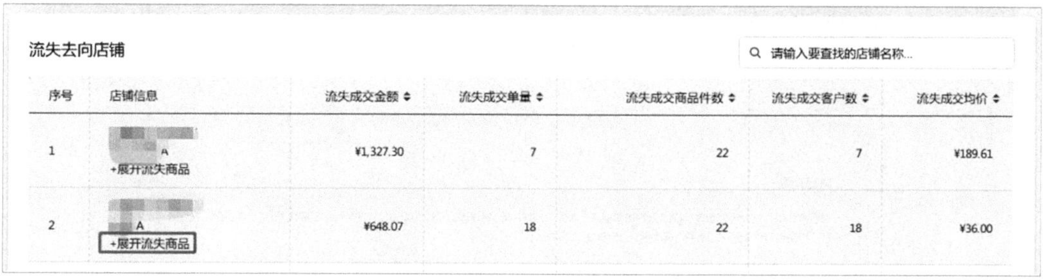

流失去向店铺　　请输入要查找的店铺名称...

序号	店铺信息	流失成交金额	流失成交单量	流失成交商品件数	流失成交客户数	流失成交均价
1	A +展开流失商品	¥1,327.30	7	22	7	¥189.61
2	A +展开流失商品	¥648.07	18	22	18	¥36.00

图 3-264

最后提供的是“流失去向商品”数据，如图 3-265 所示。

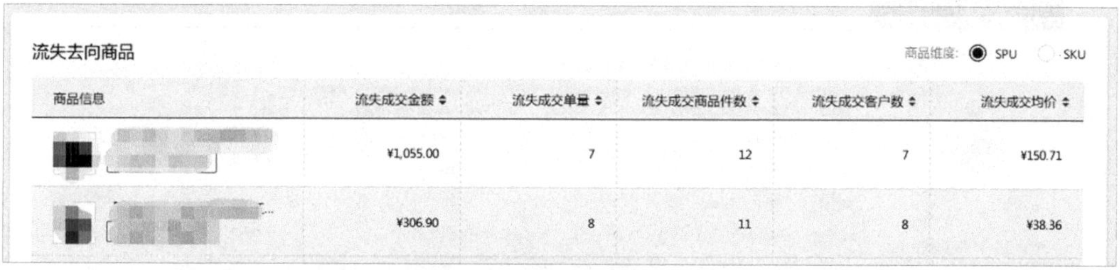

流失去向商品　　商品维度: SPU SKU

商品信息	流失成交金额	流失成交单量	流失成交商品件数	流失成交客户数	流失成交均价
	¥1,055.00	7	12	7	¥150.71
	¥306.90	8	11	8	¥38.36

图 3-265

这个时候我们就应该对竞店和竞品进行分析，找出其中的差异点，并进行优化。但是一般情况下我们在提到核心竞争力时会把价格放在首位，笔者认为这是一个不好的分析导向，这样做的最终结果就是价格战。因为没有利润企业将无法生存，所以大多数价格战是双输的结果。所以笔者更加倾向差异化竞争，从定位到产品设计、包装设计、服务等总有可以做到差异化的方面，成功不一定能复制，但是差异化策略能让自己的店铺处于“创新”的一面，而“创新”能吸引到客户。

3.20.16 揽客

揽客也属于增值功能，需要另外订购，在未订购时只显示“购物车营销”功能（如图 3-266），“客户营销”功能要购买后才能显示。

单击“立即订购”按钮后即可进入购买页面，购买“购物车营销”版本即可，如图 3-267 所示。

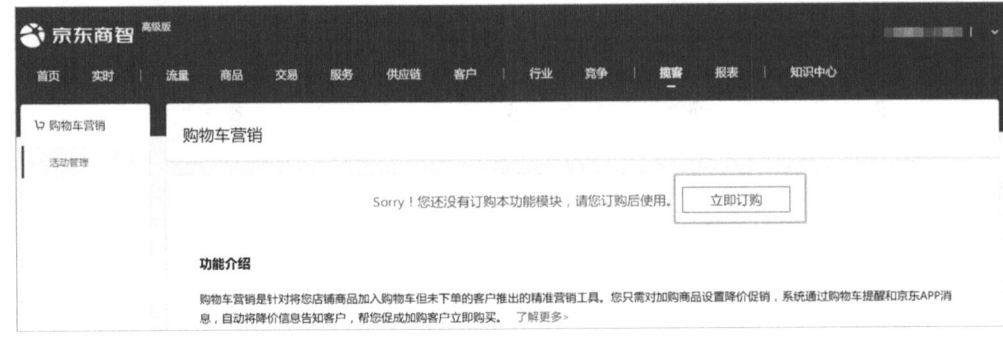

图 3-266

图 3-267

如需购买"客户营销"选择"客户营销"版本即可,购买之后如果不能正常进入,重新打开商智即可进入。订购成功之后,就可以看到"购物车营销"和"客户营销"标签了,如图 3-268 所示。大家可能会好奇为什么"客户营销"功能存在于高级商智内,大家可以将其理解为不同的功能模块所定制的营销功能。

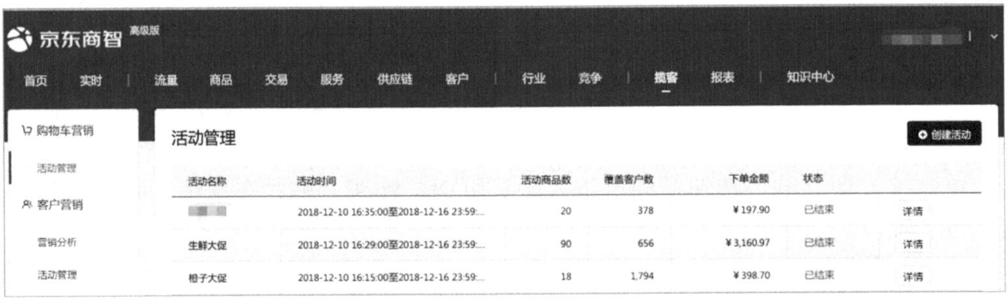

图 3-268

购物车营销是针对已经加了购物车但未下单的客户进行的营销活动，单击"创建活动"按钮即可进入"创建购物车营销""选择商品"页面，如图 3-269 所示。

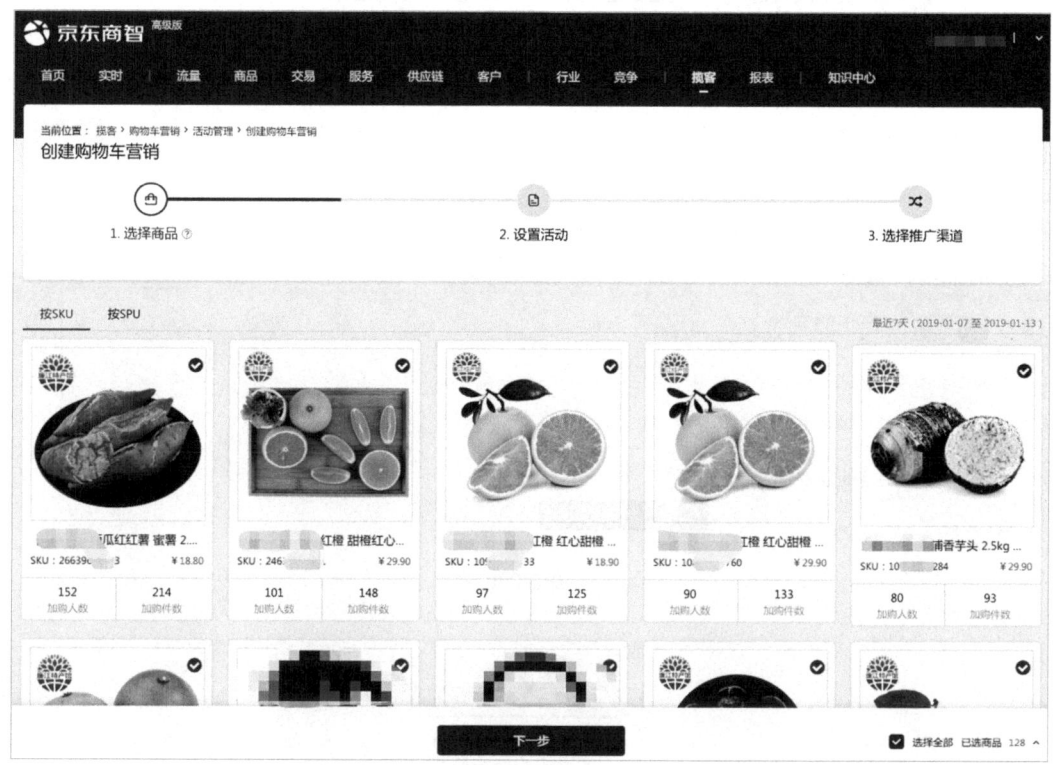

图 3-269

选择需要加入购物车活动的商品，单击"下一步"按钮即可进入"创建购物车营销""设置活动"页面（见图 3-270），然后大家会发现，购物车营销主要是设置一个低于目前京东价的降价促销活动。

单击"下一步"按钮后再单击"立即创建"按钮即可完成活动创建任务，如图 3-271 所示。

大家要注意的是，该活动的推广渠道目前仅支持 App 消息推送，这意味着这部分已加购物车未下单客户只有打开了京东 App 才能收到推送通知。

"客户营销"功能有三个营销机会，即"潜在新客户""潜在复购客户""高风险流失客户"，如图 3-272 所示。

图 3-270

图 3-271

根据实际情况选择不同的营销机会即可进入设置阶段,如图 3-273 所示。

图 3-272

图 3-273

最终大家会发现,"客户营销"是以优惠券方式进行的营销活动,活动一旦创建就不能停止或者删除,所以在优惠力度方面大家要根据自身情况设定。

3.21 老店新品

店铺如果一直正常运营,那么就会累积越来越多的忠实客户。只要策划得当,在商品上新的时候,这些忠实客户就能起到非常重要的作用。按照新品的操作方法大家可能会使用京东快车来测款,但是该方式比较费钱,如果不花钱也能让新品成为爆款,那将是一个更好方法。

一般情况下,老店的流量相对比较稳定,虽然这些老客户的需求可能不尽相同,但对我们来讲,只要有流量就可以进行测款。新品的操作方法有很多种,下面将通过一个案例来讲述新品操作方法。

目前效果非常好的流量入口主要有四个,第一个是商品标语部分,客户对商品标语部分的关注度比较高,所以该部分的点击率也比较高,在需要商品标语的地方加上广告及新品链接即可(见图 3-274)。

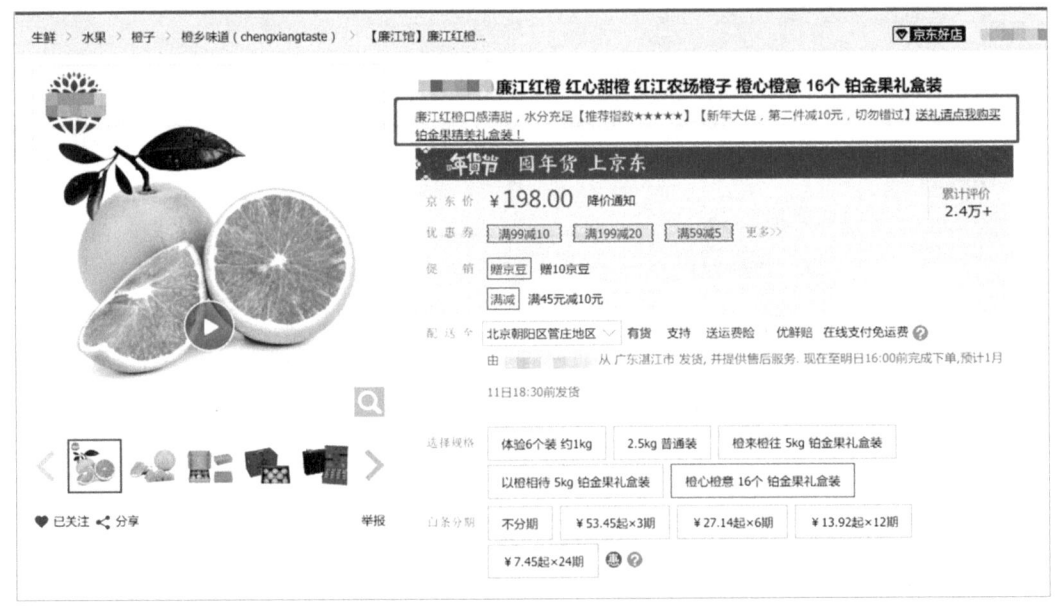

图 3-274

也可以简单理解为在利益点加新品链接,这里可以直接加新品链接,也可以加其他页面链接,需要注意的是,商品标语的内容要有能吸引到客户的利益点,如满减券、优惠券等。添加链接的后台操作比较简单,在"标语链接地址"文本框内直接加上链接即可(见

图 3-275）。特别注意只添加 PC 链接即可，否则可能会无效。

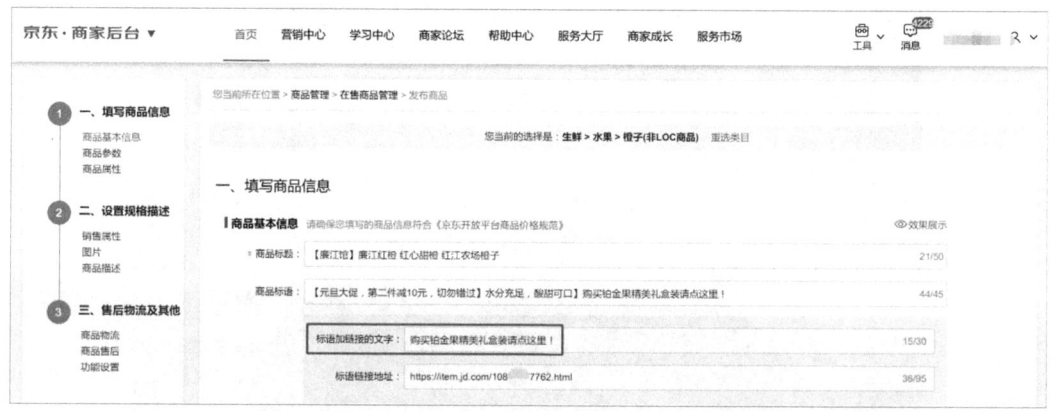

图 3-275

第二个是商品关联页，其位置在商品详情页最顶部和底部，当然顶部有时候会有类目的关联页，而且无法去除。关联页有 PC 端和移动端的区分，大家要注意页面尺寸问题，不要将 PC 端的商品详情页运用到移动端，如此会导致移动端页面变形，从而影响客户购物体验。关联页的后台设置也是比较简单的，如图 3-276 所示。

图 3-276

设计好关联页的新品广告后就可以关联商品了，以免出现冲突商品，可以选择性地关联商品，前台显示页面如图 3-277 所示。

第三个是首页，首页的流量可能不及商品详情页，但是访问店铺首页的客户的忠诚度相对较高，所以转化率也会高一些。

图 3-277

第四个是咚咚广告推送,设置自动回复语或者由客服发送快捷语来发送新品广告,在正常对话内容结束时就可以有针对性地推广新品。

3.22 品牌打造

如果说品牌定位、人群定位,以及店铺定位属于品牌战略层面的内容,那么品牌打造则是执行层面的内容。

具体来说,品牌打造涉及的执行层面的内容包括品牌/店铺形象打造、品牌销量打造、品牌文化落地三大方面。

3.22.1 品牌/店铺形象打造

品牌形象的第一个载体是店铺设计。

百尚(PASONZ)品牌是知名运动品牌乔丹旗下的时尚风格的子品牌,其目标人群是大学生或刚毕业的年轻人,该人群追求时尚、个性,喜欢 RAP 和嘻哈的街头风格。因此百尚品牌在店铺设计风格上把街头风格表现得十分突出。在商品图片拍摄上,背景多选择裸露的砖头墙、质感强烈的金属楼梯、铁皮仓库、工业风的水泥墙等(见图 3-278)。这种风格在首页和商品详情页都有着较强的体现,在视觉上形成了统一。

图 3-278

　　三只松鼠强调的则是三只卡通形象的松鼠带来的萌宠风格,无论是主页还是商品详情页,其在色彩运用上都突出了萌宠风格。这种萌宠风格对三只松鼠品牌的"主人文化"进行了视觉化演绎,特别是养过宠物的消费者将对这种视觉形象产生深刻的印象。

　　店铺首页设计的三只不同的松鼠形象为呆萌形象、可爱形象、小淘气形象,如图 3-279 所示。在卡通设计方面,把品牌形象的人格化表现做得非常成功。不仅如此,三只松鼠还配合制作了《三只松鼠》同名动画,通过动画,三只松鼠形象的人格化性格特征被表现得更加丰满有趣,如图 3-280 所示。

图 3-279

图 3-280

在色彩搭配上，三只松鼠使用了蓝绿、粉红色调，这种色调的运用使三只松鼠的形象变得更加女性化和卡通化，同时活泼风格的文字也与品牌的整体风格保持了一致，如图 3-281 所示。

图 3-281

除店铺设计外，品牌形象的第二个载体是产品包装。

产品包装是消费者接触实物产品产生第一印象载体，对于消费者品牌印象的形成有着至关重要的作用。任何产品品牌形象的打造都离不开产品包装的重要环节。

产品的包装不一定要"高大上"，但一定要符合品牌的风格。

对于包装，首先要强调的是品牌风格的统一性。三只松鼠的包装分为三种，第一种是小包装，这是产品的基本包装属性，包括品牌、产品内容、包装规格、相关认证、产地、说明等（见图 3-282）。尤其对于小品牌来说，小包装一定要符合相关规范。不太讲究的包装可能会影响消费者的回购率。

图 3-282

第二种是中包装,中包装是指将多个独立小包装统一集中的中间包装,这种包装一般是组合套装或者是整箱装。多数品牌厂商为了节省成本,都不太重视包装材料的品质或者包装设计,部分厂商甚至使用通用纸箱,从而浪费了品牌宣传和展示的机会。

三只松鼠在包装上做了很细致的文章,每个中包装都有一个主题内容,如搬砖能量主题(见图 3-283)、"每日坚果"主题、春节礼包主题。中包装不仅是整箱装的概念,还能将不同产品进行搭配,形成一个新的产品。这不仅提高了客单价、提升了销量,还为客户提供了不同属性的选择,满足了更细分的人群的需求。

图 3-283

第三种是物流包装,其重要功能是在物流运输途中为商品提供保护功能。但是,大多品牌商采用通用包装或物流公司提供的包装,放弃了包装的品牌宣传价值。带有物流包装的商品会通过快递员到达消费者所在企业或者家庭,在这个过程中物流包装会被很多人看到。三只松鼠对这方面无疑是相当注重的,其统一制作的带有品牌属性的物流包装让消费者在看到商品的瞬间就知道是三只松鼠的产品,使其物流包装成为一个流动的广告载体,如图 3-284 所示。

图 3-284

3.22.2 品牌销量打造

从品牌维度看,品牌销量打造与店铺销售是两个不同的概念。

奥林格是广东湛江的一个厨房小家电品牌商(见图 3-285),生产加工工艺成熟,也给部分品牌做代加工生产。奥林格在进军电商时的定位是要做中低端厨房小家电第一品牌,并在这种品牌战略思想的指导下,制定了品牌打造路径。

图 3-285

(1)选定切入点——电热水壶。将成本为 35.5 元的电热水壶以 19.9 元的价格出售,进行疯狂冲量。采用亏损战略,并通过快车、京挑客的形式进行销量放大,短期内积累了数千条评价。

（2）选定切入渠道——奥林格厨房电器旗舰店和中国特产·廉江馆（见图 3-286）。对于同一款产品，奥林格厨房电器旗舰店以天蓝色为主推款，中国特产·廉江馆以紫色款为主推款，同时进行操作，同时爆发。

图 3-286

（3）做好选品进行关联销售。通过电热水壶带来的流量，带动店铺其他产品的动销。以电饭锅类的产品为切入点，带动品牌厨房家电类目属性，而非小家电属性，如图 3-287 所示。

（4）适时进行渠道拓展。开设多个品牌专卖店，各店铺主推的产品各有侧重，多渠道引流，形成品牌合力。

在品牌销售中，打造爆款是一种重要的实施战术，该战术需要选品、价格策略、推广手段、关联销售等多个层面完美配合。

图 3-287

3.22.3 品牌文化落地

品牌文化落地,是指通过塑造品牌人格化特征让品牌与消费者进行无障碍沟通。品牌与用户沟通的重点在于品牌是否有人格属性,没有人格属性的品牌是冷冰冰的物品,不具备沟通力,只有建立起人格属性的品牌才具有沟通力。

品牌人格化塑造的方法通常分为四种,第一种是将创始人个人人格特征移植到品牌上;第二种是品牌卡通形象的人格化表现;第三种是品牌虚拟形象的人格化塑造;第四种是品牌与 IP 合作进行人格化移植。

在社交软件发展如火如荼的当下,将创始人个人人格特征的移植到品牌上是打造品牌人格化特征常用的手法。通过文章、直播或者其他方式,吸引一批创始人的忠实的粉丝,并使其成为品牌的用户。用户则把网红当成品牌,就是对此方法的运用。

在互联网品牌中,也存在很多创始人个人人特征移植的案例。例如,雕爷将自身特征与阿芙精油进行了融合;小米将雷军的"技术男"特征与产品进行了很好地融合,最初的

"米粉"大多是技术发烧友。

品牌卡通形象人格化是品牌人格化的重要手段之一。在互联网品牌中,有非常多对品牌进行卡通人物形象化 IP 塑造的案例。三只松鼠设计了三只可爱的小松鼠,并将客服对客人的称呼统一为"主人",既打造了品牌沟通的亲和力,也解决了商家对客户称谓的问题。白酒品牌江小白塑造了一个卡通人物形象,并赋予卡通人物一个"屌丝"形象(见图 3-288),就像自己在开心或难过时的倾诉对象,把品牌与用户之间的关系拉得无比亲近。糖果品牌徐福记在针对儿童的糖果品类中,设计了一个熊博士的卡通人物(见图 3-289),拉近了与小朋友的距离。不过可惜的是,熊博士并没有把卡通形象与产品商品详情进行很好的结合。

图 3-288

图 3-289

品牌虚拟形象人格化塑造的难度比较大,需要长时间沉淀和积累。服装品牌茵曼给消费者的感觉是一位服装设计师,可以为用户提供服饰搭配咨询服务。沙发品牌芝华仕则化身空姐,为用户提供头等舱服务(见图 3-290)。

图 3-290

品牌与 IP 合作进行人格化移植的方法则是很多品牌借力 IP 引流,并将借力的 IP 人格属性移植到品牌上的模式。哈喜国际是喜临门集团旗下的一个儿童家具品牌,其与迪士尼签约将漫威 IP 引入品牌,在进入市场时,通过众筹将漫威英雄的形象与儿童崇拜英雄的心理结合,对品牌赋予了漫威的 IP 形象(见图 3-291)。

图 3-291

阿芙精油多次跨界与几米漫画、凡·高及哆啦 A 梦等 IP 合作,运用跨界 IP 不断强化阿芙的品牌知名度（见图 2-292）。

图 3-292

与以上三种品牌文化的落地模式相比，跨界 IP 合作模式的操作难度比较大，而且投入成本相对比较高，并非一般品牌可以操作的模式。

第 4 章
运营拓展

本章要点：

- 从中差评中创新
- 社群运营
- 京东众筹
- 京东白条
- 站外引流
- 京东秒杀
- 无界零售

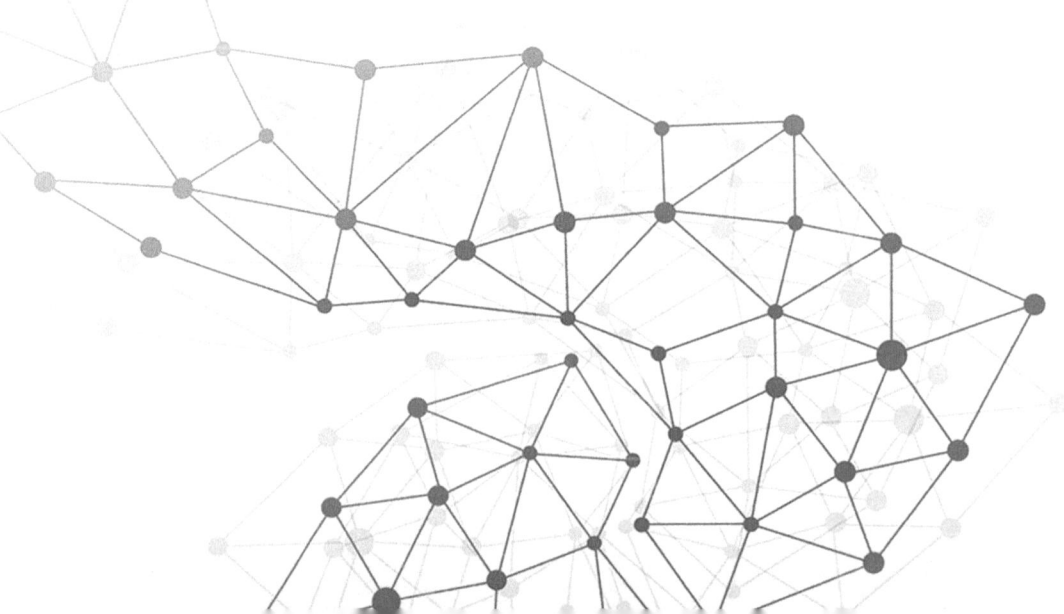

4.1 从中差评中创新

我们在京东商城开店做生意,梦想着有朝一日某一个或者多个商品可以成为类目爆款。但事实上我们会发现,爆款商品慢慢就不"爆"了,无论是流量还是订单量都呈下滑趋势,最终在榜单中消失,一个爆款的生命周期至此完结。一些有经验的店铺运营人员却能让店铺出现一个接着一个爆款。

其实很多店铺运营人员不是不知道问题出在哪里,只是反应慢,在大盘数据真正跌落低谷时才反应过来,此时已经失去了最好的机会。因此很多店铺会出现商品断档,然后又要从头再来,造成流量和时间的浪费。

只要我们在运营过程中注意收集客户反馈的问题,就能及时发现问题,并解决问题。收集问题的渠道不仅限于客户与客服的聊天记录,还应该包括售后问题反馈,特别是评论中的中差评内容(当然在五星好评中也有反馈问题的差评内容)和竞品的评论内容,如图 4-1 所示。

图 4-1

在分析完客户的反馈评价后,就要想到对应的解决办法,并做出调整。针对图 4-1 中的问题,店铺对产品进行了升级。升级后的高配版路由器将天线数量增加到 8 根,解决了信号差的问题,但是价格涨了一倍,如图 4-2 所示。

非标品因为有太多人工干预成分,没办法做到标准化。因此,非标品的标准化问题往往容易被忽视。而店铺运营人员一般都将精力花费在运营规划或者流量方面,如果售后客服没有将售后问题反馈给店铺运营人员,那么一些看似简单的问题就很容易被忽视,但这些问题会直接从客户评价中反映出来,如图 4-3 所示。

图 4-2

图 4-3

我们只要注意观察评价内容、图片、视频,就能发现问题,收集客户问题、解决问题也是一名优秀的运营人员的一项重要的工作。客户问题可以从自己商品的评价、竞品的评价、客服与客户的沟通记录等内容中反映出来。整理客户问题,并将其制成表格形式,召集相关人员进行讨论,最终提出整改方案。当然有些问题不能马上得到改进,如一些数码产品或者有技术含量的产品问题,但我们要清楚商品存在的问题。

4.2 事件营销

事件营销是市场营销活动中的高级营销方式,需要调集公司所有资源、人脉才能完成。事件营销对于公司或品牌的运营往往有着战略性的意义,一个公司或品牌可能因一个事件在一夜间走向成功,也可能因一个事件在一夜间走向衰败。

掌握事件营销的逻辑原理,对公司和品牌的运营有着深刻的意义。简单来说,事件营销就是针对能够引发群体性围观并对品牌或销量产生较大影响的事件进行营销。

4.2.1 事件营销的意义

事件营销是市场营销的高级形式,对于每个品牌的运营都具有战略性意义,是一把双刃剑。

一般来说,事件营销对企业有以下 3 方面的积极意义:

(1)能够快速传播品牌,提升品牌知名度。积极的事件传播能够提升品牌美誉度、使品牌获得粉丝支持。

(2)具有广告效应。成功的事件营销能够获得媒体的参与,是不花钱的广告传播。

(3)能够维护客户关系,提升公关形象。成功的事件营销会提升企业的品牌形象,使得客户关系更为融洽;会引发客户跟进,提升渠道数量,提升产品销量。

操作不当的事件营销会有以下 3 方面的负面效应:

(1)引发群体性事件,如大面积退货、用户漫骂、吐槽等降低品牌美誉度的事件。

(2)投入过多,投入产出不成正比。错误的预判可能使事件营销投入更多的资金。

(3)引起同行的不满甚至攻击,造成恶劣的影响,引发行业性集体危机事件。

事件营销是一把双刃剑,因此,企业在运用事件营销的时候需要用心策划,做好预案,才能进退有度。

4.2.2 事件营销的逻辑

事件营销的基本逻辑是制造爆点,通过爆点引发传播,继而引发讨论,形成刷屏甚至现象级事件,最终使品牌得到广泛传播。

爆点的制造是事件营销的关键点,先看一个案例,如图 4-4 所示。

图 4-4

喜茶进驻上海后因排队时间过长引发网友吐槽,从而诞生了调侃意味十足的丧茶。丧茶很具有娱乐精神,其制造了 3 个爆点:

(1) 丧茶的命名。把一个看似"衰到极致"的调侃命名为一个品牌,与喜茶对应,成为第一个爆点。

(2) 丧茶的"槽点"。"加油你是最胖的红茶拿铁""你不是一无所有,你还有病啊乌龙茶""加班不止加薪无望绿茶""你的人生就是个乌龙玛奇朵""前男友过得比我好红茶""爱上一匹野马,头上一片草原绿奶茶",这些语句是人们在娱乐时代的自我调侃及自我安慰,甚至自我精神的调节,是博自己一笑的触点,与朋友圈正能量文章形成对比,引发无数"槽点",这是能引发传播的第二个爆点。

(3) 设计了一个生无可恋的羊驼卡通形象,这个形象"衰"到极点又娱乐至极,能引起情绪低落人群的情感认同,启发每个人在情绪低落时学会自我调侃、自我调节、走出低谷,这成为第三个爆点。

这 3 个爆点的设计,使得丧茶立马在朋友圈刷屏,成为现象级事件。

爆点的设计,需要有"槽点"。所谓"槽点",即能吸引"吃瓜群众"关注的笑点、新奇点、感情认同点。

杜蕾斯的海报通常会使人们会心一笑,然后不由自主地将其转发到朋友圈或者各种群,这就是笑点;百雀羚"一九三一"的广告设计了一个民国时期的故事,这就是新奇点;丧茶引起人们关注,这里既有笑点也有"槽点",还有一定的情感认同点。

引爆爆点，需要特定的人群传播，以引导转发。一般来说，有以下几种引爆爆点的力量。

（1）员工：员工是企业的基本资源，每个员工都有几百到几千个微信好友，员工是引爆爆点的基础。特别是企业的创始人，他们的微信好友包含同行、投资人、供应商、同学等，这些微信好友是引爆爆点的第一力量。很多事件营销都是由企业创始人打响第一枪的。

（2）广告：部分企业的事件营销是通过投放一定比例广告来引发传播的，属于硬传播手段。

（3）种子用户：种子用户是指对品牌和产品有深入了解，并与品牌经常互动，对品牌有深入认同的用户。这些用户是品牌的忠实粉丝，能够主动对品牌进行正向的传播。种子用户是事件营销引爆的重要力量，如果第一批传播力量是带着良好口碑进行传播的用户，产品将更能引发其他人群的认同感。

（4）大 V 与意见领袖：这是引爆事件营销的关键力量，大 V 或者意见领袖拥有大量粉丝，经大 V 或者意见领袖转发的事件通常会引起大批粉丝关注，从而真正引爆事件。事实上很多事件是因某个大 V 转发而引起社会效应、引发刷屏的。

（5）媒体记者：媒体记者会从新闻价值的角度来看待事件，一个事件如果具有新闻价值，则会引起媒体的关注。媒体记者也是舆论导向的关键群体，把握好媒体舆论导向是保障事件营销正向传播的关键节点。

（6）大 V 与意见领袖讨论引发参与的人群：对于一个事件，不同的人会从不同的角度看待问题，从而表达不同的观点和意见。而不同的人对事件发表的不同观点和看法引发的讨论、对话，甚至争论，是保障事件能够持续保持热度的关键。但是有些观点会引发正向传播，有些观点则会引发负向传播，所以能否引导事件营销正向传播是事件营销成败的核心。

相对来说，事件营销硬传播与事件营销软传播其投入成本比较高，而且被传播的可能性不大，因此软传播更具裂变的价值。

4.2.3 事件营销的形式

事件营销有主动发起的，也有被动发起的，更多的是借势发起的。主动发起的事件营销属于制造事件，被动发起的事件营销一般属于危机营销，而借势发起的事件营销属于借势营销。就难度而言，借势营销难度比较大，该营销方式需要在极短的时间内切中要害、快速响应，并借机传播。

4.2.3.1 制造事件

制造事件是针对新品推广、新品牌创立,或者针对某个重要活动发起的营销活动。

制造事件的要点是轻量化、速度化和"槽点"化。轻量化,是指内容制造要轻,抓住一个点就够了。例如,一篇文章、一张海报或一个 HTML5 页面即可,不需要大规模的投入和长时间的策划。速度化,是指反应速度要快,能够迅速传播、快速引爆。"槽点"化,是指有能够引起关注的点,无论是引起争论、感情认可还是吐槽,都可以。前文有述,制造事件的首要任务是制造爆点,而爆点就是笑点、新奇点、感情认同点或者"槽点"。

1. 日销 2.3 万单菠萝的事件营销

广东湛江气候温润,适产各类水果。其中,徐闻的菠萝是全国有名的土特产。但是 2016 年因连降暴雨,果农丰收的菠萝滞销,收入受到影响。政府及相关部门对此非常重视,京东中国特产·廉江馆担起了帮果农把菠萝销售出去的重任。时间紧,任务重,也不可能有大的投入,轻量化的事件营销方式成为必然的选择。

首先,策划爆点。

果农水果滞销,受损的首先是果农,这对于果农来说这是一件令人伤心的事情,用笑点来引起关注肯定不适合,只能打感情牌。因此,把解决果农滞销、帮助果农作为情感爆点。通过公众号发布《湛江徐闻菠萝滞销,橙乡味道在行动……》的文章(见图 4-5),将徐闻菠萝出现滞销的信息,以及果农的心酸用文字和图片呈现出来,让读者感受到果农的处境。

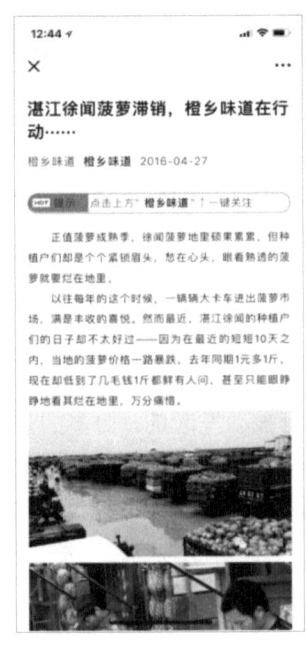

图 4-5

其次，事件传播。

果农水果滞销的事情已经出现过几次，想要获取大众的同理心似乎有点困难。但来自同一个地方的人，对于当地的水果品质，以及果农的辛劳是非常清楚的。因此，带动湛江的同乡转发文章是引发传播的重要途径。

笔者是湛江人，也是中国特产·廉江馆的运营负责人，为湛江果农解决水果滞销难题是义不容辞的。

行动的第一步是发动全体员工在各自的同学群、朋友圈等能够联系到的同学和老乡的社交频道中转发该文章，形成第一波信息传递。

通过老乡群等信息推送渠道获取信息的湛江同乡们开始大规模转发这篇文章，并向周边的朋友同事讲述徐闻菠萝的品质口感，让这篇文章的阅读量超过 10 万次（见图 4-6），成功地进行了传播的引爆。

图 4-6

最后，销售落地。

促销型的事件营销，销售的落地相当重要。中国特产·廉江馆向京东相关负责人重点讲述徐闻菠萝的优良品质，以及菠萝滞销对果农带来的严重损失，请求给予支持。

京东是国家定向扶贫的重点支持企业，对三农经济非常重视，为农村精准扶贫工作提供了大力支持。了解徐闻菠萝滞销情况之后，京东运营负责人快速协调、对接多方资源，给予了有力的支持。并在黄金资源"掌上秒杀"的黄金时段帮助中国特产·廉江馆进行促销（见图 4-7）。

图 4-7

公众号文章的销售引导直接指向"掌上秒杀"的落地页,文章引导的流量落地到京东"掌上秒杀",既解决了引流落地销售问题,又解决了新客户的信任问题。通过"掌上秒杀"的流量支持,促销活动一开始就有极大的流量,同时咚咚咨询也出现了爆炸式的增长,如图 4-8 所示。

图 4-8

最终,本次营销活动当天产生了 2.3 万单的销量,为果农销售了 20 多万斤菠萝,更为重要的是,让更多的人尝到了徐闻的好菠萝,打响了徐闻菠萝的美誉,可谓一举多得,如图 4-9 所示。

图 4-9

本次事件营销之所以能够获得成功,有以下几方面的原因:

(1)爆点的策划,以帮助果农解决滞销菠萝为情感诉求点,获得大众的情感认同,并引发抢购热潮。

(2)以公司的全体员工、湛江老乡等为种子用户,为第一波传播贡献了首发的力量。

(3)除了在老乡群、同学群、朋友圈的传播,更为重要的是一对一地联络了部分有影响力且身处外地的同学和老乡,这部分群体从某种意义上来说相当于大 V 和意见领袖,是引爆传播的关键节点。

(4)有效地争取并获得了京东的支持,解决了成交信任度问题,并获得了掌上秒杀的流量支持。

(5)采用轻量化传播,没有增加额外的推广和获客成本。

2. 百雀羚 3000 多万次阅读量刷屏事件

百雀羚品牌创立于 1931 年,至今已有 80 多年历史,是中国屈指可数的历史悠久的化妆品品牌。从 1980 年开始,百雀羚就致力于研究天然草本类护肤产品,并多次作为国礼活跃在国际舞台,是一直焕发光彩的老字号。

百雀羚 2010 年开始进驻电商,并且连续多年获得化妆品销售冠军。其营销活动不断,用户完全感受不到这个 80 多年的品牌有任何"老态"。

2017 年 5 月,有一则广告在微信朋友圈的转发阅读量高达 3000 多万次,部分转发这一广告的公众号都获得了 10 多万次的阅读量,成为一个现象级的营销事件,这则广告就是百雀羚的"一九三一",如图 4-10 所示。

图 4-10

"一九三一"广告的爆点,有3个方面:

(1)一镜到底的超长广告。这条广告是由局部气候调查组为百雀羚制作的一支长达427厘米的一镜到底的广告。这么长且不分屏的广告是以前从未有过的,这成为新奇和好奇爆点,可以称为"神广告"。

(2)"一九三一"讲的是一个民国时期的女特工执行任务的事情,以民国时期的大上海为背景,历史气息浓厚、画风清奇、伏笔丛生、故事性强,有较强阅读吸引力,进一步打中了读者的好奇心。

(3)"一九三一"是一个猜得到开头,猜不到结尾的广告,广告中的女特工最终杀死的对象是"时间",并点出"我的任务是与时间作对",进而引出百雀羚这一品牌。故事与品牌的结合天衣无缝,让读者会心一笑,打中读者的笑点。

有了以上的爆点"一九三一"就有了让"吃瓜群众"刷屏的基础。除此之外,"一九三一"在传播上也下了一番功夫。

首先,"一九三一"的发布是由局部气候调查组首发的,准确地说局部气候调查局公众号的粉丝是这支广告的种子用户,且该公众号的关注者大多是广告行业"大咖"级人物,所以该广告在广告行业产生了不小影响力。

其次,4A广告门、庞门正道等大号的转发是事件引爆的关键点,可以说这是扩散到"吃瓜群众"的重要渠道。

再次,各类媒体参与其中,自发报道,成为主动传播的起点。很多人是因为听说,或者看到了媒体的报道才主动找原文阅读的。

最后,在"一九三一"中还有与百雀羚相关的广告植入,并且如果消费者能找到植入的产品并购买该商品,那么将有优惠,这种互动性进一步提升了阅读的质量。

真正使这次广告热潮持续的是一篇名为《哭了!百雀羚3000万+阅读转化不到0.00008》的文章,如图4-11所示。这篇文章在广告圈、公关圈发酵,短时间内迅速达到10多万次的阅读量,引起了广告营销圈的大震荡,也吸引了创业邦、36氪、虎嗅、经济日报等上百家媒体参与讨论。

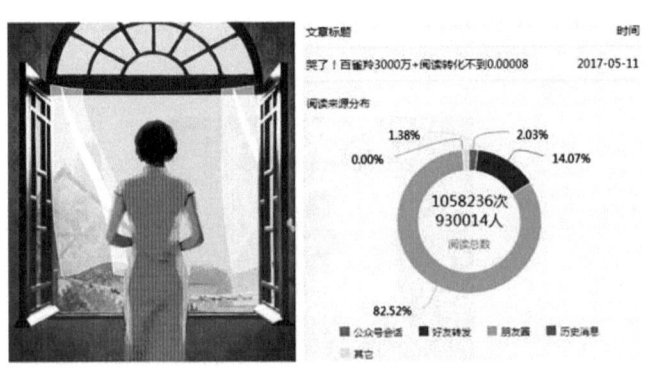

图 4-11

亿邦动力网报道，从 2017 年 5 月 9 日起百雀羚的曝光指数迅速攀升。2017 年 5 月 8 日百雀羚的微信指数还只是 12 万左右，第二天就达到了 457 万，5 月 11 日微信指数更是升至 824 万，数值大约是 5 月 8 号的 70 倍，如图 4-12 所示。与此同时，百雀羚的百度指数在 2017 年 5 月 9 日开始爆发，微博指数也在上升。

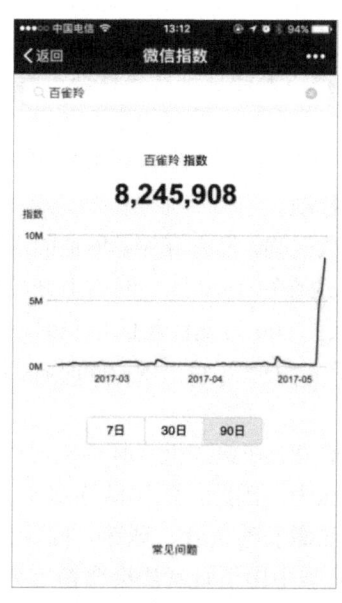

图 4-12

从争议的角度上来讲，各有各的观点、各有各的道理，但毫无疑问，3000 多万次的阅读量及后续的疯狂传播和讨论，使得百雀羚品牌成为现象级刷屏事件，在此次事件中百雀羚无疑是最大的赢家。

此次事件后百雀羚又推出了"四美不开心""三生花"系列广告，并获得了不错的阅读量和转发量。

4.2.3.2　借势营销

1. 华帝的借势营销

2018 年世界杯的最大赢家非华帝莫属。2018 年 5 月 31 日，华帝通过报纸、电梯广告、网络等媒体，开始投放一则看似非常简单的广告，配合世界杯打出了"法国队夺冠，华帝退全款"的广告。

2018 年 5 月 31 日 11 时 50 分，华帝公司官方微博发布了"法国队夺冠,华帝退全款"的微博，随后约 12 时起，追风少年刘全有、回忆专用小马甲、豆瓣说等微博营销号发布了带有微博话题"#法国队夺冠华帝退全款#"和附有董事长签字的报纸广告页图片的微博。这一波微博营销引发了大量关注，使相关信息量在 2018 年 5 月 31 日 13 时达到最高峰。

当晚约 22 时，大 V 们又发起第二轮微博营销，虽然比第一轮力度小，但因林更新发布的赠送 1000 张电影票的微博的加持，也吸引了不少关注。

笔者最先是通过电梯媒体看到这则广告的，最初只是觉得这是搭"世界杯"的便车而已，毕竟世界杯的广告赞助费是非常高昂的。后来才了解到，华帝是法国队的赞助商。

华帝此次营销，可谓是高举高打，从签约法国队，到向各类媒体投放广告，再到在微博发起的软投入，逐渐引爆传播。

大量大 V 营销号的微博传播，无疑是这次事件获得爆发的基础。

不管是不是球迷，人们多多少少都会关注世界杯，世界杯吸睛能力巨大，无论对哪个品牌来说，这都是一次借势营销的好机会。华帝作为法国队的赞助商，借世界杯的热点进行促销活动是一次必然的营销行动。

即使法国队只是进入八强或四强，没有夺冠，华帝的这场借势营销活动也是稳赚不赔的。但犹如神助的是，法国队真的夺冠了。此时，网络上开始出现各种为华帝担心的声音。

在网络上出现关于华帝退还 7900 万元巨款的信息时，华帝是否会兑现承诺引发了各路媒体的关注。于是，关于华帝的文章开始出现，同时各网友的评论也越发激烈，这才是这场"借势营销"真正的开始。

华帝作为一个老牌的上市企业，在策划世界杯活动时，一定考量过如果法国队真的夺冠，公司退全款要承受的资金压力。因此，法国队夺冠不存在不予退款的问题。

但担心华帝不予退款的说法激发消费者、球迷、同行、媒体，以及部分大 V 参与讨论。无论是被讨论、质疑，还是被中国消费者协会微博点名征集消费者投诉，其实对于华帝来说都无关紧要。吵得越热闹，参与本次事件的人越多，品牌获得的传播效果越好。从百度指数来看，2018 年 7 月 16 日华帝的搜索指数达到了顶峰，如图 4-13 所示。

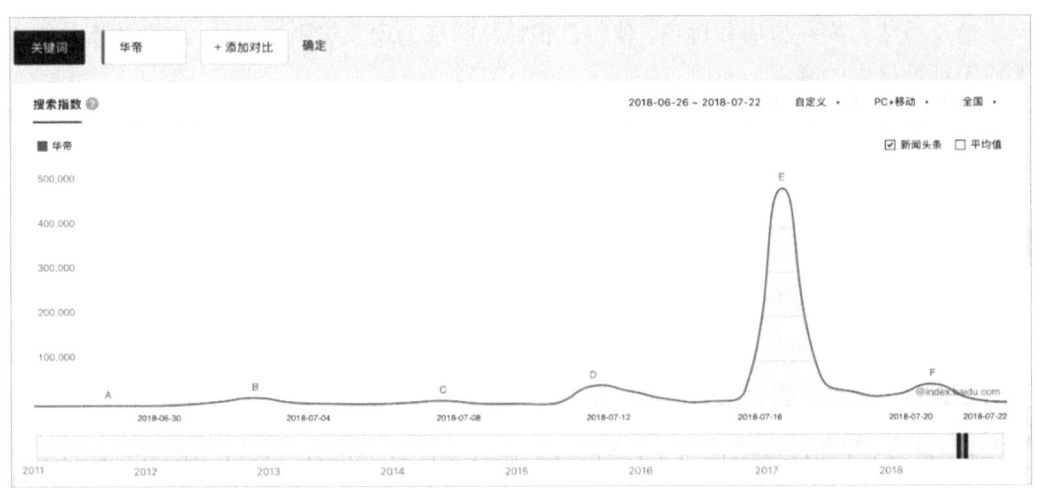

图 4-13

只要华帝适时宣布按广告承诺全额退款，本次营销事件就不可能变为危机事件。且最终的结果将是，公众认为华帝是一个负责任的企业。

相对于世界杯其他赞助企业几亿元的广告费来说，华帝在世界杯期间的借势营销可谓很有水平，如图4-14所示。

图 4-14

纵观华帝的借势营销，有以下几个关键点。

（1）爆点的策划。

华帝的退全款广告，会让真正有需要的消费者产生认同感，商品无论如何都要买，从消费者的层面来看，如果法国队夺冠了，那么就真真正正省了钱。因此，改变了一部分消费者的选择立场。

随着法国队进入八强和四强，其夺冠的概率越来越大，这个爆点打中了大众的好奇心。华帝可能退款的消息不断在社交媒体上刷屏，关注法国队是否夺冠的人越来越多。

（2）传播。

此次华帝的传播分为三大阶段两条路径。

第一阶段，一条路径以媒体广告的形式，让更多消费者对品牌有所认知，为销售造势；另一条路径则采用社交App的形式进行线上的轻投放。

第二阶段，在广告媒体上，根据赛事进程不断更新投放内容，借世界杯之势让更多消费者了解到促销活动信息。线上则开始与大V和意见领袖合作，通过网络媒体让事件得到扩散。

有意思的是，随着法国队进入八强和四强，网络上被华帝可能存在"惊慌"的帖子不断刷屏，各种搞笑图片、搞笑段子层出不穷，这在很大程度上保持了华帝的传播热度。

第三阶段，赛事结束后关于退款兑现、华帝借势营销成败、华帝营销商等问题的讨论，使这次营销事件成为现象级营销事件。

很明显,最终华帝成为世界杯最大的赢家。

2. 杜蕾斯的借势营销

要论借势营销最聪明的品牌非杜蕾斯莫属。杜蕾斯是较早进入新媒体营销的品牌之一,其最擅长的营销方式就是借势营销,各种新闻热点都能成为杜蕾斯借势的对象。

2017年感恩节,杜蕾斯以一小时一更新的形式向11个品牌发布了感恩海报,堪称借势营销教科书式的案例,如图4-15所示。

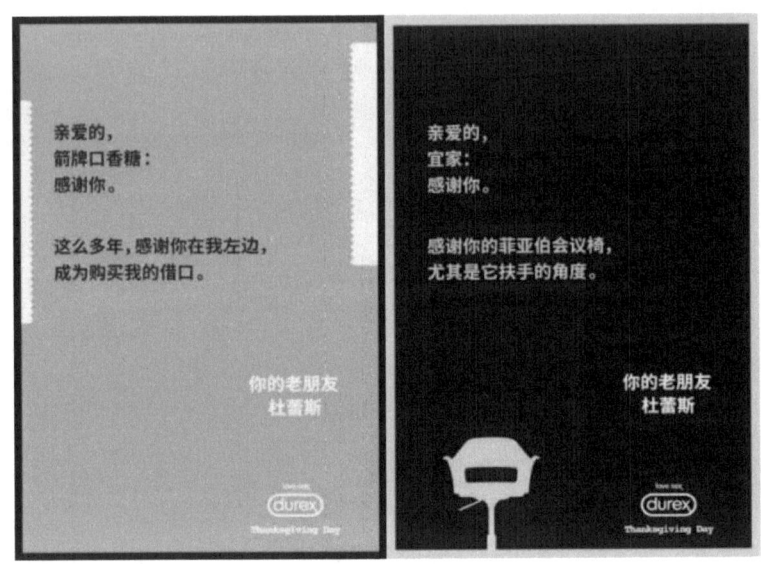

图 4-15

(资料来源:杜蕾斯官方微博)

杜蕾斯的借势营销玩得炉火纯青,任何有体量的新闻、节日、事件都是其借势的对象。在2017年的感恩节,杜蕾斯更是"套路"了11个品牌。

第一,杜蕾斯擅长轻模式,一张海报搞定所有内容。当一个新闻事件发生时,杜蕾斯总是能以最快的方式发布借势海报,速度之快难以比拟。

第二,"性暗示"玩得最好。读者在看完杜蕾斯的海报后总是会心一笑,然后将其分享到各种小圈子,赢得笑点。

第三,借势切入点精准,与品牌完美契合。似乎任何事件都与"性暗示"无比贴切,让许多文案和设计师拍手叫绝。例如,世界杯的海报(见图4-16),简单明了,但又含义丰富。

图 4-16

（资料来源：杜蕾斯官方微博）

第四，杜蕾斯的官方微博经过长时间运营已经积累了大量粉丝，其海报的发布阵地只需要这一个渠道，就能有足够的辐射力。

第五，神文案是杜蕾斯的撒手锏。杜蕾斯的文案简单明了，往往又是神来之笔，"性暗示"点到即止，不仅与时事热点结合紧密，还与品牌完美契合。例如，国庆海报、"双11"海报等（见图 4-17），在朋友圈得到大量传播。

图 4-17

（资料来源：杜蕾斯官方微博）

4.2.3.3 文案营销

文案营销，是指通过文案引发围观的营销形式。文案营销在操作方面既简单又复杂。

2015年4月14日早晨，河南省实验中学一名教师的一封辞职信引发网友热评。辞职理由仅有10个字"世界那么大，我想去看看"（见图4-18），网友评价这是史上最具情怀的辞职信。经过这次事件，当事人也成为当年知名的网红之一。

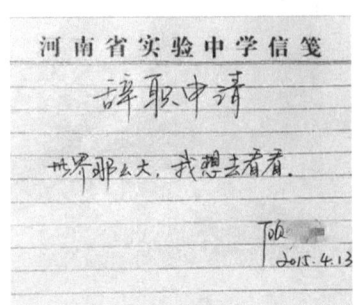

图4-18

这封辞职信可以被评为当年十大刷屏级事件之一，而且该事件还促使网络上出现了"世界那么大"文案体，是典型的文案型事件。

文案营销之所以说简单，因为一句简单的文案，便有可能引发网友热评，并引起广泛围观；说复杂，因为文案作为品牌或者产品营销是一个系统的工程。

江小白是一个典型的文案型营销品牌，如图4-19所示。

图4-19

江小白是重庆江小白酒业有限公司旗下江记酒庄酿造生产的一种自然发酵并蒸馏的高粱酒，是一款目标群体为"80后""90后"文艺青年的低度白酒。江小白提倡年轻人直面情绪、不回避、不惧怕、做自己，形成了一种"简单纯粹，特立独行"的品牌文化精神。

江小白能够在短短几年内迅速从众多白酒品牌中脱颖而出的原因是其"扎心"文案的疯传。

江小白文案分为三类，第一类是主产品海报，第二类是产品包装，第三类是品牌海报。其文案的爆点是足够"扎心"，能引起情感共鸣。

"我把所有人都喝趴下，就为和你说句悄悄话""我们总是老得太快，却聪明得太晚""大道理人人都懂，小情绪难以自控""我们最先衰老的，从来不是容颜，而是那股不顾一切的闯劲""手机里的人已坐在对面,你怎么还盯着屏幕看"……这些句句经典、字字灼心的文案能让人从心底里产生共鸣,并在网络上得以疯传。

江小白文案之所以"扎心"是因为江小白的文案始终都是站在用户的角度来表达各类场景和价值主张的。

江小白的成功,归结于以下几个方面。

(1)江小白的用户群体定位非常清楚,"80后""90后"的文艺范青年,这部分人是互联网的原住民,有自己"特立独行"的标签。

(2)江小白设计了很强的参与感,无论是微博的互动,还是"表达瓶"(见图 4-20)内容的征集,都增强了用户的参与感。很多文案是用户自己写的,这也是江小白文案"扎心"的原因,真正能够站在用户角度去思考和表达的只有用户自己。

图 4-20

(3)江小白的文案有系列性,能够引导用户参与,提高用户期望值。例如,"早知道"系列(见图 4-21)、"表达"系列、"有的酒"系列,都是系统策划的产物。

图 4-21

(4)江小白赋予了品牌非常清晰的人格化特征,这使得江小白成为一个独立的 IP,具有了与用户进行沟通的能力。

事件营销的核心是能够引导和激发大众群体性"围观",可以通过文案、海报借势或者制造事件来进行品牌传播。更简单地讲,事件营销需要的是一个能够让围观者转发分享事件的理由和能够将之引爆的"火种"。

电商运营从业者要能够充分利用移动互联网的爆发力和新媒体传播的特点进行事件营销的策划和执行。

4.3 断臂一战

商场如战场，很多时候与竞争对手的竞争会因为一个小小的失误而一败涂地，特别是在电商环境下，经营者犹豫不决是竞争失败的根本原因，而且大部分经营者是围绕以下几个问题犹豫不决的。

第一个是商品开发问题。很多时候一些老店铺的业绩处于下滑状态，有些店铺老板很想用力推动一下，但是在浅尝辄止后又回到原地踏步的状态；另外一些店铺老板意识到了商品目前存在的问题，想对商品进行更新换代，重新做新品进行推广运营，但是发现从开模到库存压力无一不涉及巨大开销，从而望而却步。商品开发问题的决断与老板的魄力和判断力有很大关系。以一款电水壶为例，旧款电水壶销售已经超过5年，行业大盘类似品的销量都在下滑，经过一番数据分析，最终决定进行新品开发，虽然仅开模费就50万元左右，但是经过两个多月就开始盈利了。商品款式变化如图4-22所示。

图 4-22

第二个是广告营销费用投入问题。店铺运营稳定后，大多数人不太愿意继续投入广告营销费，而是想要资金回笼，将之前投入的那部分亏损赚回来。但这样做往往会错过商品向更高级别提升的机会。事实上你的竞争对手不会放过任何一个机会，在你休息的时候，他就会奋力直追，差距就是这样被拉近的。

我们换个角度思考问题，如果竞争对手让商家感觉像是一座不可逾越的大山，那么实力不足的商家就会选择束手就擒、不敢发力。当然也会存在一些有初生牛犊不怕虎精神的商家，他们孤注一掷，与你的距离越来越近，最后与你齐名或者成为类目第一。

第三个是人员扩张问题。虽然不同类目的人员配备情况不一样，但是大多数人希望团队的人身兼多职，从而减少人工支出，使利润有盈余。也有一些其他观点，如"一人百万"等，但事实并非如此，团队在开始的时候激情非常高，到达天花板很长一段时间后大部分人会感觉越发吃力。所以在人员扩张方面要从实际情况出发，不要因为每个月多几千元的人工支出而不进行人员扩张,这可能会因应付不及带来损失。

第四个是备货问题。笔者比较认同一句话,即"当货在仓库的时候,那是一堆垃圾,货只有卖出去才叫钱"。因此,当我们开始操作一个新品的时候,哪怕是非常有经验的店铺运营人员也不敢大批量备货,担心一不小心巨额资金就变成了库存。还有一种不备货的情况,这些商家直接从市场上采购货,能卖多少就进多少货,这样导致的问题就是此类商家永远不敢参加活动,销量少了担心平台运营人员责怪,销量多了担心发不出货,最终错失外面精彩的世界。

很多时候我们不是没有机会,而是不懂得抓住机会。决断是需要很大前瞻性和魄力的,一般情况下,建议大家在计算好风险的情况下用尽全力去尝试,不给自己留太多后路。

4.4 社群运营

随着移动互联网的发展和社交软件的普及,社群成为移动互联网时代重要的运营模式。

社群,是指以社交为基础,以某种连接点为纽带的人群群体。这个群体中各成员之间能够产生积极的互动,并为社群的发展贡献相应的资源,提高社群的能力。

4.4.1 社群运营的意义

社群运营是指集聚一群有共同兴趣爱好、发展目标或共同利益点的人,并使之产生足够的活跃度和黏性。

社群运营是要让社群不断发展和壮大,使其具有更大的影响力和变现能力,使品牌或者社群本身能产生更大的经济效应和社会效应。

从电商或者品牌的维度来说,社群运营就是要集聚大量用户,使用户之间、用户和品牌之间成为朋友,通过自身不断发展壮大,为品牌的销售和发展贡献更大价值。

社群运营,需要按以下几个步骤来进行:

(1)创造社群能动力;
(2)种子用户社群化;
(3)新媒体运营与社群裂变;
(4)社群变现。

4.4.2 创造社群能动力

社群运营,简单来说就是要建立社群,并让社群活跃起来、发展起来。而让社群建立、活跃并发展的核心就是社群的能动力。所谓能动力,是指一种让社群群体能够主动、积极参与到社群中来,并为社群发展和壮大提供能量的动力。

一般来说,社群的能动力可以从以下四个方面来创造。

第一,社群的好玩性。好玩性是激发群体参与性较好的方法之一。好玩性的含义包括两个方面,一方面,是指社群中大多数人有共同的兴趣爱好,如摄影、徒步、烘焙等,大家因共同兴趣爱好而共同参与、共同探讨、共同学习、共同进步;另一方面,是指社群本身具有好玩性、搞怪性或创意性,进而引导大家共同参与、共同快乐。

某榨汁机品牌在京东店铺运营过程中将所有老客户集中到几个群里,这些群讨论的是与美食相关的话题,如各地的美食(旅游话题)、如何制作美食(烹饪话题)、宝宝营养(育儿话题)等,这些群非常活跃。

第二,社群的商机性。社群的商机性,是指社群成员之间,或者社群与品牌之间的连接是否能够产生新的商机,让参与其中的人能够拓展人脉,产生一定的经济价值。

茵曼服饰引导粉丝开设线下店铺,既让其线下店铺获得了高速发展,又让开店的粉丝赚到了钱、开创了新的事业。"奶爸联盟"(见图 4-23)是一个倡导爸爸带孩子的社群,这个社群经常组织爸爸与孩子间的亲子活动,也经常组织能让社群成员之间进行商业交流的活动,如企业互访、资源对接,这些活动既有亲子的乐趣,也让各成员之间有商业交流的机会。

图 4-23

第三,社群的知识性。所谓的知识性,一是指社群本身具有培训性质,能给社群成员带来相应的学习知识的机会;二是指社群能够提供相应的学习方法或学环境,能够让成员更快或更好地学习。

熙墨实验室是李熙墨创办的一个关于成人性学的社群(见图4-24),在这个社群里经常有各类性学专家传播性学知识。其传播形式多样,既有直播形式,也有文章、报告、线上课程的形式。熙墨实验室采用收费形式,会员年费为 2 999 元,目前会员数量接近 500 人。但这并不是熙墨实验室主要的收入来源,其主要收入是通过店铺销售成人情趣用品带来的。

图 4-24

通过知识性组成的社群,在生意模式上有很大的灵活性,品牌既可以通过商品销售获取收入,也可以通过培训获取收入。

第四,社群的荣誉感和归属感。荣誉感与归属感属于社群的内核,只有建立起社群人员的荣誉感,让社群人员产生归属感,才能使得社群具有真正的凝聚力。

一个好的社群,应该具有两个重要的能力,即同化力和区隔力。

同化力,是指社群对新入社群的成员或者还没有进入社群的围观者具有很好的同化作用,能够让新进入社群的成员对社群有更好、更深入的认识,让其以最快的速度融入社群,社群成员能够认可社群的价值观和行为方式,能够积极地参与到社群活动中来。

区隔力,是指社群能够有效区隔不属于本社群属性的成员。需要明确的一点是,社群的作用不是传播,不是越多人知道越好、成员越多越好,而是成员越精准越好。有些社群采用付费的形式来区隔社群成员。

4.4.3 种子用户社群化

建立社群并非简单地把几十个好友拉到一个群里,而是要区隔选择,将符合社群要求的成员纳入社群,这些符合社群要求的成员就是种子用户。

种子用户的来源有以下几个。

(1)通过一定的筛选机制,将老客户中符合社群建设要求的用户邀请进种子群。

(2)将公司所有同事的朋友圈里符合社群要求的人邀请进种子群。

(3)寻找一部分符合社群标签的 KOL(Key Opinion Leader,关键意见领袖),邀请其进社群成为社群的意见领袖之一。

(4)用与产品或者内容相关的内容吸引用户。可以通过邀请行业专家,让他们提供最权威的关于产品或者内容的专业指导意见,来保证社群在专业领域的专业性高度。

具备了种子用户、KOL 及行业专家,才基本上达到了建立社群的条件。在这个过程中,有以下几个重要的问题需要解决。

(1)建立社群的统一价值观。也就是说明确这个社群倡导什么、反对什么、崇尚什么。著名财经作家吴晓波在自己的"吴晓波频道"社群发表过一篇文章,阐述其社群的价值观:①认可商业之美;②崇尚自我奋斗;③乐意奉献,共享;④反对"屌丝"经济。或许社群的价值并非在社群开始建立起来的时候就那么清晰,但社群组织者一定要有清楚的价值观,也就是明确社群反对的是什么,这是使社群具备区隔力的首要任务。

(2)邀请目标 KOL、行业专家。社群需要明确邀请的 KOL 和专家的支持方式,是发言,还是讲课,还是写稿,还是活跃气氛等。

(3)制定社群的制度。特别是以微信群形式存在的社群,如果没有严格的社群制度,以及严格的执行,大多群会沦为广告轰炸群,这也是社群区隔力的重要表现形式。需要特别说明的是,很多社群在开始建立的时候,只注重增加人数,不注重人群的筛选,也不注重规则的制定和执行,最终导致群体内部人群混乱,失去了社群必要的独立性。只有具有独立性的社群,才能够走得长远。

(4)确定社群的主战场,是微信公众号,还是微信群,还是微博,还是其他渠道,不同的战场有不同的打法。

在完成以上几项工作之后,就需要引导种子用户进入群、公众号或微博主战场。

在电商领域有一种相对通行的玩法,即把老客户全部导进客服管理的工作群。然后以发红包,或者发礼品的形式提高群的活跃度,这样也能够留存部分老客户,做老客户 CRM。大多数商家通过在上新的时候为老客户提供非常大的折扣力度,来进行基础销售和基础评价积累。

这种留存客户的方法对于积累新品销量和评价是十分有效的,但是一个真正的社群绝对不只被用于积累新品销量和评价。

新媒体运营与社群裂变

新媒体运营的主要作用是放大社群影响力,吸引更多人"围观",产生裂变,从而发展壮大社群。

新媒体运营对于电商企业来说是非常难的事情,但是又是现阶段不得不做的事情。新媒体涉及的平台非常多,如文字新媒体有微信公众号、今日头条、微博、一点咨询、搜狐、腾讯、QQ 公众号、知乎、百度百家号等;视频新媒体有抖音、搜狐视频、爱奇艺、腾讯视频、今日头条、西瓜视频等;语音新媒体有荔枝 FM、喜马拉雅 FM、考拉 FM 等(见图 4-25)。

图4-25

运营好这么多的新媒体并不是一件容易的事情,而且电商运营本身工作量就非常大。而聘请更多的新媒体人员将会加大工资成本,这也是电商企业在新媒体领域建树不大的主要因素。

因此,电商企业应该选择一个主要阵地,将其作为新媒体的主打战场,集中精力做好一两个新媒体平台即可。京东商家的首要任务是做好两个京东新媒体的内容:一个是京东App 发现里面的内容,另一个是微信、QQ 购物里购物圈的内容。

1. 京东 App 发现

京东发现是京东App打造的购物内容平台(见图4-26)。其中,关于通过京挑客、京任务、京东达人等第三方服务商运营的内容不再赘述。

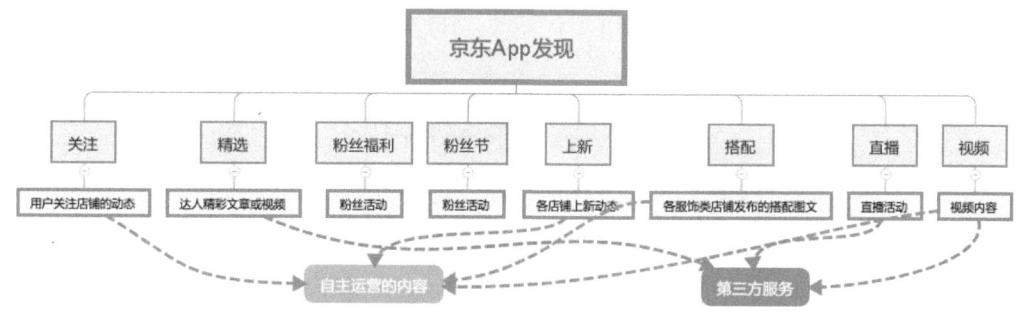

图 4-26

京东内容营销的后台入口集中在"京东·营销中心"下的"内容营销"标签下,如图 4-27 所示。

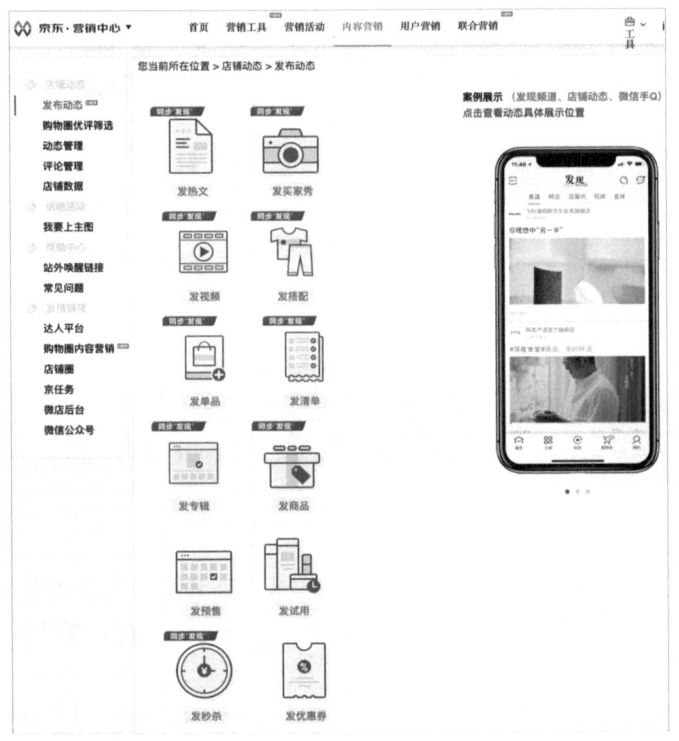

图 4-27

2. 发布动态

发布动态，是指在店铺运营过程中，发布一些新的内容。这些内容，会被同步到京东 App 发现栏目上。

能同步到京东 App 发现栏目的内容包括热文、买家秀、视频、搭配、上新、单品、秒杀、清单及专辑，如图 4-28 所示。

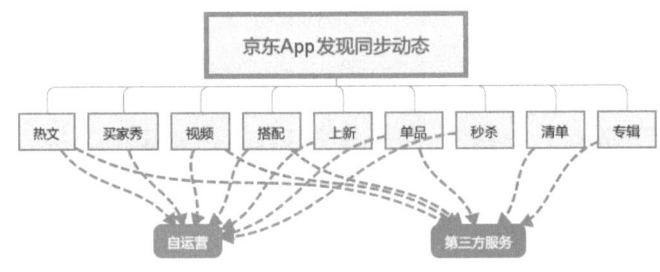

图 4-28

事实上，经过京东内容营销的很多品牌都有非常大的收获。例如，在京东上茵曼服饰积累了 238 万个粉丝，西遇积累了近 25 万个粉丝，ECCO 男鞋积累了近 70 万个粉丝，如图 4-29～图 4-31 所示。

图 4-29

图 4-30

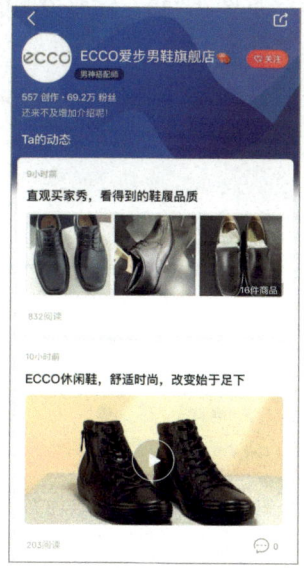
图 4-31

热文，是指商家自己撰写或者由达人代写的与产品或品牌相关的各类文章。其既可以是推荐类文章，也可以是搞笑类文章。要注意的是，写此类文章的人需要一定的功底，否则文章的阅读量不够成不了热文。不过，写文章也并没有那么难，很多运营人员会在京东内容平台注册为达人，不仅为自己店铺写文章，还可以为其他店铺写文章。

买家秀主要是把买家的秀图筛选出来进行展示，其操作骤如图 4-32 所示。

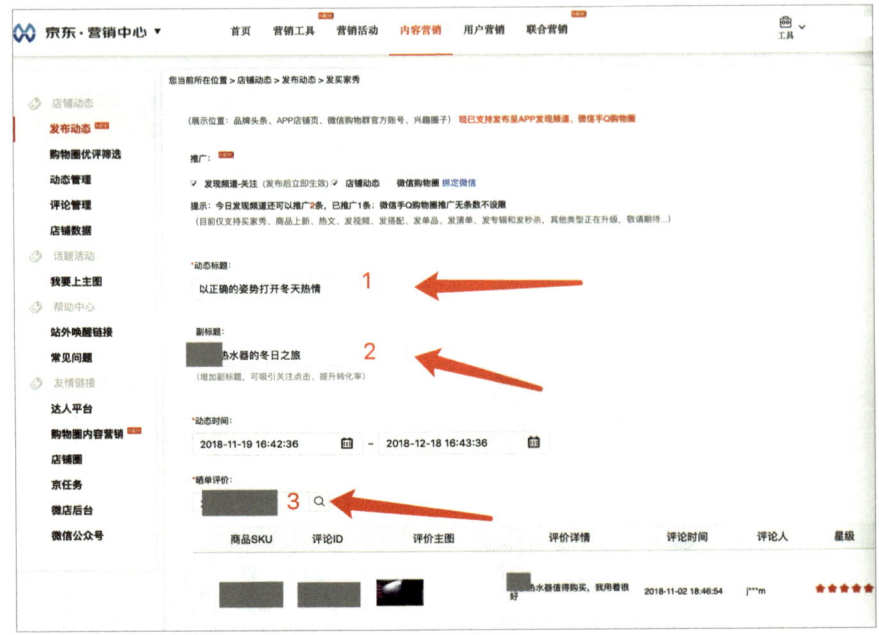

图 4-32

发视频的操作相对比较简单（见图 4-33），需要说明的是，一个视频最多可以关联推荐 10 个产品。

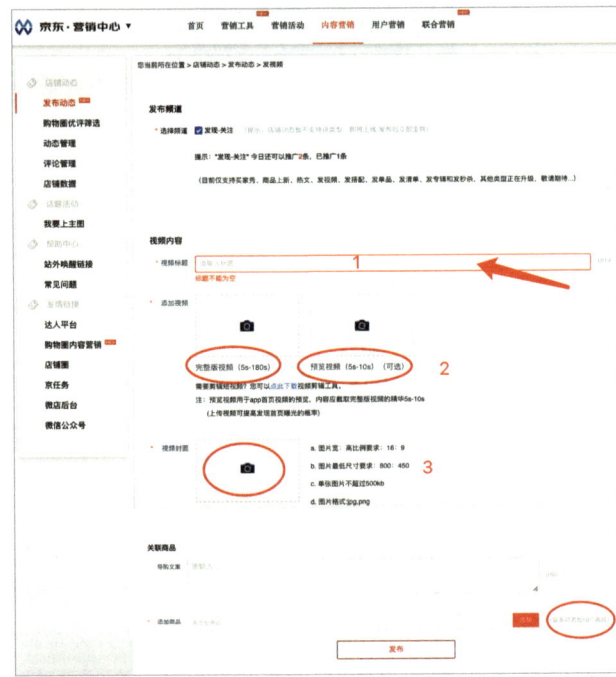

图 4-33

发清单的操作也比较简单（见图4-34），注意发清单还可以添加一个投票有礼的互动环节，以增强用户参与感。

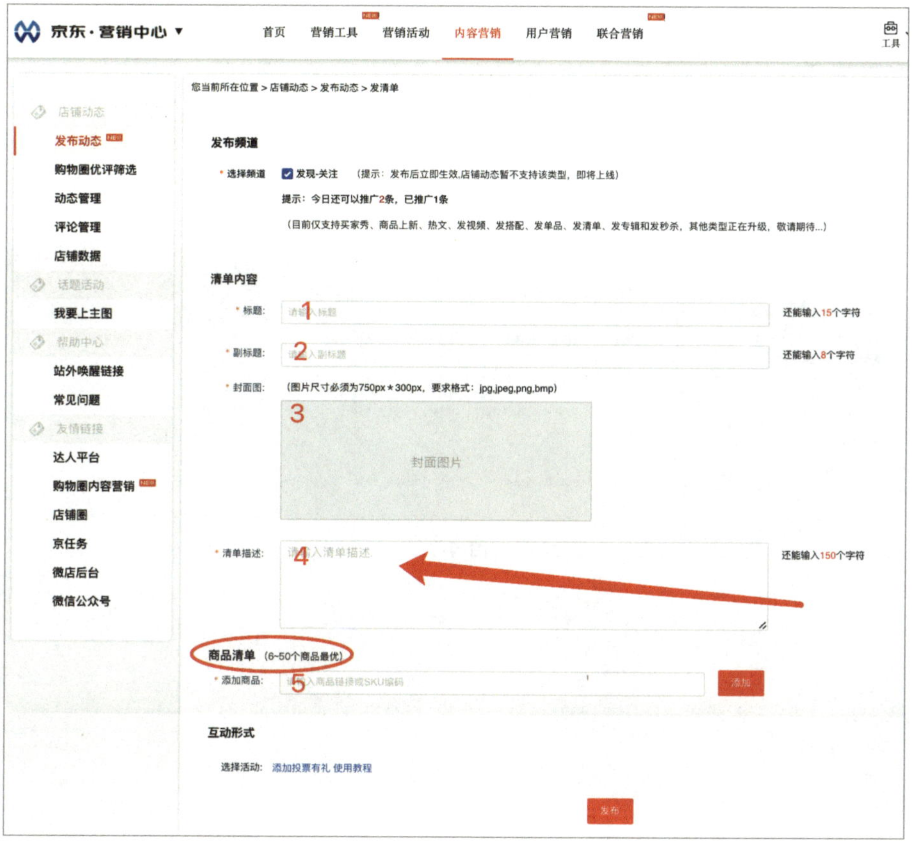

图 4-34

关于互动参与设置不复杂，但涉及的步骤有点多，可以扫描图 4-35 所示二维码查看。

图 4-35

以上内容单击"动态管理"标签（见图 4-36）即可查看；单击"店铺数据"标签，即可看到经过内容营销的商品的数据（见图 4-37）。

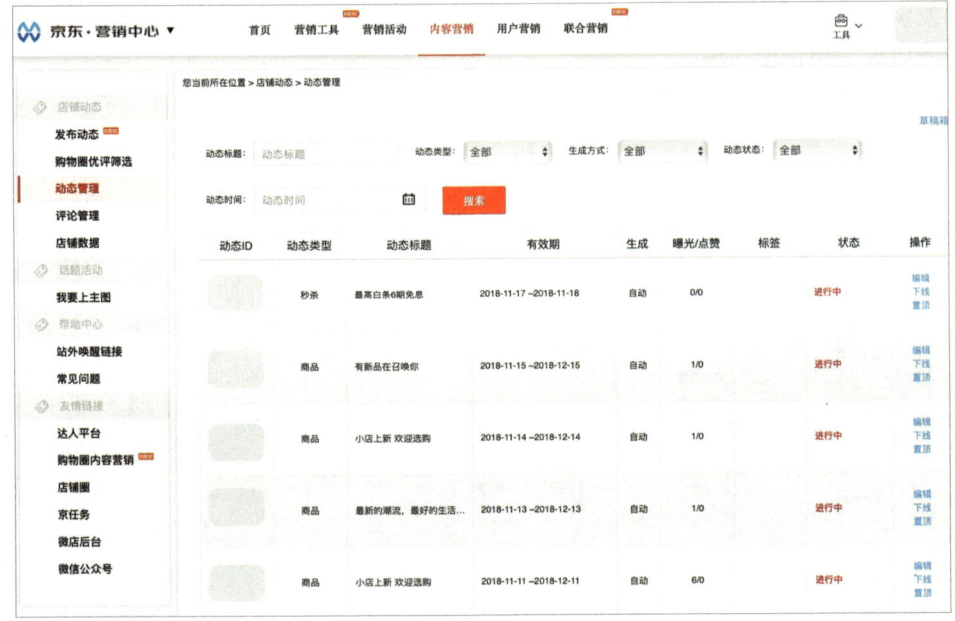

图 4-36

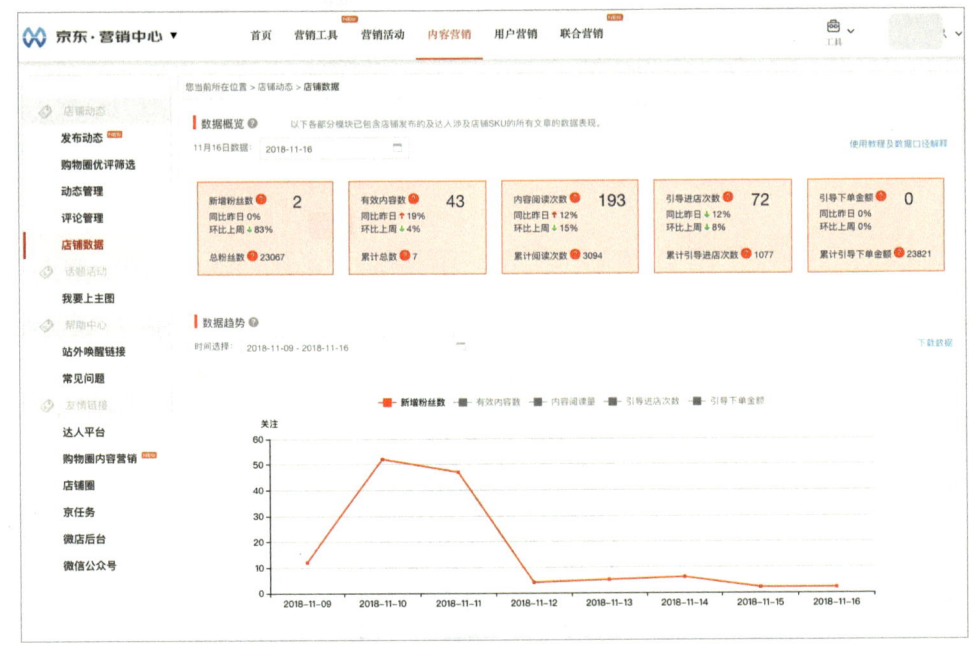

图 4-37

3. 购物圈

什么是购物圈？购物圈是微信内容生态中唯一集 UGC（User Generated Content，用户原创内容)购物分享和资讯内容导购于一体的电商社区。购物圈内容覆盖微信发现入口、微信钱包京东优选入口、JD.COM 一级服务号、腾讯 QQ 浏览器及天天快报等大流量场景，坐拥千万级曝光量，是品牌及商家内容营销的新阵地，是京东、微信、手机 QQ 购物内容导购社区。购物圈生态构成如图 4-38 所示。

图 4-38

购物圈优评，是指买家购买产品后，通过图文评价的形式在购物圈向其他用户推荐产品。表面上，该部分对于商家而言是一种由用户主动发起的分享，商家只是被动审核的过程。但事实上，这需要商家对用户进行大力引导，并协助用户进行购物圈优评，如图 4-39 所示。

商家要主动出击，将店铺入驻购物圈。

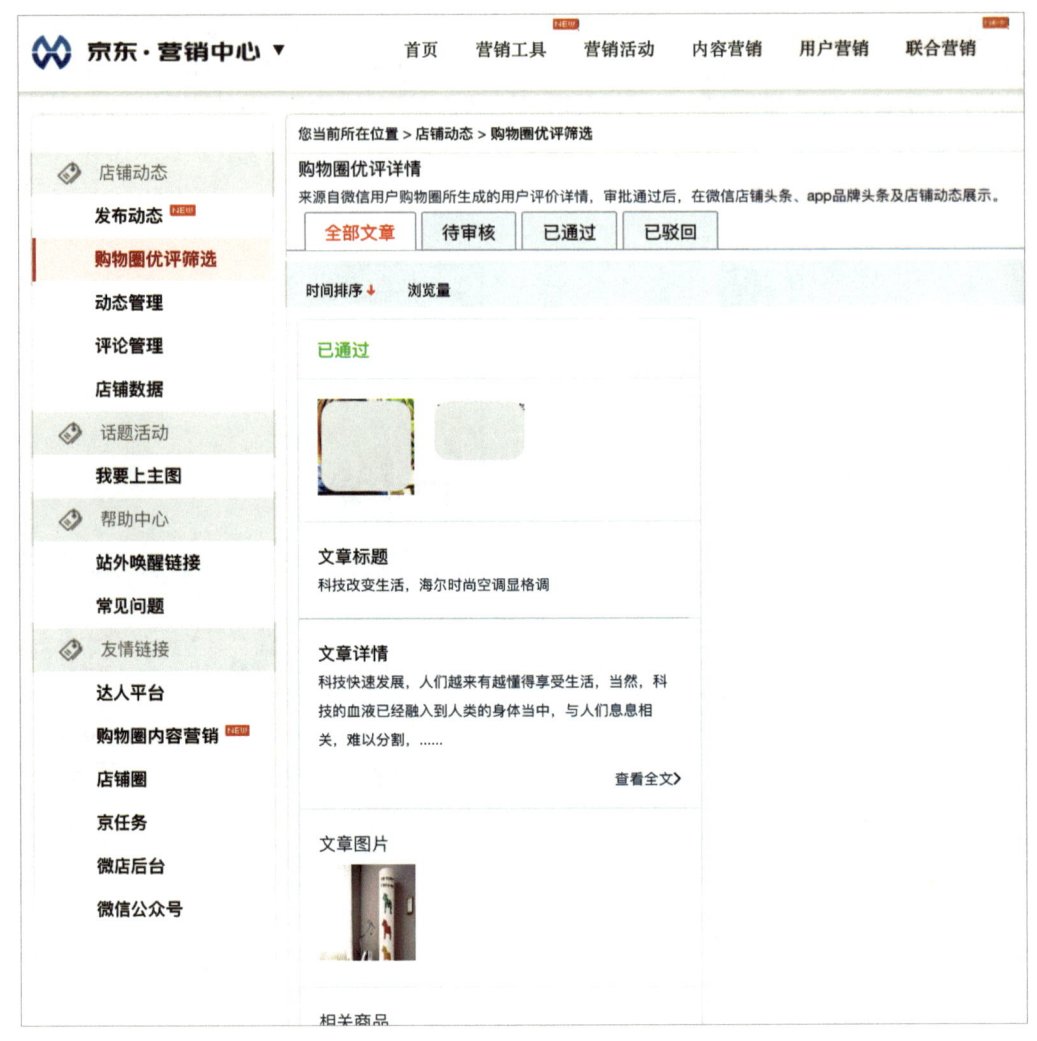

图 4-39

店铺入驻购物圈的步骤，如图 4-40 所示。商家可以通过购物圈晒单有奖活动促进粉丝晒单（粉丝可以通过微信好友对晒单内容进行传播，实现内容扩散）实现粉丝互通、内容同步；也可以通过投票、PK、免费试用等活动吸引目标客户参与社区互动，进一步扩大店铺在微信流量生态下的品牌影响力；还可以结合店铺商品特色及当下热点进行文章创作，优质文章将被挑选出来并在上述千万级流量场景中曝光，实现销售转化。

客户关注店铺微信购物圈账号，将同步关注京东店铺，商家可将微信客户群沉淀为自己店铺的粉丝，从而进行后续新客户和老客户的维护及二次营销。只要商家打通账号，购物圈就可以为其提供引流拉粉、粉丝触达、粉丝活跃等能力。

某厨房置物架品牌，很早之前就开始运营购物圈内容了。其通过发布图片、热文、搭配和清单等多种购物圈内容，将一个新店铺的月销售额从 0 元做到 50 余万元。这是笔者见过较早玩购物圈并且获得收获的品牌商家之一。换个角度来说，目前为止，只要努力去做京东购物圈的内容，就能够积累粉丝，如果能把内容做得有趣、可读，那么其作用将会十分显著。

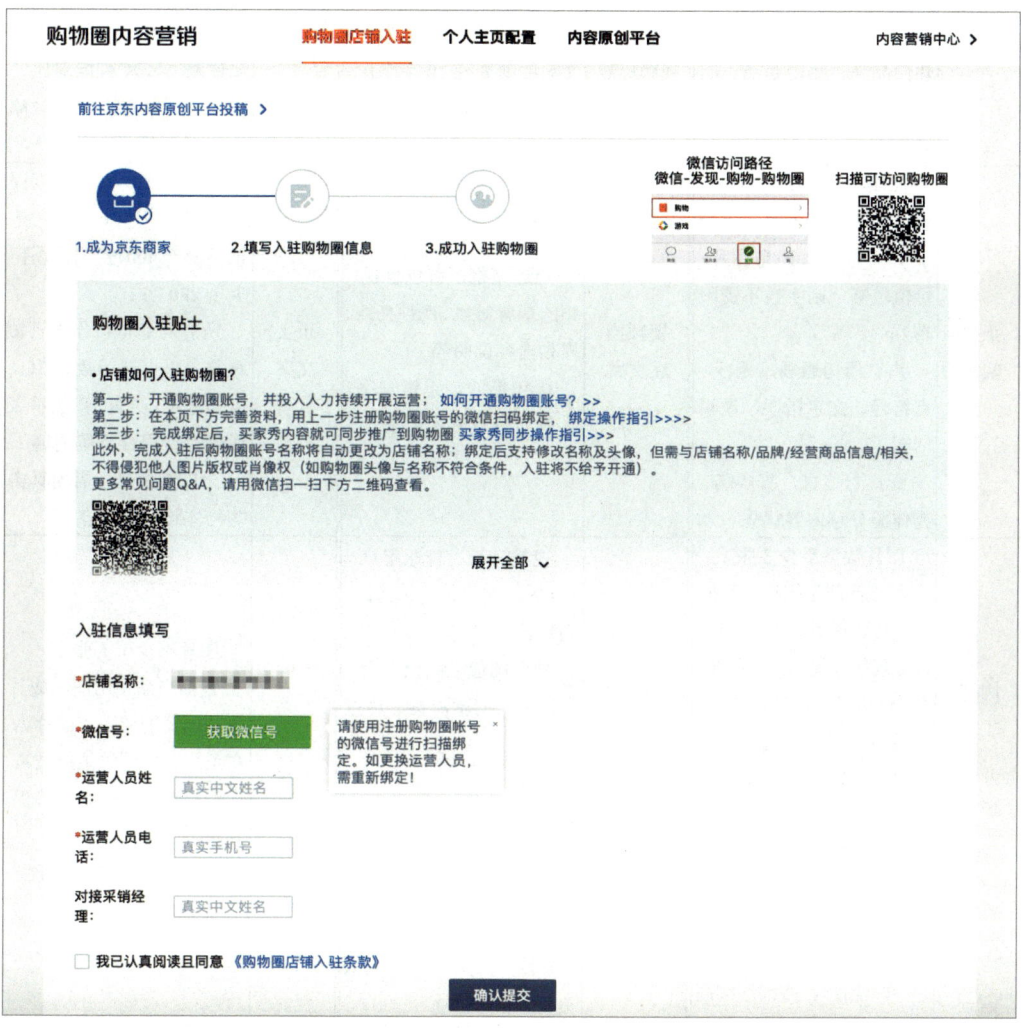

图 4-40

购物圈基础内容要求，如表 4-1 所示。

表 4-1

购物圈基础内容要求					
晒单内容要求		15 秒短视频晒单内容要求		好物评测内容要求	
标题主题	无主题要求，文字无误、具有引导价值（热点、热门品牌、热门单品、明星、行业达人等内容优先精选）	视频标题	系统将自动截取描述文案的前 8～10 个字作为标题，需写明视频主题	标题主题	无主题要求，建议精准传达文章主旨，如 ×× 开箱评测、×× 性能对比、×× 上手体验、×× 攻略、×× 试色等
正文文案	文案有可读性且具有吸引力，内容丰富，不少于 15 个字（如晒单图片价值较高，则字数不受限制）；内容语句通顺，无标点符号、文字错误，逻辑清晰；无广告信息，真实购物体验分享内容优先	视频描述文案	描述完整，可包含视频的观看对象、视频亮点、视频内容说明等；语句畅通，无错别字；符合内容基本要求	正文文案	资讯、晒单均可，以评测内容合理选择文体；资讯不少于 400 字，晒单不少于 280 字；所有商品均可作为评测对象，重点展示数码 3C、电脑家电、美食、箱包手表、新奇特日用百货等内容；无广告信息，需为真实购物体验分享内容
图片	图片数量至少 3 张；精选高质量图片（有拍摄技巧、使用修图工具后期处理等）优先，原创图片（包括用户截图）优先；图片与内容主题一致；无水印、无广告，不得为商品详情图	内容	视频时长：普通用户 15s 内，明星、小编可适当延长；视频图像：图像及声音清晰，剪辑流畅、尽量竖屏；视频内容：原创作品；可看性强，如有一定娱乐价值搞笑轻松的剧等；或有一定学习价值 how to 类视频、教学、生活小技巧等；观赏性好，好看、美的事物、美女、帅哥等	图片	图片不少于 5 张；包括产品使用图、成片图，以及细节图，图片为实拍，会构图等拍摄技巧优先精选，酌情修图确保真实；图片与内容主题一致；无水印，无广告
商品	商品与内容相关，与晒单图片强结合内容优先；成人用品内容不得精选；单个用户、店铺连续高频发布同一款产品内容不得连续精选；商品有库存，有销量，评分高	商品要求	插入规频中推荐或关联的商品	商品	至少插入一件商品，商品与内容相关；商品有库存，商品图无牛皮癣
		商品数量	至少插入一件商品		

店铺圈是一个与京东购物圈玩法完全不同的功能，店铺圈运营后台如图 4-41 所示。

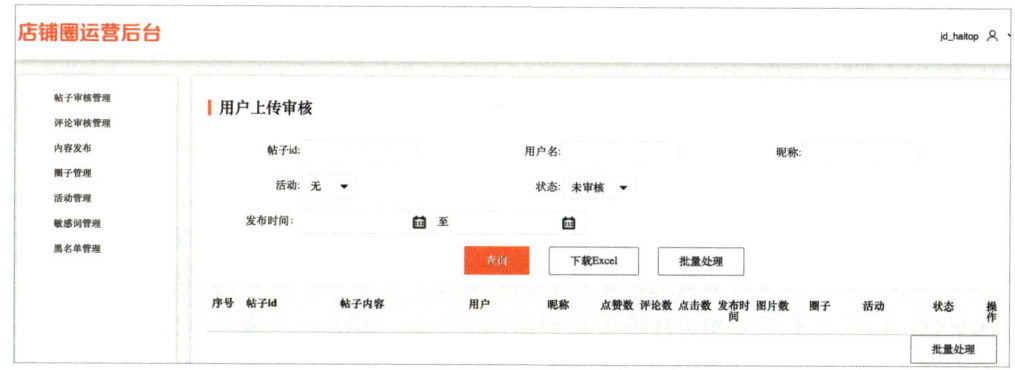

图 4-41

店铺圈是由店铺建立起来的一个以兴趣为核心的群体,而且一个店铺只能建立一个店铺圈。简单来说,店铺圈就是以店铺为基础,店铺运营人员为 KOL 的兴趣部落。

店铺圈的入口在"京东·营销中心"下的"内容营销"里(见图 4-42)。

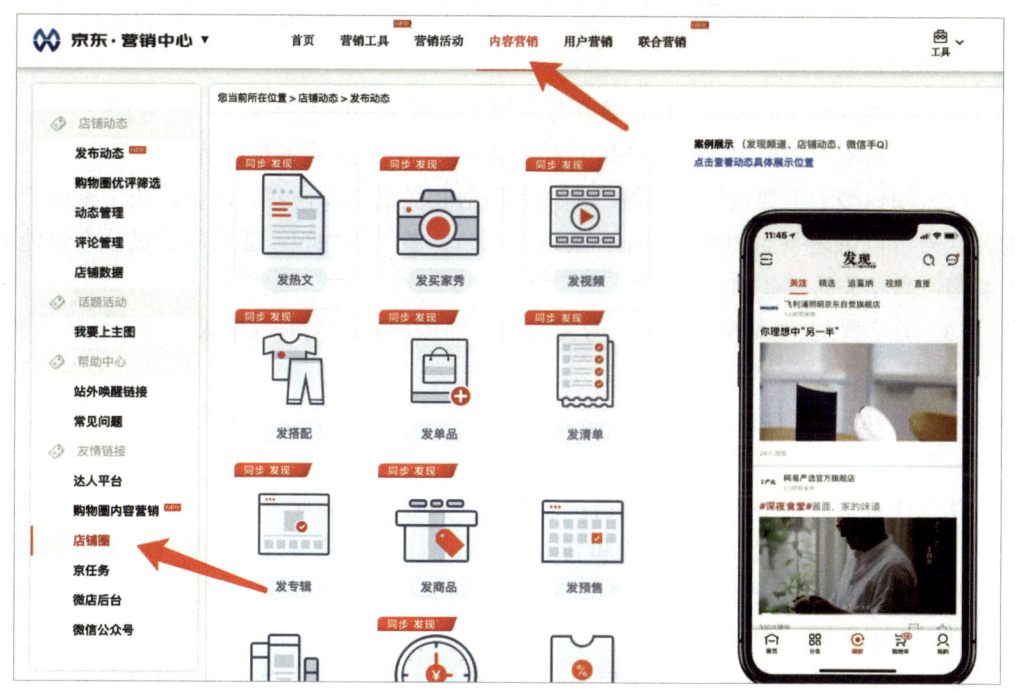

图 4-42

如何建立一个店铺圈?

从操作层面上来说,只需要从"京东·营销中心"进入"店铺圈"即可开始创建;然后根据后台的要求,如文字多少、图片大小等,上传相关内容后,即可完成创建。

店铺圈的创建过程比较简单,但有两点需要注意。一点是店铺圈创建完成之后,必须进行楼层配置，否则 App 前端店铺圈页展示为空；另一点是在店铺圈开通以前，需在后台发布 10 条以上的帖子。

店铺圈建立后，其默认状态为隐藏，需要手动改为显示状态。

除了京东的购物圈和店铺圈两个重要的新媒体内容，重点需要关注的新媒体平台是微信、微博、今日头条和抖音。

微信是最好的互动平台，粉丝既可以落到公众号，也可以落到微信群，还可以落到微信小程序，而且其用户基数大，是最大的社交平台。微博是很好的品牌官方发言的新媒体平台，因为其不需互相关注就可以直接发布信息，相当于广播。今日头条是发展最快的内容分发平台，可以根据用户不同的兴趣爱好，向用户推荐不同的内容，是用户阅读时间比较长而且有一定深度的内容平台。抖音是发展最快的新媒体平台。

社群的核心是群，因此，建立社群最直接、有效的方式是建立微信群，其他所有方式都属于单向信息沟通，而非社群互动。从这个意义上来说，微信是做社群不可以也不可能绕开的平台。因此，建议以微信公众号为基础，多个新媒体配合运营。

4. 微信公众号运营

对于店铺运营人员来说，微信公众号有以下 3 种主要的定位模式。

（1）产品型：主要用于发布产品上新信息、产品搭配、产品促销等。

（2）知识型：主要讲解与店铺产品或者服务相关的知识内容。例如，关于茶的产品的公众号可以讲述茶的种类、文化、茶道、品茶、茶具等知识，让粉丝通过公众号能够了解与产品相关的专业知识。

（3）玩乐型：主要是指通过公众号发布与产品或服务相关的玩乐或有趣味性的内容。例如，厨具用品公众号可以发布美食、旅游、烹饪等内容；户外产品公众号可以发布摄影、旅游、户外玩乐等内容；母婴类产品公众号可以发布萌宝发生的有趣事情或关于萌宝的搞笑段子。

新媒体运营的主要目的是使社群产生裂变，并壮大。因此，一方面，新媒体运营可以采用事件营销的方式使事件传播和裂变；另一方面，需要通过多个平台、多个账号扩大事件传播范围。具体的做法是将制作的内容通过多平台进行分发,此类分发软件有简媒、微小宝、乐观号等。

微小宝是较早的多平台内容分发的软件（见图 4-43），下载并打开该软件后，系统将打开"添加账号"对话框。其中，包括微信公众平台、百家号、头条号、企鹅媒体平台、大鱼号、一点资讯、搜索、网易等（见图 4-44）。微小宝具有一键转发功能，能够将内容一键同步到多个平台，降低了各平台分发内容花费的人工和时间成本。

图 4-43

图 4-44

5. 微信小程序

2016年9月21日,微信小程序正式开启内测,旨在构建在微信生态下触手可及、用完即走的应用方案;2017年1月9日0点,微信第一批小程序正式上线;2018年3月,微信小程序广告组件启动;2018年8月10日,小程序后台数据分析及插件功能升级;2018年9月28日,微信"功能直达"正式开放,搜索页面呈现相关服务的小程序,点击"搜索结果"可直达小程序相关服务页面。至此,微信小程序构建成了完整的基于微信生态下的应用,实现了消息通知、线下扫码、公众号关联等七大功能。其中,公众号关联功能可以帮助用户实现公众号与小程序之间的相互跳转。

微信小程序实现了社群之间消息推送、互动、内容、服务、成交等多位一体的功能。让社群运营和管理更为紧密可控。

2018年4月24日,京东开普勒小程序正式上线,旨在为商家提供交易、营销、物流等零售基础设施服务。京东商家可以免费使用开放版的小程序内容。

开普勒小程序通过流量引入、流量裂变、流量转化、留存/唤醒功能(见图4-45),从社群的维度,提供了3大价值:

(1)打通了微信公众号与小程序之间的流量互导,增强了互通;

(2)通过小程序多重方式进行裂变、互动,提升了社群互动和流量共生能力;

(3)留存粉丝进入小程序,小程序能够更便捷地提供服务和唤醒用户二次营销,产生变现价值。

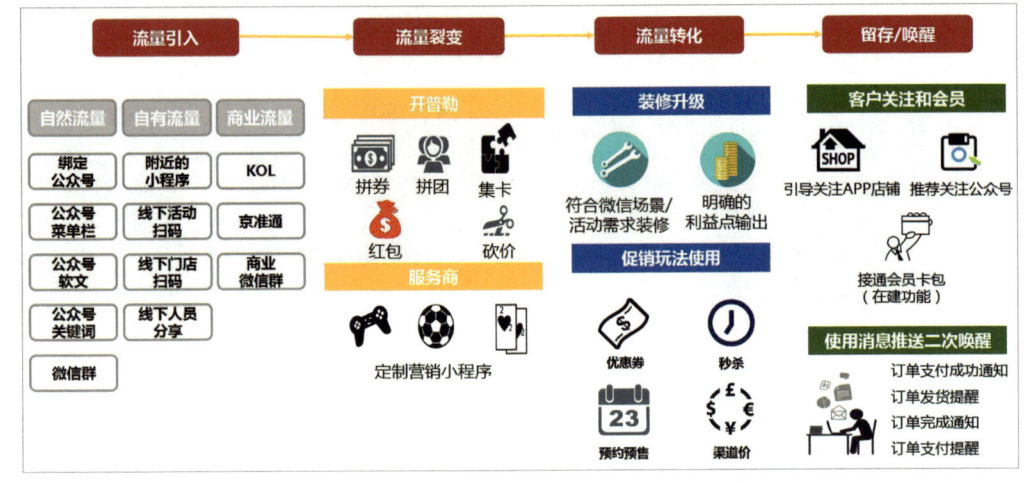

图 4-45

世界杯期间,蒙牛乳业旗舰店通过定制营销小程序,结合线下推广,获得5000多万人次扫码,人均复购3次以上,30天日均流量超过8万人次,日均订单环比增长400%(见图4-46)。沃尔玛旗舰店,"6·18"活动通过微信小程序的定制海报生成功能,进行朋友圈海报爆品推广,当天订单环比上涨12倍,日均订单环比增长300%以上,如图4-47所示。

小程序申请等功能在此不予赘述,只详细讲一点,即如何在公众号文章中嵌入小程序,同时插入推广的SKU单品,在帮助优化图文的同时促进粉丝在小程序上的成交和留存。

公众号关联绑定小程序之后,在发布图文时嵌入小程序的步骤如下。

第一步,由公众平台素材管理进入"新建图文消息",新建图文素材,单击"小程序"标签(见图4-48)。

图 4-46

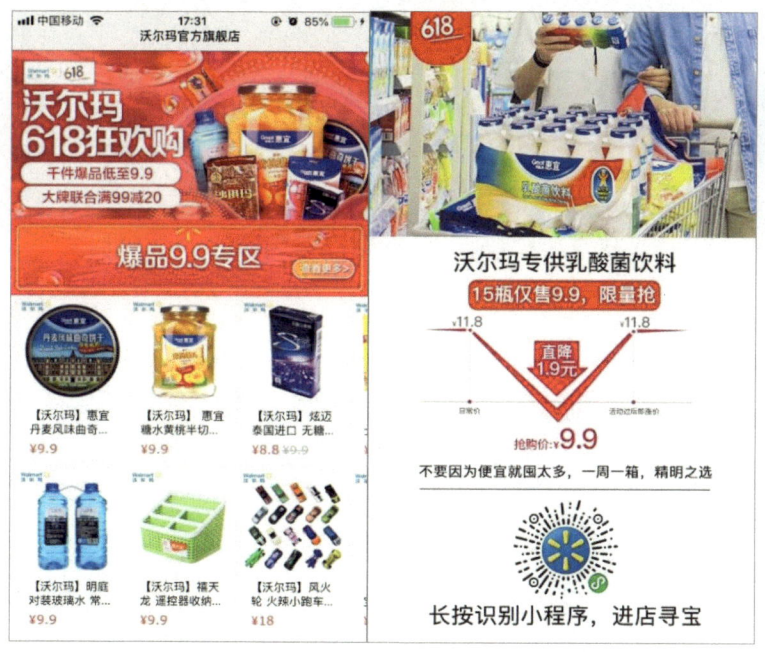

图 4-47

第二步,按流程上传素材。在"小程序路径"文本框内输入小程序产品页面路径,单击"确定"按钮后,即可完成通过文章直接跳转至产品详情页面的设置,从而达成交易闭环(见图 4-49)。

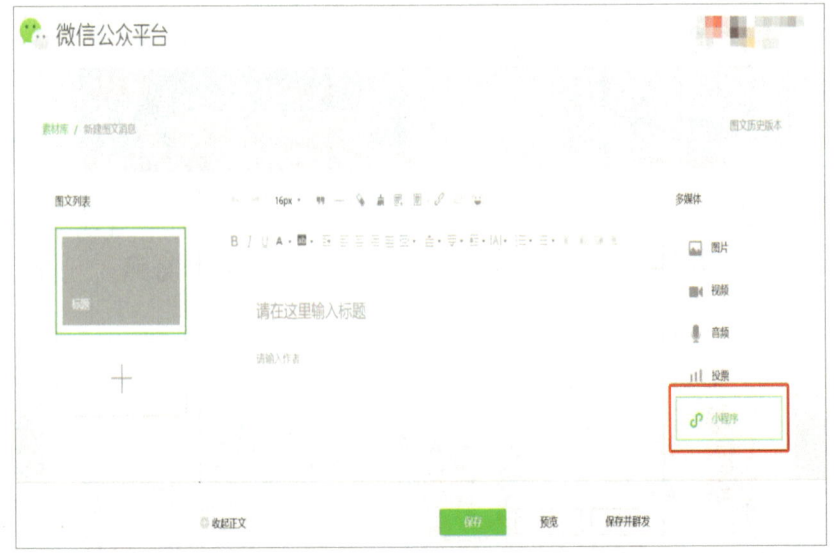

图 4-48

图 4-49

6. 微博运营

微博运营是一门技术活儿，微博中各类文章十分丰富，笔者在此介绍几个自己认为重要的点。

（1）微博运营是一件需要坚持的事情，必须做到每日一更，否则粉丝会减少。这就像和朋友的关系一样，经常不联系关系就会疏远。

（2）发布微博的最佳时间段为晚上 6:00 ～ 8:00，该时间段互动性强，微博打开率也比较高。因上班时间影响，大多数企业发布微博的时间都是下午 2:00 ～ 3:00，但在这个时间段查看微博的人很少。

（3）加 V 认证。加 V 既可表明品牌的官方权威性，又可以防止被人账号冒用产生不利影响，因此在注册账号的时候应该立即认证。

（4）微博虽然不限制发布内容在 140 字以内，但是发布的长文会被隐藏，所以文章尽量控制在 140 字以内以便阅读。若要发布长文建议用今日头条发布，再将其引用到微博发布。

（5）善于建立自己的话题。用两个"#"框起来的话题，会引导更多感兴趣的粉丝参与讨论。因此，微博运营一个重要的技巧就是要学会策划话题，以引发粉丝讨论和关注。

（6）微博可以展现视频、图片和文字，一般视频的吸引力大于图片的吸引力，更大于文字的吸引力。杜蕾丝官方微博经常只发一张图片，就能够引来潮水般的用户围观。视频要用秒拍等软件录制。虽然微博视频发布时长可达 15 分钟，但为了用户的阅读体验，建议将其控制在 45 秒左右。

（7）在微博运营过程中，应该与一些大 V、KOL 保持经常性的互动，必要的时候，可以借助大 V 的力量放大传播。

7. 今日头条

今日头条是北京字节跳动科技有限公司研发的资讯分发类 App，其通过算法进行资讯推送。根据中国产业信息网的统计，截止到 2017 年 11 月今日头条月活跃用户数为 2.19 亿，人均单日启动次数为 7.92，人均单日使用时长为 83.52 分钟（见图 4-50）。今日头条无疑是用户深度使用 App 之一。

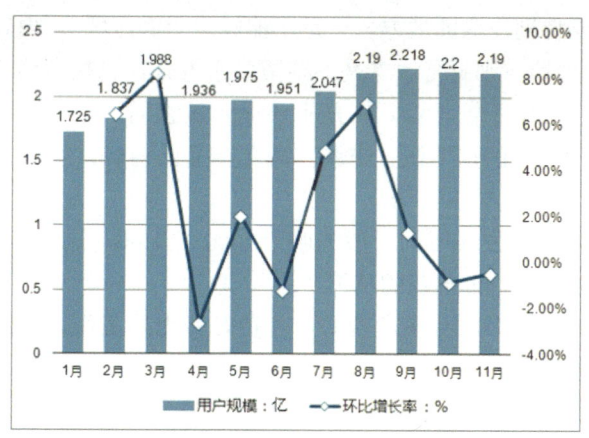

图 4-50

2018 年，今日头条一线及二线城市用户数占比为 57.94%（见图 4-51），这与以前二线及三线城市用户数占比相较调整非常大；24～40 岁用户数占比超过 54%。换句话说，今日头条的主要用户为一线及二线城市青壮年人口。

今日头条推荐内容是根据用户阅读兴趣，利用数据智能匹配的，然后根据用户的反馈信息决定下一批推荐内容，反馈信息包括点击率、收藏数、评论数、转发数、读完率、页面停留时间等，其中，点击率的权重最高。此外，如果文章过了时效期，那么其推荐量将明显衰减，时效期节点通常为24小时、72小时和一周。

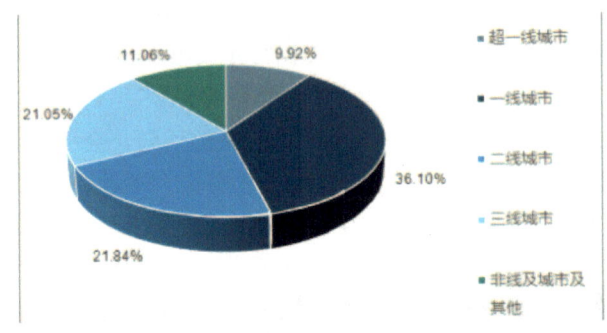

图 4-51

根据以上规则，对于今日头条的运营有以下几个方面的建议。

（1）写作文章的首要任务是"踩"标签。是否能"踩"到大流量标签对于文章阅读的数量级有着至关重要的影响。"踩"大流量标签的方法有以下几种：①在今日头条热搜上看热搜标签；②从App菜单进入问答，在问答上输入想采用的标签词并搜索，如果有标签，则可以用；如果没有标签，则不用；③看百度风云榜、搜狗风云榜等，确定热点标签。

（2）"踩"到的标签在文章标题、开头、结尾等位置应尽可能多地使用，让标签尽可能落到实处。

（3）文字内容不宜过长，内容以图片或者视频为主更容易获得阅读量。

（4）有三个需要特别注意的地方，一是不能触碰"高压线"，内容不能乱写，一旦触碰"高压线"，轻则处罚重则封号。二是不要留联系方式，包括微信公众号或者其他平台的链接，否则会导致文章不被推荐。三是不要提到敏感词，敏感词不仅是与领导人有关的内容，还有关于药品、医疗器械、丰胸、减肥产品的内容，否则文章将不被推荐，甚至被处罚。

（5）今日头条内容的发布时间一般为晚上 8:00—11:00，这也是用户阅读的高峰期。文章发布的时间直接影响首批推荐的反馈。

特别需要明确的是，今日头条运营是一件费时费力的工作，电商企业一定要根据自身的运营能力慎重选择。

8. 抖音

抖音是2018年较火的视频新媒体App，与今日头条属同一个公司。2018年6月抖音首次公布的用户数据显示：抖音国内日活跃用户数突破1.5亿，常规用户数超过3亿（2018年7月已突破5亿）。作为增长最快的视频社交媒体App，抖音是值得重点关注的。

社群的裂变，需要以下3种"力"。

（1）需要有分享力。分享力，是指社群活动或者内容有让人分享的动力。有分享力的内容分为以下几类。

第一类，经济上有收益的内容，如分享红包、分享折扣、分享积分、分享礼品等。这一类产生分享力的内容非常有效，但并不能激发用户内心分享的动力。

第二类，有趣味性、好玩性的内容。这类内容往往会让人情不自禁地将内容分享出去。

第三类，社会热点内容，如激发刷屏的热点传播事件。

第四类，干货类知识内容，其往往能代表分享者自身在专业领域的高度或深度。

第五类，能触动和激发内心情感的内容。

第六类，能够体现身份的内容。

（2）需要有拉新力。发布的内容解决了分享力的问题，但是没有解决"路转粉"的问题。拉新力，是指社群有"吸粉"的能力。

拉新力的首要的任务是持续更新平台内容，而且这些内容的定位性要统一。例如，专业知识类，读者通过某篇文章可能会查看历史内容，所以历史内容也应与这篇文章保持一致。如果让读者觉得该公众号能够持续不断的有新内容可看，那么读者就会进行关注。

其次，需要有良好的互动性。有时候，在文章里不方便表达的内容，可以通过评论来表达，让评论更精彩。通过评论与读者保持互动，有利于吸引读者关注。

再次，设定读者的参与性，"路转粉"的概率会增大。

最后，可以用一些套路，如关注该账号赠送干货内容等。

（3）需要有同化力。同化力在前文已有述，是指能够让更多的人被社群同化、认可社群的能力。社群同化力要依靠社群内成员的同化力，要让社群成员深度认可社群组织，从而积极地为社群拓展粉丝。

4.5 京东众筹

众筹源自"crowdfunding"一词，即大众筹资或群众筹资，是一种通过互联网向网友募集项目资金的模式。众筹由发起人、跟投人、平台构成，具有低门槛、多样性、依靠大众力量、注重创意的特征。众筹是一种通过群众募资，来支持个人或组织发起的项目的行为，一般是通过网络平台来联结赞助者与提案者。

众筹以产品销售为驱动，利用市场传播产品。创新创业企业、文娱项目、艺术家或公益组织通过向公众展示他们的创意来获得目标受众、网友及消费者认可，从而获得项目启动资金支持。

京东众筹平台为创新创业企业提供了产品众筹渠道，其品类划分为科技、生活美学、文化、食品、公益"暖东平台"等。

4.5.1 众筹的历史

众筹的起源可以追溯到1713年，但是互联网众筹是在2001年诞生的。ArtistShare被称为"众筹金融的先锋"，其于2001年开始了众筹模式的雏形运营。2005年后，众筹平台如雨后春笋般大量涌现，大家熟知的 Indiegogo（见图 4-52）于 2008 年上线，被许多人认为是互联网众筹起源的 Kickstarter 于 2009 年上线（见图 4-53）。

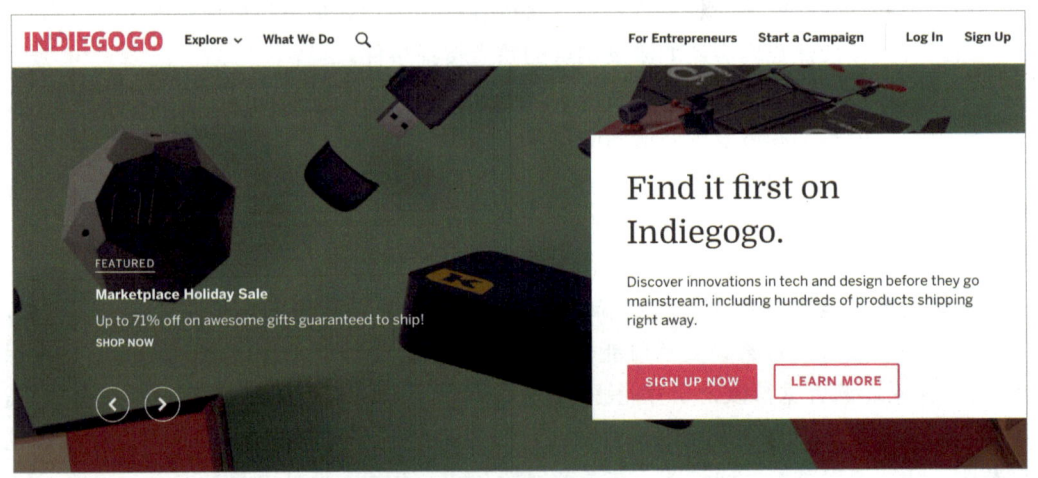

图 4-52

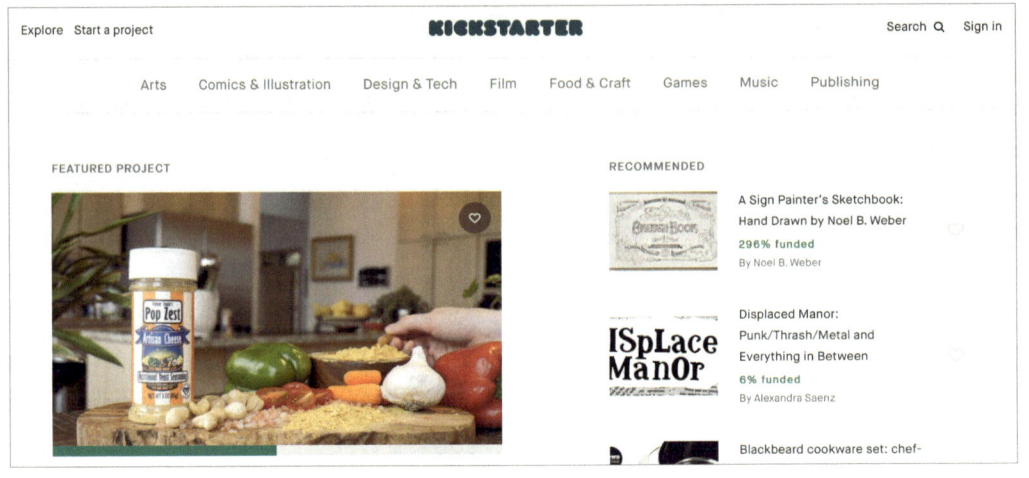

图 4-53

京东众筹平台于 2014 年 7 月正式上线，是国内最大的众筹平台之一，在上线 5 个月内募集金额破亿元。2014 年 9 月，三个爸爸孕妇儿童空气净化器项目（见图 4-54），成为国内首个众筹金额破千万元的众筹项目。PowerEgg 无人机项目（见图 4-55）打造了国内首个众筹金额破亿元的纪录，并将全国众筹金额最高纪录保持到 2018 年才被打破。2016 年 5 月上线的众筹你的爱情约定项目（见图 4-56）的支持人数超过 37.4 万，创造了单个项目参与人数最多的全球纪录，且到目前为止这项纪录仍未被打破。

图 4-54

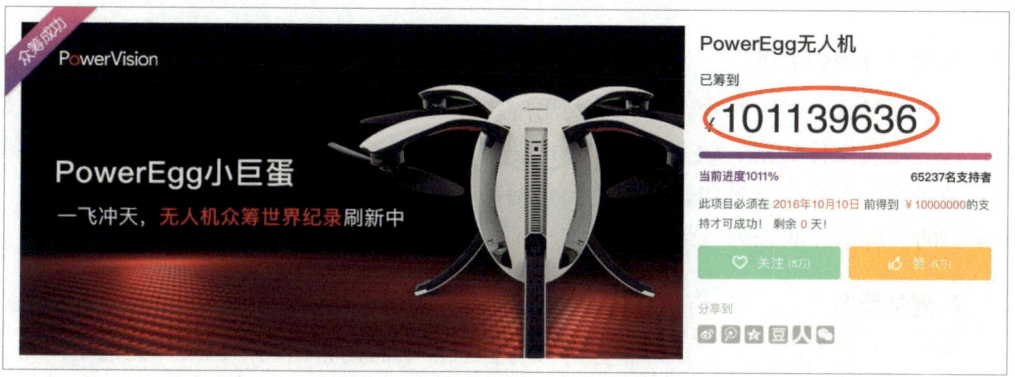

图 4-55

图 4-56

从众筹金额破千万元到破亿元，以及单项支持人数达 37.4 万，京东众筹谱写了一个又一个神话。京东众筹使一大批品牌一夜成名，如三个爸爸、极米投影仪、猫王音响、独美眼镜、PowerEgg 无人机、小牛电动车等。

4.5.2 众筹的意义

众筹对于一个产品来说,小则是一款产品的市场测试,大则是一个品牌营销体系建设的定局。众筹的意义如图 4-57 所示。

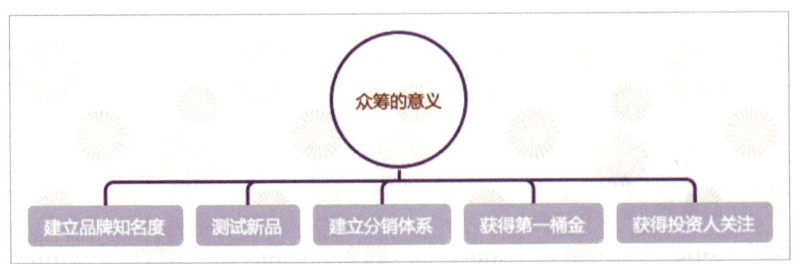

图 4-57

1. 建立品牌知名度

一个项目在众筹过程中,会充分利用广告宣传、线下活动、线上话题营销、IP 自媒体传播、社交媒体传播、软文传播、社群传播、市场公关、搜索优化等手段,让更多的人知道并参与到众筹活动中,从而达到传播品牌的目的。一次好的众筹活动,能够让一个全新的品牌迅速成长为一个知名品牌。

2. 测试新品

众筹是新开发的产品在众筹平台进行有预售性质的销售活动,购买产品的用户带有尝鲜试新的心态,这部分用户对产品会有真实的反馈。他们反馈的内容包括商品优秀和不足之处是哪些、改进意见等,这些内容对新品未来的发展有很大帮助。

3. 建立分销体系

众筹成功的产品随着知名度的扩大,会吸引越来越多线上、线下分销商参与进来,因此,利用众筹带来的影响力可建立分销体系。

4. 获得第一桶金

众筹是带有一定预售性质的销售行为,能够比较快速地回款,在生产资金不足的情况下,可以拿到预付款后再进行生产交付,这能够帮助创业者或者品牌获得第一桶金。

5. 获得投资人的关注

许多有创新性的项目通过众筹获得了成功,并获得创新项目投资人的关注。

需要说明的是,很多项目方对于众筹比较盲目。他们以为无论如何只要进行众筹就能够筹到钱,因此既不重视产品的品质也不重视品牌的推广,结果没有任何收获。

4.5.3 众筹的选品

众筹选品的范畴包含科技家电、美学、生活、美食、文化和扶贫六大部分（见图4-58）。但这只是大致分类，因为一个产品按不同特点可以分到不同类别中。

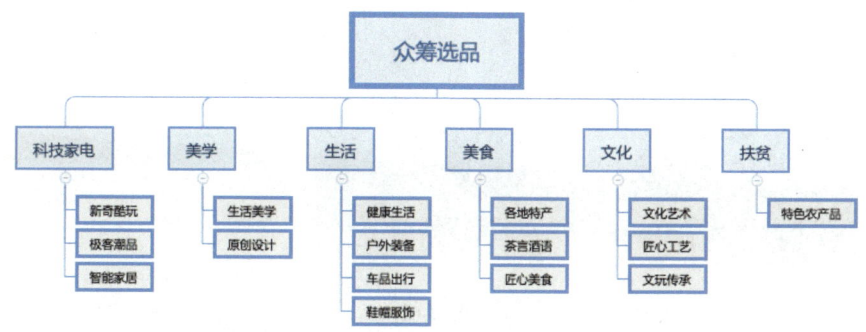

图 4-58

从京东众筹平台的维度来讲，黑科技类产品，IF、红点及IDEA类工业设计获奖类产品，有匠人情怀的产品，走极致路线的产品，以及能解决消费痛点的产品，容易受到平台青睐。

京东众筹的消费群体已经从原来注重黑科技的人群，逐步转变为尝鲜、解决生活痛点，或表达生活、参与生活和体验生活的人群。为此，京东重新定义了众筹，提出了扶持项目"激活新消费形态，倡导新文化主张，传递新生活态度"的"三新"标准。

从商家的维度来讲，选品首先应立足于产品的独特性。

（1）黑科技类产品。小牛电动车集新锂电电池技术、用于汽车上的定速巡航技术、智能App、多重防盗等黑科技于一体，连续两次刷新了京东众筹纪录（见图4-59）。

图 4-59

（2）IF、红点及IDEA类工业设计获奖类产品。2016年上线的一款GGMM M3无线数字音箱获得了2015年红点奖，其取得808万元的众筹业绩（见图4-60）。2016年5月一款获得德国红点奖、具有酷炫的设计和镂空的机械美感的原创设计手表——

CIGA 原创镂空机械腕表，取得 141 万元的众筹业绩，创造了手表类众筹业绩的最高纪录（见图 4-61）。

图 4-60

图 4-61

（3）走极致路线的产品。追求产品极致功能的产品往往更受消费者青睐。走极致路线的产品的设计往往简洁大方，用料追求极致，性价比也极高，京东众筹格外看好这一类产品。2015 年上线的一款床垫，采用极简的设计风格，将马来西亚乳胶作为原料，创新性地采用了压缩包装的形式，将一张床垫收纳进一个小小的纸箱。这款极致的床垫获得了消费者的认可，取得 238 万元的众筹业绩（见图 4-62）。

（4）解决消费者痛点的产品。内裤是生活必需品，2017 年 5 月上线的一款内裤，以砭石按摩加竹炭银离子杀菌功能，解决了内裤干爽和杀菌除臭的痛点，取得 155 万元的众筹业绩（见图 4-63）。

（5）体现匠人情怀的产品。中国是一个工匠大国，随着越来越多的人开始尊崇工匠精神，追逐匠心产品，具有匠人情怀的产品越来越受欢迎。被誉为"中国胆机之父"的曾德均是一位音响领域的专家，两度获得美国 CEA 协会的 CES 音响类设计大奖，一直致力于音响的设计研发工作，十年磨一剑，最终推出"猫王"音响，是一位典型的具有匠人情怀的音响设计师。

图 4-62

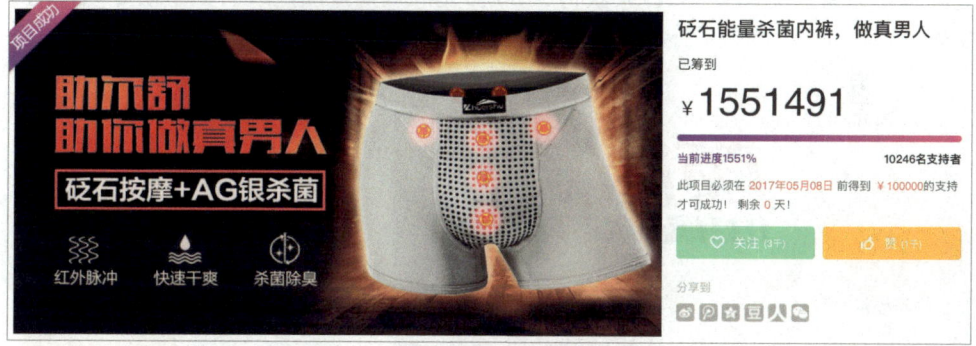

图 4-63

猫王通过京东众筹，推过八款"猫王"品牌音响产品，以其"复古"风格风靡全国，特别是猫王小王子音响（图 4-64），备受年轻人喜爱，让"复古"元素成为流行时尚。

图 4-64

以上五个方面是众筹选品五个主要的方向，也代表着消费者需求的方向，商家在选品的时候需要从这五个方向进行选择。

4.5.4 众筹的用户群体定位

众筹项目运营首先要做好用户群体定位。关于用户群体的定位我们在 1.5.2 节已叙述过，即人群定位的四个步骤：

（1）精准的人群画像；

（2）找到共同的传播话题；

（3）找到共同的意见领袖；

（4）找到共同的传播渠道。

雷神科技是一家专门为做游戏本的电脑品牌商，2015 年 6 月，雷神钢版 911M 游戏本登陆京东众筹（见图 4-65），并获得 2750 万元的众筹业绩，成为当年众筹项目纪录的刷新者。

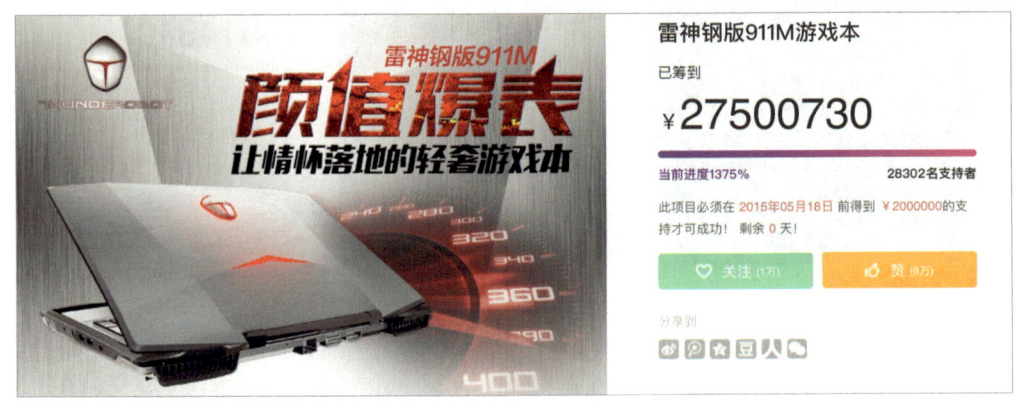

图 4-65

雷神科技的用户群体定位非常精准，即游戏玩家，这是雷神品牌创立伊始就明确定位的消费群体。所以雷神的用户群体画像为游戏玩家；共同的传播话题为各种游戏心得；共同的意见领袖为各游戏的老玩家、游戏解说大 V；共同的传播渠道为各类游戏论坛、各种游戏玩家组成的群、各游戏的官方微博、公众号、游戏大 V 的公众号、微博等。可以说，没有什么行业像游戏这样有如此集中的用户群体，如此集中的信息传播渠道和意见领袖。因此，雷神钢版 911M 作为专业的游戏笔记本，成为当年众筹纪录的刷新者，并不意外。

4.5.5 众筹的页面策划

众筹页面是用户了解众筹项目重要的载体。但众筹页面的策划，与店铺详情页应该存在不同。众筹从诞生开始就强调支持梦想，为理想买单。因此，众筹页面与店铺商品详情页的不同之处为众筹页面不仅要卖货，还要有情怀。从卖货的层面讲，众筹页面的内容需要涵盖产品的卖点、产品解决的痛点、产品的细节，以解决消费者的需求。从情怀层面来讲，众筹页面的内容需要涵盖品牌故事、团队故事，以拉近品牌与消费者之间的情感距离。

众筹页面的内容如表 4-2 所示。

表 4-2

序号	内容	文案	备注
1	头图	核心广告语加上 3 个主要卖点	吸引眼球
2	综述	核心卖点加上 3～6 个主要卖点	详情转承
3	痛点场景	主要痛点	带入关注
4	核心卖点详述	卖点详述，以及痛点解决方案	解决方案
5	痛点解决原理	为什么能解决痛点	让消费者信任
6	细节详述	细节说明	附加价值，解决疑问
7	归纳总结	卖点归纳	卖点的重复加强
8	品牌故事	情怀	情感诉求
9	意见领袖	名人站台	增加信任
10	媒体报道	媒体站台	增强公信力
11	资质团队	团队介绍	拉近距离
12	众筹原因	原因介绍	
13	众筹档位	档位介绍	
14	联系方式	联系方式	

4.5.6 众筹的故事策划

大多数创业者怀有各种不同的情怀，创业者需要忍受常人不能忍受的煎熬，承担常人不敢承担的责任。创业者是孤独的也是伟大的；创业者是痛苦的也是可敬的。因此，创业者的故事往往能打动人、激励人。

大多数众筹项目是创业者的第一个项目，见证了创业者的努力与汗水，也见证了创业者的拼搏与坚持。

三个爸爸的创始人戴赛鹰，以及另外两个合伙人都是孩子的爸爸，他们为了让女儿身体健康、远离雾霾，研发了净化效果好而且价格不贵的空气净化器，赢得了为人父母的人的认同。

华南农业大学教授郑永球，为了将自己研究的茶种植技术应用于茶制作方面，自己亲自开山种树，研发无公害、口感好的茶，将匠人精神注入茶事业，终于成就了郑老师的茶（见图 4-66）。

图 4-66

温为才，五邑大学工业设计教授，是一名知名的设计师，其设计的作品多次在米兰国际设计展上获奖，其带来的众筹项目的作品——碉楼壶，获得美国工业设计大奖（见图 4-67）。这是一位拥有家国情怀的设计师，碉楼壶除了获美国工业设计大奖，还在意大利美兰世博会、罗马第一大学、罗马建筑学院、威尼斯建筑大学等国际知名学府声名远扬。

图 4-67

与众不同的经历、与众不同的故事使得产品被赋予了与众不同的情感价值，也使得品牌注入了与众不同的情感价值。众筹故事策划的初衷就是将这些创业故事传播给更多的人，让正能量散发出应有的光芒。

4.5.7 众筹的视频策划

众筹视频是一个比众筹详情页还重要的产品和品牌展示的载体。因为无论是 PC 端还是手机端，视频是除项目主图外第一个展示给用户的内容。特别是在手机端不方便阅读的情况下，视频就成为产品展示更为重要的载体。

众筹视频一般分为以下四种类型。

第一类：产品介绍类视频。这类视频是对产品的卖点进行的展示。

优之优智能电动牙刷是将电动牙刷的功能通过视频进行介绍（见图 4-68）。视频通过拆解图的形式介绍了牙刷的黑科技，即如何通过智能方式纠正用户错误的刷牙方式，引导其正确刷牙，从而解决用户的牙齿、牙龈问题。

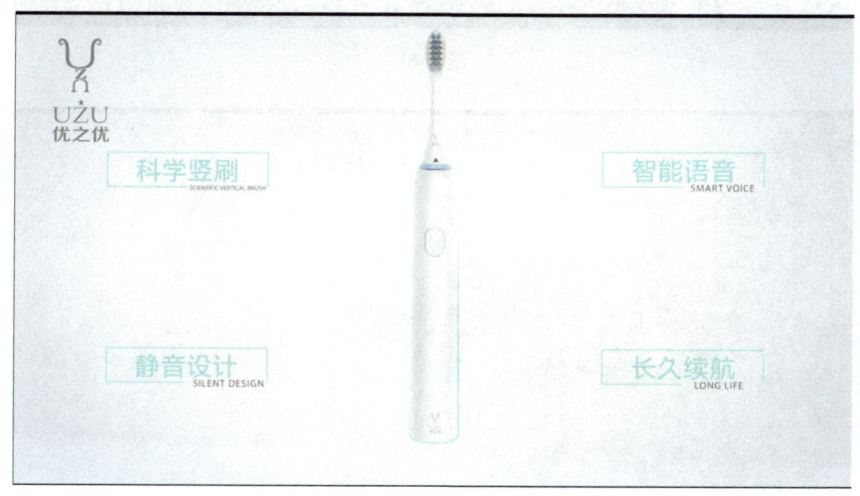

图 4-68

产品介绍类视频能够让消费者清晰明了地了解产品的功能及特点，是典型的产品型视频。

第二种：故事类视频。故事类视频是将创业者的故事，或者品牌故事通过视频的形式表现出来，并且将品牌的精神传达给消费者。

郑老师的茶的众筹视频讲述的是一个 60 岁的退休老人，如何利用所知、所学，精心躬耕、专心事茶的故事，画面唯美、感情真挚，向消费者传递了郑老师"莫问收获，但问耕耘"的理念与匠心精神（见图 4-69），在京东众筹搜索"郑老师的茶"即可在项目页查看该视频。

第三类：品牌类视频。这类视频通过诠释品牌文化，来传播品牌价值。猫王小王子音箱众筹项目发布过一个倒叙事件的视频（见图 4-70）。该视频传达了传承复古经典，永远在路上前行的品牌理念。

图 4-69

图 4-70

第四类：故事与产品结合类视频。这类视频是将创业故事与产品介绍相结合，在讲述故事的过程中把产品带出来，利用情感与产品卖点打动消费者。

独美眼镜众筹视频讲述的是创业者作为一个深度眼镜用户，在戴眼镜的过程中存在眼镜压迫鼻子、出汗滑落、运动不便等问题，然后从弓得到灵感，从而研发出"比 A4 纸还轻"的眼镜的创业故事，如图 4-71 所示。

故事很平淡，但眼镜比 A4 纸还轻的卖点深入人心。戴眼镜的人都会眼镜有压迫鼻子、出汗滑落、运动不便的痛点，而独美眼镜的一体成型、4.3 克的超轻重量、钛合金材料等卖点，让人印象深刻。创业者的故事成为产品卖点的载体，潜移默化地向消费者传递了独美品牌"追求极致"的理念。

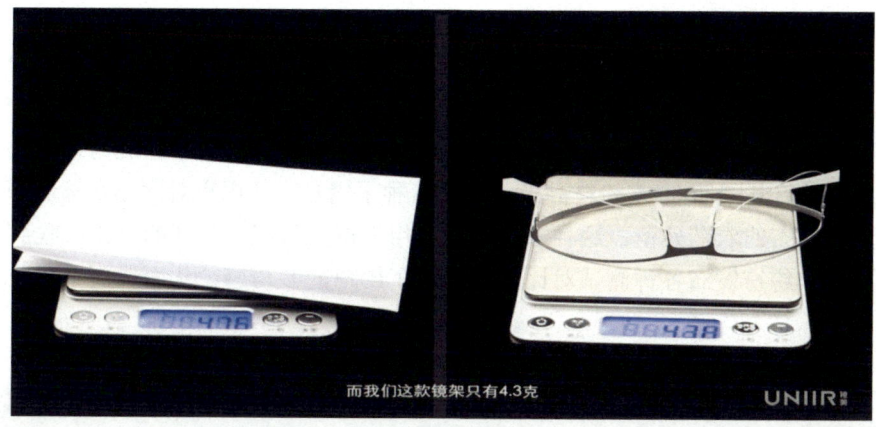

图 4-71

4.5.8 众筹的项目推广

众筹项目上线并不意味着产品能够大卖，推广是关键。众筹的项目推广分为站内推广和站外推广。

其中，站内推广分为以下三类。

第一类，众筹项目的展示排位，这属于免费推广资源。众筹平台有相当大的流量，因此，众筹项目的展示排位决定着项目能够获得多少入口流量。

一般来说，新上线的众筹项目都有上新展示的机会。项目在上新展示过程中的流量和转化率决定着后续展示排位的时间和位置。所以，众筹项目上线第一天的表现尤为重要。

第二类，付费广告资源位展示。京东众筹平台有多个不同的广告资源展示位，项目可根据自身情况选择相应的资源展示位来投放。

第三类，众筹故事软文、众筹社区软文等软性推广。这类资源也属于免费范畴，不过，对于软文的内容要求比较高。消费者比较喜欢看的内容会被推荐至众筹首页，从而获得更多的曝光量和流量。

站外推广是众筹项目推广的重要战场。

首先，种子用户的召集与互动。

种子用户是众筹项目在推广过程中，能够产生传播裂变和影响众筹项目首日成交表现的重要群体。众筹项目首日成交表现会影响众筹项目后续展示排位。

"郑老师的茶"项目在众筹前众筹团队通过微信的方式召集了 2000 名种子用户。召集种子用户的方法是，利用朋友圈召集茶客关注公众号，并留下地址和联系方式，以向其寄样品茶。在这个过程中怎么辨别用户是不是真正的茶客、是不是目标用户是操作的关键点。只是冲着免费样品茶留地址和联系方式的用户不是目标用户对象，向其寄送样品茶会加大营销成本。众筹团队采取的是要求用户上传一张自己茶具照片的方法来分辨该用户是否是目标对象。其中，有茶台的、有专用泡茶壶的、有专用烧水壶的照片很明显是老茶客,而不喝茶的人的茶具可能只是一个水杯。通过这种方法,众筹团队建立了1000多人的种子群,并通过在群里互动、讲解茶的特点,引导用户关注茶的品质与健康。

郑老师的茶在种植过程中,全程不打农药、不施化肥、通过了欧盟最严格的 SGS 认证。其最大的特点是没有农药残留,为了突出这个特点,众筹团队找专业机构采购农药残留检测试纸,并将其随 2000 多份样品茶一同寄给种子用户,让用户对比测试郑老师的茶与用户自己喝的茶的农药残留。这种方式在种子用户群里引起了热烈的讨论,收到样品茶和试纸的用户纷纷发布各种测试对比图,激发了用户的参与感,从而达到了最佳的客户体验。

其次,共同信息渠道的内容传播。

三个爸爸孕妇儿童空气净化器项目在众筹过程中,在京津冀地区找了一百多个与母婴、教育相关的公众号进行内容的传播,覆盖了精准的用户群体。用户群体对自己感兴趣的内容才能产生反馈,因此,只有将产品投放到精准的用户群体中,才会激发用户的兴趣从而引起其关注。

内容传播的另一种方法是邀请评测类媒体对产品进行试用,并给出评测报告,这类评价很具有说服力。写评测类文章是科技类产品常用的一种传播方式。雷神游戏本在众筹过程中,通过电脑报、太平洋电脑网、京东优评等多家媒体发布了相关的评测报告,这使其获得了巨大的曝光量。

再次,发挥意见领袖的号召力。

意见领袖通常具有传播范围广和左右粉丝行为的能力。一方面,可以通过付费的方式来借助意见领袖、大 V 的传播力和号召力。另一方面,可以请一些行业的专家、学者进行传播,佐证或者引导用户关注产品。三个爸爸孕妇儿童项目在众筹过程中,将样机送给多位有孩子的明星试用,并通过试用过的明星的使用反馈来传播产品。

最后,事件营销式的裂变传播。

远洋地产曾经在京东上做过"凑份子 得房子 11 元 1.1 折"的众筹项目(见图 4-72),用户用 11 元参与众筹,就可以获得 1.1 折买房子的机会。远洋地产将众筹项目做成了事件营销最终获得了 1220 万元的众筹业绩。

图 4-72

"凑份子 得房子 11 元 1.1 折"众筹项目事件营销成功源于以下几个方面。

（1）1.1 折买房子事件本身就具有爆点，极容易获得购房潜在客户的关注。

（2）远洋地产发动了庞大员工数量的优势，除全国 12 个城市、25 个项目的相关人员外，远洋全国各地的员工也都参与了进来，这些都是种子用户级别的传播者，其基数相当大。

（3）远洋地产很多员工具有意见领袖的作用。房地产一线员工有相当多的意向客户，对于潜在客户来说，用 11 元买房子远比用 2 元购买彩票靠谱。

（4）项目方通过"有房后的幸福人生""省钱才是硬道理"两大主题，不断策划传播主题内容。利用"双 11"脱单炒作"那些影响脱单的拦路虎"，利用抢火车票炒作"在新房里过新年还抢什么票"，利用"双 11""败家娘们"排行榜炒作"要败家也得先有家"；从"11 元君你让 12 星座统统不淡定了"到"11 元的单身贵族"，从"废物利用"到"攒钱买房"，从"不做啃老族"到"自立 90 后"等内容都是能让更多人转发，形成二次传播的点。

事件营销方法论在 4.2 节已有阐述，这里不再多说。事件营销对于众筹传播来说意义重大。

4.6 京东白条

京东白条是京东金融旗下的一种"先消费后付款"的金融支付方式，意在通过金融方法，提升消费场景的支付能力和转化能力。在 2014 年 2 月，京东就推出了"30 天免息，随心分期"的服务模式。分期是一种基于信用构建的消费场景模式。

4.6.1 京东白条介绍

京东白条的定位为"奋斗的年轻人"，提倡"年轻不留白"的价值主张，目前已开放到购物打白条、生活打白条、信用服务、个人/企业服务、校园金融、农村金融等相关业务模块（见图 4-73）。

购物打白条	生活打白条	信用服务	个人/企业服务	校园金融	农村金融
白条	汽车分期	小白信用	金条	校园特权	京农贷
白条优惠	旅游	白条联名卡	抵质押贷		
白条还款	买房装修	京东钢镚	借钱		

图 4-73

京东白条最大的"杀伤力"在于能够提供随心分期的模式，这让更多消费者能够比较轻松地进行大额消费。不仅如此，京东还推出了校园白条。

校园白条是京东金融推出的一款针对学生群体的信用支付产品，凡是拥有校园白条的学生，在京东平台均可享受先购物后付款、30天免息、随心分期、信用额度高达8000元的消费福利。校园白条和京东白条相比，校园白条的福利更大，不仅30天免息，还能够让信用额度高达8000元，不过这个特权只有在校大学生才能够拥有。

家装白条是京东金融"白·居·易"的专项装修贷款服务，是用于支付购买合作商户装修服务的支付方式。目前合作商户有百安居、塞纳春天、一起装修网、哒哒美家、商城POP店铺。也就是说，白条服务已经走出了京东内部体系，在向外界延伸。

目前京东白条服务已面向所有京东会员开放申请，年龄在18岁以上的中国大陆居民可以尝试在京东金融App端申请京东白条，申请通过后即可享受京东白条服务。

2016年9月，京东上线了"白条营销系统"，商家（仅支持POP店铺）签订《京东白条在线营销技术服务协议》之后，即可自行设置白条免息活动。POP店铺可以通过白条提供的营销服务来提升店铺的运营能力。

4.6.2 京东白条对商家的作用

京东白条对商家有以下几个作用。

（1）提升客单价。白条支付能够大幅提升销售商品的客单价，据统计商城白条支付的平均客单价为800元，而进行分期的商品的客单价可提升到1500元，高于商城同期平均水平，白条用户分期后消费能力迅速提升，月均消费金额增长97%，月均销量增长46%。

（2）提升转化率。京东白条因为可以提供先消费后付款、随心分期，以及很多免息分期的支付方式，所以能够有效提升转化率，特别是1000元以上客单价商品的转化率。

（3）提升销量。京东白条经常有各类免息活动、分期优惠券活动等，同时白条商城的流量日渐加大，这使得商品销量迅速提升。

（4）提供优质用户。京东白条有7500万授信用户，这是京东商城消费能力最强的用户群体。因此，京东白条可为商家提供了最优质、最具潜力的消费用户，帮助其抓住主流消费群体，提高用户黏性，提升竞争力。

白条营销技术服务费计费标准是以用户选择分期付款服务须承担的分期付款服务费用为计算基数的，其计算公式如表4-3所示。

表 4-3

分期期数 / 月	分期服务费率 / 月
3 期	0.5% ～ 1.2%
6 期	0.5% ～ 1.2%
12 期	0.5% ～ 1.2%
24 期	0.5% ～ 1.2%
分期服务费 = 消费本金 × 分期服务费率 (月)× 分期期数	
每期分期服务费 = 消费本金 × 分期服务费率 (月)	

分期服务费率与消费者端的服务费率一致。简单来说，如果商家不设置白条免息活动，则分期服务费由消费者出；如果商家为吸引消费者设置免息活动，则分期服务费用由商家来支付。

商家需要明白的一点是，分期期数越多服务费成本越高。而这些服务费成本是由商家承担的。因此，在设置分期期数时，需要认真核算成本，在成本核算允许的情况下，设置更多期数的白条免息。

4.6.3 京东白条营销

京东白条营销通过以下步骤来进行。

1. 白条开通

登录"京东·营销中心"后，执行"促销应用工具"→"白条免息"→"开通白条服务"命令，即可开始设置白条活动（见图 4-74）。目前，开放平台商家只开通了白条免息栏目，白条优惠券和白条满减暂时还未开通。

白条活动设置完成后商家签署《补充协议》和《京东白条在线营口金水月技术服务协议》即可（见图 4-75）。

服务协议签署完成后，白条就正式开通了。

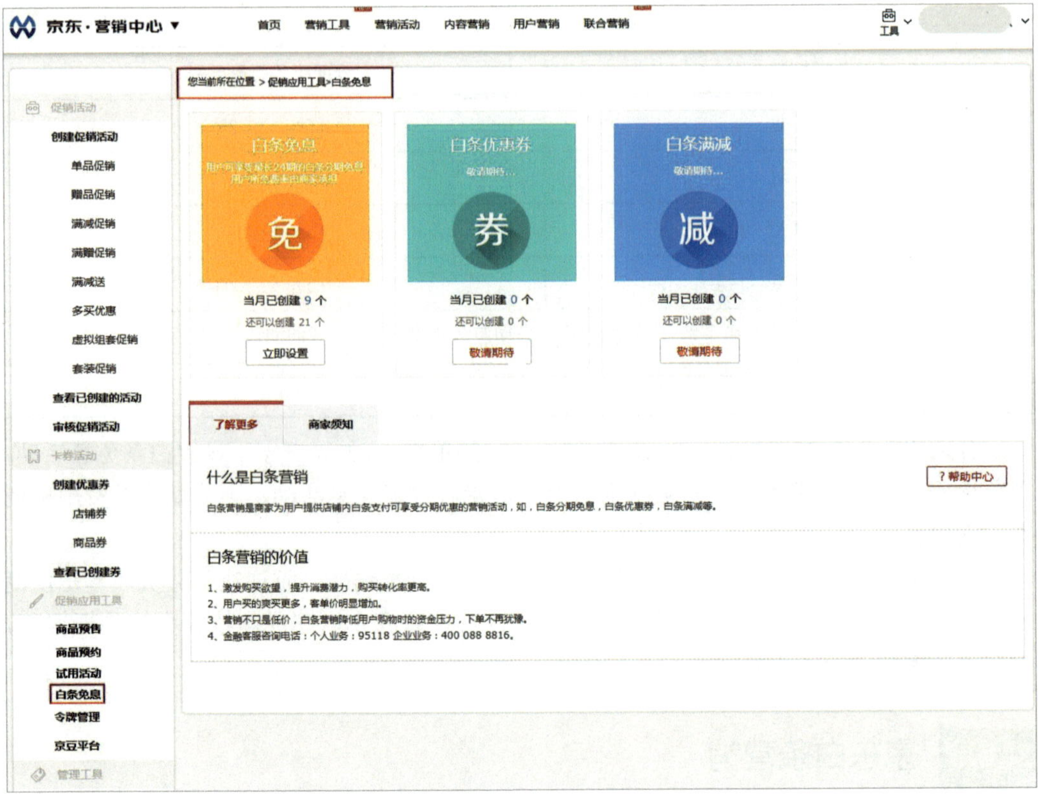
京东·营销中心
首页
营销工具
营销活动
内容营销
用户营销
联合营销
您当前所在位置 > 促销应用工具>白条免息
白条免息
白条优惠券
白条满减
免
券
减
当月已创建 9 个
还可以创建 21 个
立即设置
当月已创建 0 个
还可以创建 0 个
敬请期待
了解更多
商家须知
什么是白条营销
? 帮助中心
白条营销是商家为用户提供店铺内白条支付可享受分期优惠的营销活动，如，白条分期免息，白条优惠券，白条满减等。
白条营销的价值
1、激发购买欲望，提升消费潜力，购买转化率更高。
2、用户买的爽买更多，客单价明显增加。
3、营销不只是低价，白条营销降低用户购物时的资金压力，下单不再犹豫。
4、金融客服咨询电话：个人业务：95118 企业业务：400 088 8816。
创建促销活动
单品促销
赠品促销
满减促销
满赠促销
满减送
多买优惠
虚拟组套促销
套装促销
查看已创建的活动
审核促销活动
创建优惠券
店铺券
商品券
查看已创建券
商品预售
商品预约
试用活动
白条免息
令牌管理
京豆平台

图 4-74

京东·营销中心
首页
营销工具
营销活动
内容营销
用户营销
联合营销
您当前所在位置 > 开通白条服务
促销低价计算工具
协议说明
为了白条支付及营销服务顺利开展，现在需要您签署《补充协议》及《京东白条在线营销技术服务协议》。
《补充协议》
《京东白条在线营销技术服务协议》
提交

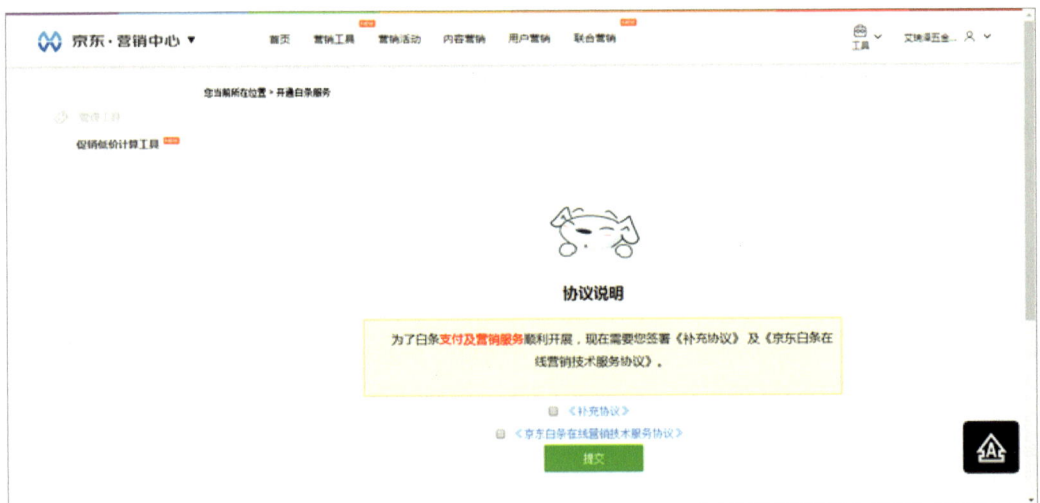

图 4-75

2. 设置促销

白条免息设置步骤如图 4-76 和图 4-77 所示。

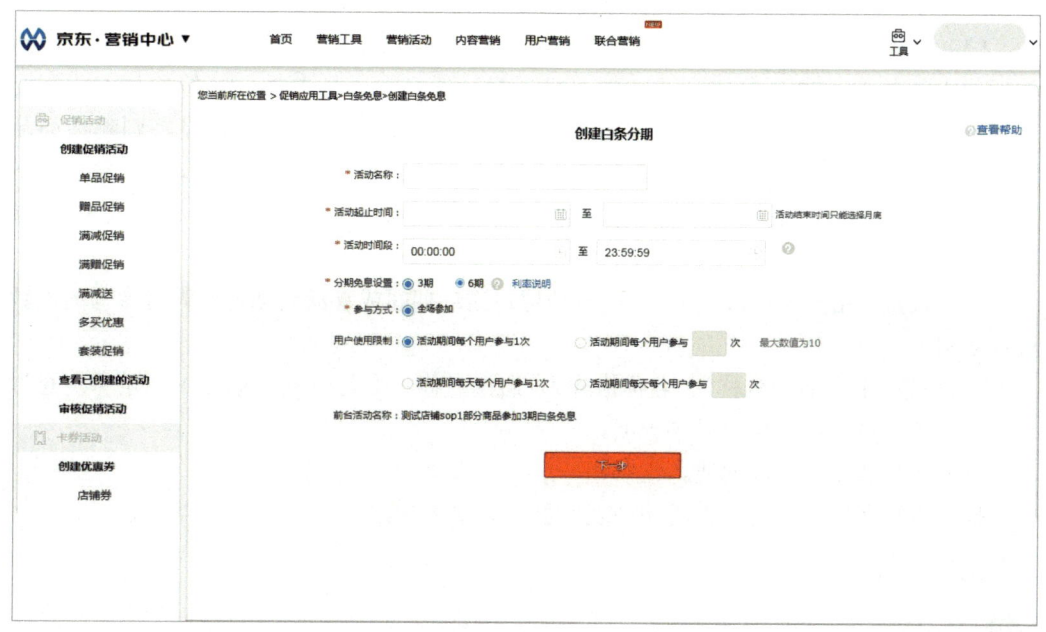

图 4-76

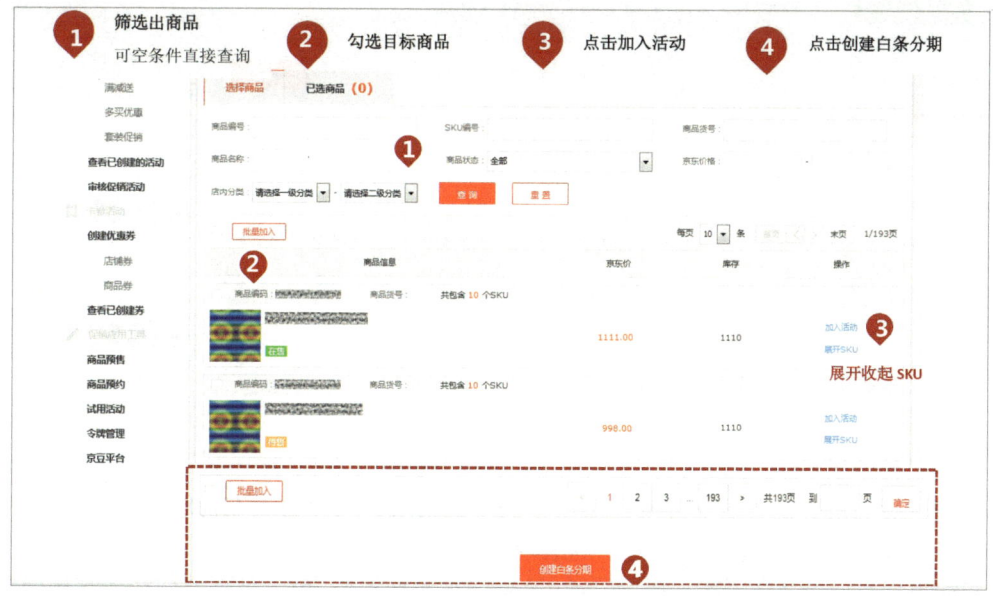

图 4-77

（1）设置"活动起止时间"。活动结束时间目前限制为活动开始时间后某个月的最后一天。

（2）设置"分期免息设置"。分期期数分为 3 期、6 期、12 期、24 期，不同的期数商家承担的免息费用不同。当选择某个期数后，则小于或等于该期数的免息都会生效，如选择 12 期，则 3 期、6 期、12 期都会生效。

（3）设置"参与方式"。参与方式包括：①全场参加，即店铺所有商品都参加，活动期间上架的新品也会参加到活动中，目前默认选择为全场参加，其他参与方式需要进行设置。②部分商品参加，即单击"下一步"按钮后选择了哪些商品，则哪些商品参加活动，活动期间新增的 SKU 不会参与到活动中。③部分商品不参加，即在单击"下一步"按钮后选择的是不参加活动的商品，活动期间参加活动的商品中新增的 SKU 参与到活动优惠中。

（4）设置"用户使用限制"。对同一个用户活动期间或者活动期内单天可参与的次数进行限制。

（5）设置"前台活动名称"。名称格式为"店铺名称＋参与方式＋期数＋白条＋免息"，每选择一项，系统就会自动拼接一项。

（6）选择商品，完成创建。

操作成功之后，会进入"活动列表"页（见图 4-78）。

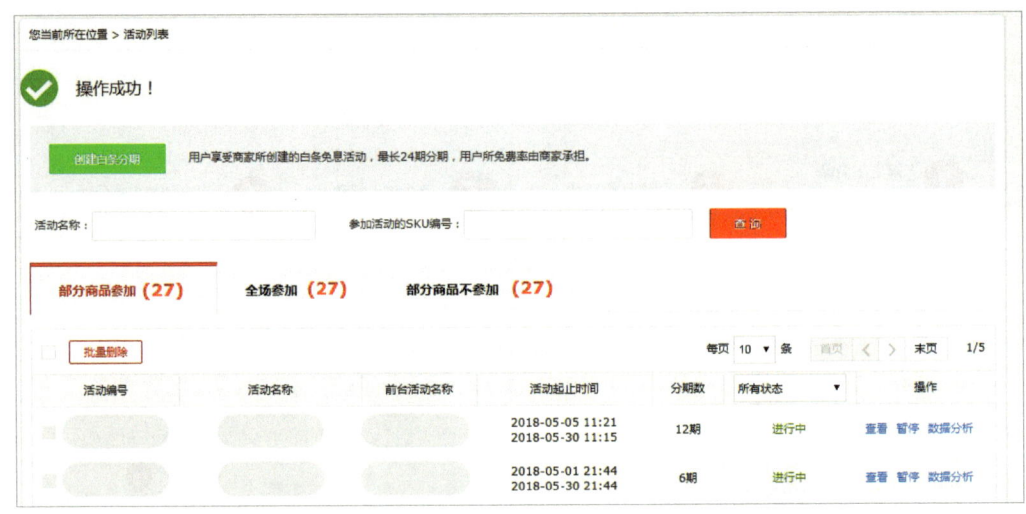

图 4-78

3. 白条活动管理

白条活动设置完成后 5 分钟左右就会同步到前端，这时可以在前端看到"白条【白条支付】即享 3/6 期免息"的字样，这表明同步完成。

如果需要对白条活动进行管理，在"开通白条服务"页，单击当月已创建活动的字数，（见图 4-79），即可进入管理页。

图 4-79

在"活动列表"页可以对活动信息进行查看、暂停或删除等管理工作，如图 4-80 所示。在"活动列表"页可以看到活动分为"部分商品参加""全场参加""部分商品不参加"三类。后台菜单里，单击"查看""暂停""数据分析"即可进行相应操作，也可以通过勾选活动复选框来删除活动。

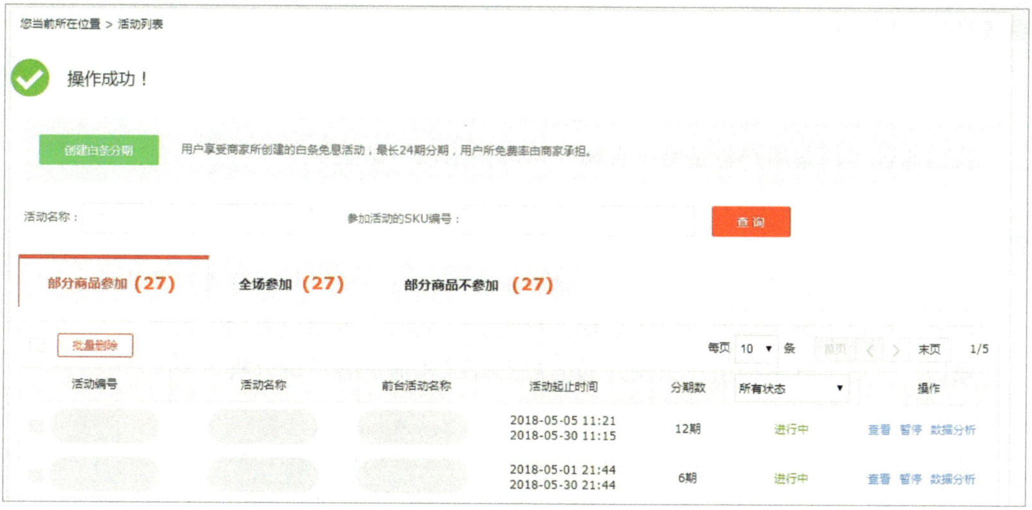

图 4-80

4.6.4 京东白条营销数据分析

在白条"活动列表"页中单击"白条营销数据分析"超链接（见图4-81），即可进入白条营销数据分析页面。在白条营销数据分析页面，可以查看白条的各类分析数据。

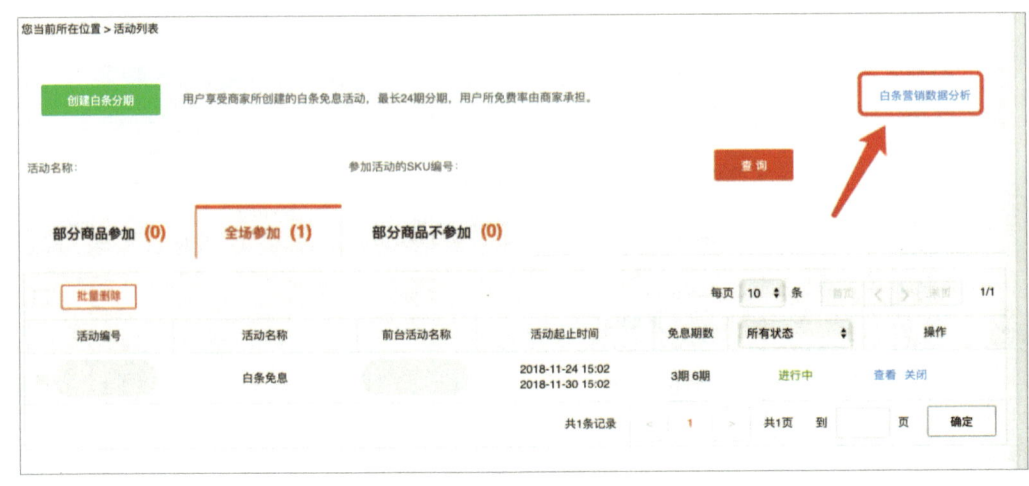

图 4-81

"白条营销数据分析"分为两部分：一部分为"白条活动分析"，另一部分为"白条用户分析"。

"白条活动分析"（见图4-82）的默认值为一周的数据，其内容包括"白条营销交易额""商详页 PV""白条用户转化率""白条支付占比"等数据，通过这些数据可以了解白条带来的用户和交易情况。

"白条用户分析"（见图4-83）除了提供白条用户交易的数据和"白条分期的渗透率"，还进行了"白条用户特征数据分析"（见图4-84）。

我们通过"白条用户特征数据分析"可以得出以下结果：

第一，可以看到该店铺中用户对于白条促销敏感度的比例，由此可以分析用户对促销的敏感度分布；

第二，可以查看同行店铺中用户促销敏感度的分布情况，从而分析行业状况；

第三，可以了解店铺使用白条分期期数情况，从而分析用户分期的习惯；

第四，可以了解本店用户白条开通的数据情况和消费客单价分析。

图 4-82

图 4-83

图 4-84

4.7 站外引流

京 X 计划在京东直投和京挑客中体现出了京东的站外引流操作，如图 4-85 所示。在引流方面你要么花钱要么花精力，而且各社交软件、媒体、网站对京东的链接是比较友好的。

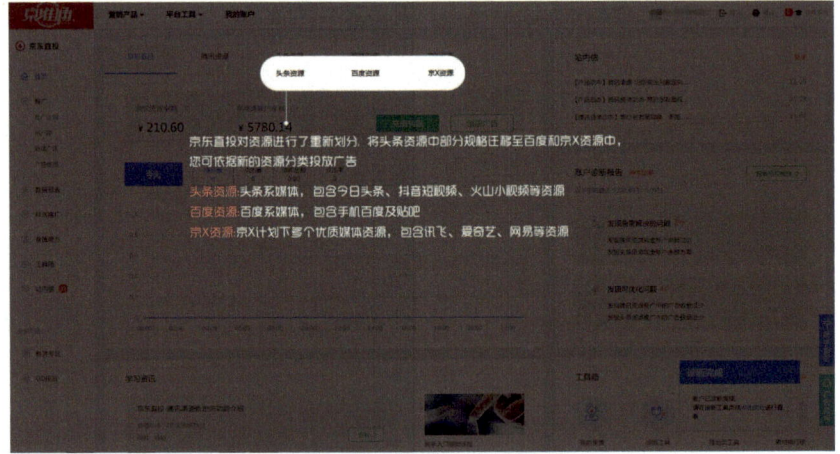

图 4-85

4.7.1 微信公众号

首先要讲的是微信公众号，微信与微信公众号同属腾讯产品，微信朋友圈传播无疑是微信公众号的文章最友好和最适合的传播途径。如果微信公众号的文章的内容足够吸引人，那么文章就可以瞬间在微信朋友圈爆发，进而使流量引导和变现。我们不仅会收获流量还会收获粉丝，为以后的文章推送传播广度和力度奠定基础。

微信公众号平台账号分为四类，分别是服务号、订阅号、小程序、企业微信（原企业号），我们可以根据自己的需要进行选择，但是如果只想吸引粉丝和引流，建议选择订阅号即可。四类账号分别对应的特点如表4-4所示。

表 4-4

账号类型	特 点
服务号	服务号：为企业和组织提供更强大的业务服务与用户管理能力，主要偏向服务类交互（功能类似12315、114、银行，用于提供绑定信息和服务交互）； 适用人群：媒体、企业、政府或其他组织； 群发次数：服务号1个月（按自然月）内可发送4条群发消息
订阅号	订阅号：为媒体和个人提供一种新的信息传播方式，主要功能是在微信侧给用户传达资讯（功能类似报纸杂志，用于提供新闻信息或娱乐趣事）； 适用人群：个人、媒体、企业、政府或其他组织； 群发次数：订阅号（认证用户、非认证用户）1天内可群发1条消息
小程序	小程序是新开放的功能，开发者可以快速地开发一个小程序。在微信内小程序可以被便捷地获取和传播，具有出色的使用体验
企业微信	企业的专业办公管理工具。企业微信与微信具有一致的沟通体验，提供丰富免费的办公应用，并与微信消息、小程序、微信支付等功能互通，可助力企业高效办公和管理

注：微信公众号注册网址为 https://mp.weixin.qq.com/。

微信公众号的玩法一般分两大类，一类是基于利益点驱动；另一类是基于情怀驱动。前者相当于用利益点换流量，如转发文章送优惠券可以直接带来订单（见图4-86）。后者要求就比较高，需要有一些能打动人心的内容，让粉丝自发转发文章，比如针对突发事件的营销文章的阅读量往往比较高。不论哪类玩法，只需要在内容中加入京东的广告链接即可。其中，服务号在发布的内容里可以随意加入链接；订阅号只能在阅读原文上加京东链接或者在发布内容中加京东链接生成的二维码。

基于利益点驱动类公众号，其活动内容可以仿照店铺活动内容，只不过另外要加一个让粉丝转发内容的利益驱动点，否则内容得不到广泛传播就是一次失败的策划。不管是什么样的利益驱动玩法，我们都无法保证每次都会成功，只有通过不断地复盘、迭代，才能找到平衡点，所以我们的结果导向应该是要么要订单、要么要粉丝、要么两者兼顾。

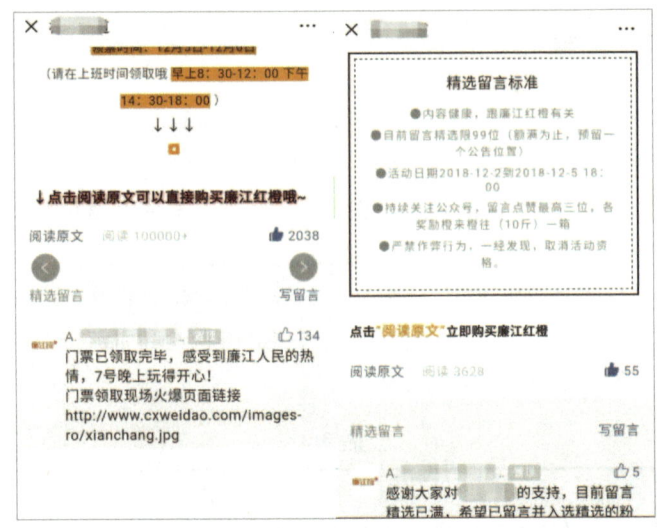

图 4-86

情怀驱动类公众号可以关注及时性事件,特别是与商品有关联的事件,与这些事件相关的内容更容易打动用户。例如,雾霾突然加重,如果你卖的商品是减轻雾霾带来的不适感的口罩,或者是净化房间空气的空气净化器,那么这将是一次非常好的事件营销机会。又如,农产品滞销,因为大部分人都富有同情心,如果把滞销当作一个营销事件来传播,那么将会是一个非常好的能帮助到农户的机会。

4.7.2 直播与短视频

从推崇"人人都是导演"开始,直播与短视频便如雨后春笋般得到快速发展。直播平台、短视频平台瞬间爆发,各种网红达人异军突起,有网民汇聚的地方就有"江湖",这个"江湖"就是销售机会。

现在直播平台较多,如快手、斗鱼 TV、虎牙直播、花椒直播等。这些直播平台比较明显的特点就是主播自带流量,与这些主播合作就意味着你的商品可以在主播的粉丝中进行传播及销售,如果自己的商品与主播的粉丝契合,那么转化率相对就会高一点,否则转化率就会低一点。例如,游戏主播卖电脑游戏设备,如游戏显卡、耳机等,商品转化率就较高;如果游戏主播卖户外装备,那么转化率可能就会有些问题。

因为目前的大部分直播平台不支持直接挂京东链接,所以建议大家通过设置优惠券或者优惠券加佣金的方式推广商品,这样就可以区分出订单中哪些订单是主播带来,不管是统计店铺的业绩,还是计算主播的分成,这都是一个比较好的办法。例如,设置一个以主播名称命名的优惠券名称,将其属性设置为不公开,即可计算主播单独业绩,帮助主播生成一个二维码,让主播提前打印出来,在销售过程中出示给粉丝,让其扫码购买即可(见图 4-87)。

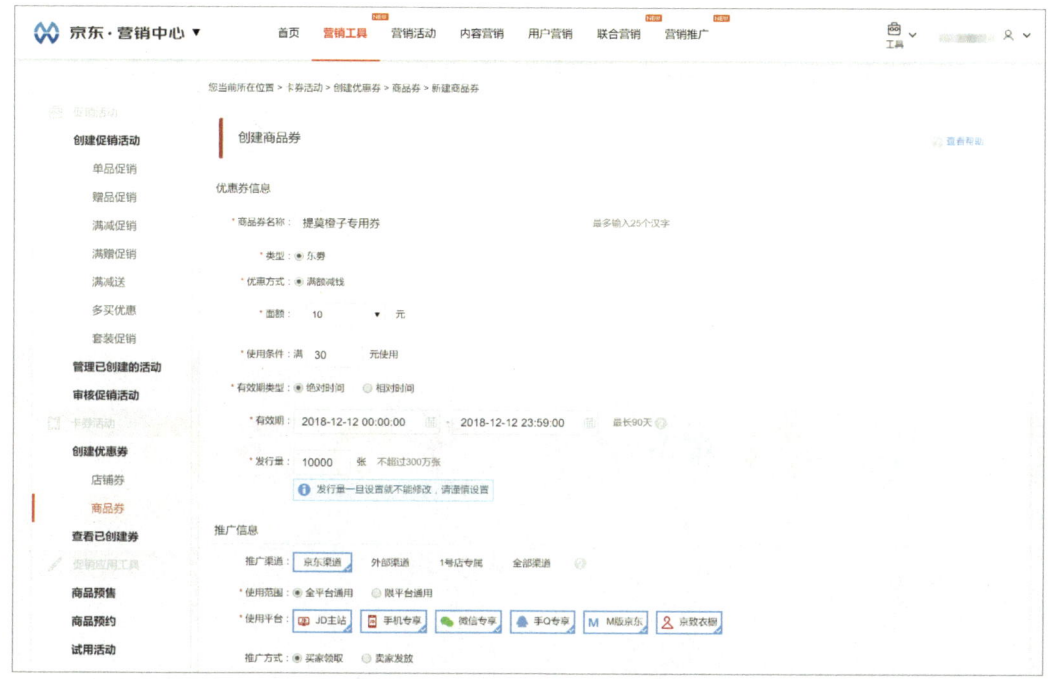

图 4-87

短视频平台如快手、抖音、西瓜视频、火山小视频、秒拍等与直播平台最大的区别是，直播与非直播方式。虽然有些平台已经支持挂入购物链接，但不是谁都能有上百万个粉丝的，所以比较适用的方法就是利用短视频 App 直接进行销售。

4.7.3 微博

如果把微信上的朋友称为强关系，那么微博上的朋友就可以称为弱关系。道理比较简单，微信要建立关系之后才可以沟通，但是微博不用，只要你能找到微博内容你都可以查看，其传播路径比较宽泛、无序。

微博对京东链接非常友好，可以随时发布商品链接，非常方便。因为我们只是想通过微博进行一些普通的营销工作，所以其他收费功能暂不进行介绍。

微博网址为 https://weibo.com/，大家根据自己的需要注册个人账户或者企业账户即可，在注册账户的过程中页面会有相应提示，特别是企业账户需要认证费用，为了增加账户可信度，建议个人或者企业账户都进行加V认证。完成账户注册后就可以发布内容了，发布内容的界面如图 4-88 所示。

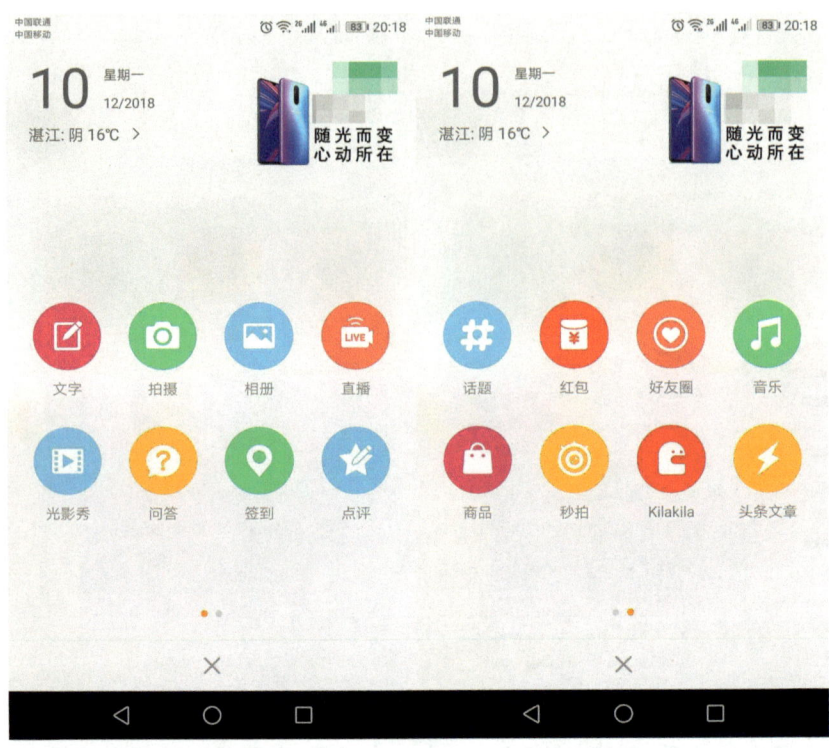

图 4-88

账户日常维护除同步店铺的内容外,还可以在相关主题内容下进行适当评论或者互动,以吸引其他粉丝,达到营销的目的。注意账户一定要有人维护。

4.8 非常规的京东秒杀

一直以来京东秒杀在京东都是重要的促销频道,可以在 App、PC、微信、手机 QQ、M 端五个渠道同步展现,流量巨大。

4.8.1 京东秒杀的四种玩法

京东秒杀目前有四种玩法,分别为京东秒杀(单品秒杀)、品牌秒杀、品类秒杀和超值拼团。

1. 京东秒杀(单品秒杀)

京东秒杀(单品秒杀)频道在京东 App 的首页上,单品类展现很高。每天 0 点～24 点,2 小时一场,共 12 场次,覆盖全天(图 4-89 已过 14 点,故 12 点的抢购被隐藏)。每个场次限时 2 个小时,参加秒杀活动的单品在 2 小时活动期内具有很低折扣。

图 4-89

京东秒杀（单品秒杀）主要满足了价格敏感、追求质量且无明确目标的用户的购物需求。"无明确目标"是指没有明确的单品购物意向，只是没事会看看，如果看到中意的商品就会下单购买。

2. 品牌秒杀

品牌秒杀顾名思义其销售商品均为第三方品牌商的产品，如联想、尼康、海尔等（见图 4-90）。页面分为两个板块"正在进行，立即抢购"和"明日开抢，抢先提醒"。该栏目主要为第三方供应商提供新的推广渠道和活动载体。

图 4-90

品牌秒杀主要满足了价格敏感、追求品牌与品质且无明确目标的用户的购物需求。品牌秒杀在满足用户"追求质量"的需求方面的效果更加明显。

3. 品类秒杀

顾名思义品类秒杀即按各品类进行分类的秒杀活动，如美食美肌美家、京东智能等（见图4-91）。该页面分为两个板块："正在进行，快去抢购"和"明日开抢，抢先提醒"。

图 4-91

品类秒杀满足了价格敏感、追求质量且无明确目标的用户的购物需求。

4. 超值拼购

超值拼购是将少单拼团与秒杀结合以进行裂变营销的模式（见图4-92）。通常以2～5人成团的模式，鼓励消费者组合拼团。

第 4 章 运营拓展

图 4-92

4.8.2 京东秒杀的作用与入口

1. 京东秒杀的作用

京东秒杀具有以下几个作用。

（1）引流。

京东秒杀活动一般位于页面前两屏，商品易露出；平台在站内和站外对于秒杀活动会有一定的宣传手段，商品曝光量大；商品常在用户的收藏夹或购物车中，容易引起用户注意；站内和站外的多类引流途径多管齐下，通过秒杀可以获得巨大的流量。

（2）提高转化率。

因为参加秒杀的商品的性价比高，所以转化率比较高，对于新用户可以起到临门一脚的作用，保证新客的高转化率，同样老用户转化率会更高。

（3）提高用户黏性。

因为京东秒杀需要在指定时间开始，所以用户到点回流的可能性比较大。因商品性价比高，所以用户的复购率较高，提高了用户的黏性。

（4）关联营销。

秒杀商品可以作为引流商品吸引用户关注店铺的其他商品。如果商品的吸引力特别大，那么商家将可以配合关联一个小型的促销活动。如果关联商品做得好，将会给店铺带来很高的销量和转化率。

2. 秒杀入口

京东秒杀在 PC 端和无线端都有入口，其中，App 入口流量最大，微信、PC、手机 QQ 流量也不小。京东秒杀是京东平台目前最大的流量频道。

京东秒杀 PC 端的入口如图 4-93 所示。

图 4-93

京东秒杀 App 入口如图 4-94 所示。

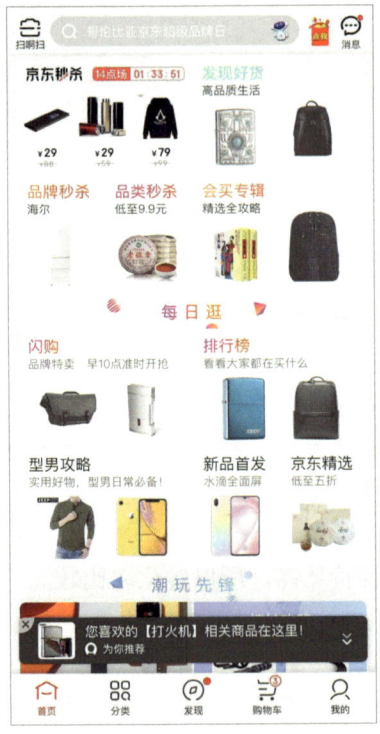

图 4-94

4.8.3 京东秒杀的提报与注意事项

1. 京东秒杀报名要求

京东秒杀有以下几个报名要求。

（1）商家店铺风向标排名须达到店铺所属主营二级类目的前70%，即店铺风向标排名须超过店铺所属主营二级类目下30%的商家。

（2）店铺开店时长不低于1个月。

（3）报名商品好评度不低于90%。

（4）报名商品必须支持包邮。

（5）报名商品必须符合《京东秒杀技术服务用户协议》中关于商品的约定。

（6）报名商品的秒杀价不得高于该商品30天内的最低售价，如部分类目有特殊要求，请以秒杀后台提报系统中的要求为准。

（7）报名商品在秒杀活动开始前24小时内售价不得低于当期秒杀价。

（8）报名商品的库存量、30天内出库量必须符合京东平台要求。

（9）报名商品的秒杀价在活动期内必须为京东PC端、移动端（包括但不仅限于微信端、手机QQ端等）中的唯一最低价。

（10）报名商品在活动结束后3天内的售价不得低于秒杀价。

（11）活动名称：须明确品牌名称、产品名称、产品规格。

（12）活动描述及图片要求：主图为白底商品图（须有场景图背景的特殊品类除外），除左上角的Logo外，不允许出现其他文案或细节图；如需展示促销运营语，需按照提报系统中的模板填写。

（13）除以上要求外，发布内容还须符合其他秒杀相关运营规范。

（14）活动店铺在当期秒杀结束后，3天内不得再次参加秒杀。

（15）活动商品的疲劳度要求须满足京东平台要求。

2. 京东秒杀活动收费标准（仅限于单品秒杀）

商品参加京东秒杀活动收取费用会被冻结，冻结金额＝基础服务费＋货值×类目扣点。其中，基础服务费一般为2000元，但是个别类目有所不同；类目扣点也是根据类目而定的，具体大小在活动报名时可以看到；货值是提报商品的促销数量与客单价之积，如果商品是多SKU商品，那么其货值还要进行相加。

还有以下几点收费须知。

（1）秒杀通过精准通账户收费，执行"我的账户"→"京东秒杀账户"命令即可查看付费情况。

（2）秒杀业务采用先冻结后结算的付费形式，去除退款退货数据进行结算。在扣费解冻之后可在提报系统中查看对应结算单。

（3）系统会根据商品提报库存及金额冻结费用，在 T+3 天时（活动结束后 3 天）冻结有效订单口径下的订单金额，其余冻结款解冻；在 T+29 天时会将最终 CPS 费用扣除，其余扣款解冻退还至用户京准通账户。

3. 京东秒杀注意事项

京东秒杀需注意以下几方面。

（1）促销设置。

一定要限制 IP/ID 的购买数量，并设置总库存数量。这样设置可防止有人恶意下单和恶意清空活动库存。

（2）提醒设置。

目前设置提醒的数量对京东商品排名大约有 25% 的排序加权。所以我们如果参与了秒杀活动，就要想方设法地去做提醒方面的优化，这样商品排名会靠前。商品排名越靠前，流量越多。

（3）检查促销赠品。

很多运营人员在参加秒杀的时候会推广爆款，一般在推广爆款的时候，常常会进行赠品促销。赠品促销活动中的赠品必须发货，如果因为亏钱促销就不发原有赠品，将会被投诉，其结果就是退一赔三或者订单不满 500 元按照 500 元赔偿给客户。所以在活动上线前，记得检查赠品促销状态。

（4）产品选择。

选择何种产品对秒杀的成败有关键作用。参加秒杀的商品必须实用、符合大众口味，且活动价格相对于市场价格要有"落差"，商品质量也要过关。在活动开始预热时，要参与活动的商品检查是否存在竞品，如果发现自己的商品与竞品相比存在明显劣势，那么要在第一时间找运营人员进行活动改期。已经开始秒杀的商品不能改期，但是在预热的商品时候可以更改活动日期。

（5）秒杀促销设置后。

秒杀促销设置后，就不能再修改促销信息、商品不能进行上/下架、不能修改产品名称和商品详情页，但是可以联系类目运营人员修改产品主图、广告词和页面介绍。如果不小心做了不能做的事情，那么将导致促销编码发生变化，这会使促销失效，活动被迫下线。

4.8.4 京东秒杀的排序规则

京东秒杀在每个时间段的产品都是根据商品池个性化排序规则重点因子组合得分进行排序的，排序因子如下。

（1）商品热销程度：考核商品热度与销量，考核数据包括历史数据及实时数据，如商品 7 日及实时销售水平、店铺 7 日的销售表现、商品 7 日及实时站内热度（关注、搜索、加购、浏览）数据。

考核的数据并不记录绝对数据,只参考商品在二级类目下的排名,排名越靠前,得分越高。

(2)与用户相关:商品属性与用户习惯匹配。

用户在站内的日常行为及购物习惯组成了用户属性,将其与商品属性进行匹配,匹配度越高,得分越高。

(3)历史表现:商品30日销售水平及站内表现在其二级类目下的排名,排名越高,得分越高。

(4)促销属性:商品折扣率及价格波动情况,折扣越大,价格波动越小,得分越高。

在这些排序因子中,商品的实时热销数据占的权重因子最大。

4.8.5 非常规秒杀操作

1. 秒杀活动前期准备

(1)在操作京东秒杀之前,要先召集亲朋好友或老客户,对商品进行第一波收藏、关注、加购,以优化7天预热数据。

(2)秒杀上线时间确认之后,提前两天进行快车预热,采用高出价形式进行占位,以每天400~800元的费用比例进行快车投放。快车投放完成后,要仔细研究用户人群画像,进行人群的筛选,并对筛选的人群建立一个人群画像数据模型。

(3)做好两个价格核算:①秒杀的实际上线价格,将其作为最终的销售价;②老客户、亲朋好友的特殊优惠供货价,通过"先按线上价格购买,确认收货后老客户返现"的模式,提高老客户的购买权益,同时提高转化率。

(4)活动开始之前,发动种子用户、老客户、亲朋好友进行秒杀提醒设置,设置提醒的数量不低于5000个,最好在9000个以上,以增加商品热度。

(5)做3~6个主图,通过提前两天在京东快车预热时的投放,进行主图测图,最终选择点击率最高的主图作为秒杀活动的主图。

(6)是否能做好关联销售闭环是秒杀能否成功的关键。众所周知,秒杀在很大程度上是利用低价来引入流量的,大多参与秒杀活动的商品的利润很低,甚至亏本,商家希望通过秒杀进行客户引流,从而带动店铺其他产品的销售。因此,关联销售闭环的设置关乎秒杀成功与否。

(7)活动开始之前,将库存量设置为实际库存量的一倍。

2. 秒杀活动进行前期

(1)在秒杀活动开始的2~5分钟,花费2000~4000元进行京东快车、京东直投的广告投入,将广告投放到外部人群,并利用前期京东快车预热获得的人群标签数据模型,进行精准的广告投放,在吸引外部流量涌入的同时固化人群标签。

（2）在活动开始的半小时内，发动老客户和以前加关注、收藏、加购的预热客户，以货到付款的形式进行抢购，要求抢购一半设置的库存量产品，拿到排名的热卖分，抢占秒杀排名，最好争到第一名的位置。

（3）引导老客户在秒杀开始前半小时内成交，并以老客户特殊优惠价进行事后返现。

3. 秒杀活动后期

（1）及时调整关联销售产品，促进关联销售产品的转化。

（2）必要的时候再次进行京东快车广告投入，引入更多用户人群。

4. 非常规秒杀操作逻辑

（1）秒杀的目的是引流并引导客户购买店铺其他产品，因此关联销售要以秒杀产品为基础，通过相关、互补、套餐、促销等方式，做好关联产品布局。

（2）秒杀不仅是引入秒杀本身的流量，还需要从外部引入新流量。

（3）用户人群标签是非常重要的维度，一方面要利用人群标签引进外部流量；另一方面要利用秒杀活动固化人群标签，为后续店铺千人千面的运营打好基础。

（4）影响商品秒杀排序的重要因素是前期热度，以及秒杀开始后半小时内商品的热卖度，这对于商品能否排到秒杀前面的位置十分关键。排名靠前的秒杀资源位，能够拦截更多流量，增加秒杀的成交转化率。

（5）老客户是引发秒杀开始后前半小时成交热度的关键，因此合理运用老客户资源在店铺运营过程中十分必要。第一，老客户成交不会扰乱用户群体标签；第二，利用秒杀给老客户回馈，能够提升老客户的忠诚度；第三，老客户在关键半小时的成交量，能够提升秒杀排名位置。

（6）秒杀活动开始前一定要进行主图测试，如果没有可以有效吸引用户点击的主图，那么秒杀成功的概率将大大减小。

（7）最后一点提醒，参与秒杀活动的商品一定要选择爆品，或者是有爆品潜质的商品，因为非爆品的转化率存在问题，可能会导致秒杀功亏一篑。

4.9　京东广告框架政策

对于广告框架政策很多店铺运营人员可能不知情，也不能说店铺运营人员没有经验，只是签订广告框架的门槛有点高。一般平台运营人员要求重点商家的广告投放费用约占营业额的2%。假设签订广告框架的最低门槛是150万元广告承诺投放额度，另需30万元保证金，相当于每个月要投入的广告费是十几万元。通过换算可知签订广告框架相当于店铺每月营业额需达到500万元左右。2017年CPD销售政策如图4-95所示。

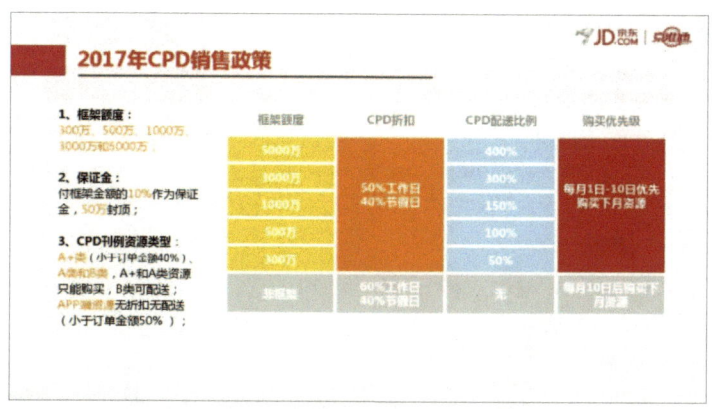

图 4-95

（资料来源：京东广告部门政策 PPT）

签订广告框架的好处

大家更关心的可能不是广告承诺投放额度多少的问题，而是与之配套的免费资源会有哪些，以及签订广告框架带来的其他的好处是什么。从过往商家签订的广告框架合同来看，签订合同中并没有免费资源的相关内容，只是一般投放这么多广告费的商家，只看其营业额就能知道其属于重点商家范畴。2019 年的广告框架政策，如图 4-96 所示。

图 4-96

（资料来源：京东广告部门政策 PPT）

2018 年 11 月 12 日京东广告部门对 2019 年京东广告框架政策进行了解读，如图 4-97 所示。

京准通产品的内容大家可以通过阅读 3.19 节内容来了解，下文将重点介绍广告产品线中一般商家较少接触的数据产品。

商智·品牌版与商智·商家版有较大区别，商智·品牌版的主要功能如图 4-98 所示。

开通商智·品牌版需联系相关对接人，其功能模块如图 4-99 所示。

图 4-97

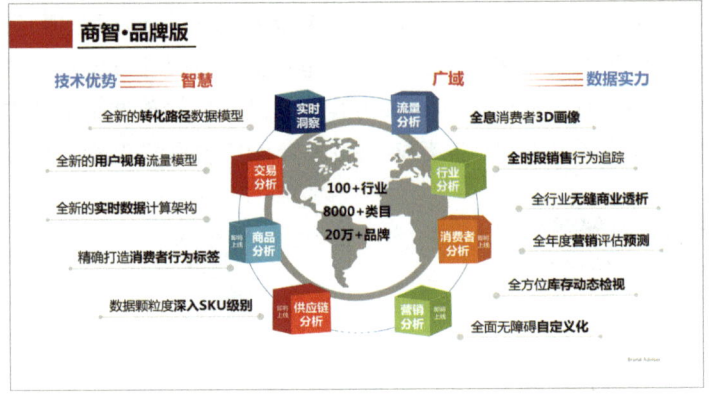

图 4-98

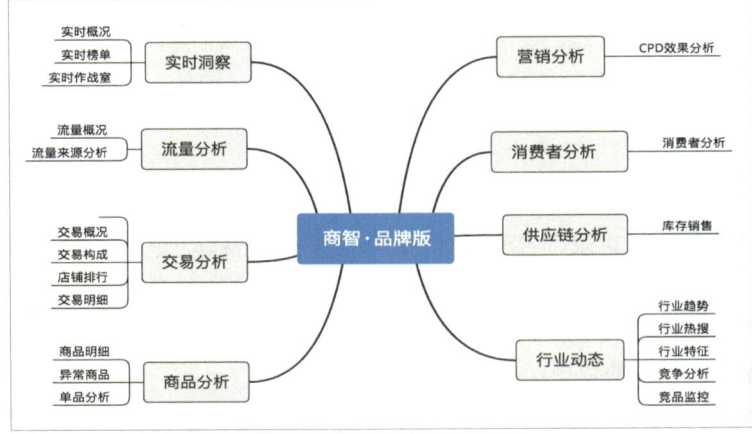

图 4-99

商智·品牌版提供的数据比较详尽，对品牌商的决策有着重要的参考作用，如图4-100所示。

图 4-100

本书暂不对商智·品牌版进行深入分析，大家如果有兴趣可以咨询相应对接人。

京东数坊是基于京东大数据，依托4A（认知Aware、吸引Appeal、行动Act、拥护Advocate）模型，与4A模型体系结合，通过4A资产模型从洞察层面连接运营与消费者营销的数据工具，如图4-101所示。

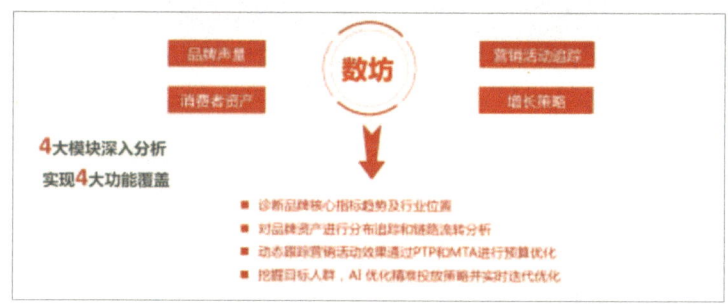

图 4-101

京东九数商业分析平台（见图4-102）主要包括六个功能模块：添加数据、人群挖掘、模型配置、模型训练、模型评估、人群包配置。

京东九数的平台功能介绍如图4-103所示。

以上是关于数据产品的简单介绍，下文将对签订广告框架合同的流程进行介绍。

签订广告框架要先绑定PIN码，再进行线上签署，至于签署什么档次的广告框架要组合自己企业的实际情况或运营规划进行判断，线上签署完成后就可以进行线下工作签约流程了（见图4-104）。

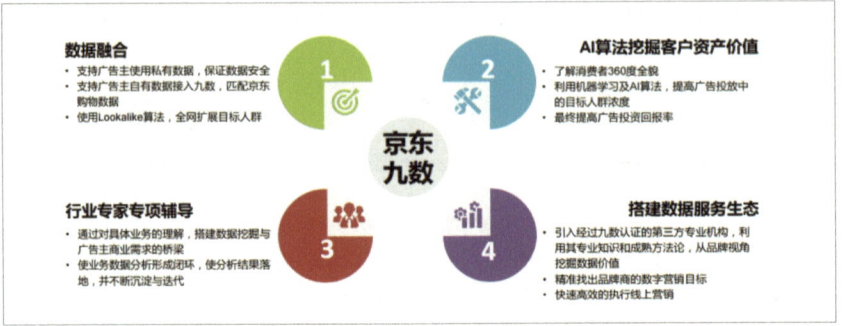

图 4-102

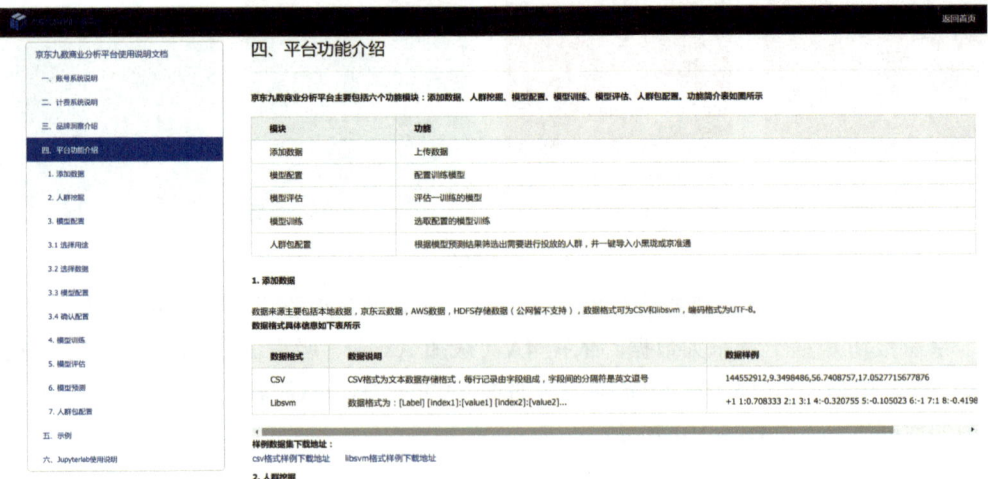

图 4-103

图 4-104

框架签约人的联系方式如图 4-105 所示。

图 4-105

4.10 京东无界零售

2017 年 7 月，京东集团 CEO 刘强东在《财经》杂志发表的《第四次零售革命》中首次正式对外宣布了"无界零售"概念；2017 年 8 月 9 日，京东 3C 零售创新战略发布会召开，京东之家与京东专卖店项目在发布会上正式亮相，这是京东无界零售的第一个落地的项目。

2017 年 10 月 17 日，京东举行了"京东零售创新战略暨"双 11"全球好物节启动发布会"，会议上京东和腾讯联合宣布推出"京腾无界零售"解决方案，旨在将腾讯的社交内容体系和京东的交易体系融合，以此为商家打造一个线上线下一体、深度服务定制、场景与交易完美融合的零售解决方案。这是京东第一次正式对外发布无界零售的完整解决方案，该方案可以使品牌商实现更加精准的营销，线上活动和线下的活动可以同步展开，如会员卡、折扣优惠券、积分兑换等都将实现线上线下同步。

4.10.1 什么是无界零售

无界零售是从线上到线下，席卷衣、食、住、行、社交、电商、金融服务等场景，实现零售即生活、无界级跨界，带动人、场、货的全面革命。

从 2017 年 7 月到 2018 年京东一直在积极布局无界零售。一方面，利用家电专卖店、京东之家、京东智能社区店、无人超市等载体，打通了线上和线下的购物体验，为消费者和商家创建了一个全新的无界零售场景。京东智能门店、智能供应链、智能物流、智能金融逐步形成了一个又一个无界零售生态圈。X 无人超市、京东便利店、智能社区店等智能小店服务可覆盖店铺周边十公里，辅以 O2O 体验，在市民日常生活中注入了互联网智能因子（见图 4-106）。

图 4-106

另一方面，京东与各类品牌进行深入合作，共同创建品牌无界零售线下门店，导入无界零售模式，建立品牌无界零售样本。

京东的无界零售主要是从消费者、场景、供应链、营销四个角度打破生产商、品牌商、平台商的界限，使数据充分融合流动，推动行业效率全面提升，实现全方位的零售场景无限（图 4-107）。

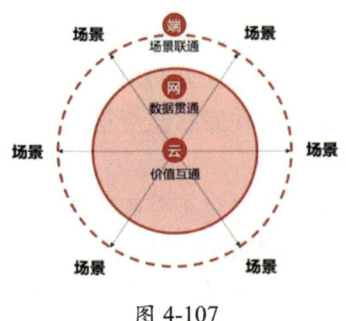

图 4-107

场景无限有两重含义，一是消除时间边界，未来的零售场景是无时不有、无缝切换的；二是消除空间边界，未来的零售场景是无处不在、无所不联的。

时间无限：传统的零售业是在特定的时间、特定的地点、特定的场景下才可以进行消费的，无界零售将会使得购物变得无时不有，是无论何时何地都可以满足消费者需求的。京东的 X 计划正是对未来无界零售场景的探索。

空间无限：生活场景与零售场景深度融合，地铁、加油站、出租车、公交车、厨房、客厅任何地方都可以随时发起购物。目前京东的百万便利店计划、叮咚音箱等项目都是对未来无限场景的探索。

场景联通：无界零售的基础是将各个场景打通，建立实体与虚拟、移动与固定之间的衔接，线上线下深度融合，实现移动端领取优惠券、实体店进行消费等场景互补融合的功能。通过数据将各个场景打通，实现各个场景之间的数据贯通、信息共享，提升零售效率。

京东无界零售布局的主要方式是京东平台和各类品牌形成战略合作伙伴关系，基于大数据时代的到来、人工智能的发展和零售业态的革命，打造出一个面向未来的以用户为中心以数据为基础的无界零售，向线下品牌商推出线上线下融合的无界零售布局。京东无界零售布局如图 4-108 所示。

图 4-108

例如，京东与腾讯展开战略性合作，开启了微信购物、QQ 购物等社交电商路线，打通了社交平台中社交流量与购物场景之间的渠道；京东通过与唯品会、1 号店等电商平台深入合作，对资源进行了充分整合；京东与海澜之家、红豆等服饰品牌在产品、流量、运营等方面展开了全年深入合作，为消费者提供了多元化、个性化的消费体验和服务。

4.10.2 无界零售解决什么问题

京东无界零售到底要解决什么问题呢？对于商家来说，京东无界零售系统解决了门店、物流、供应链、营销、金融五大问题（见图 4-109）。京东无界零售不是简单的 O2O 概念，不只解决线上线下导流互通的问题。

传统线下门店存在产品信息、数据信息、门店空间、系统工具四个方面的缺失，而这四个方面的缺失使门店的管理、获客、成交、消费者购物决定、库存管理、营销触达等多个方面存在信息中断问题，进而导致整体流程不顺畅，如消费者购物信心不足、商家销售不畅、店铺管理不顺、库存囤积，并形成恶性循环。

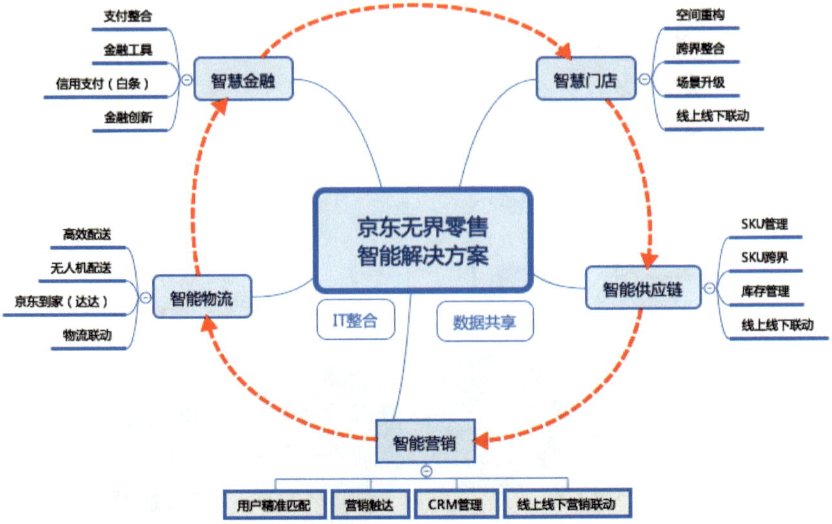

[图 4-109：京东无界零售智能解决方案，包含智慧金融（支付整合、金融工具、信用支付（白条）、金融创新）、智慧门店（空间重构、跨界整合、场景升级、线上线下联动）、智能物流（高效配送、无人机配送、京东到家（达达）、物流联动）、智能供应链（SKU管理、SKU跨界、库存管理、线上线下联动）、智能营销（用户精准匹配、营销触达、CRM管理、线上线下营销联动）、IT整合、数据共享]

图 4-109

1. 产品信息缺失

门店的现场产品体验其实只能向消费者提供一个维度的信息，满足消费者在视觉和感观上的体验。但现在消费者更在意商品在舆论和专业领域的信息。例如，一把椅子，如果不说它是用榫卯结构做的，消费者可能会觉得这把椅子价格偏高。消费者在门店看到一个手机，并不知道它的性能、配置、卖点究竟是什么，虽然门店导购能够提供这些方面的解说，但卖家与买家之间缺乏信息对等，存在不信任感。所以消费者更关心的数据是这个商品有多少人买过，好评率是多少，真实评价信息有多少，有没有商品详情和使用商品的视频，损坏率是多少，等等信息。

2. 数据信息缺失

从门店运营的角度来说，每个门店都是一个数据孤岛，不能全面地进行数据收集和对接。

在消费者方面，对于消费者的基本属性（性别、年龄等）、喜好、习惯、会员匹配等基本数据来讲，一方面线下门店收集起来比较困难，另一方面收集起来的数据发挥的作用并不大。在商品方面，线下门店针对单品的被关注度、购买率、商品购买组合、库存等基本数据，要么没被收集，要么没有分析，也没有发挥作用。在场景方面，传统线下门店很少关注消费者的轨迹、区域热力分析、店面排布及陈列规划等基本数据。

只有将消费者、商品、场景三方面全面数字化并统一分析，才能发挥数据真实的作用。例如，城市商圈到线下三公里的客群的情况分析、店铺周边业态的情况分析、店铺周边15米人群的情况，一直到经过店铺门口的人的情况，如多少男生、多少女生、多大年龄、数量是多少等，做到全面覆盖，那将是一个什么样的商业场景呢？如果可以将商品被消费者拿取了多少次、视频被播放了多少次、每件商品的单品点击率是多少等数据收集起来，那么这些数据将发挥巨大的作用。

事实上，京东平台的每个线上店铺的后台都有这些数据的完整记录，并且运营人员会对其进行分析。

3. 门店空间缺失

线下门店空间再大终究会有一个边界，而且门店的空间受租金成本的限制，这道边界是无法无限扩展的。这使得单店的SKU数量和人流量存在一个阈值，此后再提高SKU不过是徒增成本。但线上门店空间则不会受限，商家可以不断地增加SKU，且不会增加租金成本。

4. 系统工具缺失

门店在日常管理过程中，更多的是依赖人的作用，缺少系统的整合管理。而且ERP系统、门店管理系统、CRM系统、AI系统大多处于信息单独运营的状态。不仅是线下门店有着种种缺失，线上店铺也有包括交互、感知、可控的速度、信任在内的种种缺失。

以上信息的缺失或者是数据缺乏融合，正是京东无界零售解决的问题。

京东无界零售在门店方面，通过空间的重构，采用门店实物展示和屏幕虚拟展示结合的方式，拓展门店空间；通过相关联产品的跨界整合，拓展门店品类单一的门店坪效收益；通过场景升级，根据门店周围三公里的用户数据来分析需求；通过线上线下结合的方式，将线上流量拓展到线下，将线下流量拓展到线上；并且通过流量互通的形式，实现消费者品类上的跨界消费，打造智慧门店场景。

京东无界零售在供应链方面，进行门店SKU与库存的互通管理，通过京东的供应链体系，拓展与门店相关联的SKU，拓展SKU丰富度，提升坪效，实现供应链的智能化拓展和管理。

京东无界零售在营销工具方面，通过用户数据的精准匹配，提升客流量，实现用户的精准触达。可以通过线上线下优惠券互通、积分互通等模式，实现营销触达率和转化率的提升。

京东无界零售在物流方面，线上客户可以通过就近门店提货或者就近配送，提升配送时效；线下下单的客户也可以通过物流配送，解决门店缺货或消费者逛街拿货辛苦的问题。

京东无界零售在金融工具方面，可以通过京东支付、微信支付等无现金支付的方式，或者通过京东白条分期等工具，解决大额支付困难的问题。

京东无界零售通过对这五个方面的数据进行整合与共享，解决了人、货、场的融合。

在人的方面，京东无界零售采用客流罗盘，实时监控客流数据；通过分析用户年龄和性别等属性，形成流量转化模型，为线下精细运营提供数据支持。如果消费者是注册了京东账号或关联了门店 VIP 的用户，便可以实现人脸识别，该功能可覆盖周边小区。线上数据和线下数据通过人脸产生了关联，从而使数据得以打通。

在多屏互动时，因为有了人的数据的积累，这些屏将不再盲目轮播信息或图片，其将根据站在屏前的独立个体做到精准的营销触达。

京东无界零售在货的方面，只要用户拿起商品屏幕就可显示出这个商品的信息，后台也将同步捕捉用户对商品的选择数据、用户购买全过程的数据。通过大量门店数据，京东将获得各个行业各个门店乃至门店各个区域的不同特点，为品牌或门店提供用户线下购物决策的逻辑和关键点。通过摄像头采集的数据，分析商品摆放位置、缺货状况、不同品牌商品之间的变化等，为门店零售带来更具穿透性的结论支持。

京东无界零售在场的方面，京东祖冲之系统通过对城市商圈到线下三公里的客群的情况分析、周边业态的情况分析、周边 15 米人群的情况分析，以及对经过店铺门口的人的情况分析，获取了完整的周边人群画像。

因此，简单来说，京东无界零售就是围绕人、货、场三者，通过系统实现线上店铺和线下店铺在供应链、空间、数据、营销、金融、物流等全维度的无界互通，从而实现消费者全时全地的无界感的购物体验。

4.10.3 京东无界零售的典型案例解读

1. 曲美京东之家无界零售案例

2018 年 9 月 28 日，位于北京北五环的曲美·京东之家旗舰店正式开业（见图 4-110），并成为万人追捧的"网红"。众多消费者来到这里购物打卡，很多国内知名的网红把这里当成了直播间，让曲美·京东之家旗舰店成为家居行业"无界零售的样板间"。

图 4-110

事实上，在 2018 年 6 月曲美·京东之家就已经在大屯路开设了第一间无界零售店。此次旗舰店将规模扩充到三层，邀请威可多、格罗尼雅、双立人、乐高、杰士影音、罗莱、京造、可米生活、德龙、哲品、森海塞尔、懒角落、Quintus、爱慕、飞利浦、Foreo、雀巢、小熊、BEATS、欧乐B、富士等150多个国内外知名品牌的30 000余种货品进驻，并使用了电子价签、无人结算等科技，打造了一种全新的家居购物体验模式。

京东基于自身的供应链与智能技术，在曲美•京东之家旗舰店搭建了一个全新的家具零售系统——万家系统。

这一系统基于大数据对用户进行了画像，为曲美补充了3C、百货、服装等精选高频消费品，还根据顾客的消费行为对商品品类、排列方式等进行了优化，将"人找货"变为"货找人"。与此同时，曲美•京东之家旗舰店还能为用户提供家装设计服务，通过万家系统对供应链与服务的整合，可将设计方案中的产品直接送到顾客家中，让顾客真正实现一站式购物的体验。无界零售一方面通过跨界经营模式来提升消费频次，打造新的家居场景式消费体验；另一方面则基于C2B模式充分满足消费者的个性化需求，为家居零售业的模式创新打造出了一种新形式。

家具是一种低频消费品，京东利用供应链的优势加入了快销产品，不仅解决了低频购物的问题，还将低频的购物变成了高频的逛街，解决了家具行业人气不足的难题。

京东利用大数据优势，对人群进行画像，通过对商品品类与陈列方式的优化，解决了家具产品消费抉择周期长的问题，提高了转化率；通过空间重构，加入了餐饮、家居周边产品、快销产品等服务项目和品类，解决了坪效问题；通过虚拟展示和线上旗舰店结合的方式，解决了商品陈列空间不足的问题；通过线上数据与线下数据互通，将会员管理结合，解决了用户触达问题；通过京东白条等金融工具，解决了支付问题。

综合来看，无界零售不仅为消费者带来了各种潮范儿的时尚生活方式，也为家居零售业转型提供了新的方案，成为家居行业无界零售的样板工程。

2. OPPO京东无界零售体验店

2018年6月18日，OPPO京东无界零售体验店在广州番禺大北路正式开业（见图4-111），OPPO京东无界零售体验店打造了场景式、沉浸式等以用户体验为导向的购物新模式。

图4-111

OPPO是一家非常注重线下渠道的手机厂商，其线下门店布局之广一直被业内称道。依靠着这种广泛的线下布局，OPPO近两年在智能手机市场中取得了销量冠军。在线下渠道相对完善的情况下，OPPO选择与京东合作开设OPPO京东无界零售体验店，从侧面表明京东无界零售存在相当大的优势。

OPPO 京东无界零售体验店除 OPPO 手机外，还包括电脑数码、生活小家电、京东定制智能产品、化妆品、日用品等产品，大大丰富了产品品类。在选品方面，OPPO 京东无界零售体验店除了考虑线上热销的因素，还会根据附近商圈消费者的购物习惯和兴趣喜好进行选品和备货，而且这些商品的线上价格和线下价格会保持实时同步。除此之外，体验店还包含轻食、咖啡点心、阅读书吧，甚至还有 Wi-Fi，把购物门店变为了休闲中心。

OPPO 京东无界零售体验店在体验方面，顾客进店后，店面系统会对消费者进行人脸识别，给出针对性的偏好分析和商品推荐，人脸识别技术也可以用于顾客注册会员及订单结算。店内商品还设置了电子价签，扫描二维码就可以看到商品详情及用户评价。另外，门店还提供"线上下单，门店提货""门店下单，仓库配送"等服务，线上线下共享物流。

OPPO 京东无界零售体验店仍然是从人、货、场的维度，解决流量互通、品类扩展、场景体验等问题。其通过"黑科技"，将购物变得有趣，同时解决了店铺人气低和坪效增加的问题。

4.10.4 京东无界零售带给商家的机会

无界零售是京东的战略性方向。一方面，京东需要解决目前面临的线上流量天花板问题；另一方面，消费者的购物模式正在变得多元化，无界零售正是面对消费者购物多元化带来的购物场景、购物体验、购物模式的转变所带来的变化的应对之策。

商家应该敏锐地感知环境与风向变化，以抓住新的机会。

首先，如果商家是有一定知名度的品牌，有线下门店的基础，则可以考虑采取曲美、OPPO 等品牌与京东深入合作的模式，进行无界零售的尝试与转型。

其次，京东无界零售线下落地的店铺，必将产生供应链整合的新机会，这使得产品能够进入各种品牌线下门店的拓展品类，产生新的销售机会。不是只有知名品牌才有机会进入线下门店的拓展品类，一些小而美的品牌也是有机会进入的。

再次，京东无界零售与美丽联合集团合作推广的"微选"项目，对于线下有门店的品牌来说也是一次拓展的机会。

最后，无界零售是京东的发展战略，在落地实施的过程中，会产生更新的模式或商业机会，京东的品牌商家应对该战略进行密切关注，机会是留给有准备的人的。